ramses 2021

SOUS LA DIRECTION DE **THIERRY DE MONTBRIAL** ET **DOMINIQUE DAVID**

ifri

LE GRAND BASCULEMENT ?

‖ **SANTÉ/CLIMAT :** COVID-19, ET MAINTENANT ?
‖ **EUROPE :** SE REFAIRE OU SE DÉFAIRE
‖ **MONDE ARABE :** 10 ANS APRÈS LE FAUX PRINTEMPS

DUNOD

La rédaction de cet ouvrage a été achevée à la mi-juillet 2020. *RAMSES 2021* est une œuvre collective, créée à l'initiative de l'Ifri, au sens de l'article 9 de la loi n° 57 298 du 11 mars 1947.

Directeur de la publication : Thierry de Montbrial, président de l'Ifri.

Illustration de couverture : © SC Designs/Shutterstock.com.
Mise en page : Belle Page

11, rue Paul Bert, 92240 Malakoff
www.dunod.com

ISBN 978-2-10-080585-3

Sommaire

Table des matières

Partie 1
Perspectives

Partie 2
Trois enjeux pour 2021

» Europe : se refaire ou se défaire

Sous la direction d'Éric-André Martin

» Monde arabe : 10 ans après le faux printemps

Sous la direction de Dorothée Schmid

MIGRATIONS

AMÉRIQUES

RUSSIE/NEI

UNION EUROPÉENNE

ASIE

Les vidéos du RAMSES 2021

Découvrez 8 interviews exclusives sur votre smartphone grâce au QR code placé sur les textes correspondants.

Perspectives, p. 15

Thierry de MONTBRIAL

- La crise du COVID-19 est unique. Mais elle succède à plusieurs crises récentes. Apprend-on des crises qui, régulièrement, secouent depuis 20 ans le système international ?
- Les grands chocs bouleversent les rapports de puissance, et les puissances elles-mêmes. Que nous apprend 2020 sur les États-Unis et la Chine, protagonistes majeurs de la crise ?
- L'Union européenne s'est-elle perdue, ou retrouvée, dans les effets de la crise de 2020 ? Avec quelles perspectives ?

Après le virus, p. 36

Dominique DAVID

Présentation des dossiers phares du *RAMSES 2021* :

- Santé/Climat : COVID-19, et maintenant ?
- Europe : se refaire ou se défaire
- Monde arabe : 10 ans après le faux printemps

Le *Green Deal* européen, p. 62

Marc-Antoine EYL-MAZZEGA

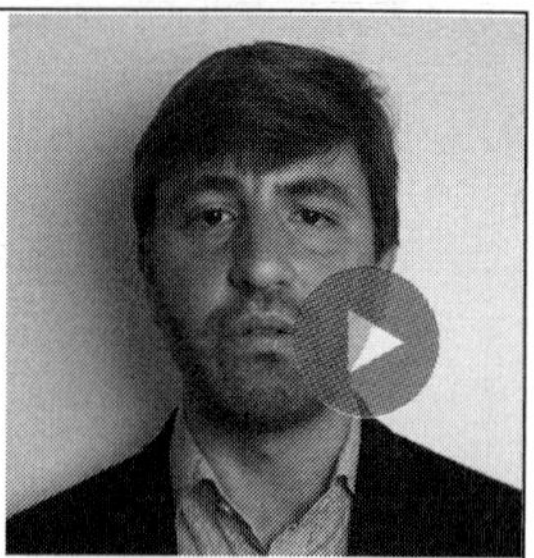

- La crise du COVID-19 a-t-elle affecté l'urgence climatique et le concept de transition écologique ? Pourquoi ?
- Comment définir aujourd'hui le *Green Deal* européen ?
- Vu ses coûts politiques et économiques, ce *Green Deal* pourra-t-il être mis en œuvre rapidement ?

L'Union européenne dans la crise du coronavirus, p. 90

Éric-André MARTIN

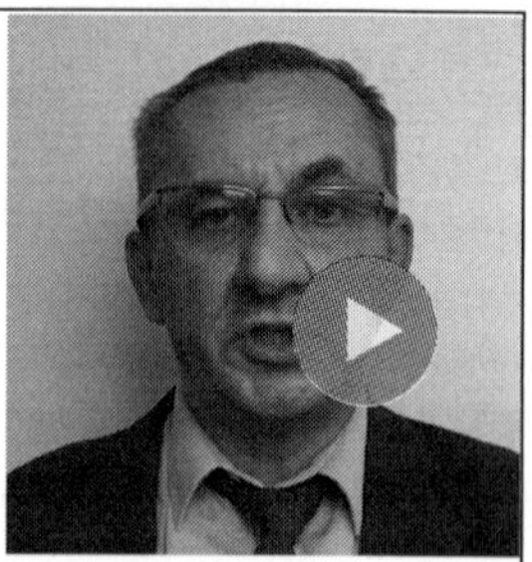

- Face au COVID-19, l'UE a paru balancer entre égoïsmes nationaux et solidarité : qui l'a emporté ?
- Le moteur franco-allemand est-il de retour ? Avec quelle efficacité ?
- À long terme, l'Union en restera-t-elle au sauve-qui-peut économique, ou franchira-t-elle un nouveau pas politique ?

Afrique du Nord et Moyen-Orient face au COVID-19, p. 138

Dorothée SCHMID

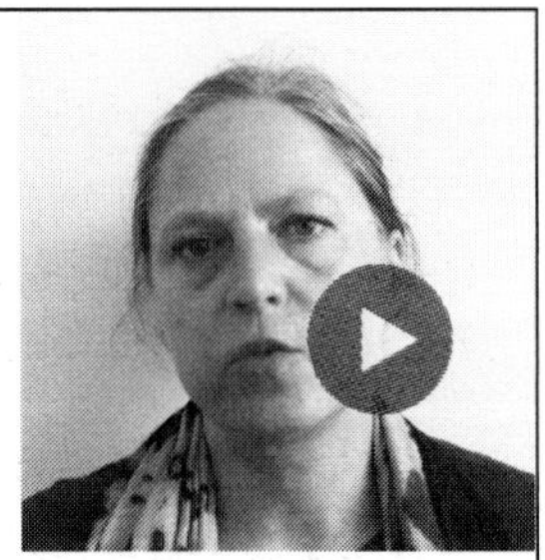

- Les pays arabes, divisés et affaiblis, ont assez bien résisté à la pandémie du COVID-19 : pourquoi ?
- Les régimes autoritaires en ont-ils profité pour confirmer leur emprise sur leurs sociétés ?
- Des protestations de masse réapparaissent après la crise : annoncent-elles un nouveau « printemps arabe » ?

COVID-19 : une crise économique sans précédent, p. 192

Françoise NICOLAS

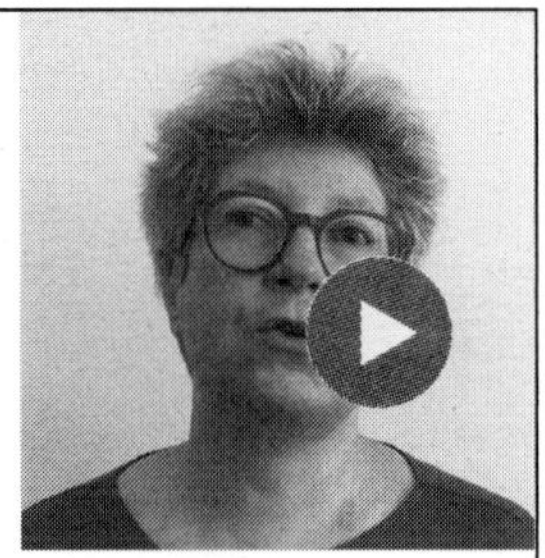

- En quoi le choc économique du COVID-19 est-il spécifique ?
- Ce choc promet-il des changements conjoncturels, ou structurels, pour l'économie mondiale ?
- L'avenir est-il au chacun-pour-soi économique, ou à de nouvelles solidarités internationales ?

Chine : les paradoxes de la puissance, p. 264

Marc JULIENNE

- Quel effet a eu la crise du COVID-19 sur une économie chinoise déjà précédemment ralentie ?
- La Chine va-t-elle, par voie de conséquence, recentrer davantage son développement sur elle-même ?
- La posture offensive de la diplomatie chinoise peut-elle perdurer, ou Pékin devra-t-il adopter un profil plus modeste ?

Sahel : le sommet de Pau est-il un tournant ?, p. 288

Alain ANTIL

- L'image d'une insécurité croissante dans la région du Sahel est-elle conforme à la réalité ?
- Le sommet franco-africain de Pau de janvier 2020 a-t-il changé la donne dans la région ?
- La France est-elle seule au Sahel ? Combien pèsent les autres acteurs, locaux ou extérieurs ?

Partie 1

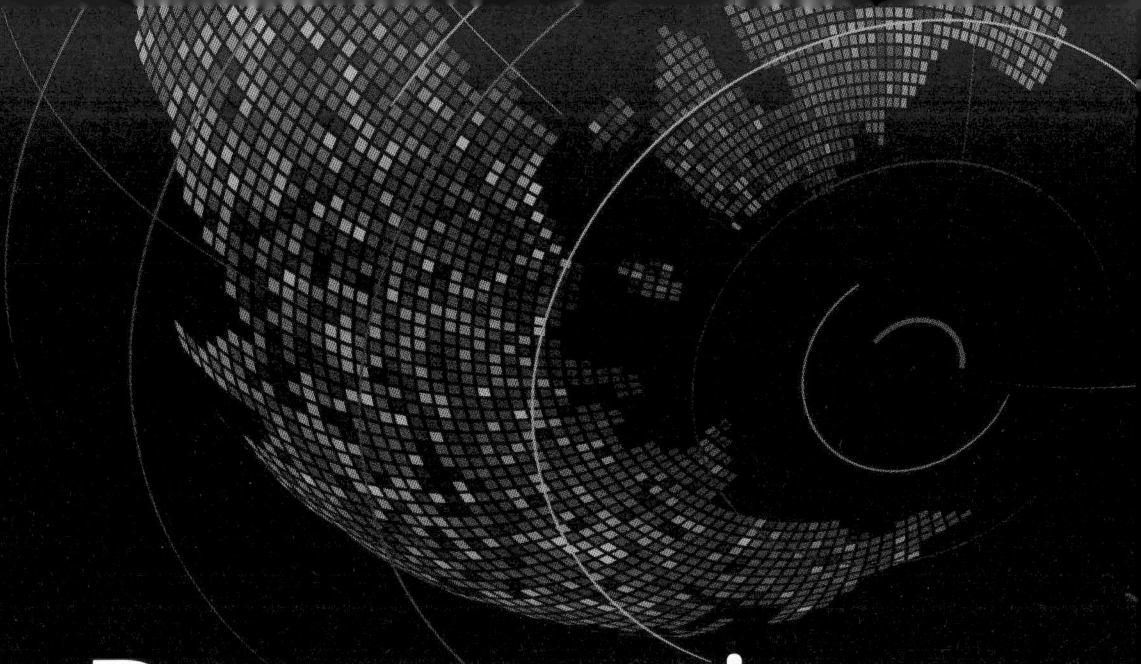

Perspectives

par Thierry de Montbrial

Perspectives

vidéo
http://dunod.link/1rqwwmz

La pandémie du COVID-19 est unique dans l'histoire contemporaine car aucune des épidémies qui ont défrayé la chronique depuis le début de ce siècle (la vache folle, les grippes aviaires, la grippe H1N1, le SRAS coronavirus, le MERS coronavirus, Ebola, le chikungunya, le Zika…) – sans parler des alertes dans l'ordre du bioterrorisme (anthrax) – n'a dégénéré en cataclysme mondial. Certains de ces épisodes n'en ont pas moins suscité des réactions de panique et des gestions ruineuses comme si, à chaque fois aussi, on se trouvait totalement pris de court. Comme si, à chaque fois, le pire ne s'étant pas produit, on oubliait aussitôt la nécessité de se préparer pour le cas où ce pire adviendrait un jour. Un avènement qui, dans la longue durée, est de l'ordre de la certitude. De ce point de vue, le COVID-19 n'est pas le pire du pire, puisque sa grande contagiosité est compensée par sa faible létalité, même si l'on s'interroge sur les pathologies secondaires qu'il semble provoquer.

Le point important, ici, est que l'aptitude des sociétés à s'organiser préventivement (en anglais, on parle de *contingency planning*) pour affronter des chocs prévisibles mais non datables, est faible lorsque les sociétés n'ont pas gardé la mémoire d'épreuves comparables à celles qui pourraient advenir. Dans l'ordre monétaire par exemple, les Allemands n'ont toujours pas oublié les hyperinflations de l'entre-deux-guerres. Dans l'ordre sanitaire, les Européens avaient oublié la « grippe espagnole », qui a commencé à la fin de la Première Guerre mondiale et aurait provoqué au moins deux fois plus de morts que cette dernière. À peine la mentionnait-on dans les livres d'histoire destinés aux lycéens seulement trente ou quarante ans après. Incidemment, on notera que cette grippe n'avait d'espagnole que le nom : à l'origine son virus était aussi américain que celui du COVID-19 est chinois. Surtout, dans ce cas, la maladie virale produisait une surinfection bactérienne qui fut la cause essentielle de la mortalité. C'était avant les antibiotiques. On comprend aussi pourquoi les Asiatiques, plus habitués aux épidémies que les Occidentaux, sont apparus comme les mieux préparés pour réagir avec rapidité et efficacité (masques, tests, etc.).

L'héritage des crises

J'ai ouvert mon propos en soulignant la singularité, au moins apparente, de la pandémie du COVID-19. Apparente, parce qu'à certains égards cet épisode en rappelle au moins trois autres, de natures certes très différentes, qui ont secoué le système international en un temps où l'idéologie de la mondialisation libérale flottait au-dessus d'un plateau : la crise financière de 1997, celle de 2007-2008 et, entre les deux, les attaques terroristes du 11 septembre 2001[1].

La dernière crise financière du xxe siècle

La crise financière de la fin du xxe siècle est partie de Thaïlande au printemps 1997. Elle s'est immédiatement étendue à l'Asie de l'Est, puis à la Russie et même à l'Amérique latine, selon un processus qu'il n'est pas absurde de qualifier d'épidémique. Dans le contexte de l'époque, les idéologues du libéralisme parlaient des marchés financiers comme d'êtres pensants, plus rationnels que les pauvres humains. Les modèles forgés par les plus mathématiciens d'entre eux furent récompensés par quelques prix Nobel et ont contribué à quelques faillites. La première question qui nous intéresse ici porte sur l'explication du démarrage d'une grande crise financière. Je reproduis quelques lignes de mon texte de juillet 1998 : « En simplifiant les arguments de l'économiste américain Paul Krugman, on peut dire que les intermédiaires financiers, publics ou privés, convaincus que, d'une manière ou d'une autre, leurs pertes seraient toujours épongées par les États, ont financé de façon inconsidérée et souvent véreuse des investissements douteux, dans l'immobilier notamment. Ils ont ainsi provoqué un mouvement inflationniste, d'abord localisé dans les portefeuilles d'actifs. On y a attaché d'autant moins d'importance que le niveau général des prix restait relativement stable et que, dans l'ensemble, les critères de bonne gestion des finances publiques (budgétaire et monétaire) paraissaient respectés. Les déficits courants souvent élevés semblaient compatibles avec le rythme de la croissance. La hausse de la valeur des actifs n'inquiétait pas pour la même raison, et l'on ne prêtait pas suffisamment attention à leur caractère spéculatif. »

Derrière cette analyse figurent deux idées importantes. La première est ce que les penseurs de la notion de risque appellent, selon une traduction directe de l'anglais, le *hasard moral* : plus on se croit protégé (en l'occurrence, par les institutions) des conséquences d'une prise de risque, moins on est prudent et plus la probabilité d'occurrence de ce risque est élevée. La deuxième idée est que, d'une manière générale, ce qui favorise le hasard moral favorise aussi les comportements illicites. Enfin, l'idéologie ultralibérale, quand elle est en position de force – notamment soutenue par de puissants lobbies – étouffe la voix des lanceurs d'alerte. Le monde n'est pas peuplé seulement de sages ou d'idéologues antisystèmes. Comme pour les bulles, quand les déséquilibres augmentent, il peut suffire d'une étincelle pour que les anticipations se retournent. Puis, en raison de la grégarité des comportements, la panique se propage à la vitesse de la transmission des informations ou des rumeurs. C'est ce qui s'est produit à la fin du siècle, avec

1. Les lecteurs curieux pourront se reporter à mes « Perspectives » des *RAMSES 1999*, *RAMSES 2002* et *RAMSES 2010*.

un cortège de conséquences économiques mais aussi politiques, comme la chute du général Suharto en Indonésie.

La seconde question qui vient aussitôt à l'esprit porte sur la détection des dysfonctionnements à l'origine des crises de ce genre. Dans le cas thaïlandais – je cite encore mon texte de juillet 1998 –, on n'a pas manqué d'accuser le Fonds monétaire international (FMI) « de n'avoir pas diagnostiqué les risques, d'en avoir aggravé l'ampleur *ex ante* en laissant croire aux États imprudents qu'en cas de besoin on viendrait toujours à leur secours, et *ex post* en leur imposant souvent des remèdes inadéquats ». Je notais alors que la critique la plus profonde était à mes yeux la première. En réalité, les organisations internationales ne sont pas au-dessus, ni même à côté, des États, lesquels sont férocement attachés à leur souveraineté, du moins quand ils ont la capacité de l'exercer. En dépit de l'ampleur de ses moyens, le FMI lui-même dépend des États membres et de leurs relations diplomatiques. Nulle organisation économique internationale n'a, vis-à-vis des États, les pouvoirs d'un commissaire aux comptes chargé de certifier ceux d'une entreprise. Les États communiquent les chiffres qu'ils veulent bien fournir, et leur capacité à les manipuler n'est contrainte que par leurs propres institutions politiques, et par l'idée qu'ils se font de leur crédibilité. De leur côté, le FMI ou l'Organisation de coopération et de développement économiques (OCDE) par exemple sont obligés de rester prudents quand ils ont des observations à formuler pour ne pas s'attirer les foudres des États les plus puissants, mais aussi de peur de déclencher des crises du simple fait de les envisager publiquement. Restent les agences de notation, qui n'encourent pas les mêmes risques. Mais leurs moyens sont limités. Surtout, elles n'ont pas la même légitimité et prêtent encore plus le flanc à la critique. Leurs positions n'en ont pas moins des effets réels (et parfois excessifs), particulièrement sur les conditions d'endettement des agents économiques.

Les organisations internationales ne sont pas au-dessus des États

Le point le plus frappant – et l'on me permettra de me référer encore aux « Perspectives » de juillet 1998 – est le suivant : « Le problème de l'organisation de ce qu'il faut bien appeler la sécurité économique internationale n'est guère différent, dans sa nature profonde, de celui des relations politico-militaires. Dans ce dernier domaine, les principaux États ont progressivement mis au point des procédures d'échange d'informations qui vont très au-delà du simple enregistrement de déclarations effectuées par les gouvernements. Ainsi en est-il des mesures de vérification prévues dans les accords de limitation d'armements ou encore dans le cadre du Traité de non-prolifération (TNP). Aussi curieux que cela puisse paraître, on est moins avancé en matière de relations économiques, où les États réagissent fréquemment de façon étroitement nationaliste, en particulier comme on vient de le voir face aux questions liées à l'enrichissement des dirigeants. Dénoncer la fragilité d'un système financier, c'est nécessairement mettre en cause tout un ensemble de pratiques, y compris le cas échéant la corruption, qui touchent les cordes sensibles des classes au pouvoir. Pourtant, il s'agit bien, comme dans les affaires politico-militaires, de sécurité. »

Je me suis attardé sur la crise financière thaïlandaise, parce que les questions de gouvernance mondiale soulevées à son propos me paraissent transposables quasi littéralement à la problématique de la santé. On voit bien que la stabilité structurelle d'un système international devenu aussi hautement interdépendant qu'aujourd'hui, n'est pas compatible avec l'exigence de souveraineté absolue de certains États pour le contrôle de leurs données sanitaires, la détection d'un début d'épidémie, ou l'organisation des mesures d'urgence à tous les stades d'une épidémie avérée. En d'autres termes, il faut en la matière une gouvernance mondiale digne de ce nom. Ceci implique un certain partage de souveraineté (j'utilise une expression courante à propos de l'Union européenne), ainsi que des institutions capables de faire émerger, puis de faire appliquer, des stratégies globales, et dotées de pouvoirs significatifs tant en amont qu'en aval des crises sanitaires.

Avant la pandémie du COVID-19, peu étaient conscients de ce qu'était l'Organisation mondiale de santé (OMS), hors un petit cercle d'initiés. À l'extérieur de ce cercle, on se rendait rarement compte de la modestie de ses moyens. En fait, l'OMS est une institution fort dépendante de sources d'information étatiques. Elle est incapable d'agir autrement qu'en produisant des normes ou des déclarations, ce qui n'est d'ailleurs pas négligeable. Le bon sens suggérerait que l'immense choc de l'actuelle pandémie soit mis à profit pour créer une nouvelle architecture, considérablement renforcée, pour la gouvernance internationale en matière de santé.

Quel multilatéralisme ?

Si l'on jette un regard en arrière, à l'époque de la mise en place des institutions de Bretton Woods, on observe que leur succès a tenu à deux facteurs complémentaires : le désintérêt de l'Union soviétique et le renforcement du camp occidental autour d'un véritable leader, les États-Unis d'Amérique. À ce propos, il importe de souligner que le mot multilatéralisme est polysémique, et qu'il faut distinguer par exemple entre le multilatéralisme au sens large du droit international en général ; le multilatéralisme du système occidental au temps de la guerre froide, structuré autour des institutions de Bretton Woods et de l'Alliance atlantique ; ou encore le multilatéralisme régional, tel qu'il se construit depuis les traités de Rome de 1958 autour de l'idée de Communauté européenne (rebaptisée Union européenne [UE] avec le traité de Maastricht). Le droit international est une modalité essentielle, et néanmoins faible, du multilatéralisme. La poursuite et l'approfondissement de la construction européenne exigent un multilatéralisme fort, *a priori* contre-nature en l'absence d'un leader naturel. En pratique, l'avenir de l'UE est suspendu – au moins en tant que condition nécessaire – à la capacité d'entente franco-allemande sur l'essentiel, alors que la puissance économique relative de la France ne cesse de se dégrader.

D'une manière générale, toute la difficulté est que le degré de multilatéralisme praticable au sein d'une association d'États est une fonction décroissante de l'hétérogénéité idéologique, et donc politique, entre les membres de cette association. Ainsi la gouvernance du système international dans son ensemble est-elle fragilisée par le clivage de plus en plus manifeste entre démocraties libérales – elles-mêmes de plus en plus hétérogènes –, et démocraties dites illibérales ou encore régimes autoritaires (lesquels sont aussi de plusieurs sortes). Si la mondialisation paraît aujourd'hui destinée à reculer, c'est que les principales puissances en interaction (je n'hésite pas à recourir à la notion de puissance) se perçoivent comme rivales. Elles ne veulent pas du type de coopération systémique qui supposerait le *statu quo*, c'est-à-dire l'existence d'un système qu'il suffirait de viabiliser ou de renforcer. Cela dit, en matière de santé, on part d'un niveau de coopération si bas qu'un renforcement serait dans l'intérêt de tous, quand bien même globalement parlant l'interdépendance se réduirait.

La crise des subprimes *et autres comparaisons*

Sautons provisoirement par-dessus le 11 septembre 2001 et arrêtons-nous sur la crise des *subprimes* de 2007-2008, qui fut une reproduction élargie de l'épisode thaïlandais. Je ne m'appesantirai pas sur l'énorme responsabilité des États-Unis, qui vaut bien celle de la Chine en matière de chauve-souris ou de pangolins. Mais qui pouvait alors critiquer trop vertement l'État qui n'était déjà plus un leader, mais qui par sa puissance surplombait encore le reste du monde ? Je cite cette fois mes « Perspectives » de juillet 2009 (*RAMSES 2010*) : « La crise des *subprimes* fut la cause immédiate de l'effondrement du système, selon le pire des scénarios imaginables. Les marchés cessant de fonctionner, c'est tout le circuit économique qui se grippa. Les nouvelles normes de comptabilité aidant, les livres des entreprises devinrent illisibles. La méfiance se répandit. Dans un premier temps, les gouvernements perdirent la tête. Parmi les notions autrefois mises en avant par Keynes, figure celle des "esprits animaux", justement remise au goût du jour par George Akerlof et Robert Schiller. Fort heureusement, les banques centrales, principalement la Réserve fédérale des États-Unis (Fed) sous la houlette de Ben Bernanke et la Banque centrale européenne (BCE) sous la direction de Jean-Claude Trichet, n'hésitèrent pas à baisser massivement les taux d'intérêt et à recourir à des méthodes "non conventionnelles" en se substituant, pour des montants considérables, au système bancaire défaillant. »

La capacité de l'Union à progresser dans les épreuves

Je ferai trois remarques au sujet de cette crise monumentale. La première est qu'elle ne se serait pas produite si le système – en pratique : les États-Unis – avait tiré de la crise thaïlandaise les leçons d'intérêt général. La deuxième, qui explique la première, est que la raison du plus fort étant la meilleure, ce sont finalement les autres qui se sont trouvés affaiblis par la crise des *subprimes*. La crise de l'UE en a été une conséquence majeure, dont la zone euro a néanmoins fini par tirer avantage puisque sa gouvernance s'est beaucoup renforcée depuis lors, un signe majeur de la capacité de l'Union à progresser dans les épreuves.

La troisième remarque est que, du point de vue des conséquences économiques de l'actuelle crise du COVID-19, la meilleure comparaison est avec les *subprimes*. Dans les deux situations en effet, ce sont les marchés eux-mêmes, entendus comme les processus de rencontre entre l'offre et la demande, qui sont tombés en panne : marchés financiers dans le premier cas, réels dans le second. La comparaison souvent faite avec l'après-guerre me paraît trompeuse, parce qu'alors les facteurs de production matériels (et en partie humains) étaient détruits, ce qui n'a pas été le cas avec le confinement. On sait d'ailleurs, depuis au moins John Stuart Mill, qu'après les guerres la croissance est d'autant plus rapide que les survivants ont la rage de reconstruire, surtout quand ils bénéficient d'une aide extérieure massive comme l'Europe avec le plan Marshall après 1945. Du point de vue social, la situation actuelle est également très différente. En Europe, je ne vois nulle part la rage de « reconstruire », mais plutôt celle de chaque groupe de préserver ses avantages acquis. S'il fallait trouver une autre comparaison dans l'histoire contemporaine, je la chercherais, à une échelle et selon une temporalité différentes, du côté des anciennes démocraties populaires qui ont rejoint l'UE après la chute de l'Union soviétique ou chez les Nouveaux États indépendants (NEI) issus de l'éclatement de cette dernière. Dans ces différents cas en effet on peut dire, en reprenant la même terminologie, que les marchés ont cessé de fonctionner, sans destruction physique, et qu'ils se sont reconfigurés dans des conditions évidemment très différentes (et avec des conséquences très contrastées en matière de redistribution des richesses), selon les situations politiques des uns et des autres tant vis-à-vis de l'intérieur que de l'extérieur. Je reviendrai plus loin sur les conséquences économiques et sociales de la pandémie, mais il n'est pas trop tôt pour affirmer qu'aucun État de la planète n'a intérêt à ce que l'incapacité à coopérer sur les questions sanitaires puisse provoquer d'autres désastres comme celui que nous vivons collectivement aujourd'hui.

Le choc du 11 Septembre

Le rapprochement avec le 11 septembre 2001 me paraît également pertinent pour au moins trois raisons. Premièrement, les deux chocs ont été ressentis comme des « cygnes noirs ». Depuis Nassim Taleb, on nomme ainsi un choc d'une grande violence dont on prétend que rien dans le passé ne l'avait laissé entrevoir, et qui provoque dans un premier temps un effet de sidération, puis dans un second une quête de rationalisation. Incidemment, de ce point de vue, peu importe que ce choc soit « ponctuel » comme le 11 Septembre, ou étalé dans l'intervalle de temps qui sépare la première infection du passage à l'épidémie dans le cas d'un virus. Deuxièmement, le 11 Septembre a eu des effets politiques et économiques considérables et durables, sans toutefois modifier la hiérarchie des puissances. Troisièmement, il a modifié le regard sur les libertés publiques.

J'éprouve quelques difficultés avec la notion de cygne noir, car je ne vois guère d'exemples convaincants de chocs violents que rien dans le passé n'aurait laissé entrevoir. Des attaques comme celles du 11 Septembre avaient été imaginées par bien des personnes comme, parmi les romanciers, Tom Clancy. De la même manière – je l'ai déjà rappelé –, une épidémie comme le COVID-19 était prévisible et avait été prévue. Taleb lui-même le dit. Dans sa désormais célèbre conférence de 2015, Bill Gates n'avait-il pas tiré la sonnette d'alarme en affirmant que le monde était davantage menacé par les virus que par les armes nucléaires ?

Et l'on ne manque pas d'autres exemples[2]. Certes, les explosions d'Hiroshima et de Nagasaki étaient imprévisibles avant la découverte de l'énergie nucléaire, mais bien des penseurs avant Einstein avaient « prévu » l'emploi de ce que nous appelons aujourd'hui les armes de destruction massive. Selon les principes de la physique statistique, la probabilité qu'un objet pesant quelconque s'élève sans l'action d'une force extérieure est infime, mais elle n'est pas nulle. Même la résurrection d'un mort n'est pas impossible de ce point de vue. Le vrai problème de la prévision, pour les événements qui touchent les humains, est le degré d'attention pratique qu'ils peuvent ou doivent accorder à ceux dont la probabilité

---

2. Voir par exemple J. Borrell, « COVID-19 : le monde d'après est déjà là… », *Politique étrangère*, vol. 85, n° 2, Ifri, juin 2020.

leur paraît faible. Il s'agit là d'un problème psychologique, et non pas technique ou scientifique. Scientifiquement et psychologiquement, il est impossible même d'envisager consciemment chaque matin tout ce qui pourrait nous arriver dans la journée : un accident de trottinette, une rupture d'anévrisme, une attaque au couteau, que sais-je encore. Cela est vrai des individus comme des institutions.

Il n'en reste pas moins que le 11 septembre 2001, comme le COVID-19, a révélé de nombreux dysfonctionnements fautifs dont chacun a pris conscience après coup (mais tout le monde ne songe pas à pourchasser des « coupables »), le plus surprenant dans de nombreux pays considérés comme développés étant la pénurie de masques, de médicaments ou d'équipements. Un autre versant de la même question est que, lorsqu'une catastrophe se produit, l'esprit tend à imaginer qu'elle va se reproduire très vite. Le 12 septembre 2001, qui ne s'interrogeait sur un possible sabotage du Golden Gate Bridge ou une nouvelle attaque à Washington, New York ou ailleurs dans les jours suivants ? De même aujourd'hui, on redoute partout l'arrivée prochaine d'une « deuxième vague » de la pandémie. Et naguère comme aujourd'hui, la réponse ne pouvait être que floue. Moins aujourd'hui qu'hier il est vrai, en raison de notre connaissance de l'histoire des épidémies. Quoi qu'il en soit, la perception psychologique de la reproduction d'un risque déjà éprouvé est manifestement plus intense que celle d'un risque simplement imaginé, qu'il s'agisse là encore d'individus ou d'institutions. Un proverbe africain dit que celui qui entend parler d'une panthère et celui qui la voit ne courent pas à la même vitesse : dont acte… Par association d'idées, il y aurait beaucoup à dire aussi sur les liens entre l'évolution des opinions publiques, la perception des risques liés au changement climatique, et la rationalité des mesures préconisées ou mises en œuvre à cet égard dans le cadre des politiques publiques. En politique comme en psychologie, la « volonté » ne coïncide pas avec l'« entendement » ou la raison. On le sait au moins depuis Blaise Pascal, et avant lui Saint Augustin.

En politique, la « volonté » ne coïncide pas avec la raison

Après le cygne noir, j'ai évoqué les effets politiques et économiques des chocs. Le 11 septembre 2001, la vision en direct de l'avion transperçant les Twin Towers, puis de leur effondrement, a sidéré le monde entier et soulevé une immense vague planétaire d'émotion et de solidarité en faveur des États-Unis. Même en Russie et en Chine, deux États, il est vrai, obsédés depuis plus longtemps que nous par le terrorisme islamiste. On notera d'emblée deux différences majeures avec le COVID-19. Dans un cas, une attaque soudaine, d'une brutalité inouïe et *visible* par tous ; dans l'autre, la diffusion progressive, dans tout l'espace, d'un agent infectieux invisible et mentalement omniprésent. Dans un cas, l'attribution quasi immédiate de la source de l'attaque : Oussama Ben Laden, les talibans… Dans le second, le désarroi face à un virus inconnu, aux circonstances de son apparition chez certains animaux, et aux conditions indéterminées de sa transmission à l'homme.

Ces premières différences ont été renforcées par d'autres, de caractère politique. Au lendemain du 11 Septembre, le peuple américain a aussitôt fait bloc derrière son président, comme toujours dans le passé aux États-Unis dont la puissance n'est pas seulement liée à la suprématie matérielle, mais aussi au patriotisme des Américains, dont on verra encore un exemple en 2003 à l'occasion de la guerre de George W. Bush contre Saddam Hussein. La pandémie du coronavirus a surgi à un moment où, pour la première fois depuis la guerre de Sécession, l'Amérique, de plus en plus inégalitaire, apparaît gravement divisée. Certes, le feu couvait depuis au moins deux décennies au sein même de chacune des deux grandes familles politiques, Démocrates et Républicains, chacune de plus en plus clivée par ses extrémistes, néo-socialistes dans un cas et néo-conservateurs dans l'autre. L'élection d'un Donald Trump fin 2016 n'aurait pas été concevable sans cette double polarisation, et elle a attisé les flammes. Dans un premier temps après l'apparition du virus, l'hôte de la Maison-Blanche, croyant l'Amérique invulnérable, s'est contenté d'écraser de son mépris les uns et les autres, y compris les alliés des États-Unis. Mais surtout, bien sûr, la Chine, le président pensant renforcer ainsi sa position dans son bras de fer avec l'Empire du Milieu. Au lendemain du 11 Septembre, son prédécesseur avait désigné un État coupable : l'Afghanistan. En 2020, Trump a désigné la Chine, laissant entendre que Xi Jinping aurait fabriqué le COVID-19 pour affaiblir ses rivaux, en dépit des dommages collatéraux « auto-infligés ». Au passage, il a accusé la malheureuse OMS de s'être soumise aux ordres de Pékin.

Je caricature à peine. Mais l'essentiel n'est pas là. L'essentiel est que les rodomontades de Trump ont fait que les États-Unis ont été violemment atteints par la pandémie, et que l'encore unique superpuissance ne parvient pas en la circonstance à dissimuler sa vulnérabilité et son impuissance. Pire encore, du point de vue extérieur, voilà que l'Amérique se retrouve – certes temporairement – comme pestiférée. Le coup du sort s'ajoute aux outrances d'un président pourtant parvenu à conserver le soutien de son électorat. Au moment où j'écris ces lignes, sa réélection en novembre 2020 paraît toujours possible, si l'économie résiste mieux que les autres au choc. Malgré son discrédit (le mot est faible), aggravé par une accumulation de témoignages sur sa façon de gouverner. Le dernier en date est le *best-seller* du très néo-conservateur John Bolton. Il s'agit là non d'un pamphlet mais d'un ouvrage volumineux[3], très documenté. Quoi que l'on pense de l'idéologie de son auteur – c'est une autre question –, force est de reconnaître son importance. Ce qui est déjà certain, c'est que la campagne présidentielle de cette année est totalement inédite, et d'ailleurs peut-on encore parler de campagne ? Joe Biden se réveillera peut-être quand le pic de l'épidémie sera enfin passé, mais en attendant il pratique la non-action – une stratégie certes porteuse de fruits si l'on suit les préceptes des moines bouddhistes. Sous la pression de l'aile gauche de son parti, il tend lui aussi à s'éloigner de la tradition centriste américaine.

L'unique superpuissance ne parvient pas à dissimuler sa vulnérabilité

C'est peut-être cette tradition qui expliquait le mieux l'unité profonde des Américains, dans le passé. Naguère, je me représentais la chose comme une sorte d'omelette dont le corps bien garni figurait le centre, avec des extrémités plus excentriques qu'excentrées, par lesquelles pouvait en quelque sorte s'échapper la vapeur dégagée par les non conformistes avant qu'ils ne se trouvent, pour la plupart, récupérés par le système. Pour qui a vécu à Berkeley en 1967-1968, pendant

3. J. Bolton, *The Room Where It Happened*, New York, Simon & Schuster, 2020.

la guerre du Vietnam, au milieu des hippies, et qui par la suite a beaucoup fréquenté le monde des WASP (White Anglo-Saxon Protestants), cette image (je ne l'ai pas inventée) est parlante. Dans la mesure où elle a été pertinente, on comprend mieux le caractère sacré de la Constitution et le ralliement derrière la bannière présidentielle face aux menaces extérieures. Mais qu'en est-il aujourd'hui ? Les États-Unis ne commencent-ils pas à se fracturer sous l'effet de l'accroissement des inégalités ? L'unique superpuissance n'est-elle pas menacée davantage de l'intérieur que de l'extérieur ? L'espèce de soulèvement provoqué par le meurtre de George Floyd, et des réactions inhabituelles dans ce pays comme le déboulonnage de statues et la contestation du récit national, constituent des indices supplémentaires poussant à se poser la question. J'ajouterai d'ailleurs que les États-Unis ne sont évidemment pas les seuls dont les rites politiques ont été perturbés par le coronavirus.

Ainsi la Chine a-t-elle dû reporter la réunion du Congrès national du peuple ; la Russie, le sacro-saint défilé du 9 mai et le vote sur la réforme constitutionnelle ; la France, le second tour des élections municipales. Et en France, le traditionnel défilé militaire du 14 juillet a été remplacé par une parade en hommage aux soignants, d'ailleurs fort émouvante. Aucun de ces exemples n'a cependant l'importance de ce qui est en train de se passer aux États-Unis. Que Trump se succède à lui-même ou que Biden le remplace – voire une autre personnalité « indépendante », qui sait ? –, le prochain occupant de la Maison-Blanche aura été bizarrement élu. Et la bizarrerie n'est pas réductrice d'incertitudes.

Quelques mots, maintenant, sur la comparaison entre le 11 Septembre et l'actuelle pandémie d'un point de vue économique. En 2001, seules les tours jumelles de Wall Street et une fraction du Pentagone avaient été détruites. Le nombre des victimes était resté limité à quelques milliers. Les marchés ont immédiatement rebondi. Le choc a été absorbé d'autant mieux que le patriotisme américain a fait merveille, comme je l'ai déjà souligné. Il a certes fallu revoir de fond en comble les procédures de sécurité dans le transport aérien, dans les lieux publics et bien au-delà. Ceux qui se souviennent du monde d'avant pensent avec nostalgie au temps où l'on pouvait prendre le *shuttle* entre New York et Washington sans avoir fait de réservation – on montait dans l'avion après avoir jeté ses bagages sur un tapis roulant, sans précaution autre que d'avoir vérifié la disponibilité d'une place... Ce n'est pas l'économie qui a changé après le 11 Septembre, pas même celle du transport aérien, qui a continué de se développer sans changement de rythme. Le vrai changement a été social : c'est le rétrécissement de l'espace de liberté, le troisième des points évoqués au début de cette brève comparaison avec 2001. J'y reviendrai bientôt plus en détail.

La problématique économique posée par le COVID-19 est radicalement différente de celle du 11 Septembre. Au moment où j'écris ces lignes, on ne peut qu'en rester aux généralités dans la mesure où la pandémie continue de battre son plein, notamment sur l'ensemble du continent américain. Je ne reviens pas sur la comparaison avec la crise de 2007-2008, si ce n'est pour souligner que l'ampleur des dégâts structurels sera beaucoup plus grande aujourd'hui qu'alors. Même aux États-Unis. De plus, il n'est pas possible de cerner cette ampleur tant que la maladie n'aura pas significativement reculé.

COVID-19 : catalyse et effets de long terme

La plupart des commentateurs s'accordent pour dire que, dans tous les domaines, la pandémie agit comme un catalyseur, voire comme un révélateur de tendances préexistantes. Ainsi, dans l'économie, certaines entreprises déjà menacées, par exemple dans la grande distribution, vont-elles disparaître plus rapidement. Partout, nationalisme aidant, les chaînes de valeur seront à la fois raccourcies et diversifiées pour réduire les risques de ruptures d'approvisionnement, politiques ou autres. Beaucoup d'activités seront relocalisées (ce pourrait être une chance pour certains pays de l'Est et du Sud de l'Europe). Dans le même ordre d'idées, les échanges se feront moins à flux tendus. On peut également prévoir, au-delà des précautions sanitaires, un ralentissement durable du trafic aérien international, ou même national, au profit des échanges par visioconférences que d'innombrables entreprises ont appris à pratiquer à l'occasion du confinement.

D'un autre point de vue, on doit s'attendre au renforcement de la politisation – déjà très engagée – de l'économie internationale, c'est-à-dire à une accentuation de la corrélation entre géopolitique, géostratégie et géoéconomie. Le tout formant une sorte de *géo* à la puissance trois. Les États s'attacheront de plus en plus ouvertement à protéger celles de leurs entreprises qu'ils considéreront comme « stratégiques », ou tout au moins les points jugés critiques de leurs activités. Le droit à la concurrence s'en trouvera affecté. Je pense par exemple à la probable course aux subventions entre Boeing et Airbus, avec en arrière-plan la montée d'un avionneur chinois. Ce cas est extrêmement sensible, car dans des activités aussi complexes que l'aéronautique, un oligopole à trois n'est probablement pas viable. On se retrouverait alors avec un duopole. Or, on imagine difficilement l'immense Chine renoncer à ses ambitions industrielles, ou Boeing – déjà très affaibli avant même le coronavirus par le désastre du *B737 Max* – se faire racheter par Airbus… En tout cas, les investissements directs et les mouvements de population seront de plus en plus encadrés.

Pour compléter ces observations, je reviens sur un aspect proprement sanitaire des premiers mois de la crise. Les pays les moins bien préparés ont découvert avec stupéfaction le haut degré de dépendance dans lequel ils s'étaient laissés enfermer, pas seulement pour les masques ou pour les équipements médicaux, mais pour les médicaments les plus courants comme le Doliprane, ou encore les molécules utilisées en anesthésie comme le fameux curare, et pas seulement. On a vu des chefs d'État de pays alliés s'étriper pour attirer chez eux des lots destinés à d'autres. Ce type de situation n'est jamais envisagé par les penseurs économiques libéraux, autrement qu'en termes de stockage de précaution.

Économie et gouvernance des sociétés

La crise a mis au jour bien d'autres dimensions qu'on ne peut passer sous silence. Certains gouvernements ont décidé de dépenser sans compter et sans prendre le temps de réfléchir aux coûts d'opportunités des mesures prises dans la précipitation. C'est le « quoi qu'il en coûte » d'Emmanuel Macron. On a aussi observé que, statistiquement, les malades les plus gravement atteints souffraient d'autres pathologies, parfois liées à une mauvaise hygiène de vie dont, finalement, la société supporte les conséquences. On ne se privera pas de soulever un tabou qui obsède le monde de l'assurance au sens le plus large du terme : jusqu'à quel point une société quelconque peut-elle prendre en charge de manière illimitée la santé de ses membres, sans exercer sur eux un contrôle continu, à l'instar des pratiques de traçage déjà initiées en Asie et de manière particulièrement coercitive en Chine ? La simple évocation de ce genre de questions – qui s'apparente au problème du hasard moral – soulève des passions chez ceux qui feignent d'ignorer que si la vie n'a pas de prix, elle a un coût. En d'autres termes, il est probable que la pandémie du COVID-19 va susciter partout dans le monde des débats majeurs sur l'économie de la santé, dans lesquels l'éthique et la politique occuperont une place toujours importante, mais moins exclusive que dans le passé.

Ces quelques remarques ne prétendent pas à l'exhaustivité. Elles suggèrent un retour partiel vers la forme prémoderne de l'économie internationale, selon laquelle on échange essentiellement les biens, alors que les facteurs de production (le capital et le travail dans la typologie classique) sont peu mobiles. Ainsi l'OMC – qui a succédé en 1995 au GATT (General Agreement on Tariffs and Trade) – est-elle l'Organisation mondiale du *commerce*, et non pas des *échanges économiques* en général. Toutes les évolutions en cours se traduiront dans bien des pays par une augmentation du chômage de transition, plus forte et plus longue que ce à quoi l'on pouvait s'attendre avant la pandémie.

Certes, l'ouverture sans précédent des vannes de la monnaie, d'autant plus grande que les politiques « non conventionnelles » développées par les banques centrales depuis 2007-2008 n'ont pas manifesté de conséquences visiblement néfastes (comme l'inflation), a permis d'éviter le pire, c'est-à-dire les faillites en chaîne d'entreprises structurellement viables, et à la limite le cauchemar de l'effondrement, comme château de cartes, de toute l'économie mondiale. Un peu comme ce qu'a vécu la Russie dans les années 1990 – je l'ai déjà dit –, mais à l'échelle planétaire. On n'ose penser à ce qui s'en serait suivi. Une fois de plus, la communauté des banques centrales a remarquablement réagi.

L'illusion de la dette perpétuelle

Mais les meilleures actions ont leur face négative : en l'occurrence, l'explosion des dettes publiques. Ce qui est véritablement inédit dans cette affaire est la simultanéité du phénomène, partout dans le monde, mais aussi et peut-être surtout le fait que le nouveau choc se soit produit après une période de stabilité des prix d'une durée exceptionnelle. Cette stabilité est liée à l'accroissement de la pression concurrentielle – notamment sur les salaires – dans les pays développés, en conséquence de l'ouverture de l'immense réservoir de main-d'œuvre des pays émergents. Avec une démondialisation même partielle, une vraie inflation ou une stagflation – phénomènes dont les Européens au moins de l'Ouest (ou plutôt du Sud-Ouest) ont oublié les conséquences indésirables – pourraient revenir dans les pays occidentaux. En même temps, dans le reste du monde, privé en partie de ses débouchés, les difficultés sociales et politiques augmenteraient également. Du point de vue européen, une attention particulière doit être portée à l'Afrique, qui semble remarquablement résister au virus mais en subit les conséquences économiques. Rien n'est plus facile que de construire sur le papier un modèle mathématique produisant l'illusion de la viabilité d'une dette perpétuelle, et les macroéconomistes néo-keynésiens ne s'en privent pas.

Il suffit de faire l'hypothèse que les politiques économiques structurelles des États inspirent suffisamment confiance pour leur permettre de se refinancer indéfiniment, soit par des transferts interétatiques plus ou moins inconditionnels justifiés par des raisons politiques, soit par des emprunts sur les marchés financiers. Dans tous les cas, quand la confiance a disparu, il n'est jamais facile de la rétablir. Pour affiner les analyses, il convient par ailleurs de distinguer entre dettes intérieures et dettes extérieures. Il n'est pas nécessaire de pousser plus loin le raisonnement pour juger que la bonne gestion de l'après-COVID-19 imposera un surcroît de coopération économique internationale innovante. Encore faudra-t-il que tous les grands États y participent, ce qui est loin d'aller de soi.

Cela me conduit à revenir sur la question de la gouvernance mondiale. Celle-ci était déjà mise à mal bien avant la pandémie, en raison d'une perte de confiance généralisée, exacerbée par le laisser-aller du comportement de nombre de dirigeants politiques. À commencer, il faut malheureusement le répéter, par le chef de l'État le plus puissant du monde, dont on attendrait au contraire qu'il donne l'exemple. Sans doute le recours systématique à l'insulte et à la vulgarité, ou à la désignation de boucs émissaires, fait-il partie de l'arsenal des leaders populistes. Il est également incontestable que l'émergence des réseaux sociaux a banalisé les invectives, les *fake news* et le retour à la loi de la jungle, où le bon sauvage cher à Rousseau n'a guère sa place. Mais si le champ international devenait une foire d'empoigne où l'émotion (ou bien la « volonté », au sens pascalien ou augustinien) écraserait la raison, alors qu'objectivement la coopération internationale paraît plus nécessaire que jamais, le risque d'une sorte de troisième conflit mondial deviendrait sérieux.

Liberté, sécurité : comment arbitrer ?

Je conclurai cette partie des « Perspectives » en ajoutant, comme annoncé, quelques mots sur la question des libertés publiques. Sans remonter aux calendes grecques – je veux dire ici au XXe siècle –, un premier coup sévère leur a été porté avec le 11 Septembre et plus profondément avec l'extension du terrorisme islamiste. La question lancinante de l'arbitrage entre liberté et sécurité est soulevée quasi quotidiennement dans les pays démocratiques, au fil de l'actualité. Chacun la pose à sa façon. Ainsi, pour les Américains, le port d'arme est-il un droit fondamental, ce qui est incompréhensible pour la plupart des Français par exemple. Au fil du temps, avec la révolution numérique permanente, l'Intelligence artificielle et l'empire des *big data*, les personnes les plus attachées aux libertés se résignent à devenir les victimes finalement consentantes d'un espionnage généralisé, et *de facto* sans limite. Quand il s'agit de lutter contre la fraude fiscale, un bon citoyen ne peut décemment que manifester son approbation. Mais si le sujet est de surveiller tous les mouvements des personnes en cas de crise sanitaire ou leur mode de vie, afin de les sanctionner pour moduler leur accès aux soins le jour où ils tomberont malades, les résistances se durcissent. Jusqu'où les États, autoritaires mais aussi démocratiques, pourront-ils contrôler leur population ?

Ce n'est pas principalement à cause du 11 Septembre ou de la pandémie du COVID-19 qu'une question aussi brutale se pose, qu'on le veuille ou non. Elle se pose parce que le « progrès » des technologies et la compétition entre ceux qui les dominent y conduisent nécessairement. La complexification d'un monde en mal de gouvernance engendrera bien d'autres cygnes faussement noirs. Souvent, j'évoque le risque d'une pandémie numérique. En tout cas, à l'échelle de l'Histoire, des événements comme les crises financières, le 11 Septembre ou le COVID-19, ne sont pas nécessairement des causes, mais des effets des changements du monde.

Penser ensemble géopolitique et géoéconomie

Du point de vue du moyen et du long terme, on l'a déjà dit, la pandémie apparaît comme un révélateur ou un catalyseur de tendances préexistantes. Dans de nombreux domaines. C'est en particulier le cas pour l'évolution du système international dans son ensemble. Dans mes « Perspectives » de l'an dernier (juillet 2019), j'ai développé l'idée selon laquelle la compétition sino-américaine serait le phénomène structurant des prochaines décennies, phénomène qu'on peut analyser comme un affrontement entre deux empires. L'Ifri avait d'ailleurs choisi ce thème pour la conférence organisée dans le Grand Amphithéâtre de la Sorbonne le 10 avril 2019, à l'occasion de son 40e anniversaire[4]. À ce moment-là – qui nous paraît aujourd'hui à la fois si proche et si lointain –, cette façon de voir le monde n'était pas encore répandue. L'intensification des guerres commerciales de Donald Trump, les joutes verbales et les théories du complot autour du « virus chinois », mais aussi la forte dégradation de la situation à Hong Kong et la hausse du ton des dirigeants de Pékin, font maintenant ressortir notre jugement de l'époque comme une quasi-évidence. Et l'on comprend de mieux en mieux que, dans la compétition entre les deux superpuissances du nouveau monde, la maîtrise des technologies de l'information et de la communication – à commencer par la 5G – sera le facteur décisif.

C'est pourquoi, dans la bataille des mots dont on ne doit jamais sous-estimer l'importance dans l'histoire du genre humain, on parle de plus en plus de *géoéconomie*, en même temps que de *géopolitique*. Les deux approches sont de plus en plus intriquées à mesure qu'on se rapproche du noyau dur de la puissance. La puissance numérique suppose la maîtrise des technologies proprement dites, sous les deux aspects du *software* et du *hardware*, ou tout au moins des points critiques qu'on peut définir prosaïquement comme ceux des maillons d'un réseau systémique qu'une unité politique doit sécuriser pour ne pas tomber dans la dépendance extérieure. Concrètement, pour un État, cela implique un haut degré de connivence, et de cohérence dans la durée, entre l'appareil gouvernemental et le secteur industriel. Dans les années 1960, on parlait de complexe militaro-industriel. De nos jours, cette locution paraît trop restrictive, à moins d'élargir la sphère du militaire pour y inclure toutes les arcanes du pouvoir numérique au sens large, puisque, à la limite, qui la dominerait dominerait le monde. Il faudrait donc désormais parler de complexe militaro-numérico-industriel, comme d'un *nexus* incluant nombre de liens plus ou moins opaques

4. Les interventions de cette conférence sont publiées dans un numéro spécial de *Politique étrangère*, septembre 2020.

entre les grands demandeurs et offreurs publics et privés, d'instruments technologiques de pouvoir. Qu'un tel complexe existe en Chine, et qu'il soit presque aussi impénétrable aux regards extérieurs que la mythique Cité interdite, est une évidence. Qu'il existe également aux États-Unis, caché derrière une façade faussement transparente, est presque aussi manifeste. D'autres États ont su augmenter leur pouvoir, ou leur puissance[5], en bâtissant, à des niveaux différents, des complexes militaro-numériques efficaces : la Russie ou Israël, par exemple. Du point de vue de la hiérarchie des puissances dans le système international, on voit bien que, plus fragile est une unité politique, moins probable est l'émergence en son sein d'un complexe militaro-numérique ou *a fortiori* militaro-numérico-industriel[6].

Ainsi se présente le défi que l'UE devra surmonter pour exister politiquement face aux États-Unis et à la Chine, et ne pas se réduire à un champ de confrontations entre les deux empires. Avant de conclure sur cette question, je voudrais illustrer en quoi le COVID-19 a agi comme accélérateur, à travers deux réalités entremêlées. L'une est le renforcement du contrôle de la population exercé par le gouvernement chinois pour vaincre l'épidémie. On peut parler de renforcement, car Pékin – c'est la seconde réalité – pratiquait déjà une surveillance généralisée, consistant à noter les gens en fonction de leur comportement civique, les notes ayant bien sûr des conséquences. Les États démocratiques sont contraints de se poser deux questions, déjà évoquées : jusqu'à quel point une société peut-elle tolérer qu'on la contrôle, en fonction de l'idée qu'elle se fait de la liberté ? Et, pour un niveau de contrôle jugé acceptable, jusqu'à quel point peut-on dépendre de l'extérieur pour sa mise en œuvre ?

La seconde réalité me ramène à la face classique de la géopolitique, à propos de Hong Kong. Depuis un an, les troubles n'ont pas cessé dans l'ancienne colonie britannique. On peut les rapprocher d'autres mouvements « antisystème », comme celui des Gilets jaunes en France, du *Hirak* en Algérie, des protestations en Irak, ou encore de la mobilisation qui continue au Liban. Avec des desseins différents, bien sûr, mais derrière eux il y a toujours, si j'ose dire, du numérique (réseaux sociaux d'un côté, contrôles policiers de l'autre). En tout état de cause, les Gilets jaunes ne font plus vraiment parler d'eux (provisoirement ?) depuis l'agitation autour de la réforme des retraites, et surtout depuis l'épidémie. En Algérie, le *Hirak* est lui aussi affaibli par le virus, et s'il a obtenu la tête de Bouteflika et de quelques autres, le nouveau système ressemble fort à l'ancien, du moins pour l'heure. Le Liban est ruiné, le système est vermoulu, mais il n'a pas encore craqué. Et le Hezbollah se tient en embuscade. Rien de comparable à Hong Kong : la

5. Dans ma terminologie, le pouvoir se définit par des capacités potentielles, la puissance par la capacité de passage à l'acte. Voir *L'Action et le système du monde*, Paris, PUF, 2002 [4e édition, collection « Quadrige », PUF, 2011].

6. Voir T. Gomart, « Le COVID-19 et la fin de l'innocence technologique », *Politique étrangère*, vol. 85, n° 2, Ifri, juin 2020, p. 25-38. Dans cet article, l'auteur utilise l'expression « complexe militaro-numérique ». Je suggère ici de parler de complexe militaro-numérico-industriel pour les grandes puissances comme les États-Unis, la Chine, ou dans une certaine mesure la Russie et même encore la France ; de complexe militaro-numérique pour les puissances militaires qui se sont dotées d'un véritable pouvoir numérique sans nécessairement disposer de grandes ressources industrielles, comme la Grande-Bretagne ; et des puissances numériques pour des unités politiques dont la puissance ne repose pas sur des ressorts militaires et industriels, mais essentiellement sur des capacités numériques.

République populaire de Chine ne baissera pas les bras, pour différentes raisons. L'échéance de 2047 pour la restitution complète de l'ancienne colonie nous paraît lointaine, mais elle est inéluctable, et personne ne fera la guerre à la Chine pour avoir violé le traité de 1997. Il y a belle lurette que les élites économiques locales ont prêté allégeance à Pékin, et la puissance relative de Hong Kong n'a cessé de diminuer à mesure que Shenzhen ou Shanghai montaient. De plus, le pouvoir a la capacité technologique de placer la totalité de la population de la région administrative spéciale sous un contrôle aussi rigoureux que jugé nécessaire. Cette mise en coupe réglée aura évidemment un coût, peut-être très élevé. Pékin n'est pas insensible à la dégradation de son image à l'extérieur, ou encore à des mesures probables comme l'octroi de la nationalité britannique à un grand nombre de Hongkongais. Sans parler des sanctions économiques. Mais le régime sait que le coût serait infiniment plus élevé s'il cédait, puisqu'alors il perdrait Taïwan.

En définitive, nous devons nous préparer à un durcissement de la compétition sino-américaine qui contribuera à une démondialisation partielle et, au sein de l'Organisation du traité de l'Atlantique nord (OTAN), à des pressions croissantes de Washington pour que les Européens choisissent leur camp, alors que certains d'entre eux voudraient bien établir une sorte d'équilibre en penchant, comme aurait pu dire Deng Xiaoping, à 70 % du côté américain mais tout de même à 30 % du côté chinois. Il ne s'agit là bien entendu que d'une expression symbolique.

L'Union européenne devient-elle géopolitique ?

Nous voici tout naturellement conduits vers l'Union européenne. L'année écoulée depuis la rédaction de mes dernières « Perspectives » n'a pas connu que de mauvaises nouvelles. Après des élections parlementaires, fin mai 2019, moins désastreuses qu'imaginé, puis de laborieuses tractations, la nouvelle Commission a pu enfin prendre ses fonctions le 1er décembre. Elle comprend plusieurs personnalités d'envergure, comme la présidente Ursula von der Leyen, la vice-présidente Margrethe Vestager chargée du numérique, le Haut représentant pour la politique extérieure et la défense Josep Borrell, ou encore le responsable du marché intérieur Thierry Breton. Cette nouvelle Commission, qu'Ursula von der Leyen veut « géopolitique », semble consciente que le monde change vite et profondément, et que l'Europe ne peut plus se croire sous la protection américaine. Josep Borrell plaide pour l'autonomie stratégique. Tous reconnaissent maintenant l'importance de grands projets industriels communs (d'abord dans le numérique) et la nécessité de protéger les secteurs « stratégiques », notamment des prédateurs chinois. Mais il n'a pas fallu trois mois après son installation pour que surgisse le choc du COVID-19, s'ajoutant à ceux qui n'avaient cessé d'éprouver l'Union depuis une bonne dizaine d'années : la crise de la zone euro, celle des réfugiés, ou encore le Brexit. Comme à chaque fois, on s'est aperçu que le roi était nu ; en la circonstance, que la Commission n'avait aucune compétence sérieuse en matière de santé (qui a entendu la voix de la commissaire théoriquement en charge du secteur, la Grecque Stella Kyriakides ?). Ainsi l'Italie se sentit-elle lâchée.

Mais dans l'histoire de l'Union, les épreuves débouchent souvent (mais lentement !) sur un progrès. Angela Merkel contourna habilement un arrêt de la Cour constitutionnelle de Karlsruhe dirigé contre la politique de la BCE, qui aurait pu être mortel, et s'entendit avec Emmanuel Macron pour promouvoir un ensemble de mesures (qui restent à concrétiser) portant sur un montant considérable de 750 milliards d'euros, destiné à favoriser le redressement économique des pays les plus affectés par la crise – lesquels, comme toujours, sont du Sud. Avec son pragmatisme habituel, la chancelière – dont l'aura est à son comble à la fin de son quatrième mandat – a déclaré qu'il n'était pas dans l'intérêt de l'Allemagne que l'Europe « s'effondre ». Aussi longtemps que les pays membres penseront qu'il est de leur intérêt qu'elle ne s'effondre pas, l'Europe ne tombera pas. Ce qui suppose que la Grande-Bretagne ne fasse pas trop d'émules sur le continent...

On ne peut pas parler d'« autonomie stratégique » sans parler de l'OTAN. Le 7 novembre 2019, Emmanuel Macron déclarait à *The Economist* : « Ce qu'on est en train de vivre, c'est la mort cérébrale de l'OTAN. » Pour ma part, je suis convaincu depuis la chute de l'Union soviétique que l'Alliance atlantique est en voie de perdre son sens. Les États-Unis l'utilisent pour structurer leur domination sur l'Europe, où les perceptions sont nuancées. Les pays de l'Europe de l'Est devenus membres de l'UE restent traumatisés par le souvenir de l'entre-deux-guerres et par l'ordre soviétique. Depuis la fin de la guerre froide, ils souffrent d'un véritable exode de leur population. Certains sont tentés par le populisme. Tous voient dans l'OTAN une police d'assurance contre la Russie, même si la Hongrie, avec Viktor Orban, est tentée de maintenir un certain équilibre avec Moscou. Quoi qu'il en soit, le profond mal-être de l'Europe de l'Est est l'une des pathologies de l'UE. Pour l'Allemagne, relevée de ses cendres après 1945 par les États-Unis, l'OTAN est toujours un totem. Pour la Grande-Bretagne post-Brexit, l'espérance d'un avenir dans la *special relationship* survit. Pour la France, qui balance entre l'atlantisme et le gaullisme depuis trois quarts de siècle, l'OTAN est au mieux un arrimage nécessaire en l'absence d'une « Europe-puissance », au pire un moindre mal auquel il est prudent de se résigner. Dans tous les cas, l'idéologie joue un grand rôle chez les Européens : la conviction encore prévalente est que les États-Unis sont le protecteur, naturel et consentant, de la démocratie.

Autonomie stratégique européenne et OTAN

En réalité, toutes les certitudes dans ce domaine sont en train de s'évanouir, grâce ou à cause de Donald Trump. Les empoignades autour du coronavirus ont rappelé cruellement les limites des alliances. Le problème fondamental est qu'en dehors d'un vague discours sur les « valeurs occidentales », ni les membres de l'Alliance atlantique, ni même ceux de l'Union européenne, n'ont de vision réellement partagée des intérêts à défendre. Après la chute de l'Union soviétique, les Européens n'ont pas été capables de définir un projet commun vis-à-vis de la Russie, pas plus qu'ils n'ont aujourd'hui de véritable projet vis-à-vis de la Chine (d'où le groupe 16+1). Sans intérêts communs à défendre, sans identité européenne marquée, la notion d'alliance est vide de sens, ou se réduit à une relation de dominant à dominé. Après le Brexit, nul ne sait quelle sera la politique anglaise vis-à-vis du continent. L'Allemagne continue à maintenir un profil bas vis-à-vis des États-Unis, ce qui ne l'empêche pas, au contraire, et comme elle le faisait même du temps de la guerre froide, de promouvoir son avantage comparatif vis-à-vis de la Russie et de l'Europe de l'Est. La chancelière Merkel vient encore de manifester son attachement à la construction européenne. Mais sur le long terme, si la suprématie économique de l'Allemagne continuait à se renforcer, celle-ci accroîtrait en même temps son espace de liberté sur le plan géopolitique. L'autonomie stratégique deviendrait alors celle de l'Allemagne, et non celle de l'Union.

Alors que les Allemands agissent beaucoup et parlent peu, les Français parlent beaucoup et agissent peu. À terme, notre marge de manœuvre se rétrécit d'autant plus que notre influence sur le flanc sud de l'Europe s'amenuise. Notre siège de membre permanent du Conseil de sécurité de l'ONU et la possession de l'arme nucléaire ne feront pas indéfiniment illusion[7]. Au XXIe siècle, les deux clés de la puissance sont l'économie en général et le numérique en particulier. En ce qui concerne l'OTAN, un récent incident maritime à propos de la Libye entre la France et la Turquie, membre puissant de l'Alliance, de surcroît doté de capacités militaires de premier plan, montre l'absurdité de l'OTAN telle qu'elle est devenue. Dans un monde qui se durcit, avec une Amérique qui s'éloigne du Vieux Continent sauf pour défendre ses intérêts étroitement conçus, l'UE ne peut se permettre de ratiociner indéfiniment, car le ciment qui la tient debout est encore frais et inégalement réparti. À court et moyen termes, les vieux réflexes issus de la guerre froide fonctionneront encore. À long terme, le jeu peut se rouvrir.

Briser les lunettes idéologiques

Plusieurs fois j'ai mentionné l'omniprésence des affrontements idéologiques dans le monde contemporain. On a tort de vouloir les réduire à des oppositions binaires, où l'on mettrait en vrac d'un côté les « démocraties occidentales » et de l'autre aussi bien « le régime de Poutine », les « dictatures » de Xi Jinping, de Kim Jong-un ou de Maduro, le « populisme de Bolsonaro », etc. L'esprit tend spontanément à abolir la complexité et à faire entrer de force la réalité dans des catégories sommaires – comme le bien et le mal, le vrai et le faux, le beau et le laid, dont je serais par ailleurs le dernier à rejeter la pertinence pour le raisonnement philosophique. Mais la réalité et la philosophie ne se situent pas sur le même plan. Prenons l'exemple de l'Inde, que l'on présente par un réflexe pavlovien comme « la plus grande démocratie du monde ». Christophe Jaffrelot a publié un livre intitulé *L'Inde de Modi, national populisme et démocratie ethnique*[8]. Le fort intéressant concept de démocratie ethnique a été forgé par des politologues à propos d'Israël. L'auteur démontre qu'à partir de sa « rampe de lancement » – l'État du Gujarat où, avec l'aide d'un organisateur hors pair, son bras droit Amit Shah, il a pratiqué un nationalisme hindou violent tout en s'appuyant sur le monde des affaires (comme le groupe Reliance de Mukesh Ambani) –, Narendra Modi a entrepris de transformer l'Inde plurielle en nation hindoue (*Hindou Rashtra* : l'hindouisme représente environ 80 % de la population), en s'attaquant méthodiquement à l'islam (environ 13 %), puis aux petites minorités comme les chrétiens (un peu plus de 2 %). Pour arriver à ses fins, le système mis en place par l'actuel Premier ministre de « la plus grande démocratie du monde » pratique une politique de la peur, fondée sur la dénonciation de l'Autre (le musulman). Il se présente aussi comme le champion de la croissance économique, ce qui reste à démontrer – et

7. Voir T. de Montbrial et T. Gomart (dir.), *Notre intérêt national. Quelle politique étrangère pour la France ?*, Paris, Odile Jacob, 2017.
8. Paris, Fayard, 2019.

d'ailleurs, sur ce plan-là aussi, le coronavirus a frappé le sous-continent de plein fouet. Beaucoup de personnalités indiennes diront que l'édredon indien absorbe toutes les velléités de transformer la nature profonde du sous-continent, et je ne me prononcerai pas sur ce point. Je veux seulement attirer l'attention du lecteur sur la nécessité de nuancer les jugements.

Autre exemple récurrent : la Russie. Vladimir Poutine a finalement remporté son vote sur la réforme constitutionnelle, différé à cause du COVID-19. S'il est certain que sa popularité a beaucoup chuté depuis l'annexion de la Crimée en 2014, nul ne conteste qu'elle soit encore élevée. J'ajouterai que, si l'actuel régime politique de la Russie est manifestement autoritaire, quiconque fréquente un peu ce pays sait qu'il est ridicule de le présenter comme dictatorial, en comparaison avec tant d'autres. Incidemment, tout indique qu'il ne s'en tire pas plus mal que les pays occidentaux dans l'épreuve du coronavirus. Il s'en tire même plutôt bien sur le plan économique, en partie grâce à un accord laborieusement trouvé avec les États-Unis et l'Organisation des pays exportateurs de pétrole (OPEP) sur le prix du pétrole. Celui-ci s'était effondré début mars faute d'entente entre la Russie et l'Arabie Saoudite sur les volumes de production à réduire. Si l'on veut éviter que le système international ne dégénère en foire d'empoigne, chacun doit s'efforcer de porter sur les autres des regards empathiques et nuancés. S'agissant par exemple de l'aspect du vote constitutionnel russe qui rend possible le maintien au Kremlin de Poutine jusqu'en 2036, on peut l'interpréter comme une volonté non pas nécessairement de s'accrocher au pouvoir jusqu'à 84 ans, mais plutôt de préserver une liberté de manœuvre pour se protéger et organiser sa succession au moment propice. Je suis persuadé que la même préoccupation a inspiré la dernière réforme constitutionnelle chinoise.

Du point de vue occidental et surtout européen (car les Américains sont avant tout pragmatiques), on en revient toujours au même point : si nous continuons à fonder nos politiques étrangères sur le prosélytisme idéologique, nous irons au-devant de grands déboires. Déjà, faute d'une vision suffisamment réaliste et lucide au lendemain de la chute de l'URSS, nous avons réussi cet exploit de pousser la Russie et l'Iran dans les bras de la Chine, dont la première risque de devenir, comme on dit en anglais, un *junior partner*. Comme je l'ai déjà dit, l'Europe ne sait pas identifier, et *a fortiori* défendre, ses intérêts sur ses propres flancs (le concept de flanc est à la fois géopolitique, géostratégique et géoéconomique), non seulement à l'Est, mais aussi au Sud, vers l'Afrique et le Moyen-Orient. Et ce n'est pas tout. Il se trouve en effet que nous vivons à nouveau une époque où certains régimes non démocratiques, au sens occidental, se montrent plus visionnaires et efficaces que la plupart des démocraties occidentales. Si nous continuons à les regarder comme des répliques de l'Allemagne nazie, du Japon impérialiste ou de l'Union soviétique du début du XXe siècle, nous courrons à notre propre perte.

Pour enfoncer le clou sur la question des intérêts européens, je terminerai avec quelques mots (trop brefs vu l'importance du sujet) sur le Moyen-Orient – « compliqué », comme le disait de Gaulle. Les principaux systèmes de forces dans la région – comme l'Arabie Saoudite, les Émirats arabes unis, l'Égypte et Israël d'un côté, la Turquie et le Qatar de l'autre – ne doivent rien à l'ingénierie politique européenne. Le premier est bâti autour des États-Unis et de l'Arabie Saoudite contre l'Iran, et le second – que les États-Unis ne réprouvent pas clairement – vise à soutenir l'ambition néo-ottomane d'Erdogan, en s'appuyant sur les Frères musulmans. Les Européens balancent entre le premier, tout en réprouvant la politique unilatérale de Trump vis-à-vis de l'Iran, et le second. Ils ont besoin à la fois de la Turquie – qui fait du chantage sur les réfugiés et maintenant de la provocation en rendant Sainte-Sophie au culte musulman –, et du Qatar en raison de sa richesse. Ils sont en désaccord avec le transfert de la capitale d'Israël à Jérusalem et le projet de Benyamin Netanyahou, encouragé par Donald Trump, d'annexer les territoires palestiniens occupés, projet contraire au droit international et à tous leurs engagements antérieurs. Mais ils restent silencieux, ou du moins inaudibles, sur le sujet. Face au chaos libyen, qu'ils ont contribué à provoquer – il est plus facile de détruire que de construire –, leur jeu est d'autant plus ambigu qu'ils ne maîtrisent plus aucune carte. Erdogan en profite pour jeter l'ancre sur la Tripolitaine, au grand dam des Émirats qui sont un élément majeur de l'alliance de fait construite pour contrer le régime de Téhéran, mais aussi et peut-être surtout pour contenir l'islamisme politique. La Russie, de son côté, fait ce qu'elle veut, ou plutôt ce qu'elle peut. Sur ce point en rivalité avec la Turquie, elle cherche à prendre pied en Libye. Elle a déjà réussi un coup de maître en Syrie, en profitant des incohérences occidentales, comme d'ailleurs la Turquie avec qui ou contre qui elle est suivant les cas. Même les meilleurs spécialistes peinent à s'y retrouver dans cet écheveau. Je veux simplement souligner que la désunion diplomatique européenne, quand il s'agit de l'essentiel comme à propos de la Russie ou du Moyen-Orient, est aujourd'hui à son comble.

C'est dire combien est noble l'ambition d'Ursula von der Leyen de présider une commission « géopolitique ». Puisse-t-elle avec le président du Conseil Charles Michel et le Haut représentant Josep Borrell, soutenue par les chefs d'État et de gouvernement des pays membres, parvenir à ranimer la flamme de l'espérance européenne. Mais d'abord, il faudra revivifier une économie globalement sinistrée, tout cela à cause d'un virus qui a suffi à faire flamber une de ces peurs millénaristes dont je parlais dans les dernières lignes de mes « Perspectives » de l'an dernier. Le Troisième millénaire n'en finit pas de mal commencer.

Thierry de Montbrial

Membre de l'Académie des Sciences morales et politiques

Fondateur et Président de l'Ifri

Fondateur et Président de la *World Policy Conference*

Le 14 juillet 2020

Partie 2

Trois enjeux pour 2021

Après le virus

vidéo

http://dunod.link/6scmg59

Ce n'est pas une découverte : la crise révèle. Elle éclaire, d'un coup, des réalités jusqu'alors rampantes, seulement entrevues. C'est le cas de la crise du COVID-19, qui n'a pas tant été une crise mondiale – le monde entier n'a pas été uniformément touché – qu'une crise à effet mondial.

Elle nous incite à considérer différemment les logiques et les conséquences de la globalisation, à la fois concrètement et symboliquement : sur la santé, sur l'environnement de la vie humaine, sur nos souverainetés. Elle interroge la gouvernance internationale, et au premier chef une capacité de décision qui nous touche directement : celle de l'Union européenne (UE). Et elle nous replonge dans l'incertitude sur l'avenir de notre Sud, en particulier du monde arabe, dont nous avons tant craint qu'un virus ne vînt parachever son malheur.

À mondialisation virale, virus mondialisé

Le virus est emblématique de la mondialisation : il circule, nul ne contrôle ni ne maîtrise sa circulation – au sens propre, erratique –, et il promet des conséquences mal imaginables à l'échelle de nos sociétés. Il incarne un éventail de perturbations nouvelles naissant de la globalisation, et dont nous n'avons pas pris la mesure – imposant violemment l'idée que nos modèles de développement, ou simplement nos modes de vie, pourraient finir par saper leurs propres bases. La sécurité, objet premier, dans toutes ses définitions, de l'action politique, est brutalement mise en cause, dans sa forme la plus privée c'est-à-dire la plus large : la dimension sanitaire – une dimension de « sécurité civile » devenue centrale pour les Occidentaux depuis que la guerre n'est plus chez eux, et que leur sécurité ne signifie (presque) plus la protection militaire des corps.

Face à la crise, qui répond? Qui gouverne? À l'échelle qu'impose le problème : personne. Il n'y a pas de gouvernance spécifique du « transversal », des questions mondialisées – santé, environnement, technologies informationnelles… Le multilatéralisme, toujours mis en cause par les crises qui renvoient aux égoïsmes nationaux, est aujourd'hui en piteux état, dans un monde où dérégulation et affirmation de puissance sont les maîtres-mots. Les grand-messes multilatérales existent toujours; elles ont même, sur le sujet climatique, donné quelque espoir que la défense des « biens communs » suscite un nouvel universalisme. Cinq ans après l'accord de Paris, l'universalisme climatique demeure un beau spectacle, sans guère de résultat.

Une chose est claire : nous vivons la fin d'un cycle, celui d'une mondialisation pensée comme unique logique politique, trouvant en elle-même sa propre fin et son système d'auto-gouvernance. Mais proclamer une échéance est aisé, et imaginer le chemin nouveau, difficile. Une mondialisation « raisonnable » devrait inventer les moyens de gérer les biens désormais communs de l'humanité; et un équilibre inédit entre différents niveaux et systèmes de pouvoirs : États, ensembles interétatiques, forums transversaux, entités représentatives des sociétés civiles, etc.

L'affaire est tellement complexe – comme en témoigne, sur son créneau particulier, le programme de *Green Deal* européen – qu'il se pourrait bien que « la transition » vers un monde nouveau se résume à prolonger l'ancien. Dans cette hypothèse, le système international pourrait être vraiment déséquilibré par le retour à des souverainetés largement impuissantes à traiter de problèmes transversaux de plus en plus pressants. Si les souverainetés sont accoutumées à gérer des problèmes relativement classiques sur le court terme (contrôle des populations, activation des systèmes sanitaires, etc.), elles sont impuissantes à gérer seules les problèmes communs de long terme.

« Changer de logiciel » : modifier à la fois la logique mentale et les procédures – les institutions – qui en découlent, l'évidence semble là, au cœur de l'héritage de crise. Peut-être le pourrons-nous, mais avec du temps. Historiquement, les crises ne déterminent jamais l'avenir que sur le temps long. L'expression « nous n'avons plus le temps » appartient au langage idéologique, pas au politique.

L'Union européenne : décalée, inévitable

L'année 2020 devait être un nouveau départ pour l'UE : une nouvelle Commission se disait « géopolitique »; le Brexit serait dépassé; une conférence s'ouvrait pour penser l'avenir de l'Europe. L'ordalie du COVID-19 fut plus prompte.

Elle confirma d'abord – est-ce une surprise? – que l'Union ne formait pas un corps politique, mais tout au plus un corps psychologique, auprès duquel les populations trouvaient naturel de chercher de la solidarité. Les corps politiques furent, comme de coutume, les États qui s'agitèrent pour demander cette solidarité, ou pour la restreindre, enfin pour exiger une réaction économique des institutions de Bruxelles.

Sommée par les États de devenir acteur de la crise, l'institution européenne s'est mobilisée – et plutôt bien : avec ses banques, au premier chef la Banque centrale européenne, et avec les plans financiers de la Commission. Le cadre de référence européen s'est aussi affirmé avec la proposition franco-allemande acceptant une ébauche de mutualisation des dettes publiques européennes.

Comme toujours désormais, le bilan européen s'avère en demi-teinte : pâle et décisif, inévitable. Comme si les institutions européennes, faute de réelle autonomie, ne se bougeaient qu'admonestées par les États, hier pour une course sans fin vers l'ouverture « libérale », aujourd'hui convertissant brusquement leur *doxa*; comme si, néanmoins, et compte tenu du haut degré d'intégration européen, les États ne pouvaient se passer de leur mobilisation.

Sur quatre enjeux immédiats de la construction européenne, où en est-on désormais? La consolidation de l'euro? La monnaie unique a tenu, mais les conditions de sa pérennité de long terme (gouvernance, budget…) restent en question. Les relations à venir avec le Royaume-Uni ? L'unité européenne est jusqu'ici réelle, mais elle sera peut-être plus problématique demain, compte tenu d'intérêts commerciaux et financiers divergents entre États membres. La sécurité et la défense communes ? Nul réel progrès de court terme n'est en vue, les Européens préférant s'en remettre à la grâce à venir d'une « bonne » présidentielle américaine confortant l'Organisation du traité de l'Atlantique nord (OTAN). Quant à la sécurité « civile » – par exemple sur la question de la santé – la compétence collective ne semble pas à l'ordre du jour ; pas plus qu'elle n'existait hier. Enfin, quelle cohésion générale de l'Union ? Les divisions entre « anciens » et « nouveaux » membres, entre « rigoureux » et « dépensiers » ont toutes chances de survivre à la crise.

Tout ceci exprime, crûment parce qu'en temps de crise, ce que nous savions : la division ne porte pas sur l'existence de l'Union, mais sur son projet, qui n'a fait l'objet d'aucune discussion sérieuse depuis les élargissements du début de ce siècle.

Résultat : la place de l'UE sur la scène internationale est celle d'un objet, balloté au gré des humeurs et stratégies des autres : séduite puis désespérée par l'Amérique ; hésitant entre méfiance et attraction face aux avances chinoises ; sans stratégie vis-à-vis de son plus proche voisin, la Russie. Russie, Chine et États-Unis, qui multiplient les manœuvres bilatérales ou multi-bilatérales : non pas tant pour diviser l'Europe que pour tenir compte de son inexistence diplomatique.

Se refaire ou se défaire, se penser comme projet politique ou vivoter comme panier de coopérations économiques, comme simple filet de sécurité jusqu'à ce que lui-même se délite : voilà sans doute l'option qui est devant la Conférence sur l'avenir de l'Europe qui s'ouvrira bientôt, avec un retard dû aux attaques du virus de 2020.

Monde arabe : fragile résilience

Le monde arabe a résisté au virus : du moins les pertes humaines y ont-elles été plus limitées que redouté. Les traces de la crise n'y seront pas moins nombreuses, près de dix ans après des printemps qui ont largement échoué à faire évoluer des régimes que l'on avait cru trop vite déclassés.

Les printemps arabes, s'ils ont souvent montré la vigueur des sociétés civiles, n'ont entraîné que fort peu de progrès démocratique dans le fonctionnement des systèmes politiques. Au Maroc, la souplesse du régime a permis la mise en place d'une nouvelle donne politique, tout en préservant ses structures. En Tunisie, une vraie démocratie politique s'est imposée, qui demeure menacée par la fragilité des institutions et de naufrage économique. Ailleurs, c'est plutôt le renforcement du contrôle des sociétés, le durcissement des régimes, qui est la règle : en Égypte, dans les pays du Golfe – et à la lisière du monde arabe : en Turquie. Sans parler de l'anarchie libyenne, syrienne, irakienne.

La décevante décennie post-printemps et la crise du coronavirus vont dans le même sens : un renforcement du contrôle sur les sociétés quand c'est possible ; une aggravation globale du poids des régimes autoritaires ; une situation économique catastrophique, ou menacée (effondrement des cours des matières premières, avant et à cause de la crise) ; une division profonde des sociétés ; et, un peu partout, des contestations internes relevant la tête, des conflits régionaux sans fin.

La contestation des régimes semble bien reprendre force : en Algérie, au Liban, en Irak, en Syrie même… Mais le plus souvent sans être porteuse d'une alternative politique et institutionnelle. La désertification de la société politique imposée par des régimes d'autorité, et la volonté des manifestants de ne pas se faire récupérer, ensemble, produisent l'échec de mouvements qui n'ouvrent aucune voie politique. Comme si la seule certitude héritée des « printemps » était la vieille antienne du président Mao : *On a raison de se révolter!* – moyennant quoi ledit président perdurait au pouvoir…

Après les chocs des printemps, après le choc du COVID-19, trois espaces arabes s'imposent particulièrement à l'attention européenne, décisifs pour modeler notre environnement stratégique. Le Maghreb, avec l'enjeu essentiel de l'Algérie, dans ses deux dimensions de stabilité interne et d'action extérieure, dans l'ensemble Maghreb/Sahel (dont, bien sûr, la Libye). Le Golfe, foyer d'affrontement entre puissances de toutes tailles (Arabie Saoudite/Iran/Israël, Russie/États-Unis/Chine…), avec ses conflits ouverts, le problème de la conversion d'économies de rente et, peut-être demain des régimes déstabilisés par la contestation interne. Le binôme Irak-Syrie enfin, dont on ne voit pas bien comment il pourrait se pacifier sans résolution du problème iranien… Et pour parachever le tout, la perspective de l'annexion israélienne de la Cisjordanie, aux conséquences, au sens propre, imprévisibles.

« L'avenir est quelque chose qui se surmonte[1] »

L'année du virus nous aura montré le monde tel qu'il est : sans structure politique globale – pas d'institution, pas de système organisationnel de référence, sauf peut-être la « structure » informationnelle, qui a joué pendant la crise du COVID-19 un rôle, sans doute dominant, qu'il faudra analyser ; un monde que n'organisent que les compétitions entre puissances opportunistes. Opportunistes, c'est-à-dire qui jouent d'une situation dérégulée pour réaliser vite, et ponctuellement, leurs gains.

Cet état d'an-archie peut-il perdurer ? La crise sanitaire aura-t-elle convaincu que la défense commune des biens communs de l'humanité conditionne sa survie ? Les Européens se résoudront-ils à passer, ensemble, de la poussive administration des choses au gouvernement des hommes – c'est-à-dire au politique, tout simplement ? Le monde arabe, à nos portes, demeurera-t-il enfermé dans la dialectique mortifère qui oppose des sociétés civiles démunies à des régimes de plus en plus répressifs ?

D. D.

1. G. Bernanos, *La Liberté, pour quoi faire ?*, Paris, Gallimard, 1953.

La pandémie du COVID-19 : enjeux et solutions

Au-delà de l'épidémiologie et de la santé publique

Le concept de « santé mondiale » naît des années 1980 et des contrecoups de la pandémie du sida. L'échec des systèmes de santé nationaux et internationaux censés coopérer au profit de cette santé mondiale face au COVID-19 témoigne d'une triple dérive : un défaut de priorité politique, des choix basés sur des données internationales biaisées, et la soumission croissante des politiques publiques de santé aux décisions et intérêts privés.

L'expression *Global Health*, ou « santé mondiale », apparaît pour la première fois dans la littérature scientifique dans un numéro spécial de l'*Asia-Pacific Journal of Public Health*, intitulé « Global Health: Emerging Frontier of International Health[1] », daté de 1991. L'éditorialiste y synthétise les conférences de Chapel Hill, données par des personnalités reconnues de la santé publique de l'époque, universitaires ou responsables des agences de coopération internationale (Agence des États-Unis pour le développement international, agences des Nations unies…). Dans cette revue, le professeur Pannenborg, de l'université de Groningue aux Pays-Bas, donne pour titre à son article : « Shifting Paradigms in International Health ».

Le concept de santé mondiale

De quoi s'agit-il ? En fait, il s'agit de passer d'une stratégie de coopération bilatérale Nord-Sud, qui prévaut en Afrique par exemple depuis les indépendances, à une stratégie de coopération sanitaire plus globale. « Qu'est-ce que la santé mondiale ? », se demande l'éditorialiste. « La santé mondiale, comme tout autre concept, est tout d'abord un état d'esprit, une manière de considérer le champ de la santé comme un champ où l'interdépendance entre nations est un caractère endémique et central […] ; le concept de santé mondiale s'enracine dans les

1. S. C. Jain, « Global Health: Emerging Frontier of International Health », *Asia-Pacific Journal of Public Health*, vol. 5, n° 2, avril 1991.

besoins mêmes des nations, et non dans l'altruisme, le besoin de faveurs, ou la bonne volonté : c'est essentiellement une question d'intérêt pour soi-même. » Voici donc la notion de « santé mondiale » telle qu'elle émerge à la fin des années 1990, en tant que prise de conscience de l'un des effets de la mondialisation : elle souligne l'interdépendance des nations, y compris dans le domaine de la santé.

Mais le document qui va donner toute sa portée paradigmatique sécuritaire au concept de santé mondiale est celui de l'Institute of Medicine des États-Unis, publié en 1997 sous le titre : « America's Vital Interest in Global Health: Protecting Our People, Enhancing Our Economy, and Advancing Our International Interests ». La santé mondiale y est définie ainsi : « Un concept nouveau de "santé mondiale" est nécessaire pour traiter de problèmes de santé dépassant les frontières nationales, qui peuvent dépendre des circonstances ou des expériences d'autres pays, et qui relèvent d'actions et de solutions coopératives. » Un peu plus loin dans le rapport adressé au président américain, nous pouvons lire : « Les risques se transfèrent aussi, et le VIH est de loin la plus importante des infections, à la fois globalement et pour les États-Unis. »

Ainsi la notion de santé mondiale est-elle étroitement liée à l'explosion, à la fin des années 1990, d'une pandémie : celle du sida en Afrique subsaharienne. De l'ontologie de ces concepts découle la métaphore sécuritaire de l'aide au développement, qui se trouve à l'origine de la saisie en 2000, par le gouvernement américain, du Conseil de sécurité des Nations unies, pour la première fois de son histoire sur une question de santé publique. De la session spéciale de l'Assemblée générale des Nations unies de juin 2001 naîtra la résolution à l'origine de la création du Fonds mondial de lutte contre le sida, la tuberculose et le paludisme. Mais dès 1998, la fondation Bill-et-Melinda-Gates avait contribué à financer la création de l'Alliance mondiale pour les vaccins et l'immunisation (Alliance GAVI). Tout au long de ces vingt dernières années, c'est la prévention et/ou le traitement de quelques maladies infectieuses – celles dont le potentiel épidémique, ou perçu comme tel, inquiète les autorités occidentales ou leurs conseillers –, qui dominent la scène de la coopération sanitaire mondiale.

L'échec du paradigme de la santé mondiale

Avec l'émergence de la pandémie du COVID-19, nous assistons à l'échec du paradigme de la santé mondiale et des ressources colossales qui lui ont été allouées. Un échec à maîtriser précisément ce qu'il visait à prévenir ou à contenir : la propagation d'une pandémie, avec tous les risques corollaires d'impacts sociaux, économiques, politiques, et probablement sécuritaires, qui pourraient l'accompagner. Ce n'est pas là le moindre des paradoxes.

En termes épidémiologiques, tout ou presque a été dit sur les spécificités de la pandémie du COVID-19[2]. Si l'on entend un tant soit peu préparer l'avenir, il semble impératif de réfléchir plus avant sur trois aspects de la toile de fond de cette pandémie : le fait que la santé n'est pas une priorité politique ; l'irréalisme qui guide

2. P. Sansonetti, « COVID-19 ou la chronique d'une émergence annoncée », Paris, Collège de France, 16 mars 2020.

les choix des responsables politiques; la privatisation des politiques publiques nationales et internationales.

La santé n'est pas une priorité politique

Il n'y a pas de volonté politique claire en faveur du secteur de la santé. En termes financiers, les gouvernements africains allouent à la santé entre 5 et 10 % des budgets nationaux, et souvent moins de 5 %. La protection des populations est un moindre souci des dirigeants africains que celui de leur maintien au pouvoir. Alors que la pandémie s'étend sur le continent, le prix Nobel de littérature Wole Soyinka les rappelle à l'ordre, déplorant « les logiques de profit et de monopolisation du pouvoir » et appelant à repenser la santé comme « un bien public essentiel[3] ». Du côté de l'Aide publique au développement, le constat est le même : le Fonds européen de développement (FED) qui, en volume, est le plus important des instruments de coopération au développement de l'Union européenne en faveur des États d'Afrique, des Caraïbes et du Pacifique (ACP), octroie autour de 3 % de ses crédits – parfois moins – aux secteurs sociaux de la santé et de l'éducation.

En France, si le budget de la Sécurité sociale est équivalent, voire supérieur, à celui de l'État, c'est aussi en raison du peu d'intérêt politique, et peut-être même citoyen, pour la prévention des maladies chroniques. La santé publique est la spécialité médicale la moins valorisée lors du choix des lauréats qui suivent le concours de l'internat de médecine. Les lobbies du tabac, de l'alcool, du médicament et de l'agroalimentaire sont familiers des cabinets ministériels. Les responsables des enseignements de la spécialité de santé publique en France ont en réalité peu intégré les problématiques internationales de la santé, préparant mal les futurs professionnels à ces enjeux. Élever le niveau d'intérêt et de connaissance des responsables politiques sur la santé représente un combat permanent.

Le désintérêt politique pour ce secteur pourrait expliquer en partie pourquoi les chefs d'État et de gouvernement n'ont réagi que tardivement aux alertes que leur ont effectivement signifiées leurs épidémiologistes. Le plus troublant est évidemment la surdité du président américain à toutes les tentatives de ses agences de renseignement de le convaincre, tout au long de ces derniers mois, de la menace que pouvait constituer, pour les États-Unis et pour le monde, l'épidémie de COVID-19 telle qu'elle se développait en Chine, puis en Europe. En effet, outre les instances du célèbre Center for Disease Control and Prevention (CDC), et des National Academies, le National Intelligence Council (NIC) qui regroupe plusieurs agences de renseignement a publié, depuis plus de vingt ans, de nombreux rapports analysant diverses thématiques de santé mondiale, soulignant à chaque fois en quoi ces sujets pourraient constituer une menace pour le bien-être du peuple américain, mais aussi pour la sécurité nationale. Les présidents Bush, Clinton, Obama ont été très attentifs à ces analyses, tout autant qu'aux rapports que le NIC leur a présentés en amont de chacun de leur mandat. Le NIC présente

---

3. « Aux dirigeants du continent africain : face au COVID-19, il est temps d'agir ! », *Mediapart*, 13 avril 2020; C. Lachowsky, « COVID-19 : le prix Nobel Wole Soyinka cosigne une lettre ouverte aux gouvernants africains », RFI, 29 avril 2020; C. Lachowsky, « Pourquoi écouter Wole Soyinka et les penseurs du continent ? », RFI, 29 avril 2020.

en effet au président américain, entre son élection et son investiture, un rapport prospectif très détaillé sur les enjeux susceptibles de se présenter en cours de mandat. Le risque pandémique y est constamment traité. Donald Trump est le premier président dans l'histoire sanitaire des États-Unis à être resté sourd aux travaux et alertes du NIC.

L'irréalisme, base des décisions des responsables politiques

Le paradigme de la santé mondiale s'est accompagné d'une emprise de la communication sur la science, et puis la communication a définitivement pris le dessus. Ce glissement s'est opéré à l'insu des scientifiques eux-mêmes – parfois sans objection de leur part. Ainsi, par exemple, les taux d'accès aux médicaments antirétroviraux en Afrique ne sont plus rapportés à la population censée être la cible de la politique de santé publique (l'ensemble des personnes séropositives éligibles à recevoir le traitement), mais aux seules personnes séropositives éligibles dépistées, ou diagnostiquées, c'est-à-dire celles qui fréquentent les formations sanitaires. Or le taux d'utilisation des services publics de santé en Afrique est très bas : moins d'une consultation par an et par habitant.

Si l'on peut comprendre (sans l'admettre) que les agences des Nations unies (dites, pourtant, de référence) communiquent des taux « maquillés » pour faire valoir ce qu'elles font de bien (ce qui relève de la communication), on ne peut accepter que des revues scientifiques de renom reprennent ces taux fabriqués ou que les épidémiologistes ne les corrigent pas. Ainsi les autorités de santé élaborent-elles des stratégies nationales, ou internationales, incluant des objectifs quantitatifs et une budgétisation, qui ne sont pas fondés sur la réalité épidémiologique de la situation sanitaire, mais sur des taux « améliorés ». Ces stratégies ne peuvent donc en aucun cas être pertinentes et répondre aux réalités de santé publiques – sans parler des questions éthiques et épistémologiques que soulèvent ces observations.

En outre, la mondialisation s'est accompagnée d'une uniformisation de la pensée, y compris dans les hypothèses de recherche. La biologie, la virologie et la pharmacologie sont explorées de la même façon de Paris à Tokyo ou de Los Angeles à Londres : ne pourrait-on avoir là une des explications de l'échec à trouver un vaccin protégeant contre l'infection au VIH, près de 37 ans après l'identification du virus à l'Institut Pasteur ?

Relever l'irréalisme à partir duquel les politiques gouvernent suggère également de s'intéresser à la manière dont les universités et autres instances de formation, initiale et continue, préparent (ou non) les futures élites, administratives ou politiques, à réfléchir et à identifier les enjeux mondiaux actuels et à venir, pour s'y confronter. Ceci en particulier dans le domaine des questions internationales. Il ne suffit pas d'inculquer des méthodes ou des savoirs. Il s'agit d'inviter les nouvelles générations à penser de manière prospective, voire à devenir des visionnaires. La tâche est loin d'être aisée : il est difficile de trouver du matériel de recherche, des études prospectives, notamment pour ce qui concerne l'Afrique francophone, ou le Sahel plus spécifiquement, aux enjeux immenses pourtant à quelques pas de l'Europe.

Une des conditions pour développer une qualité visionnaire (si tant est que ce soit possible) est une excellente connaissance du terrain. Or celle-ci est limitée. Premièrement, l'assistance technique à long terme de la coopération gouvernementale n'existe plus, les capacités de recherche locale sont peu financées, et les organisations non gouvernementales sont peu nombreuses à partager des savoirs pratiques. Ensuite, les personnes en charge dans les organisations de coopération au développement ne connaissent souvent plus ni le secteur, ni la géographie, en faveur desquels ils administrent les financements. Enfin, l'insécurité grandissante, en Afrique francophone par exemple, dissuade désormais les futurs diplômés de penser y acquérir une expérience de terrain, celle-là qui précisément leur permettrait de réunir les facultés d'envisager, de réfléchir et de se préparer aux enjeux à venir.

Concrètement, que cherchons-nous à connaître, ou que choisissons-nous d'ignorer des réalités ? Sous quelles influences nous privons-nous de connaître, et quoi ? Quelles sont les questions qui ne sont pas posées ? Le philosophe Jean Vioulac insiste : « La pensée est exigence de lucidité : elle est la tentative pour y voir clair en ce qui est. […] La difficulté est précisément ceci : penser le sans-précédent, l'inouï, ce à quoi rien ne nous a préparés, c'est-à-dire fondamentalement l'impensable […] C'est la tâche de la pensée que d'élaborer les concepts susceptibles de rendre compte de ce qui est, et de donner ainsi à voir ce face à quoi la science reste aveugle.[4] »

La privatisation des politiques publiques nationales et internationales

Le paradigme de la santé mondiale s'est accompagné de la création de nouveaux instruments de coopération : les partenariats public-privés mondiaux (PPP), tels l'Alliance GAVI, le Fonds mondial, Unitaid… Initialement invité à collaborer et à cofinancer les stratégies de prévention et de prise en charge de quelques maladies infectieuses, le secteur privé partenaire, qu'il soit industriel et commercial, philanthropique ou pharmaceutique notamment, s'est progressivement emparé du pouvoir d'influence sur les politiques publiques internationales.

L'influence stratégique de la fondation Bill-et-Melinda-Gates sur les choix politiques de l'Organisation mondiale de la santé (OMS), ces dernières années, en est emblématique. La santé mondiale serait-elle désormais dominée, voire dirigée, par des instances privées ? Cela poserait naturellement de graves questions de démocratie. Car ce sont les États membres de l'OMS qui sont censés fixer les orientations de l'agence des Nations unies. Mais cela entraînerait aussi des questions de pertinence : plutôt que de concentrer la plupart des ressources (humaines, matérielles et financières) pendant deux décennies sur la prévention de quelques maladies infectieuses (voir les pathologies cibles de ces partenariats public-privé mondiaux), ne fallait-il pas en même temps, et en concertation avec l'ensemble des bailleurs de fonds internationaux – dont la Banque mondiale et la Commission européenne – poursuivre le travail réalisé dans les années 1990, et continuer à contribuer au financement, dans leur globalité, des systèmes de santé des pays pauvres, pour les préparer à une alerte et une riposte en cas d'émergence

4. J. Vioulac, *La Logique totalitaire. Essai sur la crise en Occident*, Paris, Presses universitaires de France, 2013.

d'un nouveau risque, mais aussi pour pouvoir dépister et prendre en charge l'ensemble des patients, et pas seulement ceux qui étaient priorisés par ces partenariats public-privés mondiaux – ce qui, au demeurant, soulève nombre de questions éthiques et déontologiques, rarement abordées ?

Cette privatisation des politiques publiques s'est étendue au sein même des organisations internationales, mais on a pu l'observer également du côté des États, qui se sont laissés déposséder – à leur insu ou avec leur bénédiction c'est selon –, de leur souveraineté et de leurs missions mêmes de garants de la sécurité, de l'égalité et de la justice sociale. L'État rentre ainsi dans un cycle de discrédit et de délégitimation : est-il vraiment encore au service de la société (service public) ? La finalité de la société, le bien commun, le bonheur, sont-ils perdus de vue ? L'État agit dès lors sous contrôle du secteur privé, instrumentalisé au profit des logiques des multinationales, elles-mêmes au bénéfice de logiques financières.

Les politiques publiques existent-elles toujours si le secteur privé est devenu la nouvelle figure du pouvoir, infiltrant toujours davantage l'immanence de la société, ou si les politiques sanitaires elles-mêmes, qui déterminent des questions de vie et de mort, s'exercent sous l'emprise de lobbies divers et variés ? L'État et les organisations internationales se retrouvent de plus en plus assujettis à l'emprise des logiques libérales, pris dans les rets de conflits d'intérêts à peine dénoncés, et cela à l'échelle de la planète. Il faut oser poser la question : en amont de la pandémie du COVID-19, allions-nous déjà vers la dissolution du politique ? Ces problématiques peuvent pour partie expliquer la surdité aux alertes sanitaires du président américain : Donald Trump est avant tout un homme d'affaires, pas un homme d'État.

La riposte à la pandémie, comme toute réponse à un phénomène de santé publique, appelle une réaction combinée des citoyens et des instances politiques. Nous ignorons encore à quoi ressemblera le monde qui émergera de la pandémie du COVID-19. Mais, en tout état de cause, ces trois dimensions dessinent la toile de fond sur laquelle devront se dessiner les réponses.

D. K.

Pour en savoir plus

- D. Kerouedan, *Géopolitique de la santé mondiale*, Paris, Collège de France/Fayard, coll. « Leçons inaugurales du Collège de France », 2013.
- D. Kerouedan et J. Brunet-Jailly (dir.), *Santé mondiale. Enjeu stratégique, jeux diplomatiques*, Paris, Presses de Sciences Po, 2016.
- B. Roche, H. Broutin et F. Simard (dir.), *Ecology and Evolution of Infectious Diseases: Pathogen Control and Public Health Management in Low-Income Countries*, Oxford, Oxford University Press, 2018.

Voir également la carte « Le coronavirus dans le monde en 2020 », p. 328-329 de cet ouvrage.

L'Organisation mondiale de la santé dans la crise du COVID-19

Pouvait-elle agir autrement ?

La gestion de la crise par l'Organisation mondiale de la santé (OMS) fait l'objet de critiques mais aussi de soutiens. Elle confirme les limites de l'organisation, dont la responsabilité repose avant tout sur les États membres. La crise peut être une chance de réfléchir à l'avenir d'une organisation essentielle face aux défis sanitaires mondiaux.

Mettant en cause l'indépendance de l'OMS par rapport à la Chine, le président Trump a adressé une lettre à son directeur général (DG) le jour de l'ouverture de l'Assemblée mondiale de la santé (AMS) virtuelle, le 18 mai 2020, dénonçant l'échec de sa réponse à la crise du COVID-19 et menaçant de quitter l'organisation (ce qu'il a fait le 29 mai 2020). Le lendemain, l'AMS adoptait une résolution prévoyant de lancer dès que possible une évaluation « impartiale, indépendante et complète » de l'action coordonnée par l'OMS. L'organisation a connu crises et tensions depuis sa création en 1948 ; mais l'intensité de l'épidémie, la surpolitisation des critiques et leurs possibles répercussions sur l'avenir de l'organisation donnent à la gestion de la crise du COVID-19 un caractère inédit.

Créée à l'issue de la Seconde Guerre mondiale, l'OMS s'est vue confier le mandat « d'amener tous les peuples au niveau de santé le plus élevé possible ». La notion de santé est définie positivement comme « un état de complet bien-être physique, mental et social, et ne consiste pas seulement en une absence de maladie ou d'infirmité ». L'OMS doit « agir en tant qu'autorité directrice et coordonnatrice, dans le domaine de la santé » et dispose d'une fonction normative importante lui permettant d'adopter des conventions, règlements, recommandations, et toute mesure nécessaire. Elle a ainsi adopté, puis révisé le Règlement sanitaire international (RSI) en 2005, principal instrument contre les épidémies. C'est en application de ce RSI que le DG de l'OMS déclarait le 30 janvier 2020 le COVID-19 urgence de santé publique de portée internationale (USPPI).

Un rôle d'agence d'expertise scientifique de santé mondiale

Fort d'une adhésion universelle (196 États parties) et de sa nature contraignante, le RSI confère à l'OMS un puissant instrument de gestion internationale des épidémies. L'innovation principale de sa révision a élargi son champ d'application : il ne s'appuie plus sur une liste de maladies à déclaration obligatoire mais couvre toute « pathologie humaine ou affection, quelle qu'en soit l'origine ou la source, ayant ou susceptible d'avoir des effets nocifs importants pour l'être humain ».

Le RSI prévoit plusieurs obligations pour les États membres : obligation de notification à l'OMS d'événement épidémique dans les 24 heures, prenant en compte la gravité de l'événement, son caractère inhabituel ou inattendu, son risque de propagation internationale et le risque de restrictions aux voyages et au commerce international ; et obligation de développer des capacités minimales en matière de santé : veille épidémiologique, diagnostics de laboratoire, préparation aux crises sanitaires permettant leur détection. La révision du RSI renforçait parallèlement la compétence propre du DG, lui donnant le pouvoir de qualifier l'événement d'USPPI et de publier des recommandations temporaires.

Avant l'actuelle crise, la mise en œuvre du RSI à cinq reprises avait déjà soulevé nombre de critiques, éclairant les limites de l'instrument et de l'OMS elle-même. L'absence de mécanisme de sanction en cas de violation des obligations et le caractère non contraignant des recommandations ont laissé les États membres libres d'agir en contradiction avec le RSI. Par ailleurs, l'OMS a manqué de précision, de cohérence, et parfois de transparence, dans ses déclarations d'USPPI, notamment au regard des critères (scientifiques) retenus. Ainsi l'action de l'OMS a-t-elle fluctué entre absence de déclaration alors même qu'elle estimait la propagation internationale réelle, grave et très préoccupante (coronavirus du syndrome respiratoire du Moyen-Orient ou MERS-CoV), défaut de réactivité (H1N1, Ebola), surréactivité (poliomyélite) ou précocité de réaction au nom du principe de précaution (Zika).

Ces crises épidémiques ont révélé que les États membres souhaitaient cantonner l'OMS à un rôle d'agence d'expertise scientifique. Dans la mise en œuvre du RSI, l'OMS n'a jamais critiqué publiquement l'action des États membres, à l'exception notable en 2003 de Gro Harlem Brundtland lors de la crise du coronavirus du syndrome respiratoire aigu sévère (SRAS-CoV-1) à l'égard de la Chine. Lors de la crise Ebola, Margaret Chan avait justifié le retard de la déclaration d'USPPI en expliquant que l'OMS était une agence technique et scientifique, n'intervenant qu'à la demande des États membres. L'OMS est donc attendue par ses États membres sur ses compétences scientifiques, son expertise épidémiologique, ses connaissances médicales et sa capacité à coordonner le réseau mondial d'alerte. Tout ceci s'inscrivant dans la volonté continue des États de faire de l'OMS une agence apolitique, symboliquement basée à Genève.

À preuve de cette approche, les moyens financiers de l'OMS sont peu conséquents. Avec 6 milliards de dollars, son budget biannuel 2018-2019 est nettement inférieur au budget annuel de l'Assistance publique-Hôpitaux de Paris (7 milliards de dollars). De plus, la nature des financements a évolué, diminuant d'autant sa capacité d'influence sur l'agenda de la santé mondiale : près de 80 % du budget de l'OMS est constitué de contributions volontaires, affectées à des dépenses déterminées par les donateurs, États membres ou acteurs non étatiques – par opposition aux contributions fixes (20 %), déterminées principalement en fonction du PIB de chaque État et de sa capacité d'endettement.

Dès lors, la gestion de la crise du COVID-19 par l'OMS n'a pas dérogé à la règle, ni au rôle souhaité par les États membres. L'OMS a d'abord partagé les informations scientifiques : le 4 janvier 2020, elle signale sur les réseaux sociaux l'existence d'un groupe de cas de pneumonie à Wuhan et publie, le lendemain, son premier bulletin. Tout au long de la crise, elle met en place un dispositif de lutte contre les fausses nouvelles, de suivi de l'épidémie (*dashboard*), facilite la recherche d'un vaccin et de traitements (programme de recherche et développement *Blueprint,* essai clinique mondial *Solidarity*), publie un plan de réponse et de préparation stratégique (slogan : « Testez, testez, testez »), ainsi que des lignes directrices (prise en charge des voyageurs malades, soins à domicile...), et alerte régulièrement sur les difficultés des pays à faible revenu. Elle use de ses compétences en déclarant le COVID-19 USPPI (en publiant des recommandations temporaires), puis comme pandémie. Enfin, ces dernières années, l'OMS avait alerté la communauté internationale sur la nécessité de se préparer à une prochaine pandémie, notamment dans le Rapport annuel sur l'état de préparation mondial aux situations d'urgence sanitaire (septembre 2019).

Si l'OMS est apolitique, sa gestion est contrainte par les relations entre États, notamment entre Taïwan et la Chine. Depuis le début de la crise, Taïwan – exclue comme membre en 1972 au profit de la Chine, puis comme observateur en 2016 à la demande de la Chine –, accuse l'OMS de n'avoir pas pris en compte son alerte sur le risque d'une transmission interhumaine, transmise fin décembre 2019 (ce que l'OMS réfute), soit bien avant la confirmation par Pékin le 20 janvier 2020. Quant aux États-Unis, ils accusent la Chine d'être responsable de l'épidémie. Dans ce contexte, le DG a fait le choix habituel du compromis dans sa relation avec la Chine, favorisant la coopération sans la critiquer. Cette attitude ne semble pas, *a posteriori*, avoir été efficace. La transmission d'information par la Chine a certes été plus rapide (par rapport à la crise du SRAS) et plus complète (partage du séquençage du virus), mais elle est restée partielle (non-partage des échantillons biologiques nécessaires au développement de vaccins) et tardive, la Chine étant soupçonnée d'avoir eu connaissance de la circulation d'un nouveau coronavirus entre deux et six semaines avant l'alerte à l'OMS.

Pour agir plus vite : renforcer les moyens

L'OMS n'est pas exempte de critiques. Il apparaît regrettable que l'organisation ait publiquement félicité la Chine pour sa gestion initiale de la crise, ce que Trump avait lui-même fait dans un tweet. De même, les tergiversations dans la déclaration d'USPPI (première réunion du Comité d'urgence non concluante), l'absence de remise en cause des informations venues de Chine (sur la non-transmission interhumaine ou le non-partage des échantillons biologiques), la confusion à l'égard de Taïwan (incertaine prise en compte des alertes de décembre 2019) permettent de penser que l'OMS n'a pas su utiliser l'autorité dévolue par sa Constitution et le RSI.

On ne peut pourtant pas savoir si une dénonciation publique du retard de notification de la Chine ou une accusation de mauvaise gestion auraient permis une évolution différente. Au début de la crise, nul autre État n'a fait de déclaration en ce sens. À l'exception d'une virulence américaine apparue au fil de la crise, les réactions des États ont été timides, notamment celles du président français et du gouvernement britannique. Pourquoi attendre d'une organisation internationale qu'elle s'exprime si ses États membres s'en abstiennent ? Ces États ont également affaibli la légitimité de l'OMS en prenant des décisions contraires aux recommandations temporaires, notamment en matière de fermeture des frontières. À ce titre, l'évaluation de sortie de crise doit porter sur les actions de l'OMS mais aussi sur celles des États membres face au COVID-19.

L'OMS aurait certainement pu et dû faire mieux, mais sa marge d'action est limitée – ce que la crise révèle de façon criante. Des propositions ont été avancées pour améliorer le RSI : prévoir plusieurs niveaux de déclaration d'USPPI, rendre les recommandations obligatoires, sanctionner l'absence de notification, sécuriser le recueil des données épidémiologiques, faciliter la coordination logistique avec l'ensemble des acteurs, mettre en place des mécanismes incitatifs de financement en fonction des progrès de mise en œuvre du RSI, voire le transformer en une convention internationale à l'instar de la Convention-cadre pour la lutte antitabac de 2003. Mais dans un paysage de santé mondiale fragmenté, notamment par la montée en puissance des acteurs non étatiques, l'enjeu est plus profond : il touche au rôle souhaité par les États membres pour l'organisation, et donc à son fonctionnement et à ses moyens.

Les risques sanitaires globaux imposent une réponse collective et coordonnée : il faut donc renforcer l'OMS, pour ne pas faire reposer la « réussite » de la lutte contre les défis sanitaires sur le seul leadership de son DG. Le contexte actuel semble, à cet égard, relativement propice à l'affirmation d'une volonté collective des États membres. Lors du Sommet extraordinaire virtuel du 26 mars, les États se sont engagés à renforcer le mandat de l'organisation pour coordonner la lutte internationale contre la pandémie. L'OMS doit donc être soutenue, son rôle de coordination des crises sanitaires mondiales réaffirmé, et les États membres doivent clarifier ce qu'ils attendent d'elle en lui donnant les moyens de remplir efficacement son mandat. Ce qui implique un renforcement des contributions fixes et une mise en œuvre effective des moyens juridiques de l'OMS.

Les enjeux sanitaires sont globaux et touchent tous les pays, indépendamment de leur situation économique. L'OMS, dans une approche multilatérale renforcée, doit pouvoir agir vis-à-vis de l'ensemble de ses États membres, et pas seulement envers ceux qui « acceptent » son autorité, pour améliorer la gestion des crises futures et répondre plus efficacement aux défis sanitaires mondiaux.

F. K.

Pour en savoir plus

- Y. Beigbeder, *The World Health Organization: Achievements and Failures*, Londres, Routledge, 2017.
- F. Kastler, *Le rôle normatif de l'Organisation mondiale de la santé*, Paris, L'Harmattan, 2019.
- I. Kickbush, « COVID-19 Is Smoke and Mirrors – What Matters Is International Law », Think Global Health, 15 avril 2020.

Le COVID-19 et le réchauffement climatique

Un coup de frein à confirmer

Jusqu'à aujourd'hui, les émissions de CO_2 n'ont été contraintes que par des chocs externes. La crise du COVID-19 impose un brutal freinage des activités économiques et sociales qui se traduit par une baisse inédite des émissions. Leur remontée sera lente et n'annulera pas cet acquis. Mais cette réduction ne suffira pas à elle seule à bouleverser les perspectives climatiques. La transition bas-carbone exige un mouvement de long terme.

Sous l'angle économique, la récession provoquée par le COVID-19 est sans précédent. Le confinement s'est traduit par un double mécanisme de rationnement : du côté de l'offre, un rationnement du travail qui bloque une grande partie de la production de biens et services ; du côté de la demande, un rationnement imposé au consommateur à qui sont interdits de multiples achats. Ce double choc est amplifié par la fermeture des frontières qui constitue une forme de rationnement supplémentaire portant sur les importations et les exportations.

Le rationnement a été un instrument récurrent de l'action climatique : protocole de Kyoto (1997) pour les pays ; systèmes des quotas de CO_2 s'appliquant aux installations industrielles, dès 2005 en Europe, puis utilisés en Chine, en Corée et dans des États ou provinces d'Amérique du Nord ; contributions déposées par les pays dans le cadre de l'accord de Paris (2015-2016), qui sont autant de promesses de rationnement sur leurs rejets de gaz à effet de serre.

Ces rationnements décidés dans le cadre de l'action climatique ont parfois permis d'abattre d'importants rejets de CO_2. C'est notamment le cas pour l'Union européenne. Ils ne sont pourtant jamais parvenus à faire reculer les émissions mondiales.

Ce que l'action climatique n'a jamais pu obtenir, le COVID-19 l'a imposé en quelques semaines au premier semestre 2020. Pour freiner la circulation du virus, des milliards d'habitants ont été contraints au confinement. Le double rationnement subi a provoqué en 2020 une chute des émissions de CO_2 que nul n'aurait pu imaginer. Le COVID-19 pourrait bien faire de 2019 le pic des émissions mondiales.

Cette décrue historique des émissions n'impacte pourtant que marginalement le stock de CO_2 présent dans l'atmosphère à l'origine du réchauffement global. Ce sont les conséquences à moyen et long terme du choc de 2020 qui seront déterminantes pour l'action climatique.

Brève histoire des émissions de CO_2 : quelques enseignements

Depuis 1900, les émissions de CO_2 qui résultent de la combustion des énergies fossiles et de la fabrication du ciment ont été le principal moteur de l'accumulation du stock de gaz à effet de serre dans l'atmosphère. Durant la première moitié du xxe siècle, les rejets mondiaux de CO_2 d'origine énergétique progressent assez irrégulièrement. Ils sont freinés par le premier conflit mondial, encore plus par la crise de 1929. Ils prennent leur essor après-guerre pour atteindre 36,5 gigatonnes (Gt) en 2019, pas loin de 7 fois la quantité qui part chaque année en fumée au-dessus des forêts.

Émissions mondiales de CO_2 (1900-2019)

Source : Graphique de l'auteur, à partir des données du Global Carbon Budget (édition 2019). Les données sont exprimées en gigatonnes.

La courbe figurant les émissions liées à la déforestation a été lissée. Les émissions résultant du procédé de fabrication du ciment sont incluses dans les émissions énergétiques.

D'une observation rapide de la courbe, le lecteur retire deux impressions. La première est celle d'un mouvement ascendant inexorable que seuls interrompent, très provisoirement, des chocs majeurs. La seconde est celle d'une grande impuissance des politiques climatiques depuis 1990. Un examen attentif conduit à nuancer ces premières impressions.

Au lendemain du réalignement du prix du pétrole en 1980, les émissions mondiales baissent pour la première fois pendant deux années consécutives. Elles repartent ensuite à la hausse, mais c'est aussi le moment où l'Union européenne à 28 atteint son pic d'émissions. Faiblement pourvus en énergies fossiles, les pays du Vieux Continent réagissent alors en investissant dans l'efficacité énergétique et dans des sources alternatives au pétrole, moins carbonées (gaz naturel) ou décarbonées (nucléaire). À partir de 2005, le motif climatique accentue ce décrochage de la courbe européenne. Mais c'est bien le choc pétrolier du début des années 1980 qui a catalysé le mouvement.

Au début des années 1990, la courbe des émissions globales connaît un recul assez net qui ne sera rattrapé qu'après trois ans. Cette fois-ci, ce n'est plus un choc pétrolier mais un choc géopolitique qui provoque la rupture : la chute de l'URSS. Trente ans après, aucun ancien pays de ce bloc n'a rejoint les niveaux d'émission de 1990 : la transformation de leurs structures économiques a durablement abaissé leurs émissions de CO_2.

Quant à la crise de 2009, elle n'a guère affecté la trajectoire chinoise ni celle des autres économies asiatiques. Elle a, par contre, accentué le décrochage de celle des États-Unis, qui ont atteint leur pic d'émissions en 2007. Le rebond conjoncturel de 2010 n'a aucunement effacé la baisse de 2009. Tous les efforts du président Trump pour relancer par la suite les sources les plus émettrices d'énergie ont échoué. La crise de 2009 marque peut-être un point de bascule du système « thermo-industriel » d'hier vers le capitalisme numérique de demain.

Ces dernières décennies, ce sont des chocs externes qui ont momentanément inversé la trajectoire globale d'émission de CO_2. À chaque fois, ces chocs ont provoqué ou accéléré des modifications dans les structures économiques, conduisant certains pays à passer leur pic d'émissions en décrochant de la trajectoire globale. Avec le COVID-19, c'est la trajectoire globale qui pourrait être durablement inversée par les effets en cascade de la mise à l'arrêt des émissions.

La mise à l'arrêt des émissions : transport et industrie

La mise à l'arrêt de l'activité économique par le double rationnement se répercute instantanément sur l'utilisation de l'énergie et les émissions de CO_2. Elle touche particulièrement les activités les plus émettrices de CO_2 : transport, industrie, production d'électricité. On peut donc anticiper que le recul des émissions de CO_2 sera nettement plus marqué que celui de l'activité.

C'est effectivement ce que nous annoncent les grandes organisations internationales. En avril 2020, le Fonds monétaire international (FMI) a fourni une première estimation de baisse du PIB mondial intégrant les effets de la pandémie : - 3 % sur l'année 2020. L'Agence internationale de l'énergie[1] (AIE) a converti cette projection en consommation d'énergie primaire et en émissions de CO_2 : - 6 % pour l'utilisation d'énergie, - 8 % pour les émissions de CO_2. Autrement dit, un recul des émissions de CO_2 pratiquement trois fois plus rapide que celui du PIB. Examinons l'affaire de plus près.

C'est par un blocage des mobilités que s'installe le confinement. Qu'il soit de proximité ou international, qu'il utilise l'air, la mer ou les routes, le transport est chaque fois impacté. De plus, la sortie du confinement ne peut être que graduelle. Tant que le virus reste menaçant, la durée exacte et la sévérité des restrictions aux mobilités sont incertaines. Or le transport pèse lourd dans le bilan des émissions de CO_2 : un peu moins du quart des émissions mondiales ; nettement plus dans

1. « Global Energy Review 2020 », Agence internationale de l'énergie, 30 avril 2020.

les économies développées. Sa mise à l'arrêt a provoqué un coup de frein inédit à la dynamique des émissions mondiales.

En cas de récession, la production manufacturière baisse plus rapidement que le reste de l'économie. Dans l'industrie, les activités les plus touchées sont les industries lourdes situées à l'amont des chaînes productives et qui rejettent la grande masse du CO_2 s'échappant des usines. C'est pourquoi la mise à l'arrêt des chaînes industrielles provoquée par le confinement a eu un impact démultiplicateur sur les émissions. L'ensemble des usines du monde rejetant une quantité de CO_2 à peu près équivalente à celle de l'ensemble des moyens de transport, c'est à nouveau un peu moins du quart des émissions mondiales qui est touché.

Une partie de ces ajustements préfigure des transformations plus durables des structures économiques favorables aux réductions d'émissions. Dans le transport, il ne faut pas s'attendre à ce que le tourisme de masse remplisse rapidement les avions et bateaux de croisière une fois levées les dernières restrictions à la mobilité : ces équipements de la mobilité resteront associés dans la représentation collective à des propagateurs de COVID-19, et donc au risque sanitaire. En ce qui concerne les marchandises, la crise a également révélé les bénéfices de la proximité et de la diversification des sources d'approvisionnement en termes de résilience. Cela fera moins de conteneurs traversant les océans. Pour l'industrie, on discerne moins clairement de tels changements. L'outil de production n'a pas été décarboné pendant le confinement, et la demande en produits industriels de base reste très forte dans les économies émergentes et moins avancées.

Ensemble, transports et industries contribuent à un peu moins de la moitié des émissions mondiales. À elle seule, la production d'électricité et de chaleur rejette 45 % du CO_2 disséminé dans l'atmosphère. Les réactions de ce secteur au double rationnement sont pleines d'enseignements pour le futur.

« Une carte postale en provenance du futur »

Contrairement à l'industrie ou au transport directement mis à l'arrêt, la production d'électricité n'a pas été soumise au rationnement de l'offre, en raison de son caractère de première nécessité. Elle a été impactée par un double effet de demande et d'offre.

Côté demande, les impacts du double rationnement sont contrastés. Restaurants et centres commerciaux fermés, bureaux vides, usines arrêtées : tout cela fait de la demande d'électricité en moins. À l'inverse, le télétravail qui substitue au transport des personnes le transport numérique et la circulation des informations explose sur les réseaux. L'ensemble des *data centers*, des terminaux et des équipements de réseaux utilise environ 10 % de l'électricité produite dans le monde[2]. D'où un coup de frein sur 90 % de la consommation et une économie numérique particulièrement vorace sur les 10 % restants, le premier effet surpassant largement le second. C'est pourquoi l'AIE anticipe une baisse de 5 % de la demande mondiale d'électricité en 2020.

Du côté de l'offre, les différents moyens de production n'ont pas réagi de façon homogène à la contraction de la demande. Les mécanismes d'ajustement ont conduit à une redistribution de grande ampleur des centrales thermiques vers les moyens de production fonctionnant au renouvelable.

2. L. Cailloce, « Numérique : le grand gâchis énergétique », *CNRS Le Journal*, 16 mai 2018.

Quand on produit du courant avec du charbon ou un autre combustible fossile, les dépenses en capital sont assez faibles, mais les coûts variables élevés. C'est l'inverse pour les moyens de production renouvelables, qui continuent d'être appelés en cas de déclin de la demande d'électrons sur le réseau et de baisse de leur prix. L'inconnue réside dans les coûts de stockage et d'équilibrage du réseau, du fait de leur forte dépendance aux conditions météorologiques : intensité du vent et qualité de l'ensoleillement.

C'est à un test grandeur nature qu'ont été soumises les énergies renouvelables, avec l'épreuve du double rationnement qui a brusquement affaibli la demande. Test passé avec succès : sur le premier mois de confinement en Europe, l'éolien et le solaire ont fourni ensemble le quart de l'électricité consommée (65 % au Danemark, 45 % en Allemagne, 41 % en Grèce). Pour l'ensemble de l'année, l'AIE s'attend à ce que la contribution de ces deux moyens de production augmente fortement dans le monde. Le retrait des centrales fonctionnant au charbon et aux autres énergies fossiles a été un contributeur majeur de la baisse historique des émissions de CO_2 en 2020.

Cette réaction du secteur électrique n'aurait pas été possible sans le flux d'investissements en capacités de production renouvelables (et de stockage d'électricité) réalisé depuis plus d'une décennie dans le monde. Elle trace une double voie pour l'accélération de la transition énergétique, avec des actions d'efficacité et de sobriété côté demande, et un redéploiement des moyens de production côté offre. Pour reprendre l'expression de Michael Liebreich, elle est une sorte de « carte postale en provenance du futur[3] ». Un futur où le système électrique aura totalement été libéré de sa dépendance à l'égard du combustible fossile.

Un « effet rebond » très hypothétique

Dans la mouvance écologiste, la réaction à la baisse des émissions a été d'alerter sur un prochain « effet rebond » qui allait tout effacer. N'était-ce pas ce qui s'était produit au lendemain de la crise financière de 2009 ?

Certes, certains paramètres feront remonter les émissions depuis le point bas atteint pendant le confinement. La faiblesse du prix des énergies fossiles stimule leur demande et renchérit les coûts relatifs des investissements dans l'énergie verte. Avec l'urgence de la revitalisation des économies, les gouvernements seront soumis à une pression redoublée de lobbies pour assouplir les contraintes environnementales. Le désir de renouer avec les rencontres et les multiples consommations qui s'y associent sera, enfin, insatiable au terme des périodes de rationnement imposées par les conditions sanitaires.

Pour autant, la baisse des émissions mondiales de 2020 n'a aucune chance d'être rattrapée en un an comme au lendemain de la crise financière, et ce pour plusieurs raisons.

En premier lieu, le recul n'est pas comparable. L'AIE l'a estimé à 8 %, soit 5 fois celui de 2009. Pour notre part, nous l'estimons dans le haut de la fourchette de 1 à 5 gigatonnes. D'après nos calculs, cela conduirait vers une réduction d'émissions de l'ordre de 14 %, soit 10 fois plus que lors de la crise financière de 2009.

En second lieu, la mécanique du double rationnement est tout à fait différente de celle d'une récession classique. Les conditions du redémarrage de l'économie

3. M. Liebreich, « COVID-19 – The Low Carbon Crisis », BloombergNEF, 26 mars 2020.

le seront également. C'est la lutte contre la circulation du virus qui en fixe le calendrier. Tant que le COVID-19 reste en circulation, il est illusoire de poser l'hypothèse d'une suppression totale des entraves à la mobilité. Qui peut raisonnablement parier sur un redémarrage rapide de l'économie dans un tel contexte ?

Plus fondamentalement, le raccourci avec 2009 fait comme si rien n'avait bougé en matière énergétique durant la dernière décennie. Celle-ci a pourtant été marquée par une montée en régime très rapide des investissements dans les énergies renouvelables et le stockage de l'électricité.

Ce changement est particulièrement important pour la Chine, de loin le premier émetteur de CO_2 au monde. À la fin des années 2000, le pays était sur une tendance d'accroissement des émissions de près de 10 % par an. La crise financière avait juste infléchi sa progression, et le plan de relance avait réanimé la machine à recracher le CO_2. En 2020, la situation du pays est tout autre. La Chine a drastiquement réorienté sa trajectoire d'émissions. Elle est devenue le premier investisseur mondial dans le solaire et l'éolien. D'après certaines études, le pays était proche de son pic d'émissions avant le début de l'épidémie[4]. Sauf hypothétique retour dix ans en arrière, la sortie de la crise sanitaire ne devrait pas s'accompagner en Chine d'un rebond des émissions similaire à celui de 2009.

Un peu de temps gagné pour l'action climatique

À court terme, la chute des émissions, aussi violente soit-elle, n'affecte que marginalement le stock de CO_2 présent dans l'atmosphère. Pour stabiliser ce stock, qui est la variable agissant sur le réchauffement, il faudrait plusieurs décennies de baisse du flux annuel d'émissions. Un décrochement brutal d'une année ne bouleverse donc pas la perspective de l'action climatique. Il permet seulement de gagner du temps. Exactement comme l'arrêt de l'économie face au COVID-19 tant que n'existe pas de vaccin pour contrer la dissémination du virus.

Nos sociétés sauront-elles mettre à profit ce court répit pour accélérer de façon durable la transition bas-carbone ? C'est l'un des enjeux majeurs de la longue phase de remise en mouvement des économies qui a succédé au double rationnement imposé par le COVID-19.

C. de P.

Pour en savoir plus

- C. Gollier et S. Straub, « L'économie du coronavirus : quelques éclairages », Toulouse School of Economics, 21 mars 2020.
- C. de Perthuis, *Le tic-tac de l'horloge climatique*, Louvain-la-Neuve, De Boeck Supérieur, 2019.
- C. de Perthuis, *COVID-19 et réchauffement climatique*, Louvain-la-Neuve, De Boeck Supérieur, 2020.

Voir également la carte « Origine des émissions de CO_2 et conséquences du réchauffement climatique », p. 324-325 de cet ouvrage.

4. H. Wang, X. Lu, Y. Deng *et al.*, « China's CO_2 Peak Before 2030 Implied from Characteristics and Growth of Cities », *Nature Sustainability*, n° 2, juillet 2019, p. 748-754.

Les négociations climatiques dans un monde post-COVID

Du freinage au rebond ?

Le suivi des engagements de l'accord de Paris est manifestement en question, comme l'a rappelé l'échec de la COP25 de Madrid fin 2019. Les grands pays se montrent réticents à respecter, et encore plus à hausser, leurs engagements nationaux. La crise du COVID-19 a désorganisé le processus institutionnel des négociations, et risque de se traduire par un recul de la priorité climatique. Et pourtant, les sociétés civiles semblent de plus en plus se mobiliser autour du thème du climat.

Pour le 50e anniversaire de la Journée de la Terre, le 22 avril 2020, l'Organisation météorologique mondiale (OMM) a annoncé une augmentation du niveau de CO_2 de 26 % en 50 ans, avec une hausse des températures de 0,86 degré.

Les négociations climatiques retiennent de plus en plus l'attention mais catalysent des processus complexes. Au niveau institutionnel, les négociations des COP (*Conference of Parties*) concernent des mesures ayant des conséquences directes sur les États. Le climat s'immisce aussi dans la politique nationale, comme l'a attesté le vote pour les partis « verts » aux élections européennes de 2019. Et une partie de la société civile est frustrée par l'absence de leadership politique : on l'a vu à travers le retentissement médiatique de Greta Thunberg, des grèves dans les écoles ou d'Extinction Rebellion. À quoi viennent s'ajouter différents appels à une relance économique post-COVID-19 alignée sur les objectifs climatiques des Nations unies.

COP et CDN face au COVID-19 : une crise chasse l'autre

La COP26 s'annonçait comme une étape majeure, les Nations unies n'hésitant pas à qualifier 2020 de *super year*, marquant la fin d'un cycle de cinq ans depuis l'accord de Paris. Les États devaient la préparer avec de nouveaux objectifs climat pour horizon 2025 ou 2030 dans les Contributions déterminées au niveau national (CDN) – les premières ayant été soumises en 2015 – et des stratégies visant à la neutralité carbone en 2050 (*Strategies Long-Term* – SLT).

Les ambitions des premières CDN restaient en deçà des efforts requis pour limiter le réchauffement climatique à 1,5 degré. Les Nations unies estiment que, mises en œuvre, elles permettraient une réduction de 3,4 gigatonnes d'émissions de CO_2 en 2030, avec une augmentation des températures de 3,2 degrés. Les États devraient donc consentir à des réductions de 15 gigatonnes de CO_2 supplémentaires pour limiter la hausse à 2 degrés, et de 32 gigatonnes pour 1,5 degré (objectif de l'accord de Paris). Autrement dit, les émissions devraient diminuer de 7,6 % par an entre 2020 et 2030, et les ambitions des pays être multipliées par cinq.

Les premières CDN n'ont cependant pas vocation à parvenir aux objectifs de l'accord de Paris : elles ne sont qu'une première étape, suivie tous les cinq ans par de nouvelles CDN. Leur révision est donc cruciale. Si les ambitions des États sont insuffisantes, l'accord de Paris pourrait être jugé irréaliste et finalement abandonné.

Le COVID-19 complique encore ce processus. Les conférences et réunions internationales sur le sujet (COP, mais aussi pré-COP, réunions de préparation se déroulant chaque année à Bonn au printemps, semaines climatiques régionales…) ont été reportées. La COP26 n'aura donc pas lieu en 2020, mais en novembre 2021. Quant aux mesures de confinement, elles ont entraîné une baisse des émissions de 2 000 millions de tonnes de CO_2, soit une chute de 5,5 % par rapport à 2019, mais cela reste encore loin des 7,6 % requis par les objectifs de l'accord de Paris…

2020 : super année du climat sans COP

2019 et 2020 auront été marquées par une accumulation de signaux négatifs et une fragilisation des processus onusiens mettant en danger les acquis de l'accord de Paris.

Le Sommet sur le climat organisé par le secrétaire général des Nations unies en septembre 2019 n'aura pas répondu aux attentes. Le sommet précédent de 2014 avait permis la mobilisation de nombreux acteurs non étatiques (villes, régions, secteur privé) et lancé une dynamique débouchant sur l'accord de Paris en 2015. En 2019, non seulement les annonces ont déçu, mais la communication des Nations unies a été marquée par des impairs, l'ambassadeur de l'événement évoquant, par exemple, une importante annonce chinoise à venir… qui ne vint jamais.

Quelques semaines plus tard, le Chili, confronté à une situation sociale explosive, renonçait à accueillir la COP25. L'Espagne se porta à la rescousse de la Convention-cadre des Nations unies sur les changements climatiques (CCNUCC), hébergeant une COP dont le Chili conserva la présidence. Malheureusement, les négociations furent un échec du fait, entre autres, de la faiblesse de la présidence chilienne, de la résistance de nombreux pays du G20 (Australie, Arabie Saoudite, Brésil, États-Unis) et d'un défaut de leadership. Les États échouèrent à s'accorder sur l'article 6 du traité de Paris, sur les marchés carbone.

2020 ne commença pas bien non plus. Rapidement, des inquiétudes se firent jour à l'encontre de l'hôte britannique de la COP26, prévue pour novembre. Boris Johnson termina le mois de janvier en révoquant la ministre Claire Perry qui devait assumer sa présidence. Parallèlement, les rumeurs rapportaient que la COP ne se tiendrait pas à Glasgow comme originellement annoncé, en raison de tensions entre Londres et l'Écosse. Puis vint la crise du COVID-19 qui bouleversa le calendrier et fit de 2020 – la *super year…* – une année sans COP.

Ces péripéties fragilisent une CCNUCC dont l'utilité est de plus en plus questionnée, tout comme l'annualité de la COP. Le report de la COP26 risque de remettre en cause les dates de soumission des nouvelles CDN et SLT. Cela pourrait donner plus de temps aux États pour peaufiner leurs plans climat ; mais le nouvel agenda risque surtout de reléguer le climat au rang des priorités secondaires, les gouvernements étant confrontés à une crise sanitaire sans précédent et à un violent ralentissement économique. En outre, les limitations des déplacements dues au COVID-19 ont un impact sur les processus de définition des plans climat. Les pays en développement travaillent généralement avec des experts internationaux qui les soutiennent dans la rédaction de leurs CDN : ceux-ci ne peuvent généralement plus se rendre dans ces pays, alors que le confinement affecte aussi les consultations internes visant à donner la parole aux différents acteurs de chaque pays.

Point qui pourrait pourtant être positif : le report de la COP la désynchronise des élections américaines. Nombreux sont les pays qui attendent leurs résultats avant de finaliser leur CDN. Le retour des Démocrates à la présidence pourrait changer la donne : les États-Unis renonceraient alors certainement à quitter l'accord de Paris, reviendraient à la table des négociations, pourraient reformer une alliance stratégique avec l'Europe ou la Chine (comme entre 2014 et l'élection de Trump), et faire pression sur leurs alliés récalcitrants (en particulier les autres pays du G20).

Enfin, la crise du COVID-19 pourrait aussi permettre d'accélérer la réforme des processus de négociations. Plusieurs experts, notamment français, se sont prononcés en faveur de nouvelles approches. Une piste évoquée est celle de la fusion des trois conventions onusiennes sur le climat, la biodiversité et la désertification. D'autres, plus nombreux, proposent de n'organiser la COP que tous les deux ans.

Peu d'entrain au niveau de gouvernements sous pression

Début 2020, peu d'États du G20 semblaient prêts à hausser leurs ambitions climatiques. Et pour commencer, la Chine, premier émetteur de la planète, a une position ambiguë. Certes, Xi Jinping, a joué un rôle clé dans la réussite de la COP21 et semble avoir fait de la lutte contre le changement climatique un fer de lance de sa diplomatie. Cela n'empêche pas la Chine d'augmenter ses capacités en charbon, avec plus de 200 gigawatts (GW) de centrales actuellement en planification ou construction. Si Pékin a introduit de claires restrictions en matière de construction de centrales à charbon, celles-ci ne cessent d'être assouplies. L'engagement climatique chinois est mis à mal par des priorités contradictoires : la guerre commerciale lancée par le président Trump a poussé certains caciques du régime à demander que la priorité soit donnée à la croissance, sans se soucier des préoccupations environnementales.

La crise du COVID-19 et ses conséquences sur l'économie nationale viennent renforcer ces demandes. Les consultations interministérielles portant sur la nouvelle CDN sont ralenties, et de nombreux signes laissent penser que Pékin ne soumettra pas de nouveau plan avant de connaître le résultat des élections américaines. L'annonce, en mai, que Pékin décidait de ne pas fixer de cible de croissance économique pour 2020 laisse également beaucoup de questions ouvertes : est-ce le signe que Pékin pourrait favoriser des projets polluants visant à doper sa croissance à court terme ? Si tel n'est pas le cas, pourquoi ne pas avoir annoncé des projets dans les industries vertes ?

Pékin joue aussi un rôle ambigu au niveau international. D'un côté, la Chine semble volontariste, avec une participation active à la préparation du Sommet sur le climat de septembre 2019 et la coprésidence d'un groupe portant sur les solutions basées sur la nature. Elle doit aussi héberger l'importante conférence internationale sur la biodiversité initialement prévue pour 2020 (reportée, du fait du COVID-19). D'un autre côté, elle refuse de s'engager, tarde à afficher clairement ses plans en matière de rehaussement des ambitions de sa CDN ou de sa SLT – sans parler de positions parfois peu constructives lors des COP (notamment lors de la COP25).

La situation est aussi paradoxale aux États-Unis, deuxième plus gros émetteur mondial. D'un côté, les émissions nationales ont chuté de 2 % en 2019, après avoir augmenté en 2018. De l'autre, Donald Trump s'est attaqué, ces derniers mois, à de multiples mesures environnementales (pourtant déjà fortement chahutées pendant son mandat) dans le cadre de son plan de soutien à l'économie. Au nombre des victimes, on compte les standards en matière d'efficacité énergétique des véhicules, la pollution liée à la suie, ou encore les mesures visant les terminaux de gaz naturel liquéfié.

Les choses sont également compliquées au niveau européen. Bruxelles pourrait jouer le rôle de leader climatique mondial, mais ne parvient toujours pas à en endosser l'habit. Certes, la nouvelle Commission européenne a profité de la tenue de la COP25, fin 2019, pour rendre public son *Green Deal*. Mais les priorités de ce dernier ont dû être réaménagées du fait de la crise économique : les stratégies sur l'adaptation climat ou sur les forêts, la transition verte pour les consommateurs ou les initiatives sur les carburants propres pour l'aviation et le transport maritime ont été reportées.

Par ailleurs, l'Union européenne peine à parler d'une seule voix. D'un côté, les ministres de l'Environnement de 12 pays (dont la France) ont, en avril, cosigné un texte demandant une accélération dans les « domaines de la mobilité soutenable, de l'énergie renouvelable, la rénovation des bâtiments, la recherche et l'innovation, le rétablissement de la biodiversité et l'économie circulaire ». Des pays comme l'Espagne travaillent, eux, à un objectif de neutralité carbone pour 2050 (voir le projet de loi présenté à Madrid en mai). De l'autre, la Pologne, la République tchèque et la Hongrie se sont d'abord montrées très récalcitrantes devant des engagements climat plus ambitieux, allant parfois jusqu'à réclamer un report du *Green Deal* dans son intégralité. L'Union européenne est cependant parvenue à imposer le *Green Deal* dans son plan de relance post-COVID-19 de 750 milliards d'euros, avec le financement de projets d'énergies renouvelables et de véhicules électriques. Ce volontarisme sera-t-il suffisant pour créer une dynamique lors de la COP26 ?

Les pays les plus vertueux n'ont malheureusement qu'un poids politique très limité. Le Costa Rica a présenté fin 2019 un plan pour parvenir à la neutralité climatique en 2050, en mettant l'accent sur l'électrification de ses transports. La Norvège a, pour sa part, haussé ses ambitions de réduction des émissions en 2030 – par rapport à 1990 – de 40 % dans la CDN soumise en 2015, et de 50 à 55 % dans la seconde CDN. La Moldavie a aussi accru ses ambitions – de 64 à 67 % – de réduction de ses gaz à effet de serre à horizon 2030 par rapport au niveau de 1990, passant à un objectif de réduction de 70 %. Les îles Marshall ont quant à elles soumis leur SLT dès 2018, soit deux ans avant l'échéance – premier État à soumettre une nouvelle CDN. Menacées par la montée des eaux, elles ont également adopté un programme de mise en œuvre de la CDN, tristement intitulé « plan de survie nationale »...

La grande inconnue reste l'impact des plans de relance post-COVID-19. Il existe un risque réel qu'ils profitent principalement aux industries lourdes et fossiles. La crise a déjà pour conséquence de réduire les budgets consacrés au climat et à l'environnement. À l'inverse pourtant, les pays pourraient utiliser leurs CDN et SLT comme bases pour leurs nouvelles politiques économiques. On peut relever par exemple que le plan d'action du G20 des ministres des Finances sous présidence saoudienne a, en avril, plaidé pour une relance plus soutenable.

Un leadership des acteurs non étatiques ?

Élément nouveau sur la scène climatique, aux conséquences encore difficiles à déterminer, le manque de leadership étatique se voit compensé par une société civile de plus en plus engagée, avec des acteurs très divers : organisations non gouvernementales (ONG), entreprises, secteur financier ou encore gouvernements subnationaux.

Depuis déjà quelques années, le processus onusien a reconnu l'importance de ces acteurs, qui ont pu annoncer leurs engagements lors des Sommets climat de 2014 et 2019. Le Plan d'action Lima-Paris a été mis en place lors de la COP20 à Lima, avec pour objectif d'identifier les initiatives non étatiques internationales les plus prometteuses. L'un de ses résultats fut l'institutionnalisation de journées thématiques lors des COP et la nomination d'un(e) « champion(ne) » pour chaque COP, pour promouvoir les actions de ces acteurs. La CCNUCC a créé un portail visant à lister ces initiatives – baptisé Nazca en hommage à l'hôte de la COP20. Aux Nations unies, les avancées conduites par ces acteurs non étatiques sont désormais nommées « action globale climatique » (*Global Climate Action*) et la CCNUCC s'est dotée d'une équipe chargée de les suivre. Elle peine néanmoins à définir une stratégie cohérente pour impliquer ces acteurs.

En parallèle, ces initiatives non étatiques s'accélèrent et se multiplient, souvent avec le soutien de gouvernements. On citera ici la mobilisation des gouvernements locaux, notamment autour du C40 Cities Climate Leadership Group, ou de la Convention des maires, d'abord lancée au niveau européen et qui s'est étendue à d'autres continents avec le soutien de la Commission européenne. Un sommet mondial visant à réunir ces acteurs a été organisé en septembre 2018, à l'initiative notamment du gouverneur de Californie Edmund Brown.

Les secteurs privé et financier ne sont pas en reste. Au nombre des coalitions : *We Mean Business*, dont l'ancien P.-D.G. Nigel Topping a été nommé *High Level*

Climate Action Champion par le gouvernement britannique et pour la COP26. Citons aussi l'Alliance pour une relance verte lancée par le député européen Pascal Canfin en mai 2020, qui rassemble des ministères de l'Environnement, des parlementaires, des P.-D.G. et d'importants groupes de la finance internationale.

Enfin, la mobilisation de la société civile ne cesse de s'élargir. L'action des ONG est déjà reconnue par les Nations unies. Nombreuses sont celles qui sont accréditées et disposent d'un accès, voire d'un pavillon, lors des COP. Chaque année, elles organisent aussi nombre de conférences, parallèlement aux négociations. S'y ajoutent désormais des mouvements plus diffus et moins professionnalisés, comme ceux des grèves étudiantes pour le climat, ou Extinction Rebellion, dont l'objectif est avant tout de mobiliser les populations sur le thème de l'urgence climatique et, ce faisant, de pousser les gouvernements à agir. Ces mouvements sont apparus en 2018 et ont pour principaux foyers les pays occidentaux. Il est donc difficile de dire quelle sera leur influence concrète sur les processus de négociations climatiques. Ils traduisent néanmoins l'intérêt croissant des opinions publiques pour ces questions et jouissent d'une importante visibilité médiatique.

La COP26 sera décevante ou ne sera pas

La route semble donc longue pour parvenir à une COP26 réussie. D'une part, les Nations unies semblent fragilisées, dépassées par la société civile, et à la recherche de soutiens qui ne viennent pas. Les États les plus émetteurs font preuve de réticence, voire de mauvaise volonté (États-Unis, Japon, Chine) ou peinent à afficher leurs ambitions (Union européenne). D'autre part, les opinions semblent de plus en plus mobilisées autour de la cause climatique, avec des sociétés civiles qui cherchent à jouer un rôle croissant. La crise du COVID-19 et la question de la durabilité des plans de relance viennent encore compliquer l'équation.

Le fossé se creuse entre les dynamiques des sociétés civiles et les décisions politiques : l'un des défis de la présidence britannique sera de le combler. Mais y parviendrait-elle qu'il est plus que probable que les plans climat resteront insuffisants pour atteindre les objectifs de l'accord de Paris, ouvrant la porte aux critiques du processus, et relançant peut-être de nouvelles vagues de mobilisation.

T. V.

Pour en savoir plus

- Climate Home News : www.climatechangenews.com.
- « Nationally Determined Contributions », Convention-cadre des Nations unies sur les changements climatiques, 2015.
- « Emissions Gap Report 2019: Global Progress Report on Climate Action », Programme des Nations unies pour l'environnement, novembre 2019.

Le *Green Deal* européen

vidéo
http://dunod.link/nux27e1

Défis politiques, sociétaux, géoéconomiques et géopolitiques

Ambition majeure à l'échelle européenne, le *Green Deal* s'intègre désormais aux décisions de relance des économies de l'Union européenne (UE) frappées par la crise multiforme du COVID-19. Le *Green Deal* représente un paradigme nouveau pour l'UE et une véritable rupture systémique, étroitement liés à la transformation digitale, et dont la mise en œuvre dépend de multiples conditions (politiques, institutionnelles, technologiques, industrielles), ainsi que d'un soutien ferme des opinions.

Les 26 et 30 mai 2019, plus de 427 millions d'électeurs européens ont été appelés à renouveler le Parlement européen. La campagne a été marquée par la crainte d'un vote en faveur des formations antieuropéennes. La coalition majoritaire Parti populaire européen/Alliance progressiste des socialistes et démocrates au Parlement européen s'est trouvée rompue du fait de l'affaiblissement de ces formations, et la confirmation d'Ursula von der Leyen a été laborieuse. Ces élections ont pourtant été les plus importantes depuis l'élection au suffrage universel du Parlement européen en 1979 : la participation a été élevée, notamment chez les jeunes ; les Verts se sont renforcés ; le Parlement entend peser ; et un thème s'est imposé à tous les partis pro-européens : le climat.

Entre mai 2019 et mai 2020, l'agenda politique européen a été bouleversé par l'émergence d'une nouvelle « raison d'être » du projet européen : l'accélération de la transition énergétique, pour viser la neutralité carbone en 2050. Les crises provoquées par le COVID-19 ont finalement débouché sur une stratégie de relance économique qui doit s'appuyer sur la transition écologique et digitale.

C'était loin d'être acquis. Avant les élections de mai 2019, l'Allemagne et d'autres États prônaient une approche réaliste : pas question de renforcer à nouveau les objectifs de 2030, ceux de 2020 étant déjà en partie hors d'atteinte. Oui à la neutralité carbone, mais dans la seconde moitié du siècle, et en avançant sans bouleversement, par pans, par la concertation : sortie du charbon, verdissement du mix électrique, puis des transports. Dans cette logique, les politiques européennes de l'énergie, complétées par l'enjeu climatique, demeuraient centrées sur la concurrence, l'intégration et le fonctionnement du marché intérieur, ainsi que sur la sécurité des approvisionnements (paquet « Énergie propre »), tout en provoquant certaines ruptures, comme le paquet « Mobilité propre » ou l'Alliance européenne des batteries. Avec des échecs : sur les pesticides, le numérique, l'efficacité énergétique et la gouvernance du climat.

Mais l'urgence climatique et les dégradations environnementales sont devenues perceptibles par tous les Européens. De même que l'insuffisante mobilisation internationale mise en exergue par les rapports du Groupe d'experts intergouvernemental sur l'évolution du climat (GIEC), voire l'obstruction menée par les États-Unis et d'autres. Enfin, les avancées et le déploiement à grande échelle des technologies bas-carbone les ont propulsées dans une aire d'hyperfiabilité, compétitivité et productivité. Elles sont, du même coup, devenues un enjeu industriel essentiel. Les mouvements de société ont su mobiliser et renforcer la pression sur les élites politiques et les entreprises. Enfin, l'UE devait pouvoir tourner la page des crises monétaires, migratoires et du Brexit, pour se concentrer sur l'essentiel.

Fin 2019, quatre décisions historiques ont été prises : la Banque européenne d'investissement a modifié sa stratégie pour exclure le financement des hydrocarbures ; le Conseil européen a adopté un objectif de neutralité carbone pour 2050 ; une classification des investissements durables a été adoptée ; enfin, von der Leyen et son vice-président Timmermans, qui supervise de façon inédite six portefeuilles de la Commission (énergie, environnement, climat, agriculture, transport, pêche), ont présenté leur *Green Deal* : une ambition visant à transformer l'économie européenne d'ici 2050, soit le temps qui s'est écoulé depuis la chute du mur de Berlin. Pour finir, un super commissariat au Marché intérieur, qui supervise un agenda d'autonomie stratégique, a été créé et attribué au français Thierry Breton, pour mettre en œuvre une ambition française dont la réalisation passe par l'échelon européen.

L'ambition systémique : remobiliser la nation européenne

La présentation du *Green Deal* marque une rupture systémique. Temporelle d'abord, car c'est un programme qui engage l'UE sur trente ans. Il confirme que la Commission européenne, aux côtés des forces armées nationales, est l'une des rares institutions qui entend penser et agir à long terme, et qui pour ce faire a besoin d'autorité et de moyens pour inscrire son action dans la durée, à l'abri des aléas politiques nationaux.

Le *Green Deal* vise l'accélération : l'UE était déjà la seule entité au monde à mettre en œuvre une transition énergétique au moyen de politiques publiques, mais les ajustements étaient jusque-là à la marge et concentrés dans le secteur électrique pour l'essentiel. Désormais, il s'agit de décarboner tous les secteurs économiques (énergie, industrie, agriculture, transports) et de mobiliser toutes les politiques publiques. Le *Green Deal* est identifié comme un instrument de croissance économique et d'amélioration du bien-être de tous les Européens : *de facto*, il entend créer une union des Européens pour la transformation écologique des économies et le bien-être. Son ambition va donc au-delà de la lutte contre le changement climatique. Il concerne toutes les dégradations environnementales et tous les gaz à effet de serre – pas seulement le dioxyde de carbone (CO_2), mais aussi le méthane (CH4), beaucoup plus dangereux, ainsi que d'autres (N_2O, HFC, PFC et SF6) – et il entend agir pour la préservation de la biodiversité, la lutte contre la pollution et la préservation de la santé.

Ce projet systémique passe par une mobilisation générale de tous les acteurs de la société, de tous les Européens. C'est une stratégie par essence géoéconomique et politique. Il comporte ainsi plusieurs volets, complémentaires, dont un qui comprend une diplomatie climatique et une réallocation de l'aide au développement (plus de 70 milliards d'euros par an), une mobilisation des instruments commerciaux et un mécanisme d'ajustement carbone aux frontières. Enfin, un plan d'investissement d'un trilliard d'euros sur dix ans est prévu, misant sur un faible soutien budgétaire direct, accompagné d'un effet de levier sur l'investissement privé. Ce plan est doublé d'une stratégie de cohésion territoriale *via* le Just Transition Fund, visant 100 milliards d'euros (2021-2027) pour aider les régions en transition les plus touchées, notamment là où se trouvent les activités houillères.

Tel quel, le *Green Deal* constituait une ambition, mais pas encore un plan d'exécution. Tout au long des années 2020 et 2021, il devait être décliné en directives, stratégies (trans)sectorielles et plans d'action. Parmi ses composantes essentielles doivent figurer :

- Une loi Climat, qui permettra de graver l'objectif de la neutralité carbone dans le marbre *via* un règlement, mais aussi de la définir, de préciser les responsabilités et de définir un accord sur des objectifs intermédiaires.
- Une stratégie pour l'intégration intelligente des infrastructures et solutions bas-carbone dans tous les secteurs.
- Un plan d'action pour l'économie circulaire, visant notamment les plastiques, les métaux, le ciment, les batteries et les produits alimentaires.
- Une stratégie sur la biodiversité, qui vise à préserver et rétablir les écosystèmes.
- Une stratégie industrielle, pour les technologies bas-carbone et digitales.
- Une stratégie agricole et alimentaire, « de la ferme à la table », pour promouvoir un système agricole plus durable, sain et respectueux de l'environnement.
- Une stratégie contre la pollution, pour un environnement sans substances toxiques.
- Une stratégie pour l'efficacité énergétique, pour une vague de bâtiments publics et privés.
- Une stratégie pour une mobilité durable et intelligente.
- Une révision du système d'échange de quotas d'émission (SEQE), avec une éventuelle extension du système à d'autres secteurs.

Le temps des bouleversements et des crises

Cette formidable ambition n'a pas fait l'unanimité et a nourri quelques scepticismes, voire des rancœurs.

Tout d'abord, la Pologne n'a pas souscrit aux conclusions du Conseil européen de décembre 2019 sur la neutralité carbone, estimant avoir besoin de plus de temps et d'argent que les autres. Ensuite, un nombre non négligeable de parlementaires nationaux et européens, tout comme certaines entreprises, considèrent le *Green Deal* comme une menace pour la compétitivité et une cause vaine, dans un monde qui n'est pas globalement en transition énergétique. Force est de constater que bon nombre de citoyens ne sont pas prêts à changer leurs modes de vie (remise en cause de l'hypermobilité aérienne mondiale, sobriété de la consommation, priorités budgétaires…). Le *Green Deal* est également une affaire de gros sous, et les tensions traditionnelles sur la définition et la répartition de la manne promise ont immédiatement fait surface.

Enfin, le *Green Deal* bouleverse sur le fond les relations : entre Bruxelles et les États membres, entre les États membres qui vont devoir mieux se coordonner et s'écouter, et entre l'État et les collectivités locales qui auront un rôle clé à jouer. Il transforme aussi la relation entre l'UE et le monde : cette dernière entend développer un leadership politique, économique et technologique qui peut devenir un formidable outil de puissance. Les États membres ont fini par comprendre qu'une rivalité globale se jouait autour des technologies numériques et bas-carbone, et qu'il fallait agir à l'échelle communautaire pour y faire face. L'échec de cette ambition signifierait l'effondrement économique, social, puis politique, de l'UE.

Si les coûts de la transition devenaient insupportables, si les mauvaises décisions étaient prises, si l'emploi se délitait, si la transition entraînait un boom des importations, si l'environnement continuait à se dégrader, si les injustices sociales augmentaient et se doublaient d'injustices climatiques, alors l'UE aurait échoué et serait, à coup sûr, condamnée à se désintégrer. Le *Green Deal* marque bien ainsi le point de départ d'une guerre de Trente Ans dont la principale bataille, celle de la mobilisation, doit se jouer dans les trois premières années : de 2020 à 2022.

Or cette bataille a bien failli être perdue, voire d'ailleurs ne pas être engagée, du fait des crises engendrées par le COVID-19. Les premières semaines de chaos institutionnel et la priorité des moyens consacrés aux urgences ont évidemment fait passer les piliers du *Green Deal* et de la transition à l'arrière-plan, d'autant que les dégradations environnementales marquaient un temps d'arrêt. Certains cherchaient dès lors à obtenir des exonérations, ou à enterrer le projet. En définitive, le Conseil européen a tranché fin avril 2020 : le *Green Deal* sera au cœur de l'effort de relance européen, au côté de la stratégie digitale. C'est essentiel, d'autant que les deux enjeux sont complémentaires. Mais la question environnementale se double désormais d'un problème économique, social et politique. Le *Green Deal* devient au premier chef une stratégie de relance, puis de croissance, en même temps qu'il doit être aussi une stratégie de préservation et de sauvetage. Si les écosystèmes industriels, technologiques, politiques se trouvaient affaiblis, c'est l'ensemble du processus qui capoterait.

Fin mai 2020, la Commission européenne a présenté son plan de relance durable doté de 750 milliards d'euros, dont 500 milliards de subventions. Il vise à booster les fonds initialement fléchés vers le *Green Deal* (qui étaient insuffisants), notamment le Just Transition Fund, augmenté de 50 %. Là aussi, la bataille promet d'être âpre avec le Parlement, et surtout certains États membres, dans la continuité des désaccords, toujours ouverts, sur le budget 2021-2027. Elle doit être réglée d'urgence, et au plus tard à l'automne. Elle se joue autour de cinq enjeux : subventions ou crédits ; ampleur de la solidarité et bénéficiaires ; conditionnalité ; montant du soutien et du fléchage « vert » qui doit atteindre au moins 30 % ; nouvelles ressources budgétaires propres pour la Commission, à hauteur de 15-20 milliards d'euros par an de nouveaux prélèvements. Il en va tout simplement de l'avenir de l'UE et du *Green Deal* qui, désormais, se confondent.

Les conditions de réussite du *Green Deal*

La réussite du *Green Deal* dépend de plusieurs conditions, notamment dans le nouveau contexte de crise économique, sociale et potentiellement, institutionnelle.

Renforcer la cohésion politique : Les écarts entre les capacités des gouvernements à assurer un soutien, et la relance, aggraveront les disparités socio-économiques entre États membres et pourraient conduire à une désintégration de l'Union. La cohésion sera la clé, et la mise en place d'outils de solidarité et de transfert dans le plan de relance sera indispensable.

Mettre en place un cadre politique et réglementaire précis pour réduire les risques et les coûts : La transition énergétique européenne implique des changements structurels importants dans tous les secteurs. Une trajectoire claire doit être mise en place d'ici l'automne pour la loi Climat, l'objectif 2030 et la révision du SEQE. Les incertitudes ne peuvent que retarder et renchérir les investissements.

Faire de l'efficacité énergétique une priorité absolue : Les secteurs du transport et du bâtiment accusent des résultats insuffisants en matière d'efficacité énergétique. Le taux de rénovation annuel – actuellement de 1 % – devra au moins tripler, avec une priorité pour les bâtiments publics et collectifs. Une plus forte volonté politique est nécessaire de la part des États membres – ce sont les rénovations globales qu'il faut viser.

Adopter un nouveau paradigme politique : La crise du COVID-19 marque la fin du paradigme néolibéral européen. Un nouveau paradigme doit être mis en place : celui de la résilience stratégique, de la décarbonation et du leadership industriel.

Garantir la neutralité technologique : L'accent doit être mis sur la fin plutôt que les moyens. Certains États membres ne pourront réussir leur transition si d'autres imposent une interdiction sur le nucléaire. Par ailleurs, le gaz naturel aura un rôle à jouer ces dix prochaines années, notamment pour remplacer le charbon et faciliter, aux côtés des interconnexions, l'intégration des énergies renouvelables.

Éviter les scénarios de décarbonation fallacieux : Ils sont nombreux, et leur évaluation critique est nécessaire pour éviter une minimisation des gains apportés par l'efficacité et la sobriété énergétiques, une surestimation des capacités de stockage du CO_2, et pour s'assurer que l'acceptabilité publique est bien prise en compte.

Relever les défis relatifs aux infrastructures électriques et à la sécurité d'approvisionnement : Les réseaux de transmission et de distribution devront être modernisés et ajustés, ce qui engendrera des coûts, avec des enjeux de stabilité, des risques cyber et physiques, et des oppositions sociétales. Un recours accru aux outils et mécanismes de coordination entre États membres sera nécessaire, et l'UE devra revoir sa stratégie de sécurité d'approvisionnement.

Assurer une autonomie industrielle pour les technologies bas-carbone : Au nombre des priorités stratégiques : garantir et créer de nouveaux emplois ; s'assurer que les plans de relance renforcent les chaînes de valeurs européennes ; assurer une hausse des compétences ; établir une autonomie industrielle pour les technologies bas-carbone.

Promouvoir la contribution des villes : Les villes sont au centre de la bataille pour la décarbonation. Elles doivent être davantage incluses dans la planification des politiques régionales, aux niveaux national et européen. Leurs capacités financières doivent être élargies, afin qu'aucune d'entre elles ne soit mise de côté et qu'elles puissent engager des transformations structurelles, notamment en matière d'adaptation.

Assurer la confiance et le soutien des citoyens : Le soutien des citoyens au *Green Deal* est essentiel, et le sera davantage avec la crise économique qui s'annonce. Il s'agira, pour les pouvoirs publics, de renforcer les programmes d'éducation et de sensibilisation, de faire valoir les avantages immédiats de la décarbonation, d'assurer une justice sociale et économique, et de renforcer la transparence de la gouvernance et de la redistribution.

Mener la bataille pour la transformation digitale, le contrôle et le traitement des données : Les stratégies industrielles et de sécurité énergétique incluront une dimension digitale forte. L'UE doit donc mettre en place une politique adaptée face aux technologies de surveillance de masse opérées par des entreprises privées hors de l'UE. L'UE doit s'assurer que les données européennes, notamment industrielles, sont protégées, et que se met en place un écosystème européen performant en la matière.

Faire face à un environnement géopolitique et géoéconomique dégradé : Les mutations observées sur la scène internationale avant la crise s'accélèrent. L'UE devra donc trouver sa place dans un système caractérisé par de fortes rivalités, avec un multilatéralisme inopérant. L'Allemagne, qui préside le Conseil européen au deuxième semestre 2020 et affiche une situation financière solide, jouera à cet égard un rôle prépondérant. Enfin, si la COP26, reportée à fin 2021, s'avère être un échec, l'UE devra adopter une position climatique plus coercitive et défensive, avec notamment la mise en place d'un mécanisme d'ajustement carbone aux frontières.

M.-A. E.-M.

Pour en savoir plus

- M.-A. Eyl-Mazzega et C. Mathieu, « La dimension stratégique de la transition énergétique. Défis et réponses pour la France, l'Allemagne et l'Union européenne », *Études de l'Ifri*, Ifri, avril 2019.
- M.-A. Eyl-Mazzega, « The Green Deal's External Dimension: Re-Engaging with Neighbors to Avoid Carbon Walls », *Édito Énergie*, Ifri, 3 mars 2020.
- C. Philibert, « Perspectives d'une stratégie hydrogène pour l'Union européenne », *Études de l'Ifri*, Ifri, avril 2020.

Voir également la carte « Les énergies renouvelables dans les mix énergétiques », p. 323 de cet ouvrage.

L'érosion de la biodiversité

À l'aube d'une décennie décisive

La crise du COVID-19 a permis un retour de la nature dans nos sociétés développées. Mais la biodiversité est plus que jamais menacée. La prochaine conférence de Kunming devrait être décisive. Il est temps de prendre conscience que la biodiversité conditionne la survie de nos sociétés et de nos économies.

Le confinement de millions de gens et les rues vidées par la pandémie du coronavirus ont entraîné l'un des phénomènes les plus révélateurs, bien qu'inattendu, de cette crise : le retour éphémère de la nature dans les espaces que nous lui avons volés. Les paysages que nous avons transformés pour y bâtir des villes dotées de fort peu d'espaces verts ou de plans d'eau artificiels, se sont ouverts aux chacals, aux daims, aux kangourous, aux pingouins, aux sangliers sauvages ou encore aux chèvres, qui s'y sont crus en sécurité pour retrouver leurs écosystèmes perdus. Nous avons ainsi été les témoins heureux de l'effet de notre sacrifice sanitaire sur une nature que nous avons tant détruite.

Une érosion alarmante de la biodiversité

La pandémie est née d'une zoonose[1], survenue, une fois de plus, en raison de la relation inadaptée entretenue par l'homme avec les spécimens sauvages agonisant autour de nos infrastructures. Nous avons d'abord injustement accusé les chauves-souris d'avoir transmis le coronavirus à l'homme. En retour, nombre d'entre elles ont été abattues, dans plusieurs pays et villes. Plus tard, on a pointé du doigt le pangolin ; et les internautes ont soudain découvert sur les réseaux sociaux le marché illégal, par ailleurs abondamment documenté, de cette espèce menacée. L'origine du nouveau coronavirus demeure incertaine, mais celle des pandémies, en général, est plutôt liée à l'interférence de l'homme avec la biodiversité, qu'à une insuffisance des politiques sanitaires publiques. Les zoonoses représentent ainsi les trois quarts des maladies nouvelles ou émergentes chez l'homme.

Nombre de scientifiques affirment que la planète vit sa sixième extinction de masse, à un rythme mille fois supérieur à celui d'un milieu naturel. Nos sociétés font peu d'efforts pour encourager les mesures à même d'enrayer, ou d'inverser, cette destruction anthropique des espèces. Par contraste, le soutien apporté par

1. Une zoonose est une maladie ou infection naturellement transmissible par les vertébrés à l'homme.

les gouvernements à des activités potentiellement néfastes pour l'environnement, s'avère cinq ou six fois supérieur au volume des flux financiers en faveur de la protection de la biodiversité et du développement durable.

Les derniers rapports de la Plateforme intergouvernementale scientifique et politique sur la biodiversité et les services écosystémiques (IPBES) et du Groupe d'experts intergouvernemental sur l'évolution du climat (GIEC) donnent des estimations alarmantes sur l'érosion de la biodiversité et, au-delà du changement climatique, esquissent une tragédie bien plus grave que l'actuelle pandémie :

- 75 % de la surface terrestre est considérablement altérée; 66 % des écosystèmes océaniques subissent des impacts cumulés grandissants; 85 % des zones humides ont été perdues.
- 32 millions d'hectares de forêt primaire ou en reconstitution ont été perdus entre 2010 et 2015, soit l'équivalent de la moitié du territoire français en seulement cinq ans.
- Environ 50 % des coraux vivants sur les récifs coralliens ont disparu depuis les années 1870. Les rapports prévoient leur quasi-disparition dans un scénario où le réchauffement climatique atteindrait les + 2 °C; ce qui pourrait se produire dans les trois décennies à venir, si nous conservons nos émissions actuelles de gaz à effet de serre.

Le Fonds mondial pour la nature (WWF) a évalué en 2018 à 60 % le déclin des populations de mammifères, oiseaux, poissons, reptiles et amphibiens dans le monde depuis 1970. L'expansion urbaine et celui des chaînes d'approvisionnement, et le développement d'infrastructures ont fragmenté les territoires, transformant d'immenses biomes naturels en terres cultivables, isolant les espaces naturels protégés, et altérant les écosystèmes.

À l'image du SRAS-CoV-2, l'homme est un virus pour la planète, dévastant la biodiversité au profit de son enrichissement et d'une croissance économique sans fin. Avec 7,7 milliards d'êtres humains sur terre, et alors que nos sociétés essaient de penser un monde post-crise du coronavirus, nos gouvernements se doivent d'évaluer les moyens de mettre en œuvre l'Agenda 2030 qu'ils ont adopté pour réduire la pauvreté, éradiquer la faim, et protéger la vie sur terre tout en encourageant un développement durable, sobre en carbone, vert et résilient.

Les objectifs du Cadre mondial de la biodiversité

Résoudre les conflits que nous avons déclenchés au sein de la biodiversité ne sera pas aisé si nous ne reconnaissons pas la valeur réelle des services écosystémiques que rend la nature à l'économie. Nous tenons pour acquis la pollinisation des cultures par les insectes et les chauves-souris, la purification de l'eau et le piégeage du carbone dans les zones humides, la protection contre les inondations et la purification de l'air par les écosystèmes forestiers…

Ces bénéfices ont été estimés par l'Organisation de coopération et de développement économiques (OCDE) en 2019 à une fois et demie le PIB mondial. Certains pays commencent à rassembler des données sur la quantité des actifs de capital naturel impliqués dans leur économie; ces efforts doivent s'étendre à l'échelle mondiale, à l'image des estimations de gaz à effet de serre et de prix du carbone.

Le monde aurait perdu entre 4 et 20 trillions de dollars par an en services écosystémiques du fait des changements dans l'occupation des sols, et entre 6 et 11 trillions de dollars par an par la dégradation des terres – sans compter les effets collatéraux sur la santé publique, comme les pandémies résultant de zoonoses.

Les parties signataires de la Convention on Biological Diversity (CBD) des Nations unies sont tenus de définir les objectifs du Cadre mondial de la biodiversité pour l'après-2020. Les décisions devraient être prises au cours de la COP15 de la CBD, qui se tiendra à Kunming, en Chine. La définition d'objectifs spécifiques et mesurables, associée à des indicateurs permettant d'en évaluer les progrès, jouera un rôle crucial dans la décennie à venir.

Les espaces protégés constituent des piliers de la préservation de la biodiversité pour de nombreux pays. Des corridors biologiques doivent être restaurés pour permettre la survie et l'évolution des espèces, ainsi que leur adaptation au changement climatique. Le premier objectif proposé par l'avant-projet du Cadre mondial de la biodiversité pour l'après-2020 est de « conserver et restaurer les écosystèmes d'eau douce, marins et terrestres, en augmentant d'au moins [50 %] la superficie marine et terrestre sous aménagement spatial exhaustif, en gérant le changement de l'occupation des sols, et en réalisant, d'ici à 2030, une augmentation nette de la superficie, connectivité et intégrité, et en conservant les régions intactes et sauvages » (CBD, 2019). En ajoutant l'objectif d'une augmentation (jusqu'à 30 %) des espaces naturels protégés, ces propositions visent à s'attaquer à la fragmentation du paysage qui résulte des conversions agricoles et du développement urbain.

Pour atteindre ces objectifs, il faut repenser nos modèles économiques et commerciaux, et étendre les terres cultivables dotées d'une connectivité permettant la libre circulation des espèces et des ressources naturelles (eau, terre, nutriments, etc.) au sein d'espaces naturels protégés.

Oiseaux migrateurs, mammifères et insectes sont affectés par la fragmentation des espaces. Les espèces endémiques isolées dans des espaces protégés ont d'urgence besoin d'écosystèmes connectés, pour éviter une dégénérescence génétique et une extinction, spécialement en cas de catastrophe naturelle, ou de températures et de précipitations anormales.

Des solutions innovantes pour réduire les conflits entre l'homme et la nature ont été mises en place pour préserver, par exemple, les troupeaux d'éléphants ou les populations de baleines, mais les cadres internationaux ainsi créés se trouvent en constante opposition avec des secteurs économiques en expansion : agriculture, élevage, tourisme, pêche, transport maritime…

Des choix politiques et économiques

Intégrer la biodiversité dans les décisions qui concernent ces activités constitue l'une des stratégies de la CBD pour enrayer les activités néfastes aux espèces sauvages. Alors que nombre de nos frontières physiques et biologiques ont été franchies, et que des effets synergiques imprévus et inédits se manifestent, de nouveaux paradigmes peuvent encourager à la conservation de la biodiversité. Des solutions basées sur la nature et des propositions s'inscrivant dans une économie circulaire pourraient fournir des alternatives globales accélérant la transition vers une exploitation durable des ressources naturelles.

Le manque de circularité dans les chaînes d'approvisionnement alimentaires mondiales, avec les intrants agrochimiques (comme les engrais et les pesticides), les matériaux de conditionnement, la machinerie, l'énergie, les moyens de transport, les points de ventes et les produits eux-mêmes : tous ces éléments montrent la complexité du défi. Il s'agit d'atteindre un état durable et résilient pour un secteur essentiellement dépendant de la biodiversité. Les débats récents sur l'expansion rapide de l'huile de palme et de la production de viande en Asie du Sud-Est et en Amérique latine, ont polarisé les négociations internationales dans les secteurs commercial, financier, environnemental, et de coopération économique et technologique. Les forums multilatéraux peuvent seuls trouver des solutions globales à ces débats largement relayés dans le public.

Le contexte impose de renforcer les ambitions, d'étendre la visée de nos mesures en faveur de la biodiversité et de prendre les bonnes décisions économiques. Pour la gestion du capital naturel, les instruments économiques jouent en effet un rôle stratégique en stimulant les investissements écologiquement durables. Ces derniers sont encore sous-exploités dans le secteur de la biodiversité, alors même qu'ils peuvent améliorer le bien-être des populations. Les estimations les plus récentes de l'OCDE indiquent que les recettes des taxations liées à la biodiversité ne représentent que 0,92 % des recettes de l'ensemble des taxes liées à l'environnement (moyenne 2016-2018).

À l'amélioration des mesures fiscales devrait s'ajouter une hausse des financements publics et privés en faveur de la biodiversité. Ces financements, majoritairement publics, sont aujourd'hui estimés à 78-91 milliards de dollars par an (moyenne 2015-2017), ce qui est largement inférieur aux besoins financiers réels. À l'inverse, les dépenses publiques dédiées à des activités – potentiellement – néfastes à la biodiversité (soutien aux énergies fossiles ou à certaines exploitations agricoles) s'élèvent annuellement à environ 500 milliards de dollars. Aligner les flux financiers sur les objectifs environnementaux est donc d'une importance cruciale.

La biodiversité et les services écosystémiques qu'elle rend concernent de nombreux domaines : océans, climat, produits chimiques, déchets, eau, qualité de l'air… Il est donc de l'intérêt de tous les secteurs de résoudre les urgences environnementales qui les touchent, en faisant appel aux efforts communs des gouvernements, des industries et des sociétés. Des solutions conformes à la nature sont essentielles pour un changement profond, inclusif et équitable. Notre génération a, pour les générations à venir, la responsabilité de préserver la biodiversité dont elle a hérité, de protéger les bénéfices qu'elle en tire, ainsi que les conditions d'une évolution naturelle des espèces.

R. L.[2]

Pour en savoir plus

- « Environmental Health and Strengthening Resilience to Pandemics », OCDE, avril 2020.
- « Tracking Economic Instruments and Finance for Biodiversity », OCDE, avril 2020.
- W. Steffen *et al.*, « Planetary Boundaries: Guiding Human Development on a Changing Planet », *Science*, vol. 347, février 2015.

2. Ce texte ne reflète que les opinions de son auteur.

Agriculture et changement climatique

Quelle trajectoire de transformation pour faire face aux enjeux environnementaux ?

Les évolutions du système alimentaire mondial sont responsables de lourdes émissions de gaz à effet de serre, alors que l'agriculture est elle-même victime des effets du changement climatique. L'intensification des rendements agricoles a sans doute, en particulier en Europe, atteint son point maximum. Mais la conversion des pratiques agricoles et alimentaires pose de multiples problèmes économiques et sociaux, tout comme le rôle de l'agriculture au service de la décarbonation globale de nos sociétés.

Le secteur agricole constitue le pilier des sociétés humaines depuis le néolithique. Si, dans les pays de l'Organisation de coopération et de développement économiques (OCDE), la chute drastique du nombre d'agriculteurs depuis l'après-Seconde Guerre mondiale a petit à petit rendu l'agriculture moins visible, la crise du COVID-19, et la peur du manque qui l'a accompagnée, a rappelé à tous son rôle pivot.

Dans ce contexte, on veut s'interroger ici sur les défis que doit relever le monde agricole face au changement climatique, et à la crise de la biodiversité qui lui est concomitante. Après avoir brièvement rappelé la structure du système alimentaire mondial et ses principaux impacts environnementaux, on s'attachera à éclairer trois questions : quels sont, tout d'abord, les risques que font peser les changements globaux sur le système alimentaire ? Quel est, ensuite, le potentiel de réduction des émissions de gaz à effet de serre d'un secteur qui représente aujourd'hui plus de 25 % des émissions mondiales ? À quelle hauteur, enfin, pourrait-il contribuer à la décarbonation plus large de nos sociétés, dans la perspective d'atteindre la neutralité carbone d'ici à 2070, objectif défini par le Groupe d'experts intergouvernemental sur l'évolution du climat (GIEC) pour contenir le réchauffement global en dessous des 2 °C par rapport à l'ère préindustrielle ?

Le système alimentaire mondial aujourd'hui

L'agriculture occupe aujourd'hui près de 50 % de la surface des terres émergées au niveau mondial (contre 42 % en Europe), une surface qui n'a cessé d'augmenter depuis les années 1960 (+ 15 % pour les terres arables et + 8 % pour les pâturages, avec des variations spatiales très fortes selon les continents). Ces évolutions résultent d'une transformation profonde de l'ensemble du système alimentaire. Ainsi, ce ne sont pas seulement les surfaces agricoles qui ont augmenté, mais la nature même des productions agricoles, des filières et des modes de consommation qui s'est transformée de par le monde.

Les impacts environnementaux associés à cette mutation du système alimentaire ont été massifs. Dans leur immense majorité, les surfaces gagnées par l'agriculture l'ont d'abord été au détriment des forêts tropicales, détruisant au passage une biodiversité sans égale et dégageant dans l'atmosphère des millions de tonnes de CO_2. Les modes de production agricole sont également devenus plus intensifs en énergie et plus impactants pour la biodiversité, du fait de la généralisation de la mécanisation et du recours aux intrants de synthèse. Le nombre d'opérations de transformation au sein des filières agroalimentaires a explosé, les distances parcourues par les marchandises ont augmenté, à mesure que s'accroissait la valeur des produits transportés, entraînant avec elle un développement sans précédent de la réfrigération et de la congélation, deux techniques fortement émettrices de gaz à effet de serre.

Ces transformations ont accompagné une augmentation considérable de la demande alimentaire, du fait de la croissance démographique et des évolutions des régimes alimentaires faisant une place toujours plus large aux protéines animales. On estime ainsi que le système alimentaire mondial génère actuellement plus du quart des émissions anthropogéniques totales chaque année, et qu'il a constitué, au cours des cinquante dernières années, le premier facteur de destruction de la biodiversité mondiale.

Les risques associés aux changements globaux pour le système alimentaire mondial

Mais si le système alimentaire mondial est un contributeur majeur des changements globaux, il sera aussi – et est déjà – l'un des premiers à en être affecté. Sans mesures d'atténuation, les impacts en seront dramatiques, alors que la planète compte toujours près de 900 millions d'humains en situation de sous-nutrition, à quoi il faut ajouter 2 milliards de personnes souffrant de déficit en micronutriments, et plus de 2 milliards qui souffrent de problèmes de surpoids ou d'obésité.

L'augmentation des températures sur les terres émergées atteint ainsi + 1,4 °C, contre + 0,8 °C en moyenne depuis la fin de l'ère préindustrielle. Associés à des événements climatiques extrêmes de plus en plus fréquents (températures extrêmes, changement des régimes pluviométriques), ces changements participent, depuis les vingt dernières années, d'une évolution rapide des niveaux de productivité. Dans les zones sèches, semi-arides et arides, qui couvrent 46 % des terres émergées et concernent près de 40 % de la population mondiale, les rendements sont majoritairement affectés à la baisse. C'est aussi le capital productif lui-même qui est progressivement mis à mal, du fait de la dégradation des terres qu'aggrave le réchauffement climatique. Les risques d'insécurité alimentaire s'en trouvent ainsi multipliés, dans des régions où une part importante de la population vit, directement ou indirectement, de l'agriculture.

Dans les zones tempérées, les effets potentiels du changement climatique sont plus contrastés. Les enjeux d'adaptation, notamment liés à l'évolution de la disponibilité de la ressource en eau et au déplacement toujours plus au nord des ravageurs, se posent cependant avec une acuité de plus en plus importante et ne manqueront pas de rester des sujets majeurs pour les années qui viennent.

Quelle réduction pour les émissions du système alimentaire mondial ?

Dans ce contexte, les options permettant de diminuer la contribution du système alimentaire aux émissions totales, tout en favorisant l'adaptation aux changements déjà en cours ainsi que la préservation/restauration de la biodiversité et des ressources naturelles, se situent à trois niveaux interdépendants : du côté de l'offre, de la demande et de l'organisation des filières.

C'est sur les volets de la demande et de l'organisation des filières que les travaux récents convergent le plus nettement. Sur la demande, une diminution de la prise de protéines animales dans les pays de l'OCDE – ainsi que dans certains pays émergents – constitue l'un des leviers les plus efficaces, à court et moyen termes : elle permettrait d'éviter jusqu'à 8 gigatonnes équivalent CO_2 (Gt eqCO_2)[1] par an, soit l'équivalent des émissions associées à la déforestation aujourd'hui. Rappelons, à cet égard, qu'actuellement la consommation protéique moyenne, dans la plupart des pays de l'OCDE, atteint près du double de la quantité de protéines nécessaire à la couverture des besoins nutritionnels : elle est de l'ordre de 100 grammes par jour, constituée aux deux tiers de protéines d'origine animale, alors que 50 grammes par jour, dont un tiers d'origine animale, suffiraient amplement à couvrir les besoins nutritionnels d'un adulte en bonne santé. Les marges de manœuvre pour réduire cette surconsommation de manière cohérente avec les enjeux d'alimentation sont donc très importantes.

De la même manière, les pertes et les gaspillages que l'on retrouve tout au long des filières agroalimentaires représentent aujourd'hui environ 30 % de la production totale. Dit autrement : un peu moins du tiers de la production agricole mondiale soit n'est pas ramassée, soit est perdue au cours de la chaîne de production ou chez le consommateur final. Une réduction significative de ce taux de pertes – jusqu'à 75 % – pourrait permettre de limiter les émissions jusqu'à 4,5 gigatonnes équivalent CO_2 par an.

Du côté de la production, et donc de l'offre, l'intensification durable de la production est présentée comme une solution « sans regret » dans la majorité des régions du monde. Pour autant, les solutions d'intensification effectivement durable dépendront fondamentalement de leur contexte. Dans de nombreuses régions du monde, il est et il sera encore possible d'intensifier la production agricole (c'est-à-dire d'augmenter la productivité à l'hectare ou à l'animal), sans affecter les capacités productives des agroécosystèmes, ni la biodiversité.

1. L'équivalent CO_2 est une unité créée par le Groupe d'experts intergouvernemental sur l'évolution du climat (GIEC) dans le but de comparer les impacts des différents gaz à effet de serre en matière de réchauffement climatique et de pouvoir cumuler leurs émissions.

Dans les pays de l'OCDE, où l'intensification s'est déployée à plein pendant les décennies 1960 et 1970, la question fait *a minima* débat. Dans le cas de l'Europe notamment, de nombreuses cultures ont en effet vu leurs rendements stagner, ou augmenter de moins en moins vite au cours des vingt dernières années. Dans le même temps, des pans entiers de la biodiversité des agroécosystèmes se sont effondrés, de manière parfois vertigineuse, notamment du fait de l'intensification des pratiques agricoles, et ce à un moment où le rôle de la biodiversité comme facteur de production, en raison des services écosystémiques qu'elle rend, commence à être de mieux en mieux compris. On peut dès lors se demander dans quelle mesure l'intensification des rendements n'a pas, finalement, atteint une limite biophysique : la destruction de la biodiversité à laquelle elle participe rend impossible sa poursuite, en désorganisant de manière structurelle les agroécosystèmes.

Quelle(s) trajectoire(s) de transition à l'échelle européenne ?

Dans un tel contexte, l'enjeu n'est alors plus de poursuivre une trajectoire d'intensification devenue impossible, mais bien, au contraire, de trouver un nouvel équilibre entre fonctionnement des agroécosystèmes et production agricole – ce qui passera bien souvent par un maintien à leurs niveaux actuels, voire une baisse, des rendements. C'est en tout cas ce que démontrent de nombreux exercices prospectifs conduits récemment à l'échelle d'un État membre ou de l'Union européenne (UE) dans son ensemble[2]. Tous ces travaux convergent par ailleurs sur l'idée qu'un système alimentaire européen plus durable produira et consommera *moins* sur les plans agricole et alimentaire qu'aujourd'hui.

Quels pourraient être dans ce contexte les leviers concrets d'une transition du système alimentaire européen vers un tel horizon ? Les solutions techniques nécessaires au déploiement d'un scénario de cette nature sont en effet soit connues, soit à la portée d'une recherche agronomique encore dynamique. Inversement, les verrous sur les plans social, économique et politique semblent forts.

D'un point de vue socio-économique, il faut d'abord rappeler que le secteur agroalimentaire est le premier secteur manufacturier de l'Europe, tant en termes d'emploi (15 % de l'emploi industriel) que de chiffre d'affaires (15,6 %), et qu'il contribue fortement à la balance commerciale du sous-continent. Envisager une réduction de la production dans ce contexte – et en particulier de la production animale, pour laquelle l'intensité en emploi est la plus importante – représente une gageure dans un contexte post-COVID, où l'enjeu est précisément de maintenir les emplois sur le sol européen. D'un point de vue sociétal, si les comportements alimentaires se modifient et bougent même relativement vite chez les jeunes générations, on peut s'interroger sur les leviers qui permettraient d'accélérer encore cette transition protéique, afin d'arriver à diviser par deux les quantités de viande et de produits laitiers ingérés quotidiennement par les citoyens européens (ordre de grandeur des scénarios d'un système alimentaire restant « dans les limites de la planète »).

2. C'est par exemple le cas du scénario TYFA – Ten Years for Agroecology in Europe –, qui propose une généralisation de l'agroécologie à l'échelle de l'UE-28, permettant d'aboutir à une réduction des émissions de gaz à effet de serre de près de 47 % par rapport à 2010.

Enfin, d'un point de vue (géo)politique, la question du cadre commercial à travers lequel s'organisent les échanges agricoles apparaît cruciale. En l'état actuel des choses, celui-ci ne permet pas de discriminer les produits agricoles sur la base de leur plus ou moins grande contribution aux changements globaux. Des changements de modes de productions en Europe qui, pour être en accord avec les enjeux climatiques et environnementaux, conduiraient à une augmentation des coûts de production, se traduiraient alors probablement par une substitution progressive à l'importation par des produits meilleur marché mais moins performants d'un point de vue environnemental, venant de pays ne souhaitant pas s'engager sur la voie de la neutralité carbone (États-Unis, Amérique du Sud, Asie du Sud-Est, etc.). L'établissement de barrières non tarifaires, ou d'ajustements aux frontières, en discussion actuellement dans le cadre du Pacte vert, pourraient permettre de mieux gérer ces difficultés.

Quelle contribution de l'agriculture à la décarbonation de nos sociétés ?

Atteindre la neutralité carbone d'ici 2070 ne suppose cependant pas seulement que l'on parvienne à réduire les émissions du système alimentaire de 50 ou même 60 % par rapport à 1990. L'agriculture, et plus largement le secteur des terres, doit en effet assurer deux fonctions complémentaires : fournir de la biomasse énergétique pour les biomatériaux afin de se substituer à la biomasse d'origine fossile ; offrir une capacité de séquestration de carbone pour l'ensemble des émissions résiduelles de l'économie. À cet égard, on peut donc dire que le futur du secteur agricole est en grande partie cadré par les évolutions qui interviendront dans les autres secteurs de l'économie. Si ces secteurs se décarbonent profondément et rapidement, la demande en biomasse et en séquestration adressée au secteur agricole sera (potentiellement) atteignable. Mais, à l'inverse, si le reste de l'économie se décarbone trop lentement, ou trop modestement, alors la pression sur le secteur des terres deviendra extrêmement forte, et très probablement inatteignable, en tout cas à court et moyen termes.

Les travaux de la fondation européenne pour le climat[3] permettent de fixer quelques ordres de grandeur à l'échelle européenne. Pour atteindre la neutralité carbone en Europe d'ici à 2050, un scénario « favorable », reposant sur des changements de comportement massifs dans les domaines de la mobilité, de l'alimentation, ainsi qu'une décarbonation forte et rapide de l'industrie lourde, supposerait une augmentation des surfaces boisées en Europe de l'ordre de 45 % et une diminution des surfaces cultivées de près de 60 %. Un scénario moins favorable, où la décarbonation des autres secteurs et les changements de comportement moins rapides, supposeraient de son côté une augmentation des surfaces boisées de 60 % d'ici à 2050. Soit des rythmes de changement d'usage des terres incomparables aux situations les plus dynamiques observées jusqu'à présent, par exemple concernant l'expansion des surfaces en soja en Amérique du Sud.

3. « Net Zero By 2050: From Whether to How – Zero Emissions Pathways to the Europe We Want », Bruxelles, European Climate Foundation, septembre 2018.

C'est bien là l'un des enseignements majeurs d'un rapport spécial du GIEC publié en 2019 concernant l'usage des terres[4]. Il nous montre en effet que trois des quatre scénarios « archétypaux » proposés pour contenir le réchauffement sous les 1,5 °C reposent sur des changements d'usage des terres importants, soit pour faire de la séquestration (*via* l'afforestation), soit pour faire des bioénergies, soit les deux, à travers les projets dits de « Bioenergy Carbon Capture and Storage » (BECCS). Ces projets technologiques, actuellement non matures, consistent à boiser de vastes espaces avec des essences forestières à croissance rapide, afin d'en exploiter la biomasse, de la brûler pour produire de l'énergie et de capter le CO_2 émis au moment de la combustion pour le cristalliser sous forme stable. Pour séduisantes que les technologies BECCS puissent paraître, de nombreuses incertitudes entourent leur efficacité. Les quantités de carbone émises par les sols au moment de l'exploitation des arbres pourraient ainsi être supérieures à celles captées au moment de la combustion. En outre, la dépense énergétique nécessaire pour effectivement capter le CO_2 au moment de la combustion pourrait n'être que marginalement inférieure à l'énergie produite par cette même combustion.

Faire reposer la décarbonation de l'économie sur des changements d'usage des terres à grandes échelles de cette nature s'avère cependant peu compatible avec l'atteinte d'une grande partie des Objectifs de développement durable (ODD), tels qu'adoptés à New York en 2015. La pression sur l'espace qui serait induite par de tels changements aurait en effet des conséquences sociales importantes, en particulier en termes d'accès au foncier, mais aussi en termes environnemental, avec par exemple les risques liés à une intensification dramatique des pratiques agricoles, et donc à un recours accru aux pesticides et fertilisants de synthèse, polluant, en retour, terres, air et atmosphère.

P.-M. A.

Pour en savoir plus

- P.-M. Aubert, M.-H. Schwoob et X. Poux, « Agroécologie et neutralité carbone en Europe à l'horizon 2050 : quels enjeux ? », *Iddri Décryptage*, n° 5, Institut du développement durable et des relations internationales, avril 2019.
- B. Colombo, P. West, P. Smith *et al.*, « How Does Agriculture Change Our Climate? », *Environment Report – Food Matters*, University of Minnesota/The Institute of Environment.
- A. Deprez, L. Vallejo et A. Rankovic, « Towards a Climate Change Ambition That (Better) Integrates Biodiversity and Land Use », *Iddri Study*, n° 8, Institut du développement durable et des relations internationales, novembre 2019.

4. « Climate Change and Land », Groupe d'experts intergouvernemental sur l'évolution du climat, août 2019.

Migrations et changement climatique

Un phénomène aux dimensions incertaines

Les phénomènes climatiques génèrent des déplacements de populations. Les problèmes que posent ces derniers s'aggravent d'une importante urbanisation et des divers scénarios de réchauffement global. La prudence s'impose néanmoins dans l'évaluation prospective : les déplacements, pour nombreux qu'ils soient, sont de types très divers, et les réponses peuvent exister à différents niveaux : techniques de protection, adaptations agricoles, etc. Le défi est réel mais il doit être rigoureusement analysé.

Depuis quelques années, le sujet des migrations climatiques ne peut plus être ignoré lorsqu'il est question de l'avenir de la population mondiale. D'après le rapport « Groundswell », trois régions du monde seulement (Afrique subsaharienne, Asie du Sud et Amérique latine) pourraient totaliser à l'horizon 2050 plus de 140 millions de personnes déplacées à l'intérieur de leur propre pays en raison du changement climatique. De son côté, l'IDMC – l'Observatoire des situations de déplacement interne mis en place par le Conseil norvégien pour les réfugiés – estime à 33 millions, en 2019, le nombre de migrants internes du fait de conflits, de situations de violence ou de catastrophes naturelles, et à 25 millions les déplacements en raison des seules catastrophes. Ces chiffres suggèrent une forte montée à venir des migrations internationales, voire leur explosion, mais prévoir l'évolution des migrations climatiques est un exercice très délicat.

Une montée des risques

Parmi les effets attendus du réchauffement climatique susceptibles figurent l'élévation du niveau de la mer et une plus grande fréquence d'événements extrêmes : sécheresses, canicules, inondations, cyclones destructeurs, etc. La population mondiale va donc être de plus en plus affectée par les effets du changement climatique, en particulier la population en situation de vulnérabilité, qui s'élargit aussi du fait de la croissance démographique et de l'évolution de la répartition spatiale de la population mondiale, notamment sous l'effet de l'urbanisation.

La forte densité de population dans les zones côtières de très basse altitude expose leurs habitants aujourd'hui aux effets dévastateurs des cyclones, et demain à ceux de la montée du niveau des eaux. Les populations vivant dans le golfe du Bengale (Inde, Bangladesh, Birmanie) ont déjà souffert de cyclones particulièrement meurtriers et la montée du niveau de la mer constitue une menace supplémentaire.

L'urbanisation accroît la vulnérabilité des populations. Selon les Nations unies, parmi les 1 860 agglomérations urbaines de plus de 300 000 habitants en 2018 (56 % de la population urbaine du monde), 1 087 – soit un total de 1,6 milliard d'habitants – étaient exposées à un risque élevé pour au moins une des catastrophes naturelles suivantes : cyclone, inondation, sécheresse, tremblement de terre, glissement de terrain, éruption volcanique. Certaines villes peuvent cumuler plusieurs risques : c'était le cas de 45 agglomérations urbaines de plus de 300 000 habitants, dont la plus grande, Tokyo, avec ses 37,5 millions d'habitants en 2018, exposée à un risque élevé de typhons, de tremblements de terre et de glissements de terrain.

Avec le changement climatique qui augmente la fréquence d'événements extrêmes et la croissance démographique et l'urbanisation, la population vulnérable ne cesse de s'accroître : il existe par conséquent un fort potentiel de migrations, puisque la mobilité peut être une réponse au changement climatique. Mais les effets sont loin d'être mécaniques.

Migrations climatiques et *continuum* migratoire

Avant tout, il est important de revenir sur la notion de migration climatique, moins simple qu'il n'y paraît, pour être en mesure de dénombrer des déplacements de population pouvant résulter directement du changement climatique.

Dans un rapport de 1995, Myers et Kent contribuaient à populariser l'expression de « réfugiés environnementaux » pour qualifier les personnes contraintes de trouver refuge ailleurs que là où elles vivaient en raison de l'érosion des sols, de la désertification, de la déforestation, ou d'autres problèmes environnementaux. L'expression de « réfugiés climatiques » est quant à elle utilisée lorsque la migration est en lien plus ou moins direct avec le climat. Ces expressions sont impropres car elles conduisent à établir un parallèle avec celle de réfugié politique. Or un réfugié politique franchit une frontière (il effectue une migration internationale) et il bénéficie d'un statut juridique le protégeant, tandis qu'un réfugié climatique effectue le plus souvent une migration interne et n'est protégé par aucun dispositif juridique. Les personnes qui se déplacent pour fuir des conditions de vie devenues trop difficiles en raison d'une dégradation de l'environnement ou du climat sont, d'un point de vue politique, largement invisibles.

L'expression « migrant climatique » est *a priori* préférable. Mais une difficulté surgit alors : comment distinguer un migrant économique d'un migrant climatique lorsque, par exemple, à la suite de plusieurs années de mauvaises récoltes, un paysan quitte son exploitation pour s'installer en ville dans l'espoir d'un revenu plus élevé ? Si les mauvaises récoltes sont liées à des événements climatiques, ce migrant peut être classé dans la catégorie des migrants climatiques, mais sa situation est bien différente de celle d'un habitant quittant une île d'Océanie parce qu'elle est submergée (la situation de ce dernier est plus proche de celle du réfugié, mais il reste sans protection juridique dans le pays d'accueil). À l'inverse, une alternance d'épisodes de sécheresse et d'inondations liée au changement climatique peut ne pas conduire à une migration si une famille vivant de l'agriculture peut, en cas de difficultés économiques, bénéficier de transferts en provenance d'un de ses membres ayant migré auparavant en ville ou ailleurs.

La relation entre climat et migration n'est donc pas mécanique. Elle est également diverse. Toutes les catastrophes naturelles n'induisent pas le même type de déplacements de population. Il existe en réalité un *continuum* migratoire, et le lien avec le climat est plus ou moins étroit selon la temporalité retenue. Sur le long terme, la dégradation des sols, la moindre disponibilité des terres et des prix agricoles bas induisent une migration progressive au cours du temps. À moyen terme, des crises de subsistance répétées ou de sévères sécheresses peuvent provoquer de nombreux départs, mais toutes les personnes affectées ne peuvent pas partir, car la migration a un coût économique trop élevé pour les plus pauvres. Enfin, il existe des événements plus instantanés. Déplacement ne veut alors pas dire migration. Une catastrophe naturelle telle qu'un tsunami ou un cyclone provoque d'importants déplacements de population qui peuvent n'être que provisoires : après le passage de l'ouragan Katrina, une large part de la population qui avait évacué la Nouvelle-Orléans – particulièrement celle bénéficiant d'un statut économique supérieur à la moyenne (population majoritairement blanche) – est revenue.

Un autre aspect mérite d'être souligné. Ce qui semble être essentiellement d'ordre climatique peut ne l'être que partiellement. À cet égard, le cas du *Dust Bowl* (« bassin de poussière ») qui a frappé les États-Unis dans les années 1930 est intéressant, car il a été à l'origine de ce que l'on pourrait qualifier de migration climatique : sécheresse et vent violent contraignirent trois millions de personnes (en particulier des fermiers d'Oklahoma et de l'Arkansas) à quitter leurs terres pour se rendre en Californie (cet exode est décrit dans *Les Raisins de la colère* de John Steinbeck). Une analyse conduite sur un temps plus long montre que les prairies de ces grandes plaines ont été longtemps inhabitées : la migration a conduit à une exploitation mécanisée des terres et à une transformation de celles-ci en champs céréaliers. Une extrême fragilité des sols s'en est ensuivie : sécheresse et vent violent ont alors provoqué ces tempêtes de poussière qui ont rendu la vie sur place impossible et condamné les agriculteurs au départ. Le climat ne fut donc pas seul en cause. De la même façon, une catastrophe naturelle telle que le passage de l'ouragan Katrina à la Nouvelle-Orléans n'est que partiellement « naturelle », puisque c'est la rupture de digues anciennes, mal entretenues, qui a rendu cet ouragan si meurtrier.

La frontière parfois très floue entre migrations économiques, migrations environnementales et migrations climatiques rend donc le dénombrement de ces dernières délicat. Toutefois, la base de données de l'IDMC permet de se faire une idée du phénomène, à condition de garder à l'esprit la nature hétérogène des déplacements internes (distance parcourue, départ suivi ou non d'un retour, migration individuelle ou familiale, etc.).

Des fluctuations du nombre annuel de déplacements

L'IDMC fournit une estimation annuelle du nombre de personnes déplacées à l'intérieur de leur pays en raison d'un désastre : en 2019 ce nombre serait de 25 millions, suite aux grandes catastrophes de cette année-là. Les inondations résultant de la mousson dans l'ouest et le sud de l'Inde ont donné lieu à plus de 2,5 millions de déplacements; le cyclone Bulbul au Bangladesh et le typhon Lekima en Chine ont chacun conduit au déplacement de plus de 2 millions de personnes; lors du cyclone Fani, 1,8 million de personnes se sont déplacées en Inde et 1,7 million au Bangladesh. Les Philippines ont subi au cours de l'année 2019 plusieurs événements extrêmes (deux typhons, des inondations, des glissements de terrain, etc.) qui entraînèrent au total plus de 3 millions de déplacements. Mais comme on l'a dit, tout déplacement n'est pas une migration. En Inde de l'Est, les autorités organisent des évacuations massives, en principe obligatoires, lorsqu'un violent cyclone est annoncé. Mais après quelques jours voire semaines, quand tout danger est écarté, les personnes qui se sont déplacées reviennent chez elles.

En dehors de la question du poids du changement climatique dans la survenue de ces événements extrêmes, qu'il s'agisse de leur intensité ou de leur fréquence, aucune tendance ne se dessine dans l'évolution récente des migrations internes liée à des catastrophes. Leur nombre fluctue fortement d'une année sur l'autre : en 2010 plus de 40 millions de déplacements ont eu lieu, en 2010 seulement 15 millions.

Quelles perspectives à moyen terme ?

La modélisation des migrations internes à l'horizon 2050 qui a donné lieu au rapport « Groundswell » s'est appuyée sur trois scénarios : le premier, qualifié de « pessimiste » et qui sert de référence, suppose des émissions intenses de gaz à effet de serre; le deuxième correspond à un « développement mieux partagé », mais aux mêmes émissions de gaz à effet de serre; tandis que le troisième est « plus respectueux de l'environnement » mais avec un développement inégal.

Estimations du nombre de migrations internes (en millions) en 2050 liées au changement climatique dans trois régions du monde (Afrique subsaharienne, Asie du Sud et Amérique latine)

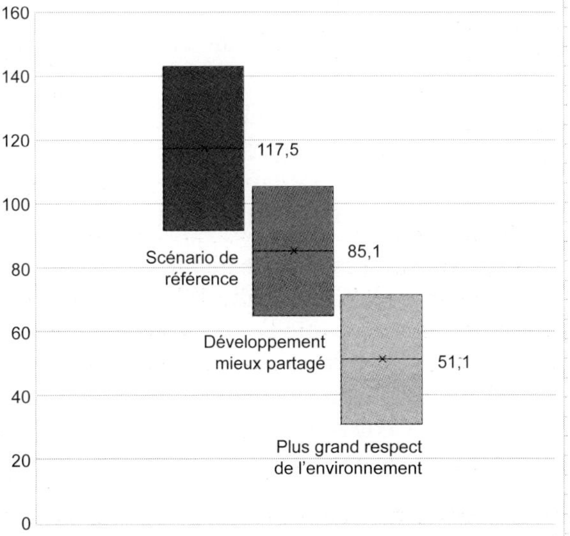

Source : K. K. Rigaud, A. de Sherbinin, B. Jones et al., « Groundswell: Preparing for Internal Climate Migration », *Banque mondiale, 2018.*

Les estimations du nombre de migrations internes en lien avec le changement climatique ne concernent que trois régions du monde, et seulement un peu plus de la moitié de la population des pays en développement. Les migrations effectives pourraient donc être beaucoup plus nombreuses que le rapport ne le suggère. Toutefois, il existe une grande sensibilité des estimations aux hypothèses retenues. Si le développement est mieux partagé, à l'horizon 2050 le nombre estimé de migrations qui pourrait atteindre 143 millions dans le scénario de référence, serait, d'après le modèle utilisé, beaucoup plus bas puisque compris entre 65 et 105 millions, et dans le scénario d'un plus grand respect du climat, entre 31 et 72 millions.

Dans tous les cas, l'intervalle de confiance est large. On peut ajouter à cela que les distances de déplacements sont très variables. Certains s'effectuent sur de courtes distances, comme lorsque des Bangladeshis quittent les zones côtières du golfe du Bengale pour se rendre à Dacca ; d'autres sur de beaucoup plus grandes distances, comme dans le cas des îles océaniennes.

Le rapport « Groundswell » cherche à appréhender un potentiel migratoire plus qu'à prévoir le nombre des migrations climatiques dans 30 ans : les auteurs du rapport se défendent d'ailleurs eux-mêmes de toute tentative de prévision.

Il est par ailleurs bon de noter que les situations locales sont très contrastées, avec des « points chauds » (*hot spots*) particulièrement vulnérables au changement climatique. Et cette variété des situations est aussi en lien avec le type d'événement extrême considéré : sécheresse, cyclone et montée du niveau de la mer n'affectent pas les territoires de la même manière. S'il existe des zones particulièrement affectées par le changement climatique, les migrants peuvent avoir pour destination d'autres « points chauds » : une grande agglomération urbaine menacée par la montée des eaux par exemple.

Une large marge d'incertitude demeure donc quant à l'avenir des migrations environnementales ou climatiques, liée aux incertitudes relatives au changement climatique lui-même (évolution future de la température), mais également aux moyens mis en œuvre pour permettre aux populations de ne pas être contraintes de migrer.

Une résistance à la migration

Après que le tsunami de 2011 a durement frappé sa ville, un Japonais habitant Rikuzentakata commentait : « Pour moi, aller ailleurs n'est pas une option. Ma famille a vécu ici depuis des générations. » Si la mobilité est parfois présentée comme une sorte de réponse simple au changement climatique, il peut pourtant exister une résistance des familles à cette migration, en raison de son coût psychologique ou économique. Cette résistance à la migration peut revêtir une forme « active » (stratégie mise en place pour rester sur place à tout prix tout en étant conscient des risques) ou « passive » (manque de moyens pour migrer et acceptation des risques comme une fatalité).

La diversification des cultures est une des stratégies pour faire face aux aléas climatiques et continuer à vivre sur place. Le recours à l'agroécologie est un autre moyen d'adaptation à un changement climatique qui menace la sécurité alimentaire[1]. Il existe même une résistance instantanée au simple déplacement. Ainsi, lorsqu'un cyclone est annoncé dans des zones côtières et que des évacuations massives sont organisées par les pouvoirs publics, en dépit de l'imminence du danger certaines personnes refusent de quitter leur habitation, souvent pour tenter de protéger leur bétail des inondations.

Certaines possibilités techniques existent aussi, qui peuvent permettre aux habitants d'une zone vulnérable de rester sur place. Au Japon, de vastes opérations de surélévation des zones côtières touchées par le tsunami de 2011 ont été menées, à partir d'un matériau obtenu en creusant la montagne avoisinante. Les Pays-Bas, qui sans la protection de digues et compte tenu de leur altitude, verraient la moitié du pays submergé en cas d'élévation du niveau de la mer d'un seul mètre, ont développé une remarquable expertise en matière de prévention des inondations. Réalisations et projets y abondent pour faire face au risque d'inondations : renforcement des digues, suivi par capteurs de leur état, élargissement de zones tampon le long des fleuves pour faire face à un afflux soudain d'eau, construction de squares permettant de retenir l'eau en cas d'inondation dans des villes densément peuplées, etc.

***

Qu'il s'agisse de l'avenir de la population mondiale en général ou des migrations climatiques en particulier, tout discours fondé sur une vision mécaniste des conséquences des évolutions attendues pèche par négligence des effets d'interaction et des possibilités de réaction des populations face au changement de leur environnement. Pour autant, on ne peut nier l'ampleur des défis auxquels sera confrontée l'humanité dans les prochaines décennies, aussi bien d'un point de vue sanitaire qu'environnemental. Mais la mobilité ne devrait pas être la seule réponse collective aux effets du changement climatique.

Si l'exercice de quantification du volume de migrations climatiques à moyen terme s'avère utile pour alimenter la réflexion et anticiper les risques, il ne doit pas se traduire par une sacralisation des nombres.

J. V.

Pour en savoir plus

- D. Gu, « Exposure and Vulnerability to Natural Disasters for World's Cities », *Technical Paper*, n° 4, Organisation des Nations unies, décembre 2019.
- K. K. Rigaud, A. de Sherbinin, B. Jones *et al.*, « Groundswell: Preparing for Internal Climate Migration », Banque mondiale, 2018.
- J. Véron, *Faut-il avoir peur de la population mondiale ?*, Paris, Le Seuil, 2020.

1. S. Kodjo-Grandvaux, « En Afrique, les paysans qui pratiquent l'agroécologie résistent mieux au changement climatique », *Le Monde*, 1er décembre 2019.

Afrique subsaharienne : les enjeux d'une électrification durable

Se développer et résister au réchauffement

La pression démographique et une urbanisation galopante complexifient la problématique du développement d'une Afrique subsaharienne où l'accès à l'électricité est encore très restreint. L'extension de cet accès peut seul permettre le décollage économique, la mutation agricole nécessaire à l'alimentation des populations et la résistance aux effets du réchauffement climatique. Le recours aux énergies renouvelables et les technologies de la révolution digitale pourraient changer la donne.

En dépit de sa très faible contribution historique au réchauffement climatique, le continent africain est aujourd'hui au cœur des enjeux climatiques mondiaux. Selon les statistiques de l'Agence internationale de l'énergie (AIE) en 2017, la totalité du continent n'a émis que 3,6 % des émissions globales de dioxyde de carbone (CO_2), soit 1 185 millions de tonnes de CO_2. Si l'on en soustrait les émissions de l'Afrique du Sud, dont le mix énergétique est très carboné, ce chiffre tombe à 763 mégatonnes, soit 2,3 %.

Avec son 1,3 milliard d'habitants d'aujourd'hui devenant 2,5 milliards en 2050 selon les projections actuelles des Nations unies, ainsi que son taux d'urbanisation très élevé et son développement économique prévisible, les besoins énergétiques du continent vont fortement s'accroître dans les prochaines décennies. Cela aura une influence importante sur les marchés de l'énergie, comme sur les émissions mondiales de CO_2. Le dernier rapport de l'AIE concluait ainsi : « La manière dont l'Afrique subsaharienne parviendra à satisfaire les besoins énergétiques de sa population […] est cruciale pour l'avenir économique et énergétique du continent et du monde. »

Si l'Afrique subsaharienne suivait le même modèle de développement économique que les autres pays du monde, axé sur la croissance d'un secteur industriel hautement consommateur d'énergies fossiles, cela scellerait l'avenir climatique de la planète. Si l'Afrique produisait dans 30 ans les mêmes niveaux de CO_2 par habitant que l'Inde ou la Chine aujourd'hui (respectivement 2 tonnes/habitant et 7,2 tonnes/habitant), elle pourrait émettre à elle seule entre 4 et 17 gigatonnes (Gt) de CO_2 en 2050, soit les émissions additionnées de la Chine, des États-Unis et de l'Europe aujourd'hui. Il est donc essentiel que le développement de l'Afrique subsaharienne se fasse de façon pérenne et qu'il intègre de manière croissante les enjeux d'adaptation au réchauffement climatique. La résilience des économies africaines passera par un renforcement des politiques durables.

Un développement économique nécessaire

Le développement économique de l'Afrique subsaharienne est une évidente nécessité. Et d'abord pour faire sortir les populations de la pauvreté endémique sévissant dans la région. Sur 780 millions de personnes vivant dans le monde en situation d'extrême pauvreté, soit avec moins de 1,9 dollar par jour, plus de la moitié se trouve en Afrique. Par ailleurs, le continent doit faire face à une importante progression démographique et fournir des emplois aux jeunes qui arrivent chaque année plus nombreux sur le marché du travail. En Afrique subsaharienne ce sont, selon les estimations du Fonds monétaire international (FMI), 20 millions d'emplois qui devraient être créés chaque année pendant les deux prochaines décennies. Et les impacts économiques du COVID-19 sur l'Afrique subsaharienne devraient y aggraver la pauvreté ainsi que le chômage, et donc renforcer ces tendances.

Le secteur industriel étant un vecteur d'innovation fortement générateur d'emplois directs et indirects, l'industrialisation de l'Afrique subsaharienne pourrait permettre de canaliser l'accroissement démographique et de gérer l'urbanisation rapide du continent, tout en poussant la région sur le chemin d'une croissance plus soutenue. Cependant, la contribution du secteur industriel au PIB du continent a diminué ces dernières décennies : l'Afrique subsaharienne n'a pas réussi à s'industrialiser. La part du secteur industriel en pourcentage du PIB de l'Afrique subsaharienne est passée de 33,6 % du PIB moyen en 1981 à 25 % en 2018. Pour la même période et la même région, la part du secteur manufacturier dans le PIB total est passée de 16,7 à 10,9 %. À comparaison égale, pour les pays d'Asie du Sud les plus pauvres, la part du secteur industriel en pourcentage du PIB est restée stable aux alentours de 40 %.

L'industrie africaine est peu compétitive et peine donc à s'insérer durablement sur les marchés internationaux où la concurrence mondiale est de plus en plus rude. La récente crise sanitaire mondiale liée à la propagation du coronavirus pourrait de plus amener une montée des protectionnismes, ainsi qu'une remise en cause du multilatéralisme commercial et donc de profonds changements. Avec la mise en place par certains pays d'un nouvel agenda géoéconomique, l'industrialisation et la diversification économique du continent africain devraient ainsi être repensées, dans un contexte probable de bouleversement de l'ordre économique international. Certains pays africains tentent de mettre en place des stratégies de substitution aux importations et de capter des relocalisations d'industries sur leur territoire, mais sans réel succès. Cela demanderait un secteur électrique plus développé et fiable.

Des énergies renouvelables encore trop largement inexploitées

L'Afrique subsaharienne ne dispose que d'un parc électrique extrêmement faible. En 2018, les capacités installées sur toute l'Afrique subsaharienne (hors Afrique du Sud) s'élevaient à environ 80 gigawatts (GW), soit moins que celles de la Turquie, ou encore près de trois fois moins que celles de la France. Le taux d'accès à l'électricité est, en Afrique, le plus bas au monde – l'Inde a réalisé en la matière des progrès significatifs ces dernières années – et la crise économique liée au COVID-19 pourrait encore dégrader la tendance. En dépit d'un recul ces dernières années, le nombre de personnes sans accès à l'électricité a augmenté globalement au cours des deux précédentes décennies.

L'Afrique subsaharienne est pourtant dotée d'un potentiel de production d'électricité renouvelable colossal. La capacité potentielle de production d'électricité hydraulique s'élèverait à plus de 1 840 térawattheures (TWh) par année, soit presque quatre fois la consommation annuelle de la France. La région serait dotée d'une capacité théorique de 60 millions de TWh par année d'énergie solaire[1]. Or en 2017, selon les statistiques de l'AIE, 4,6 TWh et 127 TWh seulement d'électricité ont été produits à partir de systèmes photovoltaïques et de complexes hydroélectriques – soit dans le premier cas une utilisation de moins de 0,01 % de son potentiel théorique, et dans le second, de moins de 7 %.

Alors même que se déploient les solutions vertes décentralisées et que baisse le coût de l'énergie solaire centralisée vers des niveaux compétitifs avec ceux des énergies fossiles, nombre d'États continuent à déployer de nouvelles centrales thermiques, au pétrole mais aussi au charbon. À cela, on peut donner plusieurs explications : l'activisme de la Chine ou du Japon pour è de leur expertise pour la construction de centrales au charbon ; et surtout la rapidité de mise en place de ces dernières, afin de répondre à une demande croissant elle aussi rapidement. Un projet solaire ou éolien prend, lui, plusieurs années pour se développer. De plus, la nature capitalistique de ces investissements exige des perspectives de paiement assuré de la part des entreprises publiques de services d'électricité subsahariennes, sur l'intégralité de la durée de vie de la centrale. Soit un horizon temporel de plus de 25 ans. Les risques perçus par les financeurs sont importants, car les sociétés de services d'électricité d'Afrique subsaharienne sont en mauvais état financier et rendent donc ces projets particulièrement risqués en l'absence de garanties sérieuses.

Plusieurs éléments sont néanmoins intéressants : la réaction de rejet grandissante des populations face à l'ensemble des pollutions ; la découverte d'importants gisements gaziers à chaque point cardinal de l'Afrique, laquelle va de pair avec l'annonce de nouveaux projets de centrales à gaz.

À plus long terme, les crises provoquées par le COVID-19 pourraient cependant durablement réduire les capacités d'investissement des États. Il est donc plus que jamais important que se développe une meilleure coordination entre acteurs publics et privés pour le développement des énergies renouvelables dans la région.

---

1. Z. Liu, *Global Energy Interconnection*, Amsterdam, Academic Press, 2015.

La révolution digitale des secteurs électriques

Le secteur électrique en Afrique subsaharienne se trouve en pleine mutation, avec le développement des énergies renouvelables lié à la baisse de leurs coûts, et les nouvelles solutions de production décentralisées, à petite échelle, qui se déploient grâce aux nouvelles technologies de communication et de paiement. La transformation digitale des systèmes électriques qui s'opère dans les pays industrialisés touche aussi l'Afrique. Les mutations y sont rapides, du fait de la prévalence des jeunes dans la pyramide des âges, lesquels s'approprient rapidement les nouvelles technologies. Ces bouleversements offrent de nombreuses opportunités. Dans un tel contexte, le manque d'infrastructures, notamment électriques, est même considéré par certains experts comme un avantage, qui devrait permettre à l'Afrique subsaharienne de passer directement à un secteur électrique décarboné et efficient.

Face à la croissance démographique et urbaine, les secteurs électriques peinent à développer les infrastructures nécessaires de manière adéquate, ce qui, dans certains pays, tend à faire baisser encore le taux d'accès à l'électricité dans les zones urbaines, ainsi que la fiabilité du réseau. Les populations et les entreprises se trouvent ainsi de plus en plus incitées à utiliser des moyens annexes de production d'électricité pour satisfaire leurs besoins en énergie. Ainsi, la vision dualiste de l'électrification, qui opposait l'extension du réseau centralisé au réseau décentralisé, et les zones urbaines aux zones rurales, y est devenue en partie obsolète. Originellement dédiés aux zones rurales, des moyens de production décentralisés ont atteint les zones urbaines pour permettre aux citadins de faire face aux faiblesses du réseau central.

Il existe donc une réelle possibilité d'émancipation des utilisateurs vis-à-vis du réseau central, et ce même dans les zones couvertes[2]. Cette « hybridation » des réseaux tient à plusieurs raisons, qui incitent entreprises et foyers à investir dans des moyens annexes de production d'électricité pour répondre à leur demande. Une première raison est le manque de fiabilité des réseaux, avec les nombreuses coupures de courant qui ont des conséquences très négatives sur les activités économiques et la stabilité sociale. Vient ensuite la cherté de l'électricité sur le réseau central : les tarifs y sont élevés, même en comparaison avec les niveaux internationaux. Enfin, au même titre que les phénomènes similaires des pays industrialisés, l'installation de panneaux solaires résidentiels se développe parmi les classes les plus aisées de la population dans un souci environnemental. Le générateur auxiliaire reste encore le moyen privilégié pour faire face aux déficiences du réseau. Dans les zones urbaines et périurbaines qui s'étendent rapidement du fait de l'urbanisation galopante du continent, ces équipements de production décentralisés d'électricité peuvent se montrer d'autant plus attractifs pour répondre à la demande des utilisateurs que les temps d'attente de connexion au réseau peuvent être longs, et les tarifs de raccordement particulièrement élevés.

L'utilisation des kits solaires et de systèmes de prépaiement par téléphone portable (*Pay as you go*) s'étend rapidement. Le marché a connu une forte croissance cette dernière décennie, notamment dans les zones rurales, et devient aujourd'hui

2. S. Jaglin, « Off-Grid Electricity in Sub-Saharan Africa: From Rural Experiments to Urban Hybridisations », HAL, 2019.

de plus en plus mature. Les ventes ont ralenti ces dernières années et on peut observer le début d'une concentration du marché. Les dynamiques d'hybridation des réseaux en zones urbaines et périurbaines ouvrent cependant de nouveaux marchés. Sylvy Jaglin, professeur des universités en études urbaines, remarque ainsi : « Aucune de ces solutions décentralisées n'était originellement destinée aux villes, c'est néanmoins là qu'une partie de leur futur se trouve. » Aux 600 millions de clients subsahariens n'ayant pas accès à l'électricité viennent donc potentiellement s'ajouter 700 millions de citoyens urbains qui y ont accès… mais partiellement. Cela aura des implications profondes pour le développement du secteur.

Au regard de l'évolution lente du marché solaire centralisé en Afrique subsaharienne, et bien que ne donnant accès qu'à une consommation d'électricité limitée, les kits solaires constituent un moyen parallèle de tirer parti de l'immense potentiel solaire de la région. Et donc, de fait, d'augmenter les « capacités » électriques renouvelables installées, et cela au détriment des générateurs diesel polluants et onéreux.

S'adapter aux premiers effets du réchauffement climatique

Le continent africain va subir de manière croissante les conséquences des dérèglements climatiques. Parallèlement à l'effort d'atténuation, les enjeux liés à l'adaptation à ces effets deviennent donc de plus en plus pressants.

La hausse des températures devrait être particulièrement élevée sur le continent africain : jusqu'à une fois et demie de plus que la moyenne mondiale. D'ici à 2090, plus d'un tiers de la population urbaine africaine pourrait être touché par des vagues de chaleur extrêmes, voire mortelles[3]. Selon les projections de l'Organisation des Nations unies (ONU), la population urbaine d'Afrique subsaharienne devrait continuer d'augmenter pour dépasser le milliard et demi de personnes en 2050. En conséquence, cette population urbaine aura d'importants besoins de refroidissement, qui se traduiront par une utilisation accrue de climatiseurs, avec des conséquences significatives sur la consommation énergétique, et donc sur les émissions de gaz à effet de serre.

La montée des eaux menace déjà les zones côtières où sont situées les villes les plus peuplées d'Afrique subsaharienne, comme Lagos. Plus à l'intérieur des terres, les modifications du régime des précipitations liées au réchauffement climatique ont des effets néfastes sur les sols. Des périodes de sécheresse plus longues, plus intenses et plus fréquentes, suivies de pluies diluviennes, contribuent à l'érosion des terres. L'accroissement démographique met sous pression l'accès aux ressources naturelles, entraîne le surpâturage et le déboisement. Le bois reste la première source d'énergie primaire en Afrique subsaharienne : plus de 780 millions de personnes en dépendent pour cuisiner. L'ensemble de ces phénomènes contribuent à la progression de la désertification des sols du continent, rendant les populations plus vulnérables aux aléas climatiques.

---

3. G. Rohat, J. Flacke, A. Dosio *et al.*, « Projections of Human Exposure to Dangerous Heat in African Cities under Multiple Socioeconomic and Climate Scenarios », *Earth's Future*, vol. 7, n° 5, avril 2019.

La vulnérabilité aux importations alimentaires de l'Afrique subsaharienne a été mise en évidence par la crise du COVID-19 qui a entraîné des difficultés d'approvisionnement en denrées alimentaires. L'Afrique subsaharienne dépend des importations pour 40 % de sa consommation de riz. Selon un rapport de plusieurs agences des Nations unies, plus de 73 millions d'Africains étaient déjà en situation de crise alimentaire grave en décembre 2019, chiffre que la menace d'une sécheresse de grande échelle et le risque de renchérissement des importations du fait de la dépréciation des monnaies locales pourraient encore aggraver. L'organisation non gouvernementale Oxfam annonçait en juin qu'il risquait d'y avoir en Afrique « des personnes qui meurent de faim avant de mourir du virus » et appelait à plus long terme à relocaliser les systèmes agricoles pour raccourcir les chaînes d'approvisionnement alimentaires dans la région et améliorer leur résilience.

Dans ce cadre, le développement des zones rurales est un impératif, qui passera avant tout par un accès plus large aux services électriques. Aujourd'hui encore, moins de la moitié de la population subsaharienne a accès à l'électricité, et un seul habitant sur quatre vivant dans une zone rurale. Les activités économiques que rendrait possible l'électrification de ces zones permettraient de limiter l'urbanisation, en donnant des perspectives d'emplois aux jeunes dans ces régions, et limiteraient la vulnérabilité des pays aux mauvaises récoltes : la population urbaine dépendant pour son alimentation des zones rurales ou de l'importation. L'électrification des zones rurales rendrait aussi possible un meilleur accès à l'éducation, et donc aussi aux bonnes pratiques agricoles. Elle favoriserait une transition énergétique, des combustibles traditionnels vers des énergies plus modernes comme l'électricité, et donc limiterait le déboisement, la désertification et la déperdition des terres arables. Elle permettrait aussi de développer la conservation à froid des denrées alimentaires, et donc le développement d'une agriculture plus variée. Enfin, les systèmes de pompages solaires permettraient de développer l'irrigation mécanique, encore trop peu répandue sur un continent où l'irrigation pluviale est la norme et rend les exploitations très vulnérables aux aléas climatiques.

H. L. P.

Pour en savoir plus

- « Africa Energy Outlook 2019 », Agence internationale de l'énergie, novembre 2019.
- H. Le Picard, « L'énergie solaire en Afrique subsaharienne après le COVID-19 : guérir un secteur malade », *Éditoriaux de l'Ifri*, Ifri, 29 mai 2020.
- S. Michailof, *Africanistan: Development or Jihad*, New Delhi, Oxford University Press, 2018.

L'Union européenne dans la crise du coronavirus

vidéo
http://dunod.link/9b0yfse

Entre impuissance et nécessité

Prise au dépourvu, comme ses États membres, par l'ampleur de la crise, l'Union européenne (UE) a d'abord montré ses divisions. Elle a, dans un deuxième temps, ébauché des réponses collectives, en particulier au niveau économique. Il reste que la crise confronte l'UE à son destin : pourra-t-elle restaurer la confiance des peuples qui lui demandent d'assurer, avec les États, leur protection ? Et les États accepteront-ils un nouveau partage des responsabilités ? L'avenir du projet européen est en cause.

Avec la crise du coronavirus qui frappe l'Europe depuis les premières semaines de 2020, le débat sur l'avenir de l'Union européenne change de perspective. La question touche désormais à la raison d'être de l'UE elle-même : à quoi sert une Union qui serait incapable de venir à l'aide de ses citoyens quand ceux-ci sont en difficulté ?

À cette question centrale s'en ajoute une autre : l'UE, dans son organisation et son mode de fonctionnement, est-elle apte à répondre aux défis du monde actuel ? Car cette crise, même si elle est d'abord sanitaire, est aussi la crise d'une globalisation sans contrôle, ce qu'a mis en évidence la forte dépendance européenne à l'égard de producteurs étrangers. Le monde qu'éclaire cette crise est marqué par une âpre concurrence entre la Chine et les États-Unis, ainsi que par la solitude stratégique européenne. Pour s'affirmer dans la nouvelle compétition de puissance, les Européens vont devoir non seulement surmonter des divisions internes que les mois de crise ont mises en évidence, mais encore réviser certains aspects de l'approche néolibérale mise en œuvre par la Commission.

Une nouvelle crise pour l'Europe

Tout comme les États-Unis, le Vieux Continent a largement sous-estimé l'ampleur de l'épidémie et tardé à prendre des mesures appropriées, au point que la situation sanitaire s'est très rapidement dégradée, particulièrement en Italie, en Espagne et en France. Le 18 mars 2020, l'UE est devenue l'épicentre de l'épidémie, au moment même où la Chine annonçait l'absence de nouveau cas déclaré sur son territoire. Le 8 avril, on comptabilisait plus de 60 000 morts en Europe, soit plus de 70 % des décès dus au coronavirus dans le monde. Dans un tel contexte, les populations les plus touchées attendaient de l'UE une réponse rapide, forte et coordonnée.

Or la première phase de la réaction européenne fut marquée par la lenteur, la division et la disparité des mesures adoptées. Compte tenu de l'absence de compétence de l'UE en matière de santé, les gouvernements des États membres étaient en première ligne. Leur réaction étant marquée par l'absence d'anticipation pour l'évaluation de la rapidité de propagation de l'épidémie et de son ampleur. Les États membres n'ont ainsi pas coordonné leurs mesures de protection, optant même pour des réponses très hétérogènes : choix du confinement total de la population en Italie, en Espagne ou en France ; mesures de restrictions plus limitées en Allemagne ; quand la Suède privilégiait « l'immunité de groupe » et le sens de la responsabilité individuelle.

Lenteur et division

En dépit des efforts de la Commission pour mettre en place une démarche coordonnée et progressive de sortie du confinement, les États membres décidaient, à partir de mi-avril, d'alléger de manière séparée les mesures restrictives imposées à leur population. S'agissant de la fourniture d'équipements de protection, et faute d'avoir constitué des stocks en amont, les États membres campaient sur une attitude de repli national. Repli clairement manifesté avec l'absence de réponse à la demande du 28 février de l'Italie, d'activer le Mécanisme européen de protection civile, afin de se procurer les équipements de protection individuels dont ses hôpitaux, débordés, commençaient à manquer. Par la suite, de telles demandes se sont heurtées à de multiples obstacles, telles les réquisitions opérées par le gouvernement français sur les stocks de masques, les restrictions d'exportation de l'Allemagne pour les masques et les tenues de protection, ou encore les différentes mesures de contrôle instaurées aux frontières intérieures de l'UE, avec pour effet de ralentir la fourniture d'équipements essentiels.

Confrontée à ces choix divergents, la Commission n'a pu coordonner la réponse, ni définir des standards communs. Ce qui s'est manifesté par l'absence de données chiffrées au niveau du Centre européen de prévention et de contrôle des maladies (ECDC), pourtant créé en 2003 au titre des leçons tirées de l'épidémie du syndrome respiratoire aigu sévère (SRAS), puis du constat que ni les États membres ni l'UE ne disposaient des stocks nécessaires de certains équipements devenus critiques. L'UE a, enfin, pris conscience de sa dépendance des marchés extérieurs pour ses approvisionnements : une contrainte capitale, puisqu'en temps de pandémie, les marchés ne peuvent répondre à une explosion de la demande, surtout quand le principal pays producteur, la Chine, est lui-même le foyer de cette pandémie.

L'approvisionnement en équipements de protection individuels ainsi qu'en équipements médicaux, a donc fait l'objet d'une ruée générale, avec les caractéristiques d'une situation de pénurie sur les marchés : augmentation considérable des prix, pratiques prédatrices de surenchère, voire détournement des cargaisons… Enfin, des pays tiers, en premier lieu la Chine mais aussi la Russie ou Cuba, ont répondu aux appels des gouvernements italien et espagnol en fournissant une aide sous la forme de matériel médical et de personnels soignants. La manière dont cette aide a été mise en scène par la Chine, ainsi que les campagnes de désinformation conduites ou relayées par plusieurs ambassades chinoises, ont suscité de vives réactions de la part des responsables européens, qui ont dénoncé la lutte d'influence engagée par Pékin sous couvert d'une politique généreuse[1].

Construire une réponse collective

Dans un second temps, les autorités européennes se sont pourtant efforcées de gommer l'impression désastreuse créée par la gestion de la première phase de la crise, en mettant l'accent sur l'impératif d'unité et de solidarité européennes. Il apparaît pourtant clairement que les ratés de la réponse européenne initiale ont eu un impact sur l'opinion publique, comme en témoignent les sondages réalisés en Italie : 88 % des Italiens interrogés considérant que l'UE ne les soutient pas dans la crise et 67 % en venant à considérer leur appartenance à l'UE comme un désavantage[2]. C'est ainsi que le président du Parlement européen, David Sassoli, a dû rappeler que « la solidarité, la confiance mutuelle et une coopération sincère doivent guider nos actions dans la lutte contre la pandémie »...

Dans le même temps, la Commission publiait un document destiné à illustrer les manifestations concrètes de solidarité européenne : admissions transfrontalières de patients, livraisons de matériel médical et rapatriement de ressortissants européens depuis l'étranger. Lors du Conseil européen du 26 mars, cinq axes d'intervention sont agréés : limitation de la propagation du virus, notamment à travers la coordination des mesures et un meilleur contrôle aux frontières extérieures de l'Union ; mise à disposition des matériels médicaux, avec la levée de toutes les restrictions internes à leur exportation ; promotion de la recherche, avec la mobilisation des potentiels européens pour la fabrication d'un vaccin ; renforcement de l'assistance consulaire, pour rapatrier tous les ressortissants européens souhaitant regagner l'Europe ; traitement des conséquences socio-économiques de la crise.

La contraction de l'activité économique consécutive aux mesures de confinement sera de toute évidence importante. Selon le Fonds monétaire international, l'économie de la zone euro devrait se contracter de 7,5 % en 2020. La coordination de la réponse économique et financière européenne a heureusement été plus efficace que la gestion sanitaire. Les premières mesures ont été orientées vers deux priorités : éviter une crise de liquidités et prévenir une crise des dettes souveraines. L'intervention de la Banque centrale européenne, avec le rachat massif de titres, a été sur ce dernier point déterminante. Le débat le plus rude a porté sur le mécanisme de financement à mettre en place pour le soutien aux économies et les conditions qui lui seraient rattachées. Durement frappées, l'Italie et l'Espagne, soutenues par la France, appelaient une solution traduisant concrètement la solidarité européenne, qui doterait l'UE d'un moyen de financement commun

1. J. Borrell, « The Coronavirus Pandemic and the New World It Is Creating », European Union External Action, 23 mars 2020.
2. A. Botin, « The EU's Shared Purpose Requires Shared Financing », *Financial Times*, 7 avril 2020.

ne reproduisant pas les conditions humiliantes imposées, en matière d'ajustement économique, lors de la crise de la zone euro.

Le fonctionnement de l'UE, l'efficacité de son modèle

Le propre de toute épreuve est de tester la résilience d'un système. En l'espèce, la pandémie a mis à nu nombre de faiblesses et de déficits dont souffre l'Europe. Dès lors, celle-ci sort-elle de l'épreuve renforcée, confortée dans la justesse de ses choix, ou au contraire affaiblie et divisée ?

La crise a d'abord agi comme le catalyseur de vulnérabilités et de fractures anciennes. La division politique interne de l'Union est un obstacle majeur à l'expression de la solidarité européenne. Elle se traduit dans la ligne qui sépare les pays « rigoureux et gestionnaires », menés par les Pays-Bas, la Finlande et l'Autriche, des pays « dépensiers et négligents ». Elle se manifeste aussi dans la trajectoire autoritaire de la Hongrie et de la Pologne, renforcée sous couvert de réponses à la crise. En second lieu, l'absence de leadership européen, que symbolisent le repli de l'Allemagne sur ses besoins nationaux et la paralysie du couple franco-allemand, renforce ces dynamiques centrifuges. Le temps perdu ces deux dernières années sur nombre de sujets, notamment sur la création d'un budget de la zone euro, se paie aujourd'hui chèrement.

Enfin, la crise souligne l'érosion de l'attractivité du modèle européen, de plus en plus concurrencé par des modèles alternatifs. L'UE découvre qu'elle ne peut plus compter sur la seule séduction de son marché intérieur ou de sa puissance commerciale. L'influence se joue à travers la conquête des opinions publiques et dans la capacité à construire des narratifs convaincants par leur exemplarité, à l'extérieur de l'UE mais aussi en interne. Il est vain de parler d'« Europe des valeurs », ou même de solidarité européenne, alors que des citoyens européens meurent sans assistance d'autres États membres, cette dernière venant de pays tiers. L'UE a perdu le bénéfice de l'exemplarité.

Cette crise présente aussi des éléments spécifiques et inédits, et d'abord autour de la restauration du lien de confiance entre les citoyens des États membres et leurs gouvernants. Plus que jamais, les citoyens touchés dans leur chair et leur vie quotidienne, attendent de leurs dirigeants qu'ils assurent leur protection et que leur appartenance à l'UE agisse comme un démultiplicateur de forces. À travers le débat sur le financement de cette crise et de ses conséquences, c'est bien la question des responsabilités respectives des États qui est posée – question rendue pressante par le nombre de décès et les souffrances endurées dans cette période particulière. Ce que souligne Guy Verhofstadt : « Dans ce scénario, il n'y a pas de paresseux ni de travailleurs, il n'y a que des personnes malades[3]. »

La réponse à la crise, à ses conséquences, ne pouvait être gérée dans le cadre d'une approche purement financière et économique, reconduisant en quelque sorte les réponses développées lors de la crise de la zone euro. Deux éléments se superposaient, lui conférant une dimension inédite. Un aspect moral tout d'abord : l'UE pourrait-elle démontrer qu'elle était déterminée à venir en aide à ses citoyens

3. G. Verhofstadt, « Only EU Solidarity Can Avert Economic Disaster », *Politico*, 27 mars 2020.

en difficulté, et qu'elle avait les moyens de le faire ? Un argument économique ensuite : tous les États membres n'ayant pas les mêmes capacités à soutenir un plan de relance national, il fallait éviter d'aggraver encore les divergences économiques entre eux au sortir de la crise. Par conséquent, le choix de réponses purement nationales aurait créé des fractures sans doute irréversibles entre États membres, alors qu'une forme de mutualisation des financements par le biais du budget européen permettait de corriger, au moins en partie, ces divergences.

La pérennité du modèle européen en question

Cette crise souligne l'urgence de débats trop longtemps différés : les réponses qui leur seront apportées vont au sens propre conditionner la pérennité du modèle européen.

Le premier débat doit porter sur la nécessité de trouver une meilleure articulation entre les compétences des États membres et celles de l'Union, comme viennent d'en témoigner les difficultés de la politique sanitaire. L'article 168 du Traité sur le fonctionnement de l'Union européenne (TFUE) dispose que les politiques de santé, l'organisation et la fourniture de services de santé et de soins médicaux, relèvent de la responsabilité des États. L'action de l'UE ne peut viser qu'à compléter les politiques nationales et à soutenir la coopération entre les États membres dans le domaine de la santé publique. Elle peut aussi contribuer à améliorer la santé publique, à prévenir les maladies et les dangers pour la santé, et à promouvoir la recherche.

La crise a sans doute démontré, au moins en creux, à quel point une politique de santé publique européenne était importante. De nombreuses mesures devraient en effet être coordonnées sur la base d'une évaluation partagée de la situation. Il apparaît dès lors évident que le Centre européen de prévention et de contrôle des maladies devrait voir ses moyens et compétences élargis, pour qu'il puisse tenir un rôle nettement plus marqué en matière de surveillance des épidémies, de prévention, d'analyse et de partage des informations. La réserve supplémentaire de ressources « rescUE », mise en place en mars 2019, peut aussi fournir des moyens de réponse aux urgences médicales, dans le cadre du Mécanisme européen de protection civile. Enfin, la taille du marché européen donne à l'UE un poids considérable, qui doit lui permettre de s'imposer dans les appels d'offres sur les marchés mondiaux portant sur la fourniture de matériel ou de médicaments, et de renforcer sa main face à ses concurrents étrangers.

Le processus de la Conférence sur l'avenir de l'Europe, initialement conçu pour renforcer les liens entre l'Europe et ses citoyens, devrait offrir un espace d'échange permettant de tirer les leçons de la crise pour l'UE. À la faveur de cet exercice, l'Europe devrait notamment pouvoir renforcer sa souveraineté dans un certain nombre de secteurs stratégiques. Cela passe par une restructuration des chaînes de valeur, pour réduire la dépendance des pays européens vis-à-vis de fournisseurs uniques, et par un inventaire des secteurs stratégiques et des technologies de souveraineté. La démarche devrait concerner, à tout le moins, la fabrication des médicaments et des équipements sanitaires, mais aussi les technologies clés permettant à l'UE d'assurer sa transition énergétique et digitale. La question se posera pourtant rapidement de savoir jusqu'où les États membres sont prêts à avancer dans cette direction, en acceptant des transferts de compétences au profit de l'UE, et en redéfinissant l'équilibre souhaitable entre interventionnisme des États et jeu du marché.

La crise du coronavirus constitue un double test pour l'UE. Elle met à l'épreuve la résilience de son système sanitaire et de son mode de gouvernance, mais aussi sa capacité à préserver sa cohésion, ainsi que les valeurs dont est porteur le projet européen. Luuk van Middelaar avait déjà, à l'occasion des crises précédentes (crise de la zone euro, crise en Ukraine, crise migratoire), souligné le nécessaire retour du politique dans la conduite des affaires européennes, par opposition à la traditionnelle démarche gestionnaire.

***

Deux leçons sont d'ores et déjà claires. L'appartenance à l'UE était hier considérée comme intangible, incontestable, pour conjurer le spectre du retour des guerres fratricides sur le Vieux Continent. Ce lien s'est effiloché avec le temps et les jeunes générations ne se sentent plus guère menacées par la perspective d'une guerre entre pays européens. En revanche, les crises de la décennie précédente, qui culminent aujourd'hui avec celle du COVID-19, amènent les citoyens à reconsidérer le bénéfice qu'ils retirent de leur appartenance à l'UE, à l'aune de sa capacité à répondre aux défis du monde d'aujourd'hui, à les protéger et à garantir leur prospérité.

Le projet européen est donc contraint de se réinventer, sous la dynamique d'une histoire qui reprend sa marche, et des attentes d'opinions qui ont besoin d'être convaincues. Il est aussi concurrencé par des modèles alternatifs, qui ne cachent pas leur mépris pour les régimes démocratiques et mettent en avant leur efficacité. L'UE pourra-t-elle se réinventer et incarner à nouveau aux yeux de ses citoyens un projet d'avenir partagé ?

E.-A. M.

Pour en savoir plus

- P. Artus, « La crise du coronavirus sonne-t-elle la fin du capitalisme néo-libéral ? », Natixis, Flash Économie, 30 mars 2020.
- J. Borrell, « COVID-19 : le monde d'après est déjà là… », *Politique étrangère*, vol. 85, n° 2, Ifri, 2020.
- D. M. Herszenhorn et S. Wheaton, « How Europe Failed the Coronavirus Test », *Politico,* 7 avril 2020.

L'euro et la crise du COVID-19

L'UE et la zone euro en première ligne

Beaucoup plus violente que celles qui l'ont précédée, la crise économique générée par le COVID-19 a fait l'objet de réponses économiques rapides de la part des pouvoirs publics nationaux et des institutions européennes : Commission, Banque centrale européenne (BCE), cette dernière usant de tous les instruments à sa disposition. L'euro a, dans la crise, montré une solidité qui perdurera, mais les questions de plus long terme sur sa gouvernance restent ouvertes.

La crise du COVID-19 a été mondiale, lourde, et laissera des traces durables sur le marché du travail, sur les comportements individuels de consommation et d'investissement, et sur la mondialisation.

Parce qu'elle touche l'économie réelle, qu'elle conjugue un choc d'offre et de demande, elle est beaucoup plus grave que celle de 2008-2009. En 2009, la récession mondiale n'avait été que de - 0,6 %. En 2020, elle pourrait se chiffrer à - 5 %, ou pire. La récession européenne serait encore plus marquée : entre - 8 % et - 11 %.

De même que l'Europe a été réactive fin 2008 face à la crise bancaire, de même elle s'est mobilisée en 2020 pour limiter la casse économique qui a accompagné et suivi la crise sanitaire.

L'euro a « profité » de la réactivité et de la résilience de la zone euro. La monnaie européenne continue cependant à souffrir d'une gouvernance économique et politique qui demeure trop lacunaire.

La réactivité des pouvoirs publics

2019 avait déjà connu un ralentissement significatif de la croissance, dans un contexte géopolitique mondial tendu (guerre commerciale entre les États-Unis et la Chine…) et une Allemagne au bord de la récession. Au point que la BCE, après avoir mis fin au *quantitative easing* (assouplissement quantitatif, ou QE) à partir de janvier 2019, l'avait réactivé dès novembre 2019.

La crise sanitaire et le confinement nécessaire pour la juguler engendrent, dans le monde et en Europe, la récession la plus grave de l'après-guerre. Et la reprise de 2021 devrait être lente et progressive. Face à une telle récession, il fallait donc avancer sur deux jambes, la jambe monétaire et la jambe budgétaire, et mettre en œuvre des politiques contracycliques, pour limiter l'impact du choc macroéconomique.

Réponses budgétaires et financements assimilés

Pour amortir les conséquences économiques et sociales de la crise sanitaire, il a été décidé d'opérer une relance budgétaire massive, à travers plusieurs canaux.

Le Pacte de stabilité et de croissance est désactivé pour 2020 et 2021. Avant même le coronavirus, nombre de pays de la zone euro étaient au-dessus du seuil de 60 % pour le ratio de dette publique. Même l'Allemagne affichait un ratio de dette publique de 61 % fin 2018. Quant au seuil de 3 % pour le déficit public (État, collectivités locales, Sécurité sociale), il était en 2018 et 2019 pratiquement respecté par tous les pays membres. La situation se retourne complètement pour 2020-2021, avec une explosion des déficits et des dettes publics.

En France, le déficit public pourrait en 2020 avoisiner 12 % du PIB, avec pour conséquence le passage du ratio de dette publique de quasiment 100 % du PIB en décembre 2019 à 120, voire 125 % fin 2020. L'augmentation de la dette publique va toucher tous les pays de la zone euro. Certains pays disposaient, avant le choc du COVID-19, d'une marge de manœuvre (l'Allemagne) que d'autres n'avaient pas (la France), qui découlait de la bonne gestion des finances publiques.

L'impulsion budgétaire est d'abord nationale. Dans chaque pays membre, ont ainsi été mis en place au printemps 2020 des plans de relance ciblés sur les secteurs directement touchés par la crise (aérien, automobile, tourisme, hôtels, restaurants…), ainsi que des aides publiques transversales (crédits bancaires garantis par l'État, financement public du chômage partiel, allègements voire annulation de charges fiscales et sociales pour les entreprises…). Augmentation des dépenses publiques, réduction des recettes fiscales et sociales : le dérapage budgétaire est imparable…

Les impulsions budgétaires viennent aussi de l'Europe. Dès mai 2020, l'Eurogroupe (les ministres des Finances de la seule zone euro) a validé un programme de financement de 540 milliards d'euros, avec trois composantes : 240 milliards du Mécanisme européen de stabilité (MES); 200 milliards de prêts de la Banque européenne d'investissement; 100 milliards empruntés par la Commission européenne pour aider les États membres à financer les dispositifs de chômage partiel.

Le couple franco-allemand a annoncé fin mai 2020 une relance conjointe de 500 milliards d'euros. Une initiative qui devrait être plus ou moins reprise dans le plan de financement lancé par la Commission : 750 milliards d'euros, dont 500 milliards de subventions et 200 milliards de prêts. Avec cette initiative, sont posées la question de la mutualisation d'une partie des dettes publiques et celle, éminemment sensible, des « eurobonds » ou « coronabonds ». L'initiative franco-allemande, surtout si elle devient vraiment européenne, devra être financée par des dettes co-émises par plusieurs, voire la totalité, des États membres. Les pays « frugaux » (Pays-Bas, Autriche, Suède, Danemark) semblent réticents, alors même que l'Allemagne lâche du lest… On débouche, au total, sur des mesures expansives nettement plus fortes que celles mises en œuvre face à la récession de 2009.

La réponse monétaire

Face à un tel choc, la politique de la BCE a été, elle aussi, résolument contracyclique. Elle s'est adossée à un programme d'achats d'urgence de titres financiers, programme décidé en mars 2020 (Pandemic Emergency Purchase Programme – PEPP).

L'instrument principal du QE de la BCE est le Public Sector Purchase Programme (PSPP), mis en œuvre en mars 2015. La BCE avait réactivé le QE en novembre 2019 face au ralentissement de la croissance et à un taux d'inflation inférieur à sa cible (près de 2 %). Les achats massifs d'obligations par la BCE ont donc repris avant le COVID-19. Face à la crise, ils ont été intensifiés dès février-mars 2020. La BCE s'est engagée à fournir pour plus de 1 000 milliards d'euros de liquidités additionnelles : 750 milliards au titre du PEPP d'ici fin 2020, 300 milliards dans le cadre du PSPP.

Une différence existe entre les deux programmes : alors que le PSPP tient compte de la répartition du capital de la BCE entre pays membres, le PEPP s'en affranchit, étant là pour secourir les pays les plus touchés. C'est ainsi que l'Italie a, relativement, beaucoup profité du PEPP. Dès juin 2020, l'insuffisance de ces montants au regard du choc à gérer a conduit la Banque centrale à décider une rallonge de 600 milliards pour le PEPP, et à étendre l'horizon du programme au moins jusqu'en juin 2021. De plus, la BCE s'est engagée à réinvestir en titres les obligations venues à échéance, jusqu'à la fin de 2022. De quoi rassurer les opérateurs économiques.

L'intervention de la BCE

La Banque centrale réactive également le dispositif Targeted Longer Term Refinancing Operation qui lui permet de refinancer à des taux d'intérêt concessionnels des crédits bancaires bien spécifiés, touchant directement l'économie réelle. Dans le même temps, elle maintient son principal taux directeur à 0 %, ainsi que le taux sur les facilités de dépôts des banques (leurs réserves au-delà des réserves obligatoires) à - 0,5 %. Ce faisant, sous la présidence de Christine Lagarde, la BCE s'inscrit dans la continuité puisqu'elle prolonge le « *whatever it takes* » affirmé par Mario Draghi au pic de la crise grecque : elle s'engage à prendre toutes les initiatives nécessaires pour sauver le système.

Avec de telles interventions, le bilan de la BCE va exploser, tout comme celui de la Réserve fédérale américaine et des autres banques centrales. En 2020-2021, ce bilan pourrait dépasser le pic historique des années 2016-2018. L'autre incertitude concerne la transmission des impulsions monétaires vers ce qui est essentiel, à savoir l'économie réelle (investissement, croissance, emploi...). Déjà, lors de la première phase du QE, à partir de mars 2015, une déperdition avait été constatée. Il n'y a rien de mécanique dans la transmission de la politique monétaire : tout dépend du comportement des banques et des agents non financiers (entreprises et ménages).

Par ailleurs, le confinement a créé partout, vu les contraintes fortes sur la consommation, de l'épargne forcée, qui est venue s'ajouter aux épargnes de précaution, déjà présentes avant la crise sanitaire et qui se renforceront d'ici la fin de 2020 avec la montée du chômage, l'incertitude sur les retraites, l'augmentation du risque social... Nos pays sont donc assez proches de la configuration keynésienne de la trappe à liquidité : situation dans laquelle les liquidités additionnelles de la Banque centrale sont conservées par les agents non financiers, faisant l'objet d'une thésaurisation.

La politique de la BCE a été contestée par un arrêt du 5 mai 2020 de la Cour constitutionnelle de Karlsruhe. Cet arrêt, qui concerne le PSPP (et non le PEPP), donne trois mois à la BCE et à la Bundesbank (Banque fédérale d'Allemagne) pour se conformer au principe – assez vague – de « proportionnalité », avec la menace qu'à terme la Bundesbank se voie interdire toute participation au PSPP. Disons que ce calendrier tombe mal, fragilisant la BCE pour des opérations bien antérieures au COVID-19, et au moment où elle a besoin de marges de manœuvre élargies pour contrer les effets déflationnistes de la crise sanitaire. La présidente de la Commission européenne et Angela Merkel ne s'y sont pas trompé et ont confirmé leur soutien à la BCE. D'une certaine façon, le plan de relance franco-allemand de 500 milliards d'euros est la réponse politique à la menace sur la politique monétaire de la zone euro née de l'arrêt du 5 mai.

Cet arrêt soulève de redoutables problèmes juridiques sur la hiérarchie des normes entre droit européen et droit national, et sur les relations entre la Cour de Justice de l'UE et les Cours constitutionnelles nationales. Sous l'angle économique, il soulève en particulier deux questions. N'y a-t-il pas dans la position du juge constitutionnel allemand une grave entorse au principe de l'indépendance de l'Eurosystème (BCE et banques centrales nationales de la zone euro – BCN) ? Le traité de Maastricht interdit le financement direct des États membres par la BCE et les BCN, qui n'ont donc pas le droit d'acheter des obligations souveraines sur le marché primaire (marché des émissions). Mais elles peuvent – et ne s'en privent pas avec le QE – acheter des obligations souveraines sur le marché secondaire (ou d'occasion) des titres. Ce qui constitue un financement indirect des États. Par exemple, une banque de la zone euro revend à la BCE, pour se refinancer, des obligations qu'elle a achetées sur le marché primaire. Le juge allemand tourne autour de la question suivante : ce clivage entre financement direct (interdit) et financement indirect (autorisé) des États membres tient-il la route ? Sur le papier, oui. En pratique, le débat est loin d'être clos.

L'interaction politique budgétaire/politique monétaire

Politique budgétaire et politique monétaire vont interagir étroitement car les dettes publiques accumulées avec le COVID-19 vont être, dans une proportion significative, transférées vers le bilan de la Banque centrale, et ainsi monétisées par la BCE. D'aucuns en concluent que, pour rendre ces dettes soutenables, il suffirait que la BCE décide, de sa propre initiative, de les annuler. Outre qu'une telle initiative créerait un sérieux problème d'aléa moral, en « récompensant » les États membres les plus endettés, il faudrait là tenir compte d'effets induits. Les fonds propres de la BCE deviendraient probablement négatifs, et les États membres actionnaires de la Banque centrale seraient mis à contribution, par une recapitalisation de la BCE ou un abandon de leurs dividendes d'actionnaires : ils gagneraient d'un côté mais perdraient de l'autre... Par ailleurs, l'annulation des dettes souveraines empêcherait la BCE de revendre les titres concernés le jour où, face au risque d'inflation, elle devrait reprendre des liquidités au système.

Enfin, la forte réactivité de la BCE pose forcément la question : faut-il, après la crise sanitaire, privilégier un scénario de relance de l'inflation ? Pour 2020-2021, la réponse est non. Depuis dix ans, les bilans des banques centrales ont explosé sans que l'inflation renaisse. Pour 2020, l'inflation moyenne dans la zone euro va être autour de 0,3 % par an, donc nettement en dessous de la cible de la BCE si l'on en croit ses prévisions de juin 2020. Pour 2021, l'inflation prévue n'est que de 0,8 %. Inflation énergétique ? *A priori*, les prix du pétrole resteront bas en 2020-2021. Inflation salariale ? Avec la hausse du chômage, on ne voit pas d'où elle viendrait… L'hypothèse est que l'inflation sur les biens et services demeurera modique en zone euro en 2020-2021. Au-delà, il est difficile de s'engager.

L'euro : entre résilience et fragilité

La zone euro a montré sa résilience face au COVID-19, comme après 2010 face à la crise des dettes souveraines, c'est-à-dire sa capacité à gérer et digérer un choc brutal. Dans le même temps, force est de reconnaître que le *statu quo* institutionnel n'est pas une option, alors que les propositions pour renforcer la gouvernance de l'euro demeurent lettre morte.

La non-fragmentation de la zone euro

Entre 2010 et 2013, la zone euro avait failli imploser, avec les crises de la Grèce, de l'Irlande et du Portugal, les problèmes de l'Italie et de l'Espagne, la crise chypriote… Aux yeux des investisseurs, elle n'était qu'un espace fragmenté, la fracture entre Europe du Nord et Europe du Sud s'illustrant par une montée considérable des *spreads* (écarts de taux mesurés, pour chaque échéance, vis-à-vis des taux allemands). Leur envolée au pic de la crise des dettes souveraines signalait une fragmentation financière notable.

Avec son programme PEPP spécifique à la pandémie, la BCE a réduit les *spreads* intra-zone euro. Au début du COVID-19, l'Italie empruntait à 10 ans à près de 3 %. Fin mai 2020, alors que le *bund* allemand à 10 ans « rapportait » - 0,43 %, le taux italien était tombé à 1,45 %, au moment où l'État espagnol, pour la même échéance, empruntait à 0,58 % et où la Grèce payait seulement 1,5 %, donc quasiment le même chiffre que l'Italie. L'activisme de la BCE a été nécessaire pour lutter contre l'éclatement potentiel de la zone euro entre Nord et Sud, entre pays « frugaux » et pays « dépensiers ». Il n'a pas suffi : les mesures budgétaires listées plus haut, passant par le MES ou par la relance européenne, jouent un rôle important puisqu'il s'agit de financements ciblés sur les maillons faibles de la zone.

Taux de change et rôle international de l'euro

La dimension d'une devise s'apprécie à la lumière de son taux de change et de son rôle international, mesuré par les parts de marché de cette devise dans les différentes fonctions de la monnaie.

Le taux de change de l'euro avait bien résisté entre 2010 et 2016 à la crise de la zone euro, alors qu'on aurait pu anticiper des ventes massives d'euros de la part des investisseurs étrangers. Il n'en a rien été, preuve que la crédibilité de la monnaie européenne n'était pas entamée. Pour s'en tenir au constat, sur le premier semestre de 2020, le taux de change euro/dollar a été stable, oscillant dans une fourchette étroite autour de 1,11 dollar pour 1 euro.

Le COVID-19 a été un choc symétrique, touchant toutes les régions du monde même si l'intensité en a été inégale. Comme choc symétrique, il ne modifiait pas sensiblement la grille des parités entre pays avancés. Le dollar lui-même se trouve pris en 2020 entre des forces contraires. D'un côté, la crise des pays émergents provoque des reflux de capitaux internationaux vers New York, poussant le billet vert à la hausse. De l'autre, ce mouvement est compensé, voire surcompensé, par diverses forces baissières : la réduction des taux directeurs de la Banque fédérale américaine (Fed), la gouvernance plutôt chaotique du président Trump, la fragilité sociale née de l'explosion du chômage (jusqu'en mai 2020) et de la pauvreté, etc. Le second semestre de 2020 ne devrait pas connaître de grands mouvements sur la parité euro/dollar, sauf choc géopolitique majeur.

À l'aune des parts de marché qui servent de juges de paix, l'euro reste la deuxième monnaie mondiale, assez loin derrière le dollar, mais très loin devant le yen, le renminbi et la livre sterling. L'avance du billet vert est générale, le plus souvent dans un rapport de 1 à 3. Fin 2019, le dollar représentait 61 % des réserves de change des banques centrales dans le monde (à l'exclusion de l'or) et l'euro environ 20 % – ces parts de marché étant relativement stables depuis quelques années. Les chiffres sont voisins pour la répartition par devises de la dette internationale, des prêts internationaux, ou du *turnover* sur le marché des changes. Le dollar est contesté sans être vraiment remplacé, le renminbi chinois pointe lentement mais sûrement le bout du nez (2 % des réserves de change des banques centrales fin 2019), et l'euro est solidement installé sur la deuxième marche du podium monétaire.

Gouvernance de la zone euro : doit mieux faire

L'Europe a été réactive face au choc du COVID-19, au-delà de ce qui était attendu. Les liquidités et financements apportés par la BCE et les diverses instances européennes sont impressionnants. L'opposition entre pays du Nord et du Sud demeure, mais elle a été en partie – en partie seulement – surmontée vu l'ampleur du choc.

Pour autant, la crise sanitaire et son impact économique ne nous ont pas fait progresser en matière de gouvernance. Où en sont les propositions françaises pour améliorer la gouvernance économique et politique de la zone euro : un budget, un Parlement, un ministre des Finances ? Nulle part. Espérons que le début de mutualisation des dettes sera l'amorce des sauts institutionnels indispensables au bon fonctionnement de la zone euro et à la crédibilité à long terme de l'euro.

C. de B.

Pour en savoir plus

- « The International Role of the Euro », Banque centrale européenne, juin 2020.
- C. de Boissieu, *Les 100 mots de la politique monétaire*, Paris, Presses universitaires de France, 2020.
- F. Martucci, « La BCE et la Cour constitutionnelle allemande : souligner les paradoxes de l'arrêt du 5 mai de la Cour constitutionnelle allemande », Le Club des juristes, 11 mai 2020.

La Conférence sur l’avenir de l’Europe

Susciter une nouvelle espérance démocratique ?

La fatigue institutionnelle actuelle des Européens interdira sans doute à la Conférence sur l’avenir de l’Europe de déboucher sur une modification profonde des institutions européennes, supposant un nouveau traité. Mais elle peut être le moment d’une réappropriation, par les citoyens européens, des grandes questions ouvertes : fonctionnement des institutions, modalités de la solidarité européenne, place de l’Union dans le monde. Un espoir pour surmonter les divisions.

Comme les consultations citoyennes de 2018, la Conférence sur l’avenir de l’Europe, qui doit se tenir entre 2020 et 2022, est caractéristique du fonctionnement particulier de la gouvernance démocratique de l’Union européenne (UE). Son aboutissement se présente sous un jour nouveau depuis la crise du coronavirus.

Gouverner « avec le peuple »

La politologue américaine Vivien Schmidt a montré que l’UE ne pouvait se comparer à une démocratie nationale classique, basée sur le gouvernement « du peuple et par le peuple ». Les citoyens européens élisent certes directement le Parlement européen depuis 1979 – lequel a vu depuis lors ses pouvoirs se renforcer, y compris pour l’investiture de la Commission européenne – et ils ont aussi, depuis le traité de Lisbonne, un droit d’initiative (ou plutôt de pétition), sous strictes conditions (un million de signatures provenant d’au moins un quart des pays de l’Union). Mais le Parlement européen, qui tire sa légitimité du vote citoyen, doit partager le pouvoir législatif avec les États membres (le Conseil) et il n’y a ni « peuple » (*demos*) européen, ni référendums européens, ni alternance entre une opposition et une majorité comme dans tout Parlement normal (l’opposition entre une large majorité pro-européenne et une minorité de partis extrêmes antieuropéens ne pouvant être considérée comme un jeu « normal »). Les élections européennes sont, de plus en plus, un moment démocratique européen (comme l’a montré l’augmentation spectaculaire du taux de participation aux élections de 2019), mais leur enjeu et leur cadre restent largement dominés par l’échelle nationale.

L'UE est en réalité une « démocratie de consensus », selon le terme de Paul Magnette[1], qui se légitime comme une gouvernance « pour le peuple » (son utilité et son efficacité au service du bien collectif) et « avec le peuple » (en consultant et en prenant en compte tous les intérêts).

C'est dans ce contexte que s'inscrit la consultation des citoyens. Dès lors que ces derniers ne peuvent affirmer qu'incomplètement leur rôle démocratique au niveau européen, et qu'une bonne partie d'entre eux expriment une défiance vis-à-vis de l'UE[2], il est nécessaire de les associer davantage aux processus de décision, de les écouter et de leur permettre de comprendre et de participer.

Ce n'est pas un hasard si c'est précisément d'un pays profondément défiant vis-à-vis de l'UE qu'est venue l'initiative de cet exercice citoyen. Le président Macron a d'abord proposé, dans son discours programmatique de la Sorbonne (26 septembre 2017), de lancer des « conventions démocratiques » qui ont revêtu en 2018 la forme de « consultations citoyennes », avant le démarrage de la campagne électorale européenne de 2019. Puis il a proposé, dans sa tribune pour une « renaissance européenne » (mars 2019) une « Conférence pour l'Europe », qui a fait l'objet d'une contribution franco-allemande en novembre. Cette conférence, qui doit se tenir entre deux moments électoraux (2019 et 2024), est censée ouvrir un moment citoyen européen, afin que l'Europe ne soit plus perçue par les peuples comme un carcan institutionnel et réglementaire, mais pour que les citoyens tentent de se l'approprier, faisant valoir leurs attentes et leurs revendications.

Une consultation plus qu'une refondation

Il faut distinguer cette Conférence de la Convention sur l'avenir de l'Europe, lancée par la déclaration de Laeken (2001) pour refonder l'UE après la réforme à moitié manquée du traité de Nice. Il s'agissait alors, dans la foulée du discours de Joschka Fischer à l'université Humboldt (mai 2000), de préparer une « Constitution » pour l'Europe élargie, de rendre les institutions européennes plus légitimes et plus efficaces, et de clarifier la répartition des compétences entre ce qui doit rester du ressort des nations (selon le principe de subsidiarité) et ce qui doit être exercé au niveau européen.

On connaît la suite : la Convention réunie en 2002 et 2003 avec la participation de délégués des gouvernements, des parlements nationaux, du Parlement européen, de la Commission européenne ; le traité constitutionnel signé en 2004 ; le rejet de ce traité par les Français et les Néerlandais en 2005 ; puis le « mini-traité » mis au point à l'initiative de Nicolas Sarkozy, qui sauvegardait les acquis du traité constitutionnel sans lui donner la forme (usurpée selon Jacques Delors lui-même) d'une « Constitution » ; la signature, enfin, du traité de Lisbonne en 2007, et son entrée en vigueur en 2009.

De cette expérience de la Convention, il faut retenir les leçons. L'heure n'est pas à la refondation de l'UE. Les institutions ont été adaptées, elles fonctionnent malgré

1. P. Magnette, *Le Régime politique de l'Union européenne*, Paris, Presses de Sciences Po, 2003.
2. Selon le dernier sondage Eurobaromètre (novembre 2019), 47 % des citoyens européens n'ont pas confiance dans l'UE, contre 43 % qui ont confiance. En France, la proportion est de 58 % contre 32 % (seuls les Anglais et les Grecs font pire).

leurs carences. Si l'exercice de la Convention a montré une chose, c'est qu'il n'y a plus d'appétence pour renforcer substantiellement les compétences de l'UE par rapport aux États membres. Dans beaucoup de domaines, comme le financement de l'Union (les cadres financiers pluriannuels), la fiscalité, la politique étrangère et de défense, et même dans certains domaines sensibles pour les opinions (coopération policière, droit de la famille, immigration de travail), le principe de l'unanimité (et donc du véto accordé à chaque État) a été maintenu, même si une « clause passerelle » permet de décider, à l'unanimité, de passer au vote à la majorité qualifiée sans changer les traités.

En dépit de tous les enjeux qui mériteraient une action européenne accrue (changement climatique, fiscalité numérique, consolidation de l'Union monétaire, autonomie stratégique européenne, affirmation internationale de l'Europe, y compris dans sa dimension de défense), il est peu probable que les équilibres entre les États et l'UE se soient modifiés, et donc que la Conférence puisse aboutir à des changements majeurs.

Loin d'être une nouvelle Convention, la Conférence sur l'avenir de l'Europe devrait ressembler davantage aux « consultations citoyennes » de 2018, qui avaient été organisées sur une base essentiellement nationale par les différents gouvernements, en association avec la société civile, et manifester l'idée d'une gouvernance « avec le peuple » plutôt que « du peuple et par le peuple ».

Changer les traités ?

Une grande question est d'ailleurs de savoir si la Conférence pourrait aboutir à des changements de traités. Le président français s'y est montré favorable, mais les gouvernements font montre d'une grande prudence après la succession de traités, de Maastricht à Lisbonne. On perçoit comme une fatigue institutionnelle, l'opinion dominante considérant que l'enjeu est moins d'ouvrir un nouveau débat sur l'Union et ses compétences, que d'avoir une Europe qui réussit, qui produit des résultats, arrive à surmonter ses clivages internes (Est/Ouest, Nord/Sud) et à endiguer la montée continue des mouvements populistes antieuropéens dans tous ses pays membres. Il ne servirait à rien par ailleurs d'ouvrir une boîte de Pandore qui permettrait aux europhobes de parler haut sans déboucher sur un débat et un exercice constructifs.

Un sujet démocratique important va peut-être, malgré tout, occuper la Conférence : celui de la désignation du président de la Commission européenne, entre les prétentions du Parlement européen, détenteur d'une légitimité directe des citoyens, et celles des gouvernements, détenteurs de la légitimité des nations. Le traité de Lisbonne avait abouti à un compromis ambigu : le Parlement européen « élit » le président de la Commission, mais sur la base d'un candidat proposé par les chefs d'État et de gouvernement. La logique démocratique voudrait que cette élection soit l'aboutissement d'une campagne transeuropéenne, pour que les électeurs sachent pour qui ils vont voter, et que leur vote soit assorti d'un sens décisionnel. C'est ce qui s'est passé en 2014, quand les deux *Spitzenkandidaten* (un mot allemand entré dans le vocabulaire européen), Jean-Claude Juncker pour le Parti populaire européen (PPE) et Martin Schulz pour le Parti socialiste européen (PSE), se sont affrontés et que le premier, ayant remporté la compétition électorale, s'est vu investir président de la Commission.

Emmanuel Macron a réfuté cette logique en 2019, pour plusieurs raisons. D'abord parce qu'il avait lié le processus des *Spitzenkandidaten* à des listes transnationales européennes, refusées par le Parti populaire européen et la CDU/CSU (Union chrétienne-démocrate d'Allemagne et Union chrétienne-sociale de Bavière) : sa position, maximaliste, est qu'il ne saurait y avoir de demi-démocratie européenne, et que, sans listes transnationales, les partis européens n'ont pas de légitimité à placer des candidats à la tête de la Commission. L'autre raison est que le président français contestait la cuisine des partis, qui aboutit à choisir un candidat politicien, roué à la vie parlementaire européenne, plutôt qu'une personnalité s'étant illustrée par ses responsabilités. Une raison moins avouée est que, compte tenu de la structuration de la vie politique européenne, le processus des *Spitzenkandidaten* aboutit à maintenir un membre du PPE à la tête de la Commission, aucun autre parti (ni les sociaux-démocrates ni les libéraux ni les Verts) n'étant en mesure de contester l'hégémonie relative des conservateurs.

Ajoutons à cela que la Commission a certes vocation à travailler avec le Parlement européen, mais aussi et d'abord avec les États membres, qui détiennent des compétences essentielles pour faire vivre et fonctionner l'Europe. Dans ces conditions, il est normal que les chefs d'État et de gouvernement suivent leur propre logique. Telle a d'ailleurs toujours été la position d'Angela Merkel, qui soutenait certes la candidature de Manfred Weber (PPE) au titre de la solidarité de parti, mais qui s'est prêtée à la manœuvre d'Emmanuel Macron pour l'écarter au profit d'une autre candidature allemande de la CDU, celle d'Ursula von der Leyen, ministre de la Défense à Berlin. La Commission est au demeurant un organe pluripartite, composée d'un commissaire par État membre et reflétant une diversité politique. Si Ursula von der Leyen a été confirmée de justesse par le Parlement, sa Commission a ensuite reçu le soutien d'une large majorité reflétant l'importance du camp proeuropéen, en dépit de la poussée des populistes, à gauche comme à droite.

La Conférence sur l'avenir de l'Europe tranchera-t-elle cette question ? Aboutira-t-elle à établir des listes transeuropéennes aux élections de 2024, ou bien maintiendra-t-elle l'équilibre précaire et ambigu du traité de Lisbonne ? La question est épineuse et importante pour l'avenir de la démocratie européenne et le renforcement de sa légitimité. La solution n'est pas écrite d'avance.

La Conférence sur l'avenir de l'Europe et la crise du COVID-19

Il était envisagé que la Conférence soit lancée le 9 mai 2020, journée de l'Europe, par une déclaration interinstitutionnelle de la Commission, du Parlement et du Conseil européens. La crise sanitaire a retardé le calendrier et place désormais l'exercice sous une lumière neuve, compte tenu du choc qu'elle représente pour toute l'Europe.

Proposée par Emmanuel Macron, la Conférence est prévue pour aboutir au premier semestre 2022, sous présidence française de l'UE. La méthode, s'adressant aux citoyens par-delà les corps intermédiaires et institutions représentatives, n'est pas étrangère au parcours politique du jeune président, et l'agenda n'est pas dénué d'arrière-pensées de politique intérieure. Alors que le chef de l'État a fait de la

« souveraineté européenne » une ambition programmatique de son quinquennat, et qu'il met en scène et exploite l'opposition entre progressistes et populistes sur la question européenne, la présidence française de l'UE et l'aboutissement de la Conférence coïncideront avec l'élection présidentielle.

La Conférence pourrait démarrer sous la présidence allemande de l'UE au second semestre 2020. Ce ne serait pas de mauvais augure, compte tenu de l'importance du tandem franco-allemand, qui s'est finalement montré à la hauteur de ses responsabilités pendant la crise – avec notamment le plan Macron-Merkel en vue d'un fonds de relance européen. Elle devrait permettre aux citoyens de s'exprimer à la fois par une plate-forme numérique multilingue et par la réunion d'assemblées ou de panels de citoyens représentatifs, tirés au sort, sur le modèle d'expériences françaises comparables (le « grand débat » suivant la crise des Gilets jaunes, la Convention citoyenne pour le climat). Le processus devrait être ascendant (*bottom-up*), partant du niveau local pour être ensuite canalisé vers le niveau national puis européen, et permettre aux représentants des citoyens de débattre avec des experts et des responsables sur des thèmes sélectionnés.

Les thèmes du débat

La Conférence sera inévitablement impactée par la crise sanitaire. Les sujets liés à la santé publique, à la lutte contre les épidémies, à la préservation de l'environnement et de la biodiversité, à la lutte contre le changement climatique, et à la transition numérique recevront une attention soutenue. Ils jouent déjà un rôle important dans l'espace public européen et ont contribué à la remobilisation de l'électorat lors du scrutin de 2019, notamment chez les jeunes. S'il n'y a pas là de difficultés à attendre, il y aura peut-être malgré tout des débats à mener sur le besoin de renforcer les compétences et les moyens de l'UE face à des chocs comme l'épidémie du COVID-19.

En revanche, les sujets économiques et sociaux s'annoncent plus délicats, car l'UE est fracturée sur ce plan. Entre ceux (Allemagne, Autriche, et pays de la nouvelle Ligue hanséatique[3]) qui plaident rigueur, responsabilité des États, bonne gestion des finances publiques, réformes structurelles, innovation, et ceux (pays du Sud, format MED 7[4]), qui tiennent un langage de solidarité, de relance, d'assouplissement des règles budgétaires, l'écart est difficile à combler.

La Conférence se tiendra en principe après les décisions que prendront les chefs d'État et de gouvernement, probablement sous présidence allemande, pour un nouveau cadre financier pluriannuel et un plan de relance. Elle risque d'ouvrir des discussions très divergentes selon les États membres, et que seuls des compromis intergouvernementaux pourraient trancher. Le jugement du tribunal constitutionnel de Karlsruhe, qui questionne la légitimité démocratique de la Banque centrale européenne et la supériorité de la Cour de Justice de l'Union européenne quand elle ne fait pas respecter les traités, devra également être pris en compte dans le débat démocratique sur ces sujets.

3. Irlande, Pays-Bas, Danemark, Suède, Finlande, Estonie, Lettonie et Lituanie.
4. France, Italie, Espagne, Portugal, Grèce, Chypre et Malte.

Au-delà des questions sanitaires et économiques, directement liées à la crise du COVID-19, d'autres enjeux pourraient mobiliser les débats citoyens : la question migratoire, la réponse au Brexit, l'affirmation de l'Europe face aux grandes puissances de ce monde (États-Unis, Chine, Russie), les valeurs européennes et l'état de droit, la poursuite de l'élargissement… Pourraient aussi être discutés les sujets, déjà mentionnés, sur la vie démocratique européenne, le fonctionnement institutionnel, les compétences de l'UE. Le risque étant que la discussion se polarise entre populistes et proeuropéens et/ou entre nations, sans que les débats ne permettent d'aboutir à des propositions concrètes.

Comment seront pilotés et orchestrés les travaux de la Conférence et sur quoi déboucheront-ils ? L'expérience montre que les débats citoyens sont d'autant plus productifs et efficaces qu'ils sont encadrés, canalisés, voire dirigés. La Convention de 2002-2003 avait été menée de main de maître par Valéry Giscard d'Estaing, trop d'ailleurs au goût de certains. La gouvernance de la Conférence – sa conduite par une personnalité reconnue et épaulée par un comité de pilotage où devraient figurer les trois principales institutions européennes (Conseil, Parlement, Commission) mais aussi les États membres et les Parlements nationaux –, est la condition de son succès. Tout cela pourrait déboucher en 2022 sur un rapport de recommandations au Conseil européen, incluant des actions politiques, des initiatives législatives, sans exclure des modificatons de traités.

***

La crise, c'est à la fois le danger et l'opportunité. Lancer un exercice aussi ambitieux qu'une conférence citoyenne sur l'avenir de l'Europe n'est pas dénué de risques : attentes déçues, débats infructueux, résultats dérisoires au regard des blocages intra-européens, etc. Mais il y a aussi « le risque indispensable de l'initiative » (Macron). Consulter les citoyens constitue une espérance démocratique, à un moment où l'Europe a été secouée dans ses fondements que sont l'ouverture des frontières et la solidarité, pour surmonter les divisions européennes. Puisse cet exercice être conduit avec habileté et exprimer un moment de sagesse collective européenne.

M. L.

Pour en savoir plus

- D. Hierlemann, « Conference Talk », *Policy Brief*, n° 4, Bertelsmann Stiftung, décembre 2019.
- M. Lefebvre, « Le défi de la démocratie européenne », *Politique étrangère*, vol. 83, n° 4, Ifri, décembre 2018.
- V. Schmidt (dir.), *La Démocratie en Europe. L'Union européenne et les politiques nationales*, Paris/Grenoble, La Découverte/PACTE, 2010.

La nouvelle économie politique du Brexit

Un Brexit à contretemps

Les effets de la crise du COVID-19 remettent en cause le rêve du *Global Britain*, à l'heure d'un retour à une régionalisation des chaînes de valeur. Les membres de l'UE seront également plus attentifs au respect des règles assurant la non-distorsion de concurrence. De nombreux domaines de négociation demeurent ouverts. Au-delà de considérants techniques, c'est la future capacité, pour l'UE et le Royaume-Uni, de peser ensemble à l'international qui est en cause.

L'impact économique du grand confinement est si brutal que la capacité des États à sortir rapidement de la récession pourrait déterminer de nouveaux rapports de force entre grandes puissances. Cela justifierait des concessions de la part du Royaume-Uni ou de l'Union européenne (UE) pour limiter l'impact négatif du Brexit. Mais le Brexit politique s'est matérialisé le 31 janvier 2020, et la préparation plus complexe du Brexit économique, imposée par l'échéance de la fin de la période de transition au 31 décembre 2020, ne mobilise plus l'attention. L'urgence est ailleurs et consomme toute l'énergie politique. Les mandats de négociation restent inchangés et Londres renonce à demander une extension de la transition.

Boris Johnson continue à traiter le Brexit comme un enjeu politique, déconnecté de la réalité économique. Il poursuit une forme pure de *take back control*, en prévoyant même de retirer le Royaume-Uni de tous les programmes européens, depuis la navigation par satellite (Galileo) jusqu'aux échanges d'étudiants (Erasmus). Le coût économique d'un *no deal* (- 8,7 % de PIB par habitant au bout de dix ans[1]) semble même se diluer dans la pire récession que le Royaume-Uni ait connu depuis trois siècles, estimée à - 14 % du PIB pour l'année 2020[2]. Ainsi au tournant de l'été, en l'absence de progrès substantiel dans la négociation, on avançait vers une sortie de l'UE sans accord – hypothèse à laquelle Angela Merkel, dès le début de la présidence allemande du Conseil de l'UE, le 1er juillet 2020, appelait à se préparer.

1. « The Economic Impact of Boris Johnson's Brexit Proposals », *The UK in a Changing Europe*, octobre 2019.
2. « Monetary Policy Report », Banque d'Angleterre, mai 2020.

Mais Boris Johnson est critiqué pour sa gestion de la pandémie au Royaume-Uni, et un *no deal* freinerait la relance économique. Pour éviter que, dans son propre camp, la contestation ne gagne les parlementaires conservateurs récemment élus dans les régions traditionnellement travaillistes du centre et du nord, lesquelles seraient les plus touchées par un *no deal*, il peut avoir besoin d'afficher un accord.

Le nouveau contexte international créé par le COVID-19 a cependant un impact asymétrique sur les stratégies britannique et européenne post-Brexit. Tandis qu'il fragilise la première et renforce la seconde, la nouvelle économie politique du Brexit pèse sur un scénario d'accord *a minima*.

D'une part, la stratégie du *Global Britain* se heurte à l'accélération de la régionalisation des chaînes d'approvisionnement et à une pression croissante de Washington pour s'aligner sur les intérêts américains. D'autre part, la protection du Marché unique est plus stratégique que jamais pour la relance économique des 27 États membres et les pousse à garantir des règles de concurrence équitable (*level playing field*). Mais un accord minimal, qui ne porterait pour l'essentiel que sur les droits de douanes, laisserait encore peser une incertitude majeure sur les multiples autres enjeux du Brexit, avec le risque qu'une dégradation progressive de la coopération bilatérale ait un impact géopolitique croissant à moyen terme.

Mauvais *timing* pour un *Global Britain* à l'heure de la régionalisation des chaînes de production

Lorsque le Royaume-Uni sort de l'UE début 2020, le contexte international a déjà profondément évolué par rapport au référendum de 2016. Le vote a eu lieu sur fond de mondialisation *as usual*, avec un début de raccourcissement des chaînes de valeur lié à la stagnation des coûts de délocalisation. Mais la tendance dominante demeure celle de l'ouverture des marchés. L'objectif d'un *Global Britain* est une aspiration nostalgique à restaurer l'influence de l'Empire britannique à partir d'accords commerciaux négociés dans le monde entier, qui compenseraient le coût d'un éloignement du Marché unique, dont l'économie britannique est très dépendante (46 % des exportations et 51 % des importations en 2019).

En revanche, début 2020, on observe un ralentissement de la mondialisation (*slow-balisation*), avec une régionalisation des chaînes de valeur et l'affirmation d'une dimension géopolitique plus complexe du commerce. La politique nationaliste *America First* de Donald Trump, fondée sur le rapport de forces plutôt que sur les règles, génère une forte incertitude qui fait baisser les flux d'investissements directs étrangers. La croissance du commerce mondial venant désormais en grande partie du secteur des services, la proximité géographique est plus déterminante. Au besoin de réduire l'empreinte carbone du commerce s'ajoute aussi, aux États-Unis et en Europe, la résurgence d'une approche plus identitaire de la production.

Le COVID-19 accélère ces tendances, avec un nouvel impératif mondial de plus grande résilience des chaînes d'approvisionnement, qui est moins favorable à l'allongement des chaînes prévu par le choix du *Global Britain*. Prévenir de nouveaux risques de ruptures de l'approvisionnement incite à rapatrier certaines productions stratégiques, pour renforcer l'autonomie stratégique de chaque pays. Reste à savoir ce que l'on peut qualifier de stratégique, et si cette résilience ne passe pas plutôt par un mixte de mesures : diversification, rapprochement géographique pouvant impliquer le voisinage proche (*near-shoring*), stockage, utilisation de l'Intelligence artificielle pour renforcer la vigilance des points de vulnérabilité d'une chaîne d'approvisionnement… Mais cela plaide en faveur d'une régionalisation de la production – c'est-à-dire, pour les Européens, l'échelon continental du Marché unique –, car un objectif de renationalisation de la production se heurte à un problème d'autosuffisance en matières premières comme en savoir-faire pour fabriquer des biens toujours plus complexes.

Redéfinir sa place dans le monde des échanges

La détermination de Donald Trump à découpler l'économie américaine de l'industrie chinoise renforce la confrontation sino-américaine. Dans la course au leadership technologique, la nouvelle norme, qui imposerait de se rapprocher de Washington ou de Pékin pour éviter des sanctions et/ou s'assurer l'octroi d'investissements directs étrangers, redistribue les liens de dépendance économique. Le *take back control* du Royaume-Uni devient moins évident si s'éloigner des règles européennes implique de s'aligner sur les règles américaines, en se laissant moins de marge de manœuvre pour négocier avec la Chine. D'autant que l'impact à long terme d'un accord avec les États-Unis est estimé à moins de 0,1 % de croissance du PIB[3], soit seulement 1,1 % du coût d'une sortie de l'UE sans accord.

En outre, d'ici la fin 2020 le Royaume-Uni doit se presser de renégocier quelque 40 accords préférentiels négociés par l'UE avec près de 80 partenaires commerciaux, donc dépendent environ 15 % des exportations britanniques. Parmi la vingtaine d'accords qu'il est parvenu à signer mi-2020 avec près de 50 pays, les plus significatifs en termes de flux commerciaux concernent la Suisse, l'Islande et la Norvège. D'importants partenaires attendaient de voir le type d'accès au Marché unique que Londres parviendrait à négocier pour évaluer son attractivité économique post-Brexit. Face au risque croissant de *no deal*, le besoin d'accélérer les négociations ne semble pas être favorable au Royaume-Uni. À l'égal du Japon et du Canada, d'autres pays devraient se limiter à dupliquer l'accord signé avec l'UE ou, comme pour l'Australie et la Nouvelle-Zélande, l'enjeu plus stratégique de la négociation engagée avec l'UE ne permettrait pas au Royaume-Uni d'obtenir des conditions plus avantageuses que les Vingt-Sept. En revanche, l'intention de rejoindre l'accord trans-pacifique Comprehensive and Progressive Agreement for Trans-Pacific Partnership (CPTPP) qui rassemble 11 pays des deux rives du Pacifique – hors la Chine et les États-Unis – pourrait s'avérer plus intéressant pour l'économie britannique.

En cas de *no deal*, le besoin de compenser la baisse des échanges avec l'UE pèserait sur la relance économique du Royaume-Uni. D'autant que l'économie britannique dépend à 80 % des services et que dans ce secteur l'ouverture des marchés à travers un accord de libre-échange reste limitée. Boris Johnson a plus que jamais besoin de garantir un accord sur zéro droit de douane et zéro quota pour les échanges de biens avec l'UE.

3. « UK-US Free Trade Agreement », Département du commerce international, juillet 2019.

Mais pour Bruxelles cela va avec zéro *dumping* : une condition qui est renforcée par la crise, alors que les Vingt-Sept se montrent plus offensifs contre les distorsions de concurrence, à la fois au sein du Marché unique et à l'extérieur.

Une stratégie européenne plus offensive sur les « règles du jeu équitable »

Avec le COVID-19, protéger l'intégrité de l'écosystème réglementaire sur lequel repose le Marché unique européen est devenu un enjeu existentiel pour l'avenir de l'UE. Les règles en matière sociale, environnementale ou d'aides d'État, ne peuvent être séparément considérées et vues comme optionnelles sans créer un *dumping* réglementaire et une distorsion de concurrence qui pourraient fragiliser l'UE. *A fortiori*, alors qu'on assiste à une explosion des aides d'État à travers le monde, le point névralgique des négociations post-Brexit concerne l'enjeu d'un alignement dynamique du Royaume-Uni sur les règles communautaires en matière d'aides d'État.

Car le Royaume-Uni n'est pas n'importe quel pays tiers. La distorsion de concurrence provoquée par une divergence réglementaire serait d'autant plus importante qu'il est un grand pays très intégré à l'économie européenne. Il faut également souligner que l'assouplissement temporaire des règles communautaires en matière d'aides d'État depuis le début de la pandémie repose sur des conditions strictes et vise encore à garantir une concurrence équitable entre États membres.

Les Vingt-Sept ne peuvent que se montrer vigilants sur le front du Brexit, alors qu'au printemps 2019 ils ont entrepris de lutter plus activement contre les distorsions de concurrence des aides d'État chinoises. Un agenda offensif a été mis en place contre la Chine, qualifiée de rival systémique. Il s'agit là de mieux contrôler et limiter les subventions aux entreprises d'État, qui créent une concurrence déloyale pour les investisseurs européens au sein du Marché unique, dans un pays tiers et sur le marché chinois.

Par ailleurs, Bruxelles est d'autant moins disposée à faire des concessions au Royaume-Uni que cela pourrait créer un précédent pour d'autres pays tiers, alors que c'est notamment pour renforcer le *level playing field* que depuis dix ans l'UE renégocie la gouvernance de divers accords d'intégration différenciée au Marché unique. La renégociation, en 2018, de cinq des accords bilatéraux signés avec la Suisse intègre ainsi un alignement dynamique sur les réglementations communautaires, en particulier pour les aides d'État.

La poursuite des négociations pendant l'été permettait d'explorer la marge de compromis qui existait dans les modalités de contrôle d'un alignement dynamique sur les aides d'État (avec une réglementation britannique autonome, alignée volontairement sur l'UE et sanctionnée par des droits de douanes en cas de divergence). Mais la défiance croissante suscitée par une stratégie post-Brexit construite sur la divergence demanderait une vigilance contraignante de la part des Vingt-Sept. En outre, avec une négociation de quelques mois permettant encore la ratification d'un accord à partir d'octobre 2020, quelle pourrait encore être l'ambition des négociateurs ?

No deal ou *hard Brexit* : le plus difficile est à venir

S'épargner, avec un accord, le retour de quotas et droits de douane définis à l'Organisation mondiale du commerce (OMC) ne règle en fin de compte qu'une petite partie du problème. Certes, cela permettrait d'éviter le retour de droits de douane en moyenne de 3,2 % pour les importations de biens, et notamment en moyenne de 8,7 % pour les biens agricoles. De même, cela éviterait que, selon le futur régime commercial du Royaume-Uni présenté en mai 2020, 66 % des importations britanniques venant de l'UE soient soumises à des droits de douane (contre 0 % aujourd'hui). Mais les procédures de certification et de contrôle de conformité aux normes techniques européennes, imposées par l'autonomie réglementaire britannique, rajoutent des délais et un coût bien plus important que les seuls droits de douane. Il ne s'agirait donc encore que d'un scénario de Brexit dur, pesant fortement sur la relance économique.

De multiples champs de négociation

D'autant que l'attention focalisée sur les droits de douane occulte le coût de l'incertitude maintenue pour bien d'autres enjeux, avec autant de risques de *no deal* sectoriels. Ce sont près de 750 accords qui unissent le Royaume-Uni au bloc européen et qui couvrent donc une multiplicité de secteurs (transports routiers, aviation civile, agriculture, transferts de données, nucléaire civil, coopération judiciaire, renseignement, migrations, recherche et développement…). L'accord de retrait ne garantit que les droits des citoyens, la paix en Irlande et le règlement des engagements financiers. Au-delà d'un accord commercial minimal, seule la proposition européenne d'un cadre de gouvernance, établissant des principes généraux pour négocier progressivement les autres enjeux après décembre 2020, permettait d'éviter le risque de vide juridique. L'inquiétude s'est concentrée jusqu'à présent sur les contentieux qui concernent l'accès aux eaux de pêche britanniques ou encore les conditions d'octroi d'équivalence pour les services financiers. Mais l'enjeu du transfert des données est bien plus critique encore pour la relance économique.

Les transferts de données sont devenus la matrice de toute l'activité économique et on mise sur l'accélération de l'économie numérique pour revenir à la croissance. On ne peut envisager une rupture de flux de données provoquée par un *no deal* numérique, et toute restriction ou complication pénaliserait des entreprises qui s'efforcent déjà de survivre à la récession. En effet, 75 % des transferts de données britanniques concernent les 27 États membres. La compétitivité du pays serait fortement entravée si le gouvernement britannique refusait la supervision de la Cour européenne de Justice pour assurer le respect du Système européen de protection des données personnelles (RGPD) et poussait les Européens à n'octroyer qu'une équivalence partielle (à certaines entreprises ou secteurs).

La volonté de Boris Johnson de développer un système autonome du RGPD suscite d'autant plus de méfiance de la part des Vingt-Sept que cela exposerait le Royaume-Uni à la force gravitationnelle du modèle américain, qui défend une libre circulation des données dans un contexte de concurrence accrue entre les trois modèles américain, européen et chinois. Si Londres devait signer un accord commercial avec Washington, qui selon le mandat de négociation américain spécifie qu'il ne peut pas y avoir de restriction de transfert des données, Bruxelles se verrait contrainte de restreindre les équivalences accordées au Royaume-Uni.

On mesure ici à quel point le *level playing field* ne se limite pas à l'encadrement des aides d'État et serait plus complexe encore à garantir avec un Brexit dur, qui encouragerait encore la divergence. Les Vingt-Sept seraient d'autant plus vigilants dans la négociation de compromis sectoriels post-Brexit que l'on pourrait craindre une rapide dégradation de la relation bilatérale, dégradation dont l'impact géopolitique est encore mal anticipé. Les dernières décisions de politique étrangère du gouvernement britannique sont alignées sur les intérêts européens (accord de Paris, multilatéralisme, nucléaire iranien, Russie, ...). Mais le *take back control* britannique pourrait affaiblir la capacité du Royaume-Uni et des Vingt-Sept à peser ensemble sur des enjeux globaux.

***

Pour continuer à assurer un leadership dans la défense du multilatéralisme, les Vingt-Sept ont entrepris de renforcer leur autonomie stratégique, qualifiée d'ouverte (*open strategic autonomy*), pour refuser une tentation protectionniste. Il s'agit d'accroître l'autonomie du Marché unique pour mieux se maintenir à distance des pressions de Washington et de Pékin, afin de mieux défendre des règles internationales de concurrence équitable. Si pour sa part le Royaume-Uni privilégiait une coopération économique étroite avec les États-Unis qui – quel que soit le résultat des élections présidentielles américaines de 2020 – restreindrait sa marge de manœuvre vis-à-vis de la Chine, la coopération Royaume-Uni/UE sur les enjeux multilatéraux serait moins évidente.

En outre, la décision de Boris Johnson d'exclure la sécurité et la défense du mandat britannique de négociation, pour éviter toute forme d'institutionnalisation, crée plus d'incertitude sur une coopération post-Brexit. Une simple coopération *ad hoc* dans un contexte de rivalité économique plus agressive aurait pour effet d'éroder la confiance mutuelle et la capacité des Vingt-Sept et du Royaume-Uni à peser ensemble sur les grands enjeux de la gouvernance mondiale.

E. F.

Pour en savoir plus

- « The Brexit Negotiations: A Stocktake », *The UK in a Changing Europe*, 9 juin 2020.
- A. Aktoudianakis *et al.*, « Towards an Ambitious, Broad, Deep and Flexible EU-UK Partnership? », European Policy Centre, juin 2020.
- E. Fabry, « Le Brexit à l'heure de la guerre commerciale : mauvais timing pour le "take back control" », Policy Brief, Institut Jacques Delors, 6 novembre 2019.

Existe-t-il une Europe centrale ?

Visegrad : convergences et divergences

Les pays du V4 affirment surtout leur solidarité dans la défense de leur souveraineté vis-à-vis des institutions européennes, et de leur intérêt à bénéficier des fonds structurels européens. En matière de politique étrangère, leurs analyses divergent à la fois vis-à-vis de Moscou et vis-à-vis de Pékin. Et leurs évolutions politiques internes ne suivent pas tout uniment la dérive vers l'illibéralisme. Bref, l'unité de façade a du mal à se traduire en poids politique spécifique et significatif.

Créé en 1991, le Groupe de Visegrad (V4) – Hongrie, Pologne, République tchèque, Slovaquie –, entendait d'abord célébrer l'émancipation de ses États membres, signifier leur rejet du communisme et affirmer un « retour vers l'Europe ». Il accompagna leur processus de transformation et d'européanisation jusqu'à leur adhésion en 2004. Sa vocation prit alors un tournant plus politique, avec la volonté de façonner les politiques européennes (et plus seulement de les appliquer) et de renforcer l'identité centre-européenne.

Préférant pour lui-même et pour l'Union européenne (UE) la coopération intergouvernementale au renforcement d'institutions communautaires, le V4, en dépit d'importantes divergences internes, apparaît, à tort ou à raison, comme la figure de proue d'une Europe centrale qui s'assume, défie, voire rejette l'ordre européen.

Les points de convergences entre membres du V4

Refus d'une solidarité contraignante en matière de politique migratoire

Jusqu'alors relativement docile et méconnu du public, le V4 s'est imposé sur la scène européenne lors d'un bras de fer avec la Commission européenne, l'Allemagne, la France et d'autres États membres sur fond de crise migratoire. En cause : un mécanisme permanent de répartition obligatoire des migrants par quotas, contre lequel le V4 sonna la charge en 2015 jusqu'à son abandon en 2017. La charge du V4 porta également sur la bouture temporaire du mécanisme de répartition adoptée par le Conseil à la majorité qualifié en septembre 2015. Après avoir vainement contesté la légalité de ce mécanisme d'urgence visant à soulager l'Italie et la Grèce, les pays du V4, à l'exception de la Slovaquie, refusèrent simplement sa mise en œuvre. Ils furent traduits devant la Cour de Justice européenne pour violation de leurs obligations et condamnés par un jugement d'avril 2020.

Les raisons de ce refus d'une politique migratoire européenne solidaire sont multiples et traversent l'échiquier politique, puisque l'ensemble des partis – à quelques exceptions près –, et des gouvernements de la région partagent l'idée que l'immigration constitue une menace pour leur nation – ce qui est paradoxal, au vu de la forte homogénéité ethnique des pays d'Europe centrale, connus comme terres d'émigration. Leurs quelques minorités nationales disposent d'un ancrage historique fort, à l'instar des Hongrois de Slovaquie méridionale ou des Polonais de Tchéquie orientale.

L'idée que l'immigration constitue une menace pour les nations du V4 prend racine dans l'homogénéité fantasmée d'une Europe centrale façonnée par l'histoire continentale. Le multiculturalisme qui prend diverses formes à l'Ouest y est perçu comme vecteur de déclin civilisationnel. Sur le plan politique, le message est clair et s'exprime *via* un populisme parfois révisionniste, une conception essentialiste de la nation et un rejet des migrations extra-européennes, en particulier de pays musulmans. Les campagnes électorales des pays du V4 insistent à qui mieux mieux sur le lien présumé entre immigration et terrorisme, ou risque sanitaire (dans le contexte actuel). Avec succès : 69 % des Hongrois s'estiment physiquement menacés par l'afflux de réfugiés syriens, et plus de 70 % des citoyens du V4 pensent que leur pays ne devrait accepter aucun réfugié. Pas question donc, pour les gouvernements du V4 d'autoriser un renforcement des prérogatives de l'UE en la matière, au-delà de la sécurisation (policière et militaire) des frontières extérieures. Mais le V4 n'est pas seul à mener bataille contre « les diktats de Bruxelles » en matière migratoire. Autriche, Croatie ou Roumanie ont déjà exprimé des vues convergentes avec celles du V4.

Refus d'une intégration affaiblissant la souveraineté nationale

Les milieux européens reprochent souvent au V4 son ingratitude, voire son antieuropéisme. La réalité est plus complexe : le V4 promeut une vision particulière, plus intergouvernementale, de la coopération européenne, respectueuse des souverainetés nationales. Il n'y a dans la région aucune appétence à suivre l'exemple du Royaume-Uni : seuls 13 % des citoyens du V4 voteraient en faveur de la sortie de leur pays de l'UE. Les pays du V4 bénéficient d'importantes aides européennes, et le savent. L'UE y demeure donc populaire, hors la Tchéquie où le désamour pour l'UE a fortement progressé ces dernières années – en dépit de la prévalence d'une rhétorique abondamment eurosceptique dans les autres pays.

Cette ambivalence se retrouve au niveau des élites gouvernementales. D'une part, celles-ci rejettent un approfondissement des logiques d'intégration en matière de gouvernance politique (ou sociale), s'opposent à d'autres transferts de compétence et promeuvent l'élargissement de l'UE. Mais elles en appellent aussi à la solidarité européenne en matière de cohésion territoriale ou de protection des frontières extérieures. Les gouvernements du V4 soutiennent, par exemple, les processus d'intégration en matière de défense tout en rejetant en bloc l'introduction d'une majorité qualifiée pour la politique de sécurité.

Lors de ses dernières présidences tournantes, le V4 a précisé « sa » vision de l'avenir de l'Europe – une Europe produisant des résultats tangibles pour ses citoyens et éludant les sujets qui fâchent ou divisent ; une Europe plus centrée sur son marché intérieur, mettant l'accent sur la libéralisation des services et le développement de son marché digital ; une Europe « à une vitesse » et s'efforçant de réduire ses fractures ; une Europe dont les équilibres institutionnels permettraient aux États membres de se prémunir contre l'érosion de leurs prérogatives.

Chantre de l'intergouvernemental, le V4 ne cache pas son peu d'estime pour la Commission ou le Parlement européens. Il s'oppose tout autant aux projets de listes transnationales qu'au principe des *Spitzenkandidaten*. Pour le V4, le cœur institutionnel de l'UE doit être le Conseil européen, avec le pouvoir des États membres d'exiger l'unanimité pour toute question relevant de l'intérêt national, et la légitimation de décisions doit passer par un renforcement des prérogatives des parlements nationaux.

Convergences en matière budgétaire

Depuis leur adhésion à l'UE, les pays du V4 ont largement bénéficié des budgets européens. Pour 2014-2020, l'enveloppe allouée aux pays du V4 au titre de la politique de cohésion s'est élevée à 110 milliards d'euros – soit près du tiers de l'enveloppe globale. Le maintien de ces transferts constitue une priorité pour le V4 en vue du prochain exercice budgétaire. Compte tenu de la contraction budgétaire entraînée par le Brexit, le V4 est favorable à un accroissement des contributions des États membres. Le V4 est rejoint dans son lobbying budgétaire par les « amis de la cohésion » : Slovénie, États baltes, Bulgarie, Roumanie et certains pays d'Europe méridionale.

Le V4 est par ailleurs favorable à une hausse des investissements en matière de recherche et d'infrastructures, mais pour le moins circonspect quant aux politiques publiques de transition vers une économie verte, surtout si celles-ci impliquent des objectifs contraignants. Le *Green Deal* constitue un défi important pour les économies centre-européennes, compte tenu de la place qu'y tient le charbon. Si le V4, à commencer par la Slovaquie, n'entend pas s'opposer à la mise en œuvre du *Green Deal*, il sera particulièrement attentif aux mécanismes d'accompagnement de cette transition (notamment le *Just Transition Fund*), et fait front commun pour que les objectifs de verdissement ne prennent pas le pas sur les efforts de cohésion. Quitte à annoncer, comme la Pologne, le maintien du charbon dans l'économie. Si elle heurte la sensibilité de pays du V4 attachés à une certaine forme d'orthodoxie économique, l'hypothèse d'un plan de relance européen financé en partie par l'émission de dette communautaire pourrait dissiper certaines de leurs craintes.

Reste une pierre d'achoppement sur laquelle le V4 n'entend pas céder. Dans sa proposition de budget de mai 2018, la Commission a suggéré de conditionner le déboursement de fonds structurels au respect des règles européennes, notamment en matière de bonne gouvernance. Cette proposition, appuyée par la France et l'Allemagne, vise à muscler l'arsenal de l'UE, impuissante à s'opposer efficacement aux reculs démocratiques de plusieurs États membres (au premier chef Hongrie et Pologne). Le V4, tout comme d'autres États de l'Union (potentiellement) ciblés par une telle mesure, s'y oppose avec véhémence.

Derrière l'unité, de profondes divergences

Divergences sur la gouvernance économique et monétaire

Les pays du V4 sont différemment intégrés dans les structures communes économiques et monétaires. La Slovaquie a rejoint le mécanisme de change européen en 2005 dans la foulée de son adhésion à l'UE, puis est devenue membre de la zone euro en 2009, malgré la crise économique et financière. Elle participe depuis à l'ensemble des initiatives phares de l'UE et de l'Eurogroupe pour renforcer la convergence économique, fiscale et monétaire, et soutient l'application de règles budgétaires strictes.

Cet engagement de la Slovaquie dans l'un des premiers cercles d'intégration contraste avec le désintérêt croissant de la Tchéquie, de la Hongrie, de la Pologne, bon gré mal gré périphériques dans l'Union en la matière. Ces trois pays n'ont pas adopté l'euro et n'ont guère l'intention de le faire. L'une des raisons invoquées est la crainte qu'une intégration accrue n'entraîne une perte d'autonomie budgétaire, affaiblissant leur position vis-à-vis des instances communautaires. Également en cause, leur compétitivité internationale, qui repose sur des coûts salariaux relativement bas et pourrait pâtir de l'adoption de l'euro. À cela s'ajoute enfin le sentiment que la zone euro, par ses plans de sauvetage, protège indûment les pays d'Europe méridionale des conséquences de leur indiscipline budgétaire.

Doutant de ses vertus, ces trois pays du V4 entendent retarder le plus possible leur entrée dans la zone euro. La Pologne, par exemple, ne l'envisage pas avant d'atteindre un niveau de développement économique comparable à celui des pays d'Europe occidentale. En Tchéquie, les deux tiers des citoyens y sont hostiles. Et en Hongrie, c'est l'avenir même de l'euro que raille Viktor Orbán. Il n'existe donc pas là d'agenda commun à ces trois pays et à la Slovaquie, même si tous s'accordent sur la nécessité de ne pas approfondir les lignes de divisions entre la zone euro et l'UE.

Divergences sur la gouvernance politique

Le V4 est parfois présenté comme figure de proue de l'illibéralisme européen, deux de ses membres, Pologne et Hongrie, nourrissant cette image, avec une mise en œuvre autoritaire de réformes qui sapent les principes et garde-fous d'un constitutionnalisme libéral rejeté au nom de la loi de la majorité, et usant volontiers d'une rhétorique nationaliste et eurosceptique. L'article 7 du Traité de l'UE a ainsi été mis en œuvre contre Varsovie et Budapest en 2017 et 2018 par la Commission et le Parlement européens, pour « risque clair de violation grave par un État membre des valeurs » de l'UE. Leurs attaques répétées à l'encontre des principes de pluralité médiatique, d'indépendance de la justice, d'état de droit et d'impartialité des systèmes éducatifs, ont relégué ces deux pays au statut de « démocratie semi-consolidée » (Pologne) et de « régime hybride » (Hongrie) pour Freedom House (2020).

Si, depuis la crise des migrants, Tchéquie et Slovaquie connaissent un fort regain de populisme sur fond d'affaires de corruption, leur attitude à l'égard des « contre-modèles » hongrois et polonais n'indique nullement qu'un alignement soit en cours. En Tchéquie, le populisme, bien présent jusqu'au plus haut niveau de l'État, ne s'accompagne pas d'un agenda nationaliste comparable. En Slovaquie, il se heurte à des forces civiques et politiques, exigeant haut et fort le renforcement de l'état de droit. Cette divergence en matière d'illibéralisme prive le V4 d'un front politique commun, et tend même à fragiliser sa cohésion. Certains estiment, en Tchéquie et surtout en Slovaquie, que la forte exposition de la Pologne et de la Hongrie en la matière nuit à l'image du Groupe.

Divergences sur les menaces et la politique étrangère

Les pays du V4 restent très divisés sur une question pour eux centrale : les relations avec la Russie. La Pologne est sans nul doute la plus critique à l'encontre de Moscou : en 2019, les trois quarts des Polonais considéraient la Russie comme une menace stratégique, et plus de la moitié se prononçaient pour un durcissement des sanctions prises par l'UE dans le cadre de la crise ukrainienne. Cette attitude est partagée par les élites gouvernementales, pour qui il importe de consolider la sécurité militaire aux portes de l'UE, en particulier *via* l'Organisation du traité d'Atlantique nord (OTAN), d'éviter toute concession et de réduire la vulnérabilité énergétique des pays dépendants du gaz russe. La construction du Baltic Pipe qui vient de débuter et la forte opposition de Varsovie au projet North Stream 2 reliant la Russie à l'Allemagne illustrent ce dernier point.

Hongrie et Slovaquie ont des approches plus conciliantes envers une Russie qu'elles voient plus comme un partenaire commercial que comme un ennemi. La Slovaquie s'oppose certes au projet North Stream 2, mais son opposition tient moins à un antagonisme géopolitique qu'à l'anticipation d'une perte du revenu lié au transit de gaz russe sur son sol. Une attitude que partage la Hongrie, favorable à l'assouplissement des sanctions européennes et à l'approfondissement des échanges avec la Russie. La construction de la centrale nucléaire Paks II, financée à 80 % par un prêt de l'État russe, illustre les différences existant au sein du V4 en matière de diversification énergétique.

Autre source de divergence notoire : la difficulté, pour les pays du V4, de penser ensemble leur relation à la Chine. L'absence de format de coopération élargi de type « V4 + Chine » le montre (des formats V4 + existent avec Israël, le Japon ou la Corée du Sud). Les pays du V4 prennent pourtant tous part à la Nouvelle Route de la Soie et à l'Initiative 17+1.

Bien que modestement ciblée par la diplomatie économique chinoise (moins de 1 milliard de dollars d'investissements entre 2011 et 2019), la Tchéquie voit la Chine non seulement comme un partenaire économique important, mais aussi comme un modèle politique, garant de stabilité. Autour du président tchèque gravitent d'ailleurs des personnalités liées aux services de renseignement militaire chinois (à l'instar de Ye Jianming), dont le réseau bénéficie à quelques oligarques tchèques. Une affinité comparable existe entre la Chine et la Hongrie, partenaires stratégiques depuis 2017. La Hongrie a bénéficié d'investissements chinois importants, bien qu'en déclin et fortement concentrés (4,5 milliards de dollars entre 2011 et 2019), mais les affinités dépassent la dimension économique. Pointé du doigt par l'UE, Viktor Orbán s'est employé depuis 2010-2011 à étendre les formats de coopération bilatéraux avec Pékin, y compris entre partis (avec le Fidesz). Cette « ouverture vers l'Est » a conduit la Hongrie (seule ou avec d'autres

États membres) à bloquer diverses résolutions ou déclarations de l'UE à l'encontre de la Chine.

La Pologne et la Slovaquie ne partagent guère l'enthousiasme de leurs voisins. Bien que partenaire stratégique de la Chine depuis 2016, la Pologne a vu son enthousiasme décliner sur fond de rivalités américano-chinoises. L'échec en 2017 du projet de construction à Łódź d'un centre logistique et l'arrestation en 2019 du directeur régional de Huawei illustrent le positionnement polonais, soucieux de limiter la coopération avec la Chine à des domaines peu sensibles. Quant à la Slovaquie, elle ne manifeste qu'un intérêt marginal pour la Chine et compte parmi les pays les moins actifs sur la plate-forme 17+1.

***

Si les pays du V4 parviennent à coordonner leurs oppositions à diverses initiatives européennes, en particulier en matière de politique migratoire, leur capacité à agir de concert est bridée par de fortes divergences. À cela s'ajoutent des déséquilibres économiques et démographiques, avec la prédominance d'une Pologne aux ambitions internationales propres. De plus en plus investie dans son rôle d'interlocutrice des puissances occidentales, elle a en effet développé des formats de discussion avec l'Allemagne et la France (Weimar), ou les États-Unis. De même, si la Tchéquie est attachée au V4, elle redoute son instrumentalisation et apprécie d'autant d'autres formats, moins conflictuels, à l'instar du triangle de Slavkov.

L'influence du V4 est enfin limitée par des facteurs externes, dont la forte intégration des pays du V4 dans des chaînes de valeur européennes dominées par l'Allemagne. Cette dernière, qui occupe une place centrale dans le paysage politique européen, est le premier partenaire commercial des pays du V4 : 30 % de leurs exportations lui sont destinées. L'interdépendance économique limite les antagonismes politiques, même si les turbulences ne peuvent être exclues.

F. M.

Pour en savoir plus

- P. Janebová *et al.*, « EU Elections 2019: What Do the Central European Political Parties Stand For? », *AMO Briefing Paper*, n° 4, mai 2019.
- C. Schweiger et A. Visvizi (dir.), *Central and Eastern Europe in the EU: Challenges and Perspectives under Crisis Conditions*, Abingdon, Routledge, 2018.
- Z. Végh, « From Pro-European Alliance to Eurosceptic Protest Group? The Case of the Visegrad Group », *European Policy Analysis*, n° 7, Swedish Institute for European Policy Studies, juin 2018.

Voir également la carte « L'Union européenne et ses périphéries », p. 326-327 de cet ouvrage.

Futur de l'OTAN, avenir de l'Europe

L'OTAN connaît une crise existentielle, aucun des avenirs imaginés depuis 1990 ne pouvant résister aux défis actuels. Au-delà de l'image construite de la menace russe, les options décisives sur le futur de l'Alliance seront prises à Washington : entre le retrait, le *statu quo*, ou un véritable rééquilibrage interne de l'Alliance faisant une place plus grande aux Européens. Encore faudrait-il que ces derniers le souhaitent et s'en donnent les moyens.

Depuis la fin de la guerre froide, l'Organisation du traité de l'Atlantique nord (OTAN) a vécu quatre « avenirs ». Le premier (1990-1994) la transforma en une Alliance plus politique que militaire pour maintenir en vie la relation transatlantique. Le deuxième (1995-1999) la mua en organisation de gestion des crises régionales. Le troisième (1997-2004), par l'élargissement, fit de certains pays de l'ancien pacte de Varsovie des candidats légitimes à l'Union européenne (UE). Le quatrième, dans la foulée du 11 septembre 2001 et de la guerre en Afghanistan, en fit un acteur global de la « guerre contre le terrorisme ». Le cinquième a commencé par l'annexion de la Crimée – retour à la case départ : défense collective du territoire européen, fondée sur la centralité de l'article 5. Le sixième reste à écrire.

La crise existentielle

En 2020, l'OTAN connaît une crise existentielle, en partie parce que le bilan de ses « avenirs passés » s'avère plutôt négatif. La transformation de l'OTAN en instrument privilégié du rapport transatlantique a coupé court à l'émergence d'instances politiques bilatérales entre UE et États-Unis. L'OTAN a échoué dans la gestion des crises régionales : Kosovo, Afghanistan et Libye ne resteront pas dans l'histoire comme de glorieux succès. L'élargissement vers l'est européen, naguère dénoncé par le diplomate américain George Kennan comme « erreur fatidique », a provoqué la réaction russe, d'où le commentaire du professeur Richard Sakwa : « L'OTAN existe pour protéger contre la menace provoquée par son existence même. » La guerre globale contre le terrorisme a créé plus de terroristes qu'elle n'en a tués. Et la confrontation avec la Russie risque d'échapper au contrôle de ses architectes, « fossilisant » l'Alliance dans une posture de guerre froide inadaptée aux enjeux actuels.

Des problèmes structurels s'ajoutent à ce bilan négatif. Les coups de bélier de Donald Trump ont fragilisé la crédibilité de l'Alliance pour les membres les plus exposés à la menace russe, qui privilégient désormais leurs rapports bilatéraux avec Washington. Trump a peut-être fait plus de bruit que de mal, Washington ayant, depuis 2017, maintenu *grosso modo* ses obligations militaires et financières[1]. Mais les critiques de Trump remettent en lumière des interrogations américaines fondamentales : sur le partage du fardeau, sur l'industrie de la défense, sur le leadership, sur les responsabilités des Européens, et surtout sur l'attitude de ces derniers dans la confrontation entre Washington et Pékin. Le prix du maintien des États-Unis dans l'Alliance sera-t-il, pour les Européens, l'alignement sur les positions américaines en Asie ?

Quelle unité ? Quels défis ?

Le président Emmanuel Macron a déclaré l'OTAN en état de « mort cérébrale » : la formule visait, non la dimension militaire, mais l'absence de stratégie coordonnée, surtout au Moyen-Orient (théâtre neuf pour une coalition atlantique), ou vers la Russie. La Turquie se trouve exclue par les États-Unis du programme d'avion de combat *F-35*, ayant choisi d'acheter à Moscou des missiles sol-air *S400*. Ankara a d'importants différends avec les pays de l'UE : migrations, délimitation des zones maritimes autour de Chypre, Libye, et surtout Grèce. Les Européens s'interrogent sur ce qu'ils ont en commun avec la Turquie d'Erdogan, en termes de valeurs ou d'intérêts, alors qu'elle s'affronte à leurs alliés de la campagne contre Daech. Qu'en serait-il de l'article 5 si la Turquie se retrouvait en guerre ouverte avec la Syrie ou la Russie ? La « mort cérébrale », c'est l'absence de tout objectif stratégique partagé.

Le secrétaire général de l'OTAN a réuni en mars 2020 un groupe de dix « sages », sur l'avenir politique de l'Alliance. Autour du 70e anniversaire de l'OTAN, nombre d'études ont évalué ses défis actuels, l'une d'elles faisant état de pas moins de dix défis majeurs : quatre internes, quatre externes, et deux en perspective[2].

Une menace russe ?

Les commentaires proches de l'Alliance mettent l'accent sur sa capacité à faire face à la Russie, et sur la réactivité de sa réponse. L'OTAN elle-même aime populariser ses programmes en allitérations : trois « D » (*Defense, Dissuasion, Dialogue*) ; trois « R » (*Responsiveness, Readiness, Reinforcement*) ; trois « C » (*Cash, Capabilities, Contributions*), donnant à penser qu'elle prend au sérieux le scénario du pire – une attaque russe contre un État membre, sur les États baltes ou la Pologne. Se préparer au pire, c'est la responsabilité des planificateurs militaires – mais cela peut aussi le provoquer.

Pour d'autres spécialistes, l'OTAN exagère, ou définit mal, une menace russe moins militaire qu'hybride – attaques cyber, propagande et désinformation, intervention dans les élections, soutien politique et financier aux partis d'extrême droite… Et d'aucuns de mettre l'accent sur le « D » de dialogue, l'attaque russe

1. La charge des États-Unis a été ramenée l'an dernier de 22 à 16 %, la participation allemande augmentant.
2. N. Burn et D. Lute, « NATO at Seventy: An Alliance in Crisis », Belfer Center for Science and International Relations/Harvard Kennedy School, février 2019. Défis intérieurs : leadership américain ; capacité militaire européenne ; menaces contre les valeurs démocratiques ; mécanismes de prise de décision. Défis extérieurs : menace russe ; guerre en Afghanistan ; refonte des partenariats ; futurs élargissements. Défis en perspective : numérique ; Chine.

contre un membre de l'OTAN étant vue comme peu probable, voire insensée. La Russie est confrontée à de tels problèmes – politiques, économiques, sociaux, et maintenant COVID-19 et effondrement des cours du pétrole – qu'elle ne saurait maintenir ses dépenses militaires, et encore moins réussir une invasion. La reprise du dialogue entre l'OTAN et la Russie s'avère pourtant difficile, tant sont profonds le manque de confiance et les stéréotypes. Comment sortir de l'impasse ? Les décisions sur l'avenir de l'OTAN seront d'abord prises à Washington.

L'avenir de l'OTAN : vues américaines

Aux États-Unis, trois écoles de pensée coexistent sur l'avenir de l'OTAN. Les Atlantistes « de souche » : pour eux, le lien transatlantique a toujours été – et reste – le lien politique, économique, diplomatique, stratégique et culturel majeur pour Washington. L'OTAN a « gagné la guerre froide », fait accéder les pays d'Europe centrale et orientale à la démocratie et à l'économie de marché, et elle assure toujours la vie et la stabilité d'un milliard de citoyens des deux côtés de l'Atlantique nord. Le défi le plus crucial, pour ces Atlantistes, reste la Russie. Ce qui leur importe avant tout, c'est l'affirmation – donc le renouveau – du leadership américain, la porte devant rester ouverte aux élargissements futurs. Ce camp peut se résumer aux propos de l'ancien vice-président Joe Biden en 2018 devant la conférence de Munich sur la sécurité : « *We will be back!* » – autrement dit : après Trump, retour au *statu quo ante*, avec une Alliance dominée par Washington et focalisée sur la Russie.

La question la plus controversée est ici celle de l'hypothétique élargissement ultérieur, à des pays de l'ex-Union soviétique. Les Européens ont toujours exprimé de fortes réticences au souhait américain d'élargir constamment le club otanien. Au sommet de Bucarest de 2008, Angela Merkel et Nicolas Sarkozy opposèrent une fin de non-recevoir aux propositions de George W. Bush d'offrir un plan d'adhésion à la Géorgie et à l'Ukraine. En dépit de cette opposition, le communiqué du sommet évoquait leur possible adhésion, « un jour »... Quelques semaines plus tard, la Russie envahissait la Géorgie et annexait l'Ossétie du Sud et l'Abkhazie.

Deuxième école de pensée : celle dite des *deep engagers*, adeptes de la *liberal hegemony*. Pour ces théoriciens ou praticiens des relations internationales (connus sous le sobriquet de *blob* et incarnés par Hillary Clinton), crédités d'avoir dominé la pensée géostratégique américaine depuis plusieurs décennies, l'OTAN n'occupe plus qu'un modeste coin de l'échiquier mondial. Regard et intérêts américains sont globaux, et de plus en plus tournés vers l'Asie. Dans cette logique, Washington devrait surtout maintenir ses bases militaires dans le monde, promouvoir la démocratie, faire prévaloir l'économie de marché, et renforcer le système international multilatéral mis en place après la Seconde Guerre mondiale. Comme ces stratèges ne croient pas en la capacité des Européens à prendre en charge militairement la stabilité de leur voisinage, ils acceptent que cette responsabilité incombe aux Américains, n'y voyant ni inconvénient ni drame. Donc, pas de querelles sur le partage du fardeau : les États-Unis peuvent financer le coût de l'OTAN – puisqu'il est dans leur intérêt bien compris de garder l'Europe arrimée et alignée. L'OTAN peut donc rester ce qu'elle est.

Troisième école : les partisans du retrait, ou *restrainers* – universitaires ou politiques. Dans leur optique, la *Grand Strategy* traditionnelle – celle des *deep engagers* – a eu un coût exorbitant pour le contribuable américain, en termes de vies humaines ou d'argent gaspillé. Les alliés des États-Unis ont abusé de la générosité de Washington en passagers clandestins (*free riders*), et dans leur rôle de gendarme du monde, les Américains se sont attiré plus d'hostilité que de sympathie. Les *restrainers* préconisent donc un repli sensible des forces militaires américaines autour d'un nombre limité de bases stratégiques (*offshore balancing*) – et surtout le transfert aux alliés européens et asiatiques de la responsabilité principale de leur propre sécurité. Ce camp occupe une place croissante dans le débat stratégique, d'autant que les « guerres interminables » demeurent... interminées. Donald Trump, sans saisir le sens profond du débat, semble s'y associer – comme Bernie Sanders. Elizabeth Warren semble également séduite, bien que son programme ait été dominé par les questions socio-économiques. Les plus audacieux des théoriciens de la « retenue » n'hésitent pas à proposer un retrait progressif des troupes américaines de l'OTAN, ou au moins un rééquilibrage massif en faveur des troupes européennes.

Américains et Européens dans l'Alliance

Depuis que l'Alliance existe, les rôles respectifs des Américains et des Européens sont au cœur de sa structure. Au départ, l'OTAN fut conçue comme un renfort transitoire, le temps que les Européens se ressaisissent et prennent en charge leur défense. Interrogé au Sénat sur l'hypothèse d'une présence quasi permanente de troupes américaines en Europe, le secrétaire d'État Dean Acheson nia catégoriquement que ce fût l'intention de l'administration Truman : les Européens devaient assurer la plus grande part de leur propre défense. Prenant le commandement de l'OTAN en 1951, Eisenhower déclarait : « Si, d'ici dix ans, tout le personnel militaire américain en Europe n'a pas été rapatrié, l'objectif fondamental de l'Alliance aura échoué. » Or, progressivement, dans les années 1950, la guerre de Corée et la lutte contre le communisme mondial aidant, l'OTAN devenait l'instrument de la *Grand Strategy* américaine qu'elle devait rester jusqu'à la fin de la guerre froide.

Au début des années 1990, l'administration de George H. W. Bush redoutait les velléités autonomistes des Européens. Joshua Shifrinson a récemment montré que George H. W. Bush et son conseiller à la sécurité nationale, Brent Scowcroft, ont tout fait pour empêcher les Européens d'échapper à leur dépendance sécuritaire vis-à-vis de Washington. De même, Bill Clinton, en contrecarrant la politique européenne en Bosnie – notamment le plan Vance-Owen – et en soutenant les avancées militaires des Croates, entendait remettre les Européens à leur place et démontrer la nécessité du leadership américain dans une Alliance réveillée.

George W. Bush fut le premier président américain depuis 1945 à se demander si l'existence de l'UE était ou non de l'intérêt des États-Unis. Son secrétaire à la Défense, Donald Rumsfeld, distinguait la « nouvelle Europe » – celle des pays d'Europe centrale (la bonne) – de la « vieille Europe » – celle de l'Ouest (la mauvaise, à l'exception du Royaume-Uni). Jusqu'à l'élection de Barack Obama en 2008, et en dépit du lancement en 1999 de la Politique de sécurité et de défense commune (PSDC), il était hors de question, pour les dirigeants américains, que l'UE s'affranchisse du leadership américain.

Dans les années 2000, l'enjeu géostratégique de la PSDC n'apparaissait pas clairement. Initialement dubitatifs, voire hostiles parce qu'embourbés en Afghanistan et en Irak, les Américains voyaient d'abord la tentative d'autonomie européenne comme une dispersion des efforts. Ce n'est que progressivement qu'ils se rallient à la logique européenne, admettant qu'une capacité militaire ajoutée de l'UE ne pouvait nuire à leurs intérêts. Si les Européens pouvaient s'occuper des Balkans, monter des opérations ponctuelles en Afrique, pourquoi pas ? Le voisinage européen étant relativement stable et exempt de menaces, le dossier OTAN semblait classé.

Tout bascula au tournant de cette décennie. Avec le printemps arabe, l'essor de Daech, les attentats en Europe, les agissements russes en Ukraine, et une PSDC paraissant soudain à bout de souffle, la situation régionale se modifiait. La tentative de Barack Obama de pratiquer, en Libye, un *leadership from behind*, permettant aux Européens (surtout la France et le Royaume-Uni) de prendre les devants dans la troisième aventure militaire otanienne, aboutissait à un désastre, aux conséquences encore présentes. Le refus d'Obama de respecter ses propres lignes rouges sur l'utilisation par le régime syrien d'armements chimiques, jeta un fort discrédit sur les choix américains. Le chaos provoqué en Ukraine par une politique de voisinage menée par la Commission européenne comme si Moscou n'existait pas, obligea Washington à s'impliquer, à contrecœur, dans un voisinage russe que les Américains pensaient depuis des années plus ou moins pacifié. Puis 2016 mit en scène deux tremblements de terre : le Brexit et l'élection de Donald Trump. Et une petite onde de choc : la publication de la « Stratégie globale » de l'UE, affichant l'ambition d'une certaine « autonomie stratégique » européenne. Le tout replaçant l'avenir de l'OTAN au cœur des débats.

Les avenirs imaginables

Trois avenirs sont aujourd'hui concevables pour l'OTAN, en excluant un très improbable dépôt de bilan.

Premier avenir possible : dans l'hypothèse d'un deuxième mandat de Donald Trump, on ne peut exclure un retrait américain, même s'il paraît peu probable. En dépit des foucades coutumières du président américain, et des avancées du camp des *restrainers*, l'OTAN reste, pour la grande majorité des élus au Congrès, Républicains comme Démocrates, un atout irremplaçable dans l'intérêt bien compris des États-Unis. Même si Trump, réélu, ne se souciait plus de son capital politique, il lui faudrait, pour imposer ce choix, rassembler des ressources politiques qui semblent actuellement lui faire défaut. Vraisemblance : 2/10.

Deuxième hypothèse : dans le contexte d'une victoire de Joe Biden, l'OTAN continue à fonctionner *as usual*. Les Européens cessent d'être nerveux sur la crédibilité de la garantie de sécurité américaine. L'inertie redevient la règle. Les Américains ne cèdent pas le leadership, et les Européens n'osent pas pousser trop loin leur ambition d'autonomie. Dans le contexte du COVID-19, et de la crise budgétaire qui s'annonce pour les pays de l'Union, la PSDC (que nul à l'OTAN n'a jamais prise au sérieux) passe dans un arrière-plan qu'elle n'a jamais vraiment quitté. Le Pentagone continue d'être préoccupé par la Russie. C'est le scénario du *back to the future*. Mais les incohérences entre Atlantistes et *deep engagers* dans ce même camp pourraient provoquer conflits programmatiques et idéologiques. Vraisemblance : 5/10.

Une européanisation de l'OTAN

Troisième avenir possible : l'européanisation de l'OTAN, qui supposerait un sursaut considérable de l'imaginaire géostratégique, tant européen qu'américain. Les Américains ne souhaitent plus assumer des responsabilités majeures en Europe, la rivalité avec la Chine devenant leur priorité absolue, en un temps où la crise du coronavirus les contraint à des coupes dans leurs budgets de défense. Les Européens sont conscients que la PSDC seule ne peut garantir leur sécurité régionale et qu'il ne sert à rien de multiplier les acteurs militaires européens. Un cessez-le-feu devient nécessaire sur l'industrie de défense.

Quant aux Américains, ils ne cessent de demander aux Européens des efforts accrus, de les encourager à assumer le leadership stratégique dans leur voisinage, de prendre leur propre défense au sérieux. Les Européens cessent dès lors d'envisager ce rôle à travers la PSDC et acceptent de jouer la carte de la refonte de l'OTAN. L'objectif, à terme, devrait être le retour au scénario initial d'Acheson, et soutenu par Kennedy : une Alliance rééquilibrée, où les Européens prendraient progressivement la part du lion, les Américains jouant plutôt, pendant encore deux décennies, les facilitateurs. Dans l'intérêt des deux parties, se forgerait une nouvelle Alliance, structurée autour d'un vrai partenariat équilibré, dans lequel les Européens atteindraient, avec l'appui américain, l'autonomie stratégique. Vraisemblance : 3/10.

Ce troisième scénario va sans doute dans le sens de l'histoire, mais il est exigeant et suppose de délaisser les sentiers battus. Le deuxième scénario respecte le *statu quo* et est plus confortable pour les acteurs actuels. Mais il ne fait que repousser le moment – inévitable – de passer au troisième…

J. H.

Pour en savoir plus

- C. Brustlein (dir.), « Mutual Reinforcement: CSDP and NATO in the Face of Rising Challenges », *Focus stratégique*, n° 93, Ifri, octobre 2019.
- N. Burns et D. Lute, « NATO at Seventy: An Alliance in Crisis », Belfer Center for Science and International Relations/Harvard Kennedy School, février 2019.
- T. Tardy (dir.), « NATO at 70: No Time to Retire », *NDC Research Paper*, n° 8, Collège de défense de l'OTAN, janvier 2020.

États-Unis/Europe : le divorce impossible

Entre divergences et raccommodages

La présidence Trump représente un point bas de la relation euro-américaine : sur la pérennité même de l'Alliance, sur les rapports avec la Chine ou la Russie. Mais la redécouverte d'intérêts communs, en particulier en matière de sécurité, devrait permettre la réaffirmation du lien transatlantique.

Le 11 mars 2020, le président Trump annonçait la fermeture des frontières américaines aux vols en provenance de l'Union européenne (UE), sans en avoir préalablement informé les dirigeants des pays membres de l'Union. Qu'elle semblait lointaine, la solidarité transatlantique affichée face aux attentats du 11 Septembre, symbolisée par l'éditorial du *Monde* : « Nous sommes tous Américains »…

Le peu d'égard à l'endroit d'alliés traditionnels des États-Unis est une constante de la présidence Trump. Hostile à la construction européenne, ce dernier n'a pas manqué d'appuyer le Brexit. Ulcéré par les déficits commerciaux, il a qualifié les pratiques de l'UE de pires que celles de la Chine. Témoignant de son admiration pour des leaders autoritaires comme Viktor Orban, Vladimir Poutine ou Kim Jong-un, il n'a pas hésité à vitupérer contre Emmanuel Macron, Angela Merkel, ou encore l'ancienne Première ministre britannique Theresa May.

D'abord décontenancés par son élection, les Européens ont en vain cherché à amadouer l'impétueux Trump. Ils n'hésitent plus désormais à exprimer leurs doutes sur les possibilités de coopération avec Washington. La relation entre les États-Unis et les alliés européens a touché un creux évident avec la présidence Trump.

La situation n'est pas totalement inédite. Les divergences transatlantiques sont régulières : lors de la guerre américaine en Irak en 2003, lors des interventions dans les Balkans dans les années 1990, ou encore lors de la crise des euromissiles, au début de la présidence Reagan. Un divorce définitif entre les deux rives de l'Atlantique apparaît fort peu probable. Américains et Européens sauront renouer les fils de leur relation, certes plus aisément si Donald Trump en venait à quitter la Maison-Blanche dès janvier 2021. Ils continueront, surtout, à partager des intérêts communs, notamment en termes de sécurité, qui devraient les inciter à maintenir tant bien que mal le vieux couple occidental.

L'image ternie des États-Unis

Un rapport publié par le Pew Research Center début 2020 montre qu'après trois années de présidence, Donald Trump demeure nettement impopulaire sur la scène internationale (64 % des personnes sondées déclarent ne pas lui faire confiance). L'opposition qu'il suscite affecte donc l'image globale des États-Unis dans le monde, même si celle-ci reste positive, à 54 %. Quant au malaise des populations européennes vis-à-vis de l'allié américain, il n'est pas un phénomène inédit : il varie en fonction de la politique étrangère, du comportement et de la personnalité des différents présidents américains.

Les États-Unis exercent une véritable fascination, avec une forte puissance d'attraction, sur bien des Européens. Ils suscitent également leur lot d'incompréhensions, de réprobations, voire d'indignations. C'est le cas, en particulier, sur des sujets comme la diffusion des armes à feu – et les tueries de masse qui lui sont liées –, la peine de mort, ou la persistance d'une discrimination raciale au détriment des communautés afro-américaines. Le meurtre par des policiers blancs, début mai 2020 à Minneapolis, de l'Afro-Américain George Floyd, a suscité un tel émoi que des dirigeants européens ont pu ouvertement s'inquiéter de ce que la répression policière des manifestations aux États-Unis viole les droits fondamentaux, et même appeler à une désescalade des tensions.

Succédant à l'image d'une gestion américaine très défaillante de la pandémie du COVID-19, l'affaire George Floyd réveille, chez une large part des dirigeants et des sociétés européens, un malaise plus profond : les États-Unis seraient-ils en train d'abdiquer leur leadership dans la défense de causes justes comme la promotion des droits de l'homme, la défense des valeurs démocratiques, ou la réponse à des menaces globales comme le changement climatique ou les pandémies à venir ? En ce sens, la volonté affichée du président américain de répondre d'abord par la force aux manifestations contre la violence policière et un racisme systémique, ne représente qu'un coup supplémentaire porté à une image des États-Unis déjà fort ternie.

Le mantra *America First* et les insultes répétées à l'encontre d'alliés traditionnels, alors que le même président professe son admiration pour les mouvements nationalistes et les dirigeants autoritaires, contribuent à un isolement croissant des États-Unis. Le retrait de l'accord de Paris sur le climat, le retrait de l'accord sur le nucléaire iranien, la dénonciation du Traité sur les forces nucléaires à portée intermédiaire (FNI) de 1987, l'éventuel retrait – annoncé fin mai 2020 – de l'accord *Open Skies* de 1992 qui encadrait les vols de reconnaissance aérienne, ou encore l'annonce du désengagement de l'Organisation mondiale de la santé (OMS) pour protester contre sa soi-disant mauvaise gestion du COVID-19 : autant de sources d'inquiétude pour les partenaires européens. Ceux-ci peuvent douter de l'avenir de la gestion multilatérale des enjeux internationaux, et encore plus du rôle que les États-Unis entendent y jouer, surtout si Trump devait être reconduit pour un second mandat à la Maison-Blanche.

Les sujets de discorde

Trois dossiers illustrent particulièrement le piteux état dans lequel se trouve l'Alliance atlantique – le premier étant d'ailleurs celui de sa pertinence même.

En dépit des assurances prodiguées par des membres de son administration sur la persistance de l'engagement américain vis-à-vis de l'Organisation du traité de l'Atlantique nord (OTAN), Trump continue à percevoir les Européens au mieux comme des profiteurs, au pire comme d'hypocrites rivaux. Il n'a ainsi pas hésité à accuser l'Europe de pratiques commerciales plus injustes encore à l'endroit des États-Unis que celles de la Chine ; il a appuyé dans le sens d'une fragilisation de la construction européenne en se montrant ouvertement favorable au Brexit ; et il n'a, semble-t-il, pas abandonné l'idée d'imposer de nouveaux tarifs sur les importations en provenance d'Europe, notamment de voitures. De leur côté, les Européens n'hésitent plus à critiquer le comportement de Washington. Les Allemands l'accusent de miner les piliers de l'ordre international libéral et de contribuer ainsi à la fragilisation de l'Occident sur la scène internationale. Les Français regrettent une tendance au repli qui rend la coopération transatlantique plus difficile.

Le deuxième dossier majeur de différend transatlantique concerne la Russie. Alors que Moscou semble déterminé à affaiblir les démocraties occidentales en y multipliant les tentatives d'ingérence électorale, ou en y alimentant les divisions internes des sociétés, le président Trump se montre insistant en faveur d'une réintégration de la Russie dans le G7. Il a ainsi réitéré son intention d'inviter Vladimir Poutine à la rencontre internationale prévue pour septembre en remplacement du G7 qui devait se réunir aux États-Unis en juin 2020. Pourtant meilleur allié de Donald Trump en Europe, le Premier ministre Boris Johnson a manifesté son opposition à cette proposition, faisant valoir que la Russie n'avait pas opéré de changements d'attitude, notamment en Ukraine, pouvant justifier une telle invitation.

Troisième grand sujet de dissension : la posture à adopter face à la Chine. La conférence de Munich sur la sécurité de février 2020 a été à cet égard particulièrement révélatrice. La délégation américaine y a martelé un message de grande fermeté, enjoignant aux Européens de prendre conscience de la menace chinoise, de « se réveiller » face à celle-ci, pour reprendre les mises en garde du secrétaire à la Défense Mark Esper[1].

Américains et Européens partagent un même malaise face aux penchants autoritaires du régime de Xi Jinping, à la pression exercée sur les partisans de la démocratie à Hong Kong, aux internements massifs de Ouïgours, aux pratiques récurrentes de vol de la propriété intellectuelle, et aux démonstrations de puissance de Pékin en mer de Chine méridionale. Si, ensemble, ils estiment nécessaire de faire preuve de détermination – et non plus de naïveté – face à Pékin, Américains et Européens ne s'accordent pas sur la manière de qualifier la compétition de plus en plus rude qui s'instaure avec la Chine.

Cette mésentente ne disparaîtrait sans doute pas avec un éventuel changement d'administration à Washington en janvier 2021, tant Républicains comme Démocrates ont durci leurs positions vis-à-vis de l'Empire du Milieu. Devant cette même conférence de Munich, la présidente de la Chambre des représentants, la Démocrate Nancy Pelosi, qualifiait ainsi les ambitions du groupe de télécommunications Huawei de « forme insidieuse d'agression ». Le dialogue transatlantique serait, au mieux, facilité avec Joe Biden comme président, mais il ne saurait toutefois garantir l'adoption d'une stratégie commune face à Pékin.

1. N. Barkin, « The U.S. and Europe Are Speaking a Different Language on China », *Foreign Policy*, 16 février 2020.

Le ciment de la menace russe

Si la Russie et l'OTAN sont des thèmes importants de dissension entre Trump et les Européens, ils apparaissent aussi paradoxalement comme ceux qui devraient permettre de conforter l'Alliance atlantique.

L'entrée, fin mars 2020, de la Macédoine du Nord dans l'OTAN, pourrait certes constituer une vulnérabilité. Fragilisé par un haut niveau de corruption et ses divisions ethniques et religieuses, le pays est propice à d'éventuelles tentatives de déstabilisation de Moscou. Et on peut douter que les opinions des autres pays membres de l'OTAN appuieraient une intervention d'envergure pour lui venir en aide.

L'aventurisme de Moscou dans des régions stratégiques pour les Européens comme pour les Américains peut pourtant recimenter les deux rives de l'Atlantique face à une menace commune, par exemple en mer de Barents. Début mai 2020, des navires de surface de l'OTAN se sont aventurés, pour la première fois depuis une trentaine d'années, dans cette région qui constitue le cœur de la puissance navale russe, avec la base de la flotte du Nord dans la péninsule de Kola. La marine américaine a qualifié cette opération d'affirmation de la liberté de navigation. L'activisme maritime russe de ces dernières années préoccupe en effet les planificateurs de l'OTAN et incite les pays membres à adopter une posture navale rappelant celle de la guerre froide.

***

L'Europe était, pendant la guerre froide, le cœur de la rivalité entre États-Unis et URSS. Avec la fin de la bipolarité et l'émergence de la Chine, le centre de gravité des relations internationales s'est déplacé vers l'Asie-Pacifique. Les États-Unis sont logiquement tentés d'y « pivoter », comme le souhaitait le président Obama, l'essentiel de leur attention. Affaiblis par leurs problèmes internes, les Européens risquent dans un tel contexte une marginalisation sur la scène internationale. En attendant un changement de garde à Washington qui leur serait plus favorable, ils ne peuvent compter que sur la volonté de la puissance russe pour rappeler à Washington l'importance de la coopération transatlantique. Il en va de leur sécurité, qu'ils ne peuvent, face à la Russie, à la Chine, aux terroristes du Moyen-Orient ou du Sahel, assumer seuls, sans aide des États-Unis. Ils ne sauraient toutefois demeurer leur partenaire dépendant : à eux d'inventer les ressources de l'émancipation.

J. T.

Pour en savoir plus

- M. Rapp-Hopper, « Saving America's Alliances: The United States Still Needs the System That Put It on Top », *Foreign Affairs*, vol. 99, n° 2, mars-avril 2020.
- P. Rough, « Europe Is Thinking Harder about Divorcing America », *Foreign Policy*, 26 février 2020.
- R. Wike, J. Poushter, J. Fetterolf et S. Schumacher, « Trump Ratings Remain Low around Globe, While Views of U.S. Stay Mostly Favorable », Pew Research Center, 8 janvier 2020.

L'Europe dans la stratégie chinoise

Je t'aime, moi non plus

La Chine est de plus en plus présente dans les débats européens, économiques, politiques, militaires. Beaucoup craignent que des velléités politiques et stratégiques ne se dissimulent derrière les Nouvelles routes de la soie, les investissements chinois en Europe, ou l'aide sanitaire apportée pendant la crise du COVID-19.

La relation sino-européenne semble plutôt se complexifier que s'éclaircir : d'un côté l'Union européenne (UE) cherche à adopter une politique chinoise plus exigeante ; de l'autre l'attitude agressive et aventuriste de la Chine en Europe et dans son environnement régional rend le dialogue de plus en plus difficile. Les divergences entre les deux puissances se creusent sur des questions cruciales, tel le respect des droits de l'homme (au Xinjiang), des engagements internationaux (à Hong Kong, ou sur le droit de la mer) ou encore des règles commerciales (à l'Organisation mondiale du commerce, OMC).

L'Europe au prisme des relations avec les États-Unis

La Chine envisage l'Europe pour l'essentiel à travers le prisme de sa rivalité avec Washington. Les experts chinois considèrent que les États-Unis ont lancé une « politique d'endiguement à l'encontre de la Chine pour défendre leur hégémonie internationale[1] », faisant pression sur les États européens pour les entraîner dans leur campagne. L'UE est à ce titre souvent considérée comme n'ayant pas d'autre choix que de s'aligner sur Washington.

Toutefois, la plupart des observateurs chinois notent que l'UE et les États-Unis traversent une période de dissension sans précédent, y compris pour les États traditionnellement les plus atlantistes. Selon eux, l'unilatéralisme de Donald Trump a fait prendre conscience à l'UE de l'importance de ne pas dépendre excessivement des États-Unis et de renforcer son « autonomie stratégique ».

Zhang Jian, directeur du Centre d'études européennes de l'Institut chinois des relations internationales contemporaines (CICIR), influent *think tank* pékinois, estime par exemple que les intérêts se sont substitués aux valeurs communes et universelles sur lesquelles reposait la relation transatlantique. Sur certains dossiers comme le climat, l'Iran ou l'extraterritorialité du droit américain, la position

1. « China Policies of the EU and Its Members – 2019 », Centre pour les relations Chine-UE de l'université Fudan, Institut d'études européennes de Shanghai, mars 2020.

de l'UE est plus proche de celle de la Russie et de la Chine que de celle des États-Unis. Cela ne signifie pas que l'Europe se rapproche de Moscou et Pékin, mais que les relations entre les quatre grandes puissances sont désormais plus complexes.

L'UE, puissance inoffensive mais respectée

Dans cet ordre international complexifié, l'UE est perçue comme une puissance inoffensive et à la merci des rivalités entre les trois autres têtes du quartet. Non seulement elle ne dispose pas d'une force militaire unifiée, mais elle est facilement influençable. Pour Zhang Jian, la politique extérieure de l'UE – à l'exception de sa politique commerciale – est faible par nature. La nécessité de réunir l'unanimité des 27 États membres pour chaque décision de politique étrangère facilite grandement les capacités de blocage des puissances extérieures. Il cite l'exemple des États-Unis qui ont aisément pu entraver le développement d'une défense européenne. Il reconnaît, toutefois sans y souscrire, que de nombreux observateurs voient dans le format 17+1 de coopération entre 17 pays européens (dont 12 membres de l'UE) et la Chine, une tentative de Pékin de s'ingérer dans les affaires européennes afin de diviser pour mieux régner.

L'UE est pourtant aussi reconnue en Chine pour son statut unique dans le monde et son rôle dans les relations internationales. La plupart des auteurs soulignent la « haute valeur morale » de l'UE en matière de changement climatique, de multilatéralisme, et de gouvernance globale. À l'inverse d'États-Unis isolationnistes, recourant à l'action militaire et aux sanctions, l'UE privilégie le dialogue et la coopération, tirant de sa posture morale une légitimité et une influence internationales.

En Chine, on estime qu'il existe une convergence d'intérêts entre Européens et Chinois pour travailler ensemble à la rénovation du système international. Dans les orientations de sa politique européenne publiées en décembre 2018, la Chine reconnaissait l'Europe comme un contributeur majeur du monde multipolaire et de la mondialisation, et comme le promoteur d'un ordre international basé sur l'Organisation des Nations unies (ONU). L'UE représente ainsi pour Pékin un partenaire pour lutter contre l'unilatéralisme et le protectionnisme, au profit du multilatéralisme.

La « ré-européanisation » de l'Europe

Un rapport chinois sur la politique européenne de la Chine, publié en mars 2020[2], estime que la priorité politique de l'UE est de lutter contre la désunion interne et de muscler sa politique extérieure pour faire face à la rivalité sino-américaine et à la menace russe. Dans ce contexte, la politique européenne à l'égard de la Chine a, elle aussi, été révisée. D'après le rapport, le discours de la « menace chinoise » serait utilisé par Bruxelles pour renforcer l'unité au sein de l'Union. De même, « la politisation et la sécurisation » des questions économiques, commerciales et techniques, encouragées par la France et l'Allemagne, viseraient à renforcer cette unité.

Ces analyses considèrent que les initiatives européennes en matière de filtrage des investissements étrangers et de cybersécurité, tout comme l'arrestation de citoyens chinois accusés d'espionnage, ou la fermeture d'Instituts Confucius, dégradent les relations bilatérales de l'UE avec la Chine. Cette dernière servirait donc de bouc

2. *Ibid.*

émissaire pour resserrer les liens entre États membres de l'UE. La possibilité que la Chine soit effectivement responsable d'ingérences et de prédation industrielle en Europe étant tout simplement exclue.

Les analystes chinois sont en revanche parfaitement lucides sur le fait que la défiance à l'égard de la Chine progresse dans les institutions européennes, y compris en Europe centrale et orientale, où Pékin est de plus en plus vu comme une menace sécuritaire potentielle.

La Chine, un défi européen grandissant

Les Européens ne réfutent pas le diagnostic chinois selon lequel l'UE serait vulnérable face aux États-Unis, à la Russie et à la Chine. C'est de ce constat qu'émerge la volonté de bâtir une plus grande autonomie stratégique. Toutefois, les analyses divergent en Europe autour de l'idée selon laquelle Washington serait le principal responsable de la vulnérabilité européenne, alors que Pékin ne pourrait être autre chose qu'un partenaire constructif. Le discours officiel chinois de soutien à l'intégration européenne et à une Europe forte peine à convaincre. L'initiative des 17+1, et la préférence donnée par Pékin aux négociations bilatérales plutôt qu'aux dialogues multilatéraux, sont le plus souvent interprétées comme des stratégies chinoises visant à exploiter les failles de l'Europe. La Commission européenne a ainsi qualifié en mars 2019 la Chine de « partenaire, concurrent et rival systémique ».

Le fait est que, depuis le printemps 2019, la politique extérieure européenne a effectivement connu une profonde réorientation. Ursula von der Leyen a qualifié sa Commission de « géopolitique », tandis que le Haut représentant pour les Affaires extérieures, Josep Borrell, multipliait les prises de position dans les médias et *think tanks* européens, appelant à abdiquer toute naïveté vis-à-vis de la Chine. En Asie, l'Europe cherche, de plus, à rééquilibrer sa relation avec la Chine en renforçant d'autres partenariats, en particulier avec le Japon, la Corée du Sud ou l'Inde.

Au niveau des États membres, le président Macron a cherché à montrer à Pékin que l'UE devait être pleinement intégrée à la relation bilatérale avec la France. Lors de la visite d'État du président Xi Jinping en mars 2019, il a convié Angela Merkel et Jean-Claude Juncker à une réunion à l'Élysée. De même, en novembre 2019, il a invité le commissaire européen au Commerce, Phil Hogan, et la ministre allemande de l'Éducation, Anja Karliczek, à participer à sa visite à Shanghai.

COVID-19 : une relation de plus en plus difficile

L'année 2020 devait être l'année de la relation UE-Chine, mais la pandémie en a décidé autrement. Le sommet UE-Chine prévu pour mars 2020 à Pékin, et le sommet – inédit – entre la Chine et les États membres de l'UE, prévu à Leipzig en septembre à l'initiative de l'Allemagne, ont tous deux été reportés, compromettant *de facto* la conclusion de l'accord bilatéral d'investissement.

Au début de la crise, l'UE a apporté son soutien et montré sa solidarité à l'égard de la Chine frappée par l'épidémie. Puis, quand l'Europe est devenue l'épicentre de la crise, la Chine a elle-même fourni une assistance sanitaire importante. Toutefois, la coopération a rapidement laissé place au doute côté européen, face aux excès de la propagande chinoise. Enfin, la diplomatie agressive de plusieurs chancelleries chinoises en Europe a cristallisé cette méfiance, dans un contexte où l'origine du virus et le nombre réel de morts en Chine faisaient l'objet d'intenses controverses.

La crispation des relations s'est étendue à d'autres dossiers. De nombreux parlementaires et États membres européens ont soutenu la réintégration de Taïwan à l'Organisation mondiale de la santé (OMS) – question non négociable pour Pékin. En mai, Josep Borrell a également publié une tribune – plus destinée au public européen que chinois – où il décrit les lacunes et les forces de l'Europe face à la Chine, ainsi que les divergences conceptuelles et les contradictions du discours officiel chinois sur le multilatéralisme, les droits de l'homme, l'interprétation du droit de la mer ou la réforme de l'OMC. Il y appelle enfin à baser la relation bilatérale sur trois principes : la confiance, la transparence et la réciprocité – trois écueils traditionnels de la relation bilatérale qui aujourd'hui s'aggravent.

La loi de sécurité nationale à Hong Kong, imposée par Pékin le 30 juin en violation du droit interne hongkongais et du droit international, n'a fait que confirmer et renforcer la méfiance européenne à l'égard de la Chine, notamment sur sa crédibilité à honorer ses engagements internationaux. Mais l'UE a de nouveau démontré son inaptitude à adopter une position commune forte, y compris sur un enjeu qui touche directement à la démocratie et aux droits de l'homme. Le Service européen pour l'action extérieure a seulement réitéré à plusieurs reprises « ses vives préoccupations au sujet de cette loi qui a été adoptée sans aucune consultation préalable sérieuse du Conseil législatif de Hong Kong et de la société civile ».

Dans le contexte d'accentuation de la rivalité sino-américaine, l'UE peut constituer un atout économique et politique pour la Chine. Premier partenaire commercial, elle représente un marché très attractif pour les exportations chinoises avec ses 500 millions d'habitants à revenu moyen élevé. Politiquement, l'UE est un acteur fiable, dont Pékin dit avoir besoin pour la promotion du multilatéralisme et du droit international.

À l'inverse, la détérioration – manifeste – des relations politiques avec l'UE ne pourra que réduire la marge de manœuvre de Pékin face à Washington. En dépit de l'optimisme de nombreux observateurs chinois sur la relation Chine-UE, deux tendances laissent présager un horizon moins dégagé. D'une part, sa recherche d'autonomie stratégique devrait faire émerger une Europe plus exigeante vis-à-vis de Pékin. D'autre part, l'assurance décomplexée de la Chine, particulièrement pendant la crise du COVID-19, semble pousser l'UE vers un positionnement à l'égard de la Chine plus proche de celui de Washington.

M. J.

Pour en savoir plus

- « China Policies of the EU and Its Members – 2019 », Centre pour les relations Chine-UE de l'université Fudan, Institut d'études européennes de Shanghai, mars 2020.
- J. Borrell, « Trust and Reciprocity: The Necessary Ingredients for EU-China Cooperation », Service européen pour l'action extérieure, 15 mai 2020.
- J. Seaman (dir.), « COVID-19 in Europe-China Relations: A Country-Level Analysis », *ETNC Special Report*, European Think-Tank Network on China, 29 avril 2020.

L'Union européenne dans la stratégie russe

Un partenariat incertain

La crise ukrainienne, et les sanctions qui ont suivi, ont durablement dégradé le partenariat ébauché entre Bruxelles et Moscou. Si chacun considère l'autre comme un partenaire nécessaire, les voies concrètes d'un rapprochement semblent encore éloignées, alors même que l'après-crise du COVID-19 pourrait les rendre plus nécessaires.

L'ambivalence de la place qu'occupe l'Union européenne (UE) dans la politique étrangère de la Russie s'est accentuée depuis la crise ukrainienne. En dépit d'une forte interdépendance entre Moscou et Bruxelles, l'état de leur relation se révèle aujourd'hui particulièrement confus, marqué par l'attentisme, la défiance et les réprobations réciproques.

Voisin stratégique, l'UE reste de loin le premier partenaire économique de Moscou et le principal investisseur en Russie, avec près des trois quarts du stock total d'investissements directs étrangers en 2018. Dans le même temps, les États européens constituent l'une des principales zones de projection de l'influence russe, et l'Union est souvent présentée comme un rival dans l'espace post-soviétique ou comme un contre-modèle politique, idéologique et institutionnel. Quant au dialogue, s'il n'est pas totalement rompu, il est désormais nettement moins fécond, et bien plus sporadique, qu'au début de la décennie précédente.

Une nouvelle norme a fini par s'imposer entre Moscou et Bruxelles : celle d'un « engagement sélectif », précaire et sous tension. Quelles en sont les principales tendances, négatives et positives ? Comment la Russie perçoit-elle l'UE ? Quelles perspectives attendre de la politique européenne de Moscou, alors que l'agenda de la relation évolue à la faveur de facteurs endogènes (la relance française d'un dialogue stratégique) ou exogènes (l'épidémie du COVID-19) ?

L'UE vue de Moscou : doctrines, discours, postures

Cette ambiguïté transparaît déjà dans le corpus doctrinal rédigé en Russie après 2014, dans un contexte de dégradation sans précédent des relations russo-occidentales consécutif à l'annexion de la Crimée. D'un côté, la doctrine de politique étrangère de 2016 juge qu'une coopération constructive, stable et égalitaire avec l'UE renforce les intérêts de la Russie : le texte érige ainsi en « objectif stratégique » la formation d'un « espace commun de paix et de sécurité » et d'un « espace économique et humanitaire commun de l'Atlantique au Pacifique ».

La doctrine de sécurité nationale adoptée en 2016 va dans le même sens, en affirmant la nécessité d'harmoniser les processus d'intégration européen et eurasiatique. Cette harmonisation devrait passer par un partenariat élargi entre l'UE et l'Union économique eurasiatique, et pourrait s'articuler au concept de Grande Eurasie récemment avancé par le Kremlin.

Cette orientation coopérative ménage pourtant la place, dans les deux documents, à un volet beaucoup plus offensif. Leurs auteurs prennent acte de la crise profonde des relations russo-occidentales, qui résulterait de « l'expansion géopolitique » de l'Organisation du traité de l'Atlantique nord (OTAN) et de l'UE vers l'Est. En soutenant un « coup d'État anticonstitutionnel » en Ukraine, l'UE – et par extension une Alliance atlantique dominée par les États-Unis – y est accusée de miner la stabilité régionale et d'« exercer une influence négative » sur les intérêts de la Russie.

Le discours officiel russe, qui oscille aussi entre ces deux approches, se démarque aujourd'hui par une tonalité principalement péjorative vis-à-vis de la politique européenne. La Russie reproche aux États européens de ne pas la traiter sur une base égalitaire, en continuant à se poser en vainqueurs de la guerre froide. Moscou regrette l'abandon par l'UE des valeurs communes de la « civilisation européenne », au profit d'une défense universelle de l'état de droit et de l'idée libérale, récemment qualifiée d'« obsolète » par Vladimir Poutine.

La Russie accuse Bruxelles de déstabiliser le continent en élargissant ses fractures politiques et symboliques : tantôt en éloignant les États postsoviétiques de la Russie, à travers son Partenariat oriental et avec le concours de l'OTAN ; tantôt, à l'initiative de ses membres les plus hostiles à Moscou, en « falsifiant » l'histoire, par une mise en équivalence de l'occupation nazie et de la domination soviétique en Europe de l'Est.

Moscou considère que l'UE, au nom de la solidarité transatlantique, refuse de bâtir avec elle un système de sécurité collective pour lutter contre des menaces communes. Elle estime enfin que l'Union fait fi des dommages économiques causés par le cycle des sanctions et contre-sanctions, en dépit des divergences croissantes de ses États membres sur la question.

Si le répertoire des griefs est long, il fait évidemment abstraction de la lourde responsabilité de Moscou dans la détérioration de la relation bilatérale depuis 2014, de l'annexion de la Crimée à l'affaire Skripal au Royaume-Uni. Citons encore, au nombre des principales sources de tension, le soutien actif de la Russie aux séparatistes du Donbass contre Kiev, l'intervention de ses forces armées en Syrie à la demande de Bachar El-Assad depuis 2015, ses ingérences informationnelles dans les démocraties occidentales et son appui plus ou moins officieux aux forces populistes et souverainistes en Europe.

Par ses actions « hybrides » et ses campagnes d'influence, la Russie est, à son tour, perçue à Bruxelles comme une puissance déstabilisatrice : Moscou s'efforcerait d'avantager et de mobiliser – le plus souvent sur une base sélective et bilatérale avec les États membres de l'UE – les partisans européens d'une réconciliation avec la Russie, et d'instrumentaliser les vulnérabilités de l'Union. La ligne eurosceptique des branches européennes des médias russes internationaux, RT et Sputnik, de même que la « diplomatie humanitaire » menée à l'égard de l'Italie au début de l'épidémie du COVID-19 qui suggérait, en creux, un déficit de solidarité européenne, sont interprétées comme autant de signes d'une volonté russe de saper la cohésion et l'unité au sein de l'Union.

État des lieux et perspectives du partenariat russo-européen

Le partenariat stratégique progressivement mis en place à partir des années 1990 entre Moscou et Bruxelles a connu un coup d'arrêt brutal avec la crise ukrainienne. En mars 2016, après deux ans de suspension du dialogue, l'UE a lancé une nouvelle politique d'« engagement sélectif » vis-à-vis de la Russie, qu'elle continue, en dépit des sanctions, de considérer comme un partenaire naturel.

L'engagement sélectif est l'un des cinq principes directeurs de la politique définie par le Service européen pour l'action extérieure (SEAE) dans ses relations avec la Russie, aux côtés de la mise en œuvre des accords de Minsk, du rapprochement de l'Union avec les États du Partenariat oriental et d'Asie centrale, du renforcement de sa résilience face aux menaces hybrides russes, et de l'intensification des échanges entre sociétés civiles. Cet engagement sélectif consiste à coopérer avec la Russie uniquement pour servir les intérêts de l'UE (contre-terrorisme, sécurité énergétique, changement climatique, migrations, nucléaire iranien, Moyen-Orient, coopération culturelle) et à s'opposer à celle-ci lorsque les intérêts divergent.

Si la Russie s'est accommodée du principe d'engagement sélectif, force est de constater que les effets de ce nouveau cadre relationnel ont été fort limités. Les intérêts russes et européens restent le plus souvent asymétriques. Les terrains d'entente se raréfient. L'absence de consensus entre Bruxelles et Moscou sur les critères de coopération, et les divisions profondes sur les positions à adopter vis-à-vis du voisin parmi leurs élites respectives, entravent la définition d'une ligne de conduite précise pour la relation bilatérale.

Le projet de gazoduc Nord Stream 2, associant Gazprom et plusieurs entreprises européennes (Uniper, Wintershall, Shell, Engie, OMW), reliant Oust-Louga (Russie) à Greifswald (Allemagne) par la mer Baltique, et devant être bientôt achevé, a par exemple cristallisé ces difficultés : opposition de la Pologne et des États baltes face au risque d'insécurité énergétique de l'Ukraine, menaces de sanctions américaines dans le cadre du *Countering America's Adversaries Through Sanctions Act*, feu vert *in extremis* du Danemark après deux ans et demi de négociations, nouvelle directive européenne sur le gaz, etc.

Le volume des échanges commerciaux a augmenté depuis le creux de l'année 2016, en passant de 183 à 232,4 milliards d'euros en 2019[1]. Le secteur énergétique demeure le fer de lance des exportations russes, celles-ci représentant 40 % des importations gazières et 27 % des importations pétrolières européennes. Toutefois, le volume global des échanges est surtout inférieur de 25 % au niveau atteint en 2012 (322 milliards d'euros), en particulier dans le secteur agroalimentaire (- 38 %), affecté par l'embargo russe sur certains produits européens. Moscou considère que ces échanges bilatéraux auraient pu atteindre un niveau équivalent à celui des échanges UE/États-Unis et UE/Chine sans les sanctions contre la Russie et les efforts déployés par l'Occident pour l'isoler.

1. Soit 5,7 % du total des échanges européens et plus de 40 % des échanges russes, répartis entre 144,6 milliards d'euros d'importations depuis la Russie et 87,8 milliards d'exportations vers la Russie. Ce volume a néanmoins baissé de plus de 8 % par rapport à l'année 2018.

À l'été 2019, le président Emmanuel Macron a souhaité renouer un dialogue stratégique avec la Russie, dans l'espoir de renforcer son leadership en Europe – le contexte paraît alors favorable, entre le Brexit, la fin de l'ère Merkel en Allemagne et la crise politique italienne –, et alors que le démantèlement du système de contrôle des armements se poursuit et que l'avenir de l'architecture de sécurité européenne est mis en cause.

En dépit des nombreuses critiques qu'elle a suscitées, l'initiative française a débouché sur une relance du Format Normandie, pour la mise en œuvre des accords de Minsk, plus de trois ans après sa dernière réunion entre Kiev, Moscou, Paris et Berlin. Le sommet de Paris du 9 décembre 2019, marqué par la première rencontre des présidents Poutine et Zelensky, n'a certes donné que des résultats modestes. Mais les parties ont jugé positive cette reprise du processus, à tel point que le Format Normandie apparaît aujourd'hui comme l'une des rares clés de voûte de la coopération russo-européenne.

***

La pandémie du COVID-19 a interrompu cette nouvelle séquence. Touchées de plein fouet, la Russie et l'UE sortiront sans conteste affaiblies de la crise sanitaire. Combinées à l'effondrement rapide des prix du pétrole et à la chute de la demande extérieure – notamment européenne –, les conséquences de l'épidémie devraient profondément ébranler une économie russe dont le modèle, principalement rentier et tributaire de la fluctuation des cours des hydrocarbures, paraît inadapté pour encaisser le choc.

Épicentre de la pandémie, l'UE s'est quant à elle caractérisée par son déficit de leadership et d'unité au début de la crise. Pour l'heure, Moscou et Bruxelles ne manifestent pas de signes de rapprochement ou de volonté de réponse commune à la crise. Ni la nouvelle Commission européenne, ni le Kremlin n'ont proposé de nouvelle stratégie pour encadrer leurs relations. L'allègement des sanctions, conditionné aux accords de Minsk, n'est pas à l'ordre du jour ; la confiance n'est pas rétablie et la crainte des ingérences russes est toujours vive en Europe. Alors que beaucoup anticipent l'accélération, à l'aune de la pandémie, d'une bipolarisation sino-américaine de l'ordre international, Moscou et Bruxelles pourraient pourtant être tentés, pour enrayer la tendance, et au nom de leurs intérêts stratégiques de long terme, par une coopération pragmatique et durable.

M. A.

Pour en savoir plus

- T. Casier et J. DeBardeleben (dir.), *EU-Russia Relations in Crisis: Understanding Diverging Perceptions*, Londres, Routledge, 2018.
- M. David et T. Romanova (dir.), *Modernisation in EU-Russian Relations: Past, Present and Future*, Londres, Routledge, 2016.
- A. Kortunov, « From "Selective Engagement" to "Enlightened Realism"? », Russian International Affairs Council, 20 février 2020.

Afrique du Nord et Moyen-Orient face au COVID-19

vidéo
http://dunod.link/k5eobzt

Une immunité opportuniste

Alors qu'une catastrophe semblait programmée, l'Afrique du Nord et le Moyen-Orient ont limité les effets du COVID-19, sans doute pour des raisons tenant à la jeunesse des populations et aux mesures d'isolement prises rapidement. Paradoxalement, nombre de régimes autoritaires de la région semblent avoir puisé une nouvelle légitimité dans la gestion de la crise. Mais les oppositions internes demeurent, comme les conflits ouverts, et le contrecoup économique de la crise sanitaire s'annonce sévère.

La pandémie du COVID-19 a plutôt épargné l'Afrique du Nord et le Moyen-Orient. Certaines données structurelles laissaient pourtant présager le pire : les systèmes de santé de la région sont inégalitaires ou inefficaces, et opèrent dans des contextes de déprise étatique et de conflictualité élevée. Mais dans les faits, le niveau des contaminations et le nombre de morts déclarés ont été remarquablement faibles en comparaison d'autres régions du monde. La crise sanitaire est apparue, dans ces conditions, comme une aubaine paradoxale pour des régimes en perte de légitimité : elle leur a permis, au prétexte de la protection collective, de renforcer leur contrôle sur les populations, tout en profitant de la désorganisation des mécanismes de régulation internationaux pour pousser des agendas extérieurs parfois agressifs. Il reste que les économies fragiles sont sous pression et que l'accalmie sociale forcée par l'épidémie pourrait n'avoir qu'un temps.

Une épidémie en sourdine

Tôt contaminés par le canal iranien, les États arabes, la Turquie et Israël semblent finalement avoir échappé au pire. Tous ces pays combinaient pourtant *a priori* des facteurs de vulnérabilité spécifiques.

Des fragilités attendues

L'alerte rouge a été déclenchée en février 2020 en Iran : les deux premiers cas officiellement testés positifs, probablement contaminés par des travailleurs chinois, sont décédés le 19 à Qom, centre du pouvoir clérical iranien. Les autorités iraniennes ont été très rapidement dépassées, et le virus s'est, de là, répandu dans toute la région : des cas de COVID-19 chez des voyageurs iraniens, ou revenus d'Iran, ont été signalés le même mois en Irak, au Bahreïn, au Koweït, au Liban et en Turquie – laquelle devient ensuite, selon toute vraisemblance, le foyer redistributeur vers l'Afrique du Nord, en commençant par la Tunisie.

La densité de la circulation au Moyen-Orient, zone de transit naturel entre l'Asie, foyer initial du COVID-19, et l'Europe, épicentre de l'épidémie dès mars 2020, apparaît ainsi comme le premier paramètre sensible. Le trafic humain à caractère touristique ou professionnel est un canal de transmission immédiate. Dubaï et Istanbul, deux villes mondialisées qui fondent leur croissance sur le statut de *hubs* du transport aérien, symbolisent cette vulnérabilité.

L'intensité de la pratique religieuse constituait un autre facteur de risque : prières collectives et pèlerinages entraînent des rassemblements massifs – en 2019 le *Hadj*, ou Grand pèlerinage, a drainé près de 2,5 millions de personnes vers La Mecque. Certaines communautés religieuses ne respectent pas les mesures de prophylaxie édictées par les autorités – tels les juifs ultra-orthodoxes en Israël –, quand d'autres, en Iran, en Irak, au Liban, préfèrent s'en remettre à des protections miraculeuses. Les responsables civils et religieux ont donc dû coopérer étroitement dans la plupart des pays pour contrôler de puissants réflexes sociaux.

Les défaillances de la gouvernance dans les régions d'Afrique du Nord et du Moyen-Orient ont aussi pu faire craindre un débordement général des autorités. Le niveau de confiance dans ces autorités est généralement faible et pousse la population à ne pas respecter les consignes, alimentant en outre une flambée générale de complotisme – parfois encouragée par les dirigeants eux-mêmes, comme en Iran où, pour éviter d'être lui-même mis en cause, le Guide suprême a tôt soutenu que le virus avait été créé aux États-Unis.

Dans une région décrite comme « la plus inégalitaire du monde[1] », la présence de poches de pauvreté, mais aussi les cloisonnements ethniques et religieux, et les disparités spatiales – entre mégapoles où les humains s'entassent et monde rural délaissé – produisent de fortes inégalités dans l'état de santé des populations et l'accès aux soins. La couverture contre la maladie est loin d'être assurée partout. Les pays du Golfe ont les meilleurs niveaux de couverture, Oman et Qatar en tête, alors qu'en Égypte les deux tiers des frais restent à la charge des ménages. Les systèmes de santé publics sont généralement peu performants, à l'exception encore une fois des pays rentiers les plus riches, qui ont intégré la santé dans leur contrat de dépendance sociale. Les soins privés se sont développés sur un mode affairiste, introduisant un biais censitaire (cherté de l'accès aux équipements), qui se conjugue au filtrage communautaire (hôpitaux religieux au Liban), corporatiste ou clientéliste (infrastructures réservées à l'armée en Égypte).

Enfin, la conflictualité de la région entretient une urgence sanitaire permanente. Les combats font des morts, des blessés, des déplacés et des réfugiés en Libye, au Yémen, en Syrie, où les hôpitaux sont souvent ciblés par les belligérants. Les professionnels de l'humanitaire ont tôt exprimé leur inquiétude sur un possible tarissement des aides dans les pays les plus pauvres ou affaiblis par les guerres.

---

1. F. Alvaredo, L. Assouad et T. Piketty, « Measuring Inequality in the Middle East 1990-2016: The World's Most Unequal Region? », World Inequality Lab, avril 2018.

La catastrophe évitée

La surprise est donc que les chiffres de contamination et de décès soient restés globalement faibles : fin mai 2020, on comptait moins de 15 000 morts, pour 600 000 malades, sur un ensemble de 20 pays. Une légère poussée des contaminations a été observée dans les pays musulmans pendant la période du ramadan (avril-mai), et l'Arabie Saoudite, Israël et la Turquie sont encore sous surveillance au mois de juillet, mais les taux de décès sont demeurés faibles.

La fiabilité des données a été discutée. Leur collecte est difficile, les méthodes de comptage diffèrent, et la plupart des pays sont passés par une phase de déni : l'information a été largement contrôlée, favorisant une sous-estimation des chiffres pour éviter la panique et les poussées critiques contre les autorités. Mais dans l'ensemble la situation est largement décrite sur les réseaux sociaux, et on peut considérer que les décomptes officiels ne s'éloignent pas trop de la réalité. Des soupçons persistent cependant sur l'Iran, où la censure a été particulièrement active ; ou l'Égypte, où le gouvernement a fait une chasse sévère aux lanceurs d'alerte – avec un flou probable aussi en Algérie et en Arabie Saoudite. Quant au Maroc, il annonce plus de morts parmi ses ressortissants en diaspora que dans le pays même.

Il est encore difficile d'expliquer la résistance relative de la région. Il faut sans doute tenir compte de la jeunesse des populations (deux personnes sur trois y ont moins de 24 ans) et de la précocité des décisions anticipant la diffusion du virus. L'offre de soins s'est révélée plutôt adaptée dans les pays les plus exposés. En Turquie, le système de santé, remarquablement renforcé et démocratisé sous l'AKP, a tenu le choc. Les pays de la Péninsule arabique, échaudés par le précédent de l'épidémie de MERS-CoV (Middle East Respiratory Syndrom, coronavirus très pathogène apparu en 2012 en Arabie Saoudite), avaient renforcé leurs équipements pour la prise en charge de syndromes respiratoires aigus.

L'arsenal des mesures mises en œuvre par les autorités est comparable d'un pays à l'autre : suspension des liaisons internationales, fermeture des frontières, confinement plus ou moins sévère des populations. Tirant les leçons des conséquences dramatiques de la fermeture tardive des lieux saints en Iran, l'Arabie Saoudite a suspendu intégralement les pèlerinages pour la première fois de son histoire. Partout, l'accès aux mosquées et la durée des prêches ont été limités, les muezzins étant enrôlés pour appeler les fidèles à rester chez eux. Les monarchies du Golfe et Israël ont en outre eu recours à des systèmes sophistiqués d'identification et de suivi des malades : drones équipés de caméras thermiques en Arabie, *contact tracing* sur smartphone également en Israël, aux Émirats, à Bahreïn, au Qatar – obligatoire dans ce dernier pays, les contrevenants risquant jusqu'à trois ans de prison.

Les bénéfices stratégiques de l'épidémie

Une crise sanitaire incontrôlée aurait pu mettre à nu des arrangements de gouvernance fragiles. Au contraire, les régimes ont profité de l'accalmie sociale provoquée par l'épidémie pour opérer une reprise en main assez efficace.

La contrainte assumée par les sociétés

Le paradoxe des gouvernances autoritaires en Afrique du Nord et au Moyen-Orient renvoie à une équation connue : des États faibles, tenus par des régimes forts[2], le rapport entre gouvernants et gouvernés jouant alternativement sur la contrainte et la subvention.

Dans cette période de crise sanitaire, la relation de dépendance financière instaurée par les États rentiers a révélé son fond pervers, l'ajustement à la baisse des finances publiques pesant sur les moins protégés. La stratégie de prévention dure choisie par les riches États du Golfe a entraîné une redéfinition de la communauté nationale, garantissant la survie des nationaux au prix de l'abandon des travailleurs étrangers. Près de huit millions d'Indiens au chômage forcé ont ainsi été bloqués sans ressources à Abou Dhabi, Dubaï et Doha, demandant en vain d'être rapatriés vers leur pays d'origine.

Dans les États plus fragiles, la population, en situation de responsabilité directe, a adopté des comportements d'autoprotection. Les Libanais, en pleine tourmente politique et sociale depuis la fin 2019, se sont auto-confinés en amont des instructions officielles, les familles évitant de sortir et s'imposant des règles d'hygiène sévères, dans un contexte général de repli communautaire[3]. Occupées à combattre le virus, les sociétés ont provisoirement renoncé à toute revendication ; elles tentent seulement d'honorer leurs morts dans des conditions qui se dégradent encore, comme en témoignent les scandales de refus des dépouilles de victimes du coronavirus dans certains cimetières irakiens.

Des régimes plus « efficaces »

La peur a donné aux régimes un prétexte pour renforcer leur pression sur les citoyens. Les contestations violentes qui enflammaient depuis des mois le Liban et l'Irak se sont tues. Les manifestants algériens ont remis leur *Hirak* pacifique à plus tard. Les forces de sécurité ont partout réinvesti la rue, dans un rôle de protection ou de surveillance, nettoyant au passage les vestiges des manifestations. Étape supplémentaire dans le quadrillage des sociétés, les mesures de traçage ont fourni aux gouvernements du Golfe des masses de données personnelles. En Israël, le service de sécurité intérieure du Shin Bet a été ouvertement impliqué dans l'organisation du traçage, suscitant la colère des défenseurs des libertés.

Le débat politique est partout passé au second plan. Les parlements ont exprimé leur soutien obligatoire à l'exécutif, les périphéries se sont ralliées au centre. En Turquie, les maires d'opposition d'Istanbul et d'Ankara se sont vus interdire une levée de fonds d'urgence, tandis que la cote de popularité de Recep Tayyip Erdogan, dopée par des discours triomphalistes sur la performance du gouvernement face au COVID-19, remontait. En Israël, Benyamin Netanyahou est enfin parvenu à rallier son rival Benny Gantz à une coalition de circonstance, et se concentre sur l'annexion de la Cisjordanie. Un gouvernement a aussi été laborieusement mis sur pied en Irak.

2. D. Schmid, « Les États au Moyen-Orient : crise et retour », *Politique étrangère*, vol. 83, n° 1, Ifri, mars 2018.
3. L. Al-Rachid, « Le Liban face à l'épidémie du COVID-19 : une catastrophe de plus ? », *Éditoriaux de l'Ifri*, Ifri, 22 avril 2020.

Les puissances se jaugent

La compétition des puissances régionales ne s'est pas calmée avec la pandémie. Au contraire, celle-ci a même offert des ouvertures aux plus agiles : Turquie, Émirats, Qatar ont rivalisé en matière de diplomatie sanitaire, convoyant masques et équipements hospitaliers vers les pays en difficultés. La Turquie saisit toutes les opportunités, tendant une main secourable aux Occidentaux en situation de faiblesse tout en affichant sa proximité avec la Chine – éventuelle pourvoyeuse de financements à venir –, et une empathie à géométrie variable avec la Russie – dont l'incapacité à contenir l'épidémie arrange grandement Erdogan.

Le président turc a aussi pu développer publiquement sa philosophie des relations internationales, soulignant l'effet d'égalisation du COVID-19 : dans un contexte où tous les pays étaient ramenés à la même fragilité, la Turquie s'en est mieux sortie que les autres. L'Arabie Saoudite, qui exerce en 2020 la présidence du G20, a quant à elle mis en scène son soutien au multilatéralisme, tendant la main vers l'Organisation mondiale de la santé (OMS), sans toutefois réinvestir les organisations régionales mal en point : le Conseil de coopération du Golfe et l'Organisation de la Conférence islamique sont restés inactifs, tandis que la Ligue islamique mondiale, devenue depuis quelque temps le couteau suisse diplomatique de Riyad, était envoyée en première ligne.

Les conflits progressent

La situation dans les zones de conflit (Libye, Yémen) et dans celles à peine sorties de périodes d'affrontements majeurs (Syrie, Irak), inquiète sans que l'on puisse l'évaluer de façon réaliste. Les données épidémiologiques sont rares, et pour les protagonistes la létalité du virus est un sujet mineur au regard des pertes provoquées par les combats. Le nombre total de morts du COVID-19 dans le monde se situait en effet à la mi-2020 dans une fourchette de 300 000 à 400 000, comparable aux pertes du seul conflit syrien depuis 2011.

Les théâtres militaires évoluent de deux façons opposées. D'un côté, le repli des gouvernements sur leur gestion interne ralentit certaines opérations et peut même hâter des pourparlers de paix. Le cessez-le-feu négocié à Idlib entre Bachar El-Assad, les Russes et la Turquie, a bien tenu le temps du confinement ; la Turquie a d'ailleurs repoussé par précaution la conscription de 2020 d'une année. L'Arabie Saoudite a annoncé début avril un cessez-le-feu unilatéral au Yémen et tente de relancer les contacts avec les Houthis. Mais on observe, à l'inverse, une recrudescence des combats sur d'autres terrains provisoirement soustraits à l'attention d'une communauté internationale désorganisée. En Libye, la Turquie a intensifié son soutien au gouvernement de Tripoli, jusqu'à renverser complètement le rapport des forces avec le maréchal Haftar et obtenir fin mai le retrait des mercenaires russes. Un regain d'activité de Daech a été enregistré en Syrie, où les Kurdes ont le plus grand mal à sécuriser les camps d'internement des djihadistes, et en Irak où plusieurs attentats ont été revendiqués par le groupe radical.

La bombe inégalitaire

Des économies à l'arrêt, sur fond de grave crise du marché pétrolier : le versant économique de la pandémie suscite de fortes inquiétudes en Afrique du Nord et au Moyen-Orient. Les inégalités s'accentuent, menaçant des ordres sociaux déjà fragiles.

L'avenir de la transition rentière

La fermeture des frontières et le confinement ont partout immobilisé les acteurs économiques. Les monarchies du Golfe ont pu compter sur leurs énormes fonds souverains pour amortir le choc, avec de vastes plans de soutien assurant massivement les salaires des nationaux, tout en allégeant les charges des investisseurs étrangers. Les cagnottes rentières sont parallèlement restées à l'affût de bonnes affaires : le Public Investment Fund saoudien a multiplié les prises de participation sur les marchés internationaux à la baisse. Mais les gouvernements du Golfe commencent aussi à emprunter pour mener à bien des processus de transition économique qui impliquent de lourds investissements. L'effet de yo-yo des prix pétroliers affole les trésoreries tout en confirmant à plus long terme la validité du choix de la diversification : les Émirats, dont l'économie est la plus diversifiée de la Péninsule arabique, résistent mieux que l'Arabie, qui a dû décréter courant mai un plan d'austérité d'une ampleur inédite, remettant implicitement en cause sa fameuse Vision 2030.

Appauvrissement et question sociale

Les conséquences économiques et sociales de la crise seront plus graves ailleurs. L'Iran sous sanctions et le Liban qui avait fait défaut sur sa dette juste avant l'alerte sanitaire sont les plus fragiles. L'Égypte craint l'arrêt des subventions saoudiennes, tout comme la Jordanie ou le Maroc. La reconstruction de l'Irak et de la Syrie, qui n'avait pas vraiment commencé, sera encore retardée. L'Algérie, dans un entre-deux politique, est très vulnérable à la baisse des prix des hydrocarbures. La Turquie, en manque chronique de financement extérieur, craint par-dessus tout le ralentissement de sa croissance, pilier de la popularité de l'AKP.

Le confinement a partout porté un coup sévère à l'emploi informel, qui permet aux plus pauvres de survivre. Des manifestations pour protester contre les restrictions d'activité ont eu lieu à Tripoli au Liban dès le mois de mai, des mini-émeutes de la pauvreté se multiplient en Tunisie. Face à l'inertie politique, le potentiel de rébellion est intact dans une région qui se trouvait, à la veille de l'épidémie, assez près de connaître un nouveau « printemps arabe ».

D. S.

Pour en savoir plus

- R. Arezki et M. Mohieldin, « COVID-19: Forging a New Social Contract in the Middle East and North Africa », Organisation de coopération et de développement économiques, *Development Matters*, 28 mai 2020.
- N. Ibrahim, O. Pinnell et M. Ganguly, « Coronavirus by Air: The Spread of COVID-19 in the Middle East », BBC, 5 mai 2020.
- E. Kienle, « The Corona Virus in the Middle East and North Africa: "Arab Exceptionalism", Once Again? », Sciences Po/Center for International Studies, 20 mai 2020.

Voir également la carte « Le coronavirus en Afrique du Nord et au Moyen-Orient », p. 330 de cet ouvrage.

L'Algérie, l'impossible sortie de crise ?

D'une crise à l'autre

Le *Hirak* témoigne du rejet d'un système politique figé et peu démocratique. Mais la crise politique s'articule à des difficultés économiques et sociales qui pourraient demain remettre en cause tout le système politique, si le nouveau président ne réussissait pas à changer en profondeur la logique de gouvernement du pays.

L'Algérie possède nombre d'atouts. L'inflation, maîtrisée, est passée de 4,3 % en 2018 à 2,5 % en 2019. Les réserves en pétrole étaient estimées à plus de 12,2 milliards de barils début 2018. Le pays possède la troisième plus grande réserve de schiste au monde, juste après la Chine et l'Argentine (l'Agence d'information sur l'énergie américaine a estimé en 2013 ces réserves à 707 trillions de pieds cubes). Le littoral algérien s'étend sur plus de 1 622 kilomètres, constituant un grand atout pour la pêche et le tourisme. Fin 2019 a été atteint l'objectif de l'irrigation de 2 millions d'hectares de terres agricoles, contre 1,3 million en 2018. 54 % de la population a moins de 30 ans, et l'espérance de vie est en progression constante, à 76,5 ans en moyenne en 2018 – elle sera de 82 ans en 2040. Sur un territoire de 2,4 millions de kilomètres carrés et avec une démographie dynamique (+ 1,9 % par an, pour 43 millions d'habitants au 1er janvier 2019, sans doute 57 millions en 2040), l'Algérie affiche le 4e PIB du continent africain (168 milliards de dollars en 2017) et le PIB par habitant le plus élevé d'Afrique du Nord (18 594 milliards de dollars en 2017 en parité de pouvoir d'achat). Sa dette extérieure est peu importante (moins de 2 % du PIB) et ses réserves de change s'élevaient à 72,6 milliards de dollars à la fin avril 2019. En dépit de ces atouts, l'Algérie connaît, depuis février 2019, un soulèvement que le pouvoir a été dans l'incapacité de contenir.

Aux sources du *Hirak*

La crise est, dans un premier temps, politique, avec le rejet de la nouvelle candidature d'un chef d'État au pouvoir depuis 1999, âgé de 83 ans, largement absent et incapable de gouverner du fait d'une grave maladie, mais aussi avec le refus d'un pouvoir clanique, confiscatoire de la démocratie, où Saïd Bouteflika, frère du président, apparaît comme le réel maître de la présidence. Dans le même mouvement est rejeté un État métastasé par la corruption. Aux revendications politiques s'ajoutent des exigences sociales : la nécessité de prendre en compte les besoins d'une jeunesse généralement précarisée – alors que les 15-29 ans représentent 23 % de la population –, la mise en place d'une politique d'offre forte en matière de logement, et une véritable politique de justice sociale.

L'échec annoncé de la mise sous contrôle du Hirak

Face à cette crise, les pouvoirs publics choisissent d'abord la répression : une stratégie rapidement dépassée.

Devant l'ampleur des manifestations et le retrait de l'appui du chef d'état-major Ahmed Gaïd Salah, le président démissionne le 2 avril. Le pouvoir est conscient que la période transitoire pourrait constituer une fenêtre d'action décisive pour les manifestants, permettant la constitution d'une véritable force politique. Il faut faire vite, trouver un candidat, organiser des élections présidentielles. Le Conseil constitutionnel ne retient que cinq candidatures pour l'élection dont la date est fixée au mois de décembre, et les candidats sont tous des proches du pouvoir. Celui qui était vu comme favori, Abdelmadjid Tebboune, est élu le 19 décembre 2019.

Le nouveau chef de l'État pourra-t-il relever les défis multidimensionnels auxquels doit aujourd'hui faire face l'Algérie ? Quel sera désormais l'avenir du pays et de son fonctionnement économique, social, démocratique ? Il pourrait être confronté à une crise profonde, voire à un renversement du régime.

L'Algérie du futur : une stabilité politique incertaine

Une grande majorité d'Algériens n'a pas confiance en la nouvelle présidence : Abdelmadjid Tebboune n'est pas l'homme d'une rupture avec le passé. Membre du Front de libération nationale (FLN), il est en 1991-1992 ministre délégué chargé des Collectivités locales auprès du ministre de l'Intérieur ; en 1999, ministre de la Communication et de la Culture durant 6 mois ; en 2001, ministre de l'Habitat et de l'Urbanisme ; en 2017 ministre du Commerce ; enfin, de mai à août 2017, Premier ministre. Les conditions de son élection témoignent d'un certain déni de démocratie : les candidatures concurrentes avaient d'abord pour fonction de faire croire à la présence d'une véritable opposition. De plus, Tebboune a été élu avec 58,1 % des suffrages, soit seulement 5 millions de voix et une abstention de 60 %. Enfin, plus d'un tiers des ministres du nouveau gouvernement ont déjà été en poste sous Bouteflika.

Au niveau politique, l'atteinte aux libertés fondamentales pose problème, comme la capacité du régime à garantir une véritable démocratie. L'organisation non gouvernementale (ONG) Freedom House classe l'Algérie comme pays « non libre », avec 10/40 pour les droits politiques et 24/60 pour les libertés civiles. En 2016, Reporters sans frontières a titré son rapport « Algérie : la main invisible du pouvoir sur les médias ». La Heritage Foundation considère l'Algérie comme une « économie répressive » et la Economist Intelligence Unit positionne l'Algérie, en matière de démocratie, à la 113e place sur 167 pays, qualifiant son régime d'« hybride », entre régime démocratique et régime autoritaire.

En 2016, une révision constitutionnelle a tenté de répondre aux manifestations, mais la réforme n'a pas consacré de rupture majeure. Pour preuve la règle selon laquelle un tiers des membres du Conseil de la nation sont désignés par le président de la République… Le poids du FLN dans les organes politiques et administratifs rend caduc l'esprit du texte constitutionnel. Le président Tebboune affirme aujourd'hui vouloir réviser en profondeur la Constitution dans le sens d'une réelle démocratisation. Le doute subsiste cependant dans la mesure où la démocratie est avant tout un état d'esprit. Sans une véritable rupture constitutionnelle dans la lettre et dans la pratique, le peuple algérien rejettera sans doute un gouvernement demeurant dans une logique de monopolisation du pouvoir.

Vers une situation économique critique ?

Parallèlement aux problèmes politiques, la variable économique pourrait bien aggraver le risque d'une crise aiguë entraînant la fin des institutions telles qu'elles existent aujourd'hui. Plusieurs indicateurs semblent annoncer un avenir économique plus ou moins sombre. La dette publique, qui représentait fin 2018 environ 37 % du PIB, va atteindre en 2020 41,4 % du PIB, selon les projections basées sur le projet de loi de finances 2020, qui prévoit des coupes dans les dépenses d'équipement (- 18,7 %) et une légère baisse des dépenses de fonctionnement (- 1,2 %). Le plus inquiétant semble pourtant la décision du début du mois de mai 2020 de réduire les dépenses de fonctionnement de l'État de plus de 50 %. Le déficit du compte courant s'est, lui aussi, aggravé du fait du recul des exportations d'hydrocarbures : 13,2 % du PIB pour 2017. Quant à la balance courante, le Fonds monétaire international (FMI) estime que son déficit va s'accroître en 2020 de 18,3 % et de 17,1 % en 2021. Les réserves de change, stratégiques notamment pour les importations et investissements extérieurs, se réduisent : de 198 milliards de dollars en 2014 à 62 milliards en février 2020 ; elles baisseront, selon les projections, à 51,6 milliards en décembre 2020.

L'évolution du prix du pétrole est inquiétante, les recettes des hydrocarbures représentant plus de 43 % des recettes fiscales de l'État algérien. Le prix moyen du Sahara Blend (baril de pétrole algérien) est passé de 112,7 dollars/baril en juin 2014 à 71,3 en 2018, pour atteindre 12 dollars fin avril 2020. Le FMI prévoit un prix à moins de 45 dollars/baril jusqu'en 2023. L'impact sur le budget de l'État, ses investissements et sa capacité à garantir un État-providence risque d'être très important, avec des conséquences sociales et économiques. La dette des entreprises publiques – 7,4 milliards de dollars en 2019 – pourrait augmenter. On note également que la dette intérieure, hors garanties, est passée de 7,2 % du PIB en 2015 à plus de 26 % en 2018, et aujourd'hui à 41,4 %. Elle risque de s'aggraver encore après le rejet par le chef de l'État de l'aide du FMI. La monnaie nationale, elle, s'est dépréciée en moyenne de 49 % entre 2014 et 2019, reflétant une baisse des recettes d'exportations et une hausse des importations. Selon la Conférence des Nations unies sur le commerce et le développement, les flux d'investissements directs à l'étranger (IDE) ont progressé de 22 % en 2018, à 1,5 milliard de dollars contre 1,2 milliard en 2017, soutenus par l'investissement dans les secteurs pétro-gazier et de l'automobile ; mais l'épidémie du COVID-19 pourrait réduire de 15 % les flux d'IDE dans le monde en 2020.

Le risque d'une crise sociale aiguë

La question sociale a toujours été au centre des revendications populaires et des manifestations, surtout celles de 2020. Le sujet de l'emploi est ainsi central. Le taux de chômage, de 11,4 % en mai 2019, risque de passer, selon le FMI, à 15,1 % en 2020, voire à 15,78 % en 2022. Le chômage des jeunes (15-24 ans) s'aggrave (6,7 % en 2015, 29,5 % en 2019) : contexte économique mondial et choix internes pourraient gravement peser sur ce taux en l'absence de réaction rapide de l'État.

La question sociale est aussi liée au pouvoir d'achat, qui s'affaiblit. Pour preuve, l'endettement des ménages : 17,5 milliards de dinars en 2017 ; 23,7 milliards en 2018. Autre indice, la forte baisse des flux nets des dépôts : 33,9 milliards de dinars en 2018 ; 50,6 milliards en 2017. Le pouvoir d'achat serait d'autant plus menacé avec la remise en cause du subventionnement de denrées comme l'orge, l'État ayant de moins en moins de marge de manœuvre financière. La détérioration des moyens de l'État dérive également de l'évasion fiscale. Le 19 janvier 2020, le directeur général des Impôts Kamel Aissani indiquait que le Trésor public avait enregistré un manque à gagner de l'ordre de 30 milliards de dollars pour la période 1999-2019.

Sur le plan social, l'évolution démographique pourrait avoir, sans réponse politique, des conséquences non négligeables. L'Office national des statistiques, dans un rapport sur l'évolution de la population algérienne d'ici à 2030, met en avant trois idées essentielles : la population dépassera les 50 millions d'habitants ; les taux de natalité et de fécondité augmenteront de manière significative ; la population sera de plus en plus âgée. Or, actuellement, la prise en charge des personnes âgées dans les hôpitaux est quasi inexistante et le système des retraites est en déséquilibre chronique, avec 2,7 cotisants pour un retraité – on en comptait cinq pour un retraité il y a une vingtaine d'années. Comment financera-t-on les retraites ? D'autre part, la population croissant, l'État devra assurer des services publics plus conséquents et s'adapter à des besoins nouveaux. Si tel n'était pas le cas, quelles en seraient les conséquences sociales ? Dans cet ordre d'idées, la décision, début mai 2020, de réduire de 50 % le budget de fonctionnement de l'État suite à l'effondrement du prix du pétrole et au ralentissement des échanges dû à la crise sanitaire du COVID-19 annonce un avenir social plutôt sombre.

***

L'Algérie a les moyens de son développement, si elle fait le choix de la diversification de son économie, de la valorisation de sa jeunesse, d'une ouverture vers l'extérieur, de la sécurisation des investissements étrangers notamment à travers la lutte contre la corruption, et enfin si elle insuffle un état d'esprit démocratique à ses institutions. Autrement, un autre scénario pourrait se dessiner : une crise pluridimensionnelle, sociale, politique et économique majeure, dont l'objectif pourrait être de faire table rase du passé, sous une forme plus ou moins violente.

M. B.

Pour en savoir plus

- T. Desrues et É. Gobe, « Quand l'Algérie proteste. Le Maghreb au prisme du *Hirak* algérien », *L'Année du Maghreb*, vol. II, n° 21, 2019, p. 9-24.
- K. Lakhdar Chaouche, *Algérie. Procès d'un système militaire*, Versailles, VA Press, 2019.
- C. Sari, *L'Algérie. Histoire secrète d'un naufrage annoncé*, Paris, L'Harmattan, 2019.

L'Algérie dans sa région

Une difficile transition diplomatique

Héritière de la prestigieuse diplomatie de la période de l'après-indépendance, l'Algérie a connu, avec la décennie noire, un retrait international limitant son rôle dans une région déstabilisée. Alger est aujourd'hui à la recherche d'un nouveau paradigme diplomatique.

Dès le début de l'année 2020, la presse française remarquait le « retour » diplomatique de l'Algérie, après deux décennies de discrétion sur les grands dossiers géopolitiques régionaux. La participation de l'Algérie au sommet de Berlin pour la Libye en janvier, et la tentative de nomination d'un ancien ministre algérien comme représentant de la mission des Nations unies pour la Libye en mars, ont été particulièrement remarquées. Deux exemples témoignant d'un certain frémissement algérien dans le champ international, à l'heure où le pays connaît pourtant une crise politique interne d'une forme et d'une dimension exceptionnelles.

Si ce récent activisme apparaît encore peu efficace à l'échelle des enjeux concernés, quelques indicateurs laissent entrevoir une évolution de plus grande ampleur : en mai 2020, un projet de réforme constitutionnelle suggère des changements structurels, qui pourraient en arriver à rebattre les cartes stratégiques dans la région.

Diplomatie algérienne : une grandeur enfuie

L'effacement diplomatique progressif de l'Algérie résulte d'une histoire tourmentée. La politique étrangère algérienne s'est d'abord appuyée sur un héritage prestigieux, construit à partir de la guerre d'indépendance. Alger a pu être le porte-voix de la décolonisation, puis le défenseur d'une doctrine tiers-mondiste et révolutionnaire prônant le non-alignement, l'anti-impérialisme et la non-ingérence.

Ces principes cardinaux ont constitué le socle normatif de l'action extérieure algérienne, dont l'âge d'or se déploie durant les années 1960 et 1970. Quelques axes d'intervention privilégiés devaient concrétiser cette quête d'un nouvel ordre mondial. L'Algérie entendait assumer le rôle de leader du monde décolonisé au sein des institutions internationales ; servir une économie socialiste par la nationalisation des hydrocarbures ; promouvoir le dialogue inclusif et le règlement pacifique des conflits[1]. La défense de cet agenda est revenue à une génération de diplomates

1. Les bons offices algériens se soldent à plusieurs reprises de succès retentissants : résolution d'un différend frontalier entre l'Iran et l'Irak en 1975, libération des otages américains de l'ambassade de Téhéran en 1981…

fraîchement éclos de la Révolution, renforcés à partir de 1964 par une formation spécialisée au sein de l'École nationale d'administration algérienne.

L'Algérie a alors une diplomatie puissante, que définissent son caractère activiste et une présence affirmée sur les enjeux arabes, musulmans et africains. Un acquis qui s'est largement effrité par la suite. Le conflit latent entretenu avec le Maroc, aggravé par la reconnaissance par Alger de la République arabe sahraouie démocratique (RASD) en 1976, fait à compter de ce temps figure d'obsession pour les diplomates algériens, qui mobilisent d'importantes ressources pour soutenir le Front Polisario auprès des instances multilatérales africaines et internationales.

Sur le plan interne, la guerre civile éclate en 1991, après l'interruption d'un processus électoral dont les islamistes du Front islamique du salut étaient sortis victorieux. La décennie 1990 scelle le repli algérien. Engagées dans un affrontement sans merci avec les groupes combattants islamistes, les autorités s'efforcent seulement d'éviter l'isolement total du pays, placé alors sous embargo militaire (1992-2002).

Au sortir de la guerre, l'installation d'Abdelaziz Bouteflika – ancien ministre des Affaires étrangères de la période post-indépendance – à la présidence en avril 1999 consacre le retour de l'Algérie sur la scène internationale. Mais le régime traîne une réputation sulfureuse, du fait d'atteintes récurrentes aux droits de l'homme tout au long de la période de la guerre civile. Le double objectif de la diplomatie algérienne est dès lors de restaurer l'image du pays ternie par des années de violence et de projeter vers l'extérieur le modèle algérien en paradigme de la lutte contre le djihadisme, alors même que le terrorisme islamiste se hisse au premier rang de l'agenda sécuritaire occidental.

Faire du neuf avec du vieux

L'ère Bouteflika s'installe dans un nouveau fonctionnement diplomatique. Le caractère proactif de la politique étrangère d'antan laisse progressivement place à une attitude attentiste et purement réactionnelle. Tout se passe comme si l'Algérie était quelque peu dépassée.

Les grands bouleversements politiques nés des révolutions arabes de 2011 l'ont prise de court, tout comme l'instabilité sahélienne. La chute des régimes de Mouammar Kadhafi en Libye et de Zine El-Abidine Ben Ali en Tunisie, l'attaque du 16 janvier 2013 contre le complexe gazier d'In Amenas, près de la frontière libyenne, par un groupe djihadiste, font monter l'inquiétude à Alger. Une inquiétude qui suggère que l'instabilité de ses voisins pourrait menacer ses intérêts nationaux. L'immense étendue du désert méridional, où sévissent le commerce illicite de marchandises, d'armes, de drogues et la traite des êtres humains apparaît particulièrement difficile à contrôler. La dégradation de l'ensemble des paramètres sécuritaires régionaux pose de véritables défis à une Algérie soucieuse de défendre son rôle nouveau « d'ancre de stabilité » en Afrique du Nord.

La situation pousse alors l'Algérie à redéployer son arsenal diplomatique sur son environnement régional direct, tout en préservant la doctrine tiers-mondiste et non interventionniste qui était sa marque de fabrique dans les années 1970.

La vision algérienne repose désormais sur l'exportation de sa propre expérience d'intégration des islamistes légalistes. Le discours officiel prône, autant pour la

Tunisie que pour la Libye, une solution politique fondée sur le dialogue et l'inclusivité, comme remparts tant contre les menaces djihadistes que contre les ingérences étrangères – l'Algérie s'était d'ailleurs fermement opposée à l'intervention de l'Organisation du traité de l'Atlantique nord (OTAN) en Libye en 2011. Au Sahel, Alger se fait l'apôtre de la préservation de l'intégrité territoriale du Mali, et cherche à coordonner l'infrastructure sécuritaire de la région, en lançant l'initiative du Comité d'état-major opérationnel conjoint (CEMOC) en 2010, structure militaire regroupant des forces armées de plusieurs pays du Sahel.

Ces stratégies, fidèles à la ligne diplomatique traditionnelle du Front de libération nationale (FLN), demeurent en réalité inaudibles dans un environnement régional extrêmement troublé et soumis à des interventions étrangères concurrentes. La baisse d'influence d'Alger, qui résulte d'un trop long retrait de la scène régionale et de son incapacité à concrétiser des processus diplomatiques avec certains groupes armés transnationaux[2], rend ses perspectives de médiation inopérantes, en dépit d'une connaissance remarquable des dossiers et de la qualité réputée de ses diplomates.

Entre crise d'orientation et difficulté à fixer les priorités, l'illisibilité de la politique africaine de l'Algérie illustre en définitive les contraintes du régime lui-même. Sa démarche face aux crises libyenne et malienne ne peut être considérée indépendamment de sa rivalité historique avec le Maroc. L'hégémonie passée de l'Algérie au Sahel et la reconnaissance de la RASD par la quasi-totalité des membres de l'Union africaine sont désormais remis en cause par l'influence grandissante du Maroc en Afrique de l'Ouest, où le Royaume est devenu le plus gros investisseur.

La démarche régionale algérienne ne peut davantage s'affranchir de la relation avec la France. Les conséquences de l'interventionnisme français au Mali et au Niger sont souvent pointées par les responsables algériens comme des nuisances pour leurs intérêts nationaux. Enfin, l'application dogmatique de la doctrine de non-alignement rend l'interprétation de la politique étrangère algérienne encore moins intelligible. Le rapprochement du pays de l'infrastructure sécuritaire de l'OTAN, au sortir de la guerre civile, est ainsi contredit par sa proximité maintenue avec la Russie, auprès de qui l'Algérie acquiert 66 % de son armement.

Figé sur ses paramètres originels, trop attaché à sa culture stratégique propre, le pays souffre également des dysfonctionnements de son système décisionnel, phagocyté par les services de renseignement et l'appareil militaire qui dictent, en sous-main, les orientations de la politique étrangère.

Vers un nouveau paradigme ?

Ces inerties et contradictions combinées ont jusqu'à présent empêché l'Algérie de retrouver le statut de puissance régionale qu'elle était en mesure de briguer. Mais l'ère Bouteflika s'est achevée, et la présidence d'Abdelmadjid Tebboune semble

2. Privilégiant la consolidation d'États centralisés forts à ses frontières, l'Algérie prend trop peu en compte les acteurs non étatiques dans sa diplomatie régionale, ce qui nuit à ses tentatives de médiation. L'échec de l'accord d'Alger du 6 juin 2015 entre l'État malien et la Coordination des mouvements de l'Azawad (CMA) témoigne de cette faiblesse.

prendre conscience de la nécessité de refonder la politique étrangère pour l'adapter au monde contemporain.

L'activisme diplomatique renouvelé de l'Algérie sur le dossier libyen en 2020 a été un premier signe de cette volonté de faire bouger les lignes. La refondation est d'autant plus nécessaire que le pays est traversé par un mouvement politique d'une ampleur remarquable, le *Hirak* : l'opinion publique algérienne, sensible et très au fait de l'environnement géopolitique, accorde une importance non négligeable à sa représentation internationale et condamne d'autant l'immuabilité de la diplomatie que l'immobilisme de sa gouvernance interne.

Dans cette logique, l'introduction en mai 2020, dans l'avant-projet d'une nouvelle Constitution, d'un article autorisant le déploiement de l'Armée nationale populaire au-delà des frontières du pays peut être analysée comme un tournant : il pourrait signifier la fin de la doctrine non interventionniste. Affichage ou vraie réforme ? En réalité, l'Algérie a déjà participé à des opérations extérieures par le passé, notamment lors de la guerre des Six Jours (1967) et de la guerre du Kippour (1973). Le gain politique potentiel de cette simple précision constitutionnelle serait cependant important : elle pourrait produire un effet dissuasif susceptible de décourager les acteurs étatiques et non étatiques de s'engager dans une agression militaire contre les voisins directs de l'Algérie. Plus important encore, cela pourrait permettre au pays de prendre la tête d'une opération militaire dans son environnement régional, s'il le juge nécessaire, ou si un État voisin le sollicite.

Mais pour mener à bien le redéploiement stratégique qu'elle compte initier, l'Algérie devra pousser plus loin la refonte de son appareil et de sa doctrine diplomatiques. La nature opaque du régime empêche encore de discerner la structure d'une doctrine extérieure cohérente, l'appareil diplomatique demeurant sclérosé par les luttes intestines de l'État profond. En l'absence de réels *think tanks*, la réflexion prospective en matière de relations internationales est quasi inexistante. Privilégiant jusqu'à aujourd'hui des outils classiques et désormais datés, la diplomatie algérienne n'a pas su intégrer les nouveaux modes de projection de politique étrangère que sont le *soft power* économique et culturel. Les pesanteurs et les tracasseries bureaucratiques de l'administration nuisent par exemple terriblement aux investisseurs algériens, bloquant les perspectives de développement à l'échelle africaine : un terrain sur lequel la compétition avec le Maroc n'est, dans ces conditions, même pas encore ouverte.

O. H.

Pour en savoir plus

- « Algeria and Its Neighbours », Rapport n° 164, International Crisis Group, 13 octobre 2015.
- O. Benderra, F. Gèze, R. Lebdjaoui et S. Mellah (dir.), *Hirak en Algérie. L'invention d'un soulèvement,* Paris, La Fabrique, 2020.
- D. Ghanem, « Why Is Algeria Breaking with Half a Century of Non-Interference? », *Middle East Eye,* 19 mai 2020.

Où va l'islamisme institutionnel ?

Entre contraintes politiques et résilience idéologique

Dans la foulée du « printemps » de 2011, les processus électoraux ont porté au pouvoir des partis islamistes, comme le Parti de la justice et du développement (PJD) au Maroc ou Ennahda en Tunisie. Contraints par de nécessaires coalitions, ou par les institutions elles-mêmes, ces partis n'ont pu appliquer leur programme. Ils se sont souvent contentés de freiner les évolutions sociétales et de se concentrer sur leurs discours idéologiques, qui leur garantissent toujours une large base sociale et politique.

L'islamisme, ou islam politique, est né dans la première moitié du XXe siècle dans un contexte majoritairement musulman, en Égypte et dans le sous-continent indien, avant de se diffuser lentement dans le monde, notamment en Europe. On peut schématiquement le définir de deux façons complémentaires.

Un islamisme, plusieurs voix : entre violence exacerbée et intégration institutionnelle

Il est d'une part le produit d'une idéologisation progressive de l'islam-religion en contexte précolonial, colonial et postcolonial, oscillant entre rupture et continuité avec les traditions islamiques passées, dans des situations généralement conflictuelles (autoritarismes, guerres, répressions). D'autre part, il résulte d'une politisation exacerbée de la religion musulmane, particulièrement à l'époque contemporaine, à l'échelle nationale, régionale ou internationale. L'islam, à la faveur de multiples et complexes circonstances, s'est ainsi transformé en ressource symbolique, ou idéologique, de mobilisation et de légitimation politiques.

L'islamisme, qui peut être partisan, légaliste et institutionnel, n'est donc pas réductible à son versant violent, ou assimilable à Al-Qaïda, à l'État islamique (Daech) ou à leurs avatars. Ces derniers, contrairement aux mouvements dits légalistes, prônent la violence et la réalisation ici et maintenant de l'utopie islamiste, quoi qu'il en coûte : établissement d'un État islamique, du califat, application stricte de la loi de Dieu, répression des contrevenants (musulmans et non-musulmans), etc. Il existe toutefois un point commun à l'ensemble des mouvements islamistes : leurs difficultés, voire leurs échecs politiques ou militaires, ne sont pas des défaites idéologiques définitives. Les configurations politiques internes et géopolitiques leur sont toujours, au moins pour l'heure, globalement favorables : conservatismes persistants des sociétés majoritairement musulmanes, guerres civiles en Orient et dans le Golfe, persistance des autoritarismes ou semi-autoritarismes, etc.

Le PJD marocain, Ennahda en Tunisie : deux exemples d'islamisme gouvernemental

On suivra ici les mouvements islamistes légalistes, et plus précisément deux, qui ont accédé pour la première fois aux responsabilités après 2011 : le Parti de la justice et du développement (PJD) au Maroc, et Ennahda en Tunisie, dont les principaux cadres militent au sein d'associations islamistes depuis les années 1970. Ils ont connu tour à tour, ou alternativement, la clandestinité, la semi-légalité, l'opposition, voire la répression de régimes autoritaires (et parfois même l'exil forcé, comme nombre de militants et cadres d'Ennahda), la reconnaissance, la parlementarisation, puis la participation gouvernementale, fût-ce dans des coalitions hétéroclites.

On relèvera cependant que ni le PJD ni Ennahda n'ont jusqu'à présent exercé seuls le pouvoir, du fait de l'obligation de coalition, mais aussi, dans le cas marocain, en raison de la prééminence du Palais, qui dispose d'importants leviers et de pouvoirs contraignants, juridiques et politiques.

L'islamisme, tel qu'incarné par ces mouvements, peut faire l'objet de deux niveaux d'analyse distincts, ceux-ci étant trop souvent confondus : d'un côté, le niveau idéologique, qui constitue en quelque sorte leur ADN ; de l'autre, le niveau politique, soumis à nombre de fluctuations, et qui oblige au pragmatisme, en fonction des contingences et des autres effets de contrainte du jeu politique. En d'autres termes, l'idéologie islamiste peut évoluer, mais moins vite que la *praxis* politique. Et, selon les acteurs, les contextes et les lieux, deux registres de discours, d'action et de mobilisation, coexistent. La politique exige la conciliation ; l'idéologie, elle, demeure un ferment social.

Deux hypothèses peuvent donc être formulées sur le PJD et Ennahda. Soit ils ne tireraient pas forcément toutes les conséquences théoriques ou idéologiques de leurs pratiques ou expériences politiques. Soit leur ancrage idéologique les conduirait à refuser, à contester, à résister, ou à édulcorer certaines options ou décisions politiques qu'ils pourraient parfois accepter sous la pression externe : mais toujours en négociant âprement, avec pour souci de subir le moins de désagréments idéologiques possible. Ces pressions peuvent avoir différentes origines : le pouvoir central (la monarchie au Maroc, la présidence de la République en Tunisie), les partenaires de coalition, les adversaires politiques, ou la société civile au sens large. En résumé, les islamistes ne font pas ce qu'ils veulent ; *de facto*, ils ne le peuvent pas.

Victoires électorales et reflux en trompe-l'œil

De manière générale, l'islamisme est un populisme. Ses représentants, en Tunisie, au Maroc ou ailleurs, usent volontiers d'accents mi-identitaires mi-religieux, alléguant une relation privilégiée d'écoute et de proximité avec des concitoyens appréhendés comme coreligionnaires. Ces partis portent aussi au crédit d'un rapport spécifique à l'éthique ou à la morale islamique leur exemplarité, leur intégrité, publiquement revendiquées. Cette dimension a, parmi d'autres, clairement joué lors des premiers scrutins de 2011, et continue d'ailleurs pour une grande part de leur profiter.

Tunisie : les divisions d'Ennahda

En Tunisie, après avoir été légalisé par le gouvernement de transition en mars, Ennahda est arrivé largement en tête des élections constituantes d'octobre 2011 avec 37,04 % des suffrages exprimés, soit une majorité relative de 89 sièges sur 217. Aux législatives d'octobre 2014, si le parti islamiste a connu un recul notable, il ne s'est pas moins hissé au deuxième rang, avec 27,79 % des suffrages exprimés, soit 69 sièges, juste derrière Nidaa Tounes du président Béji Caïd Essebsi, qui obtint 37,56 % des voix, soit 86 sièges, avec une participation électorale en hausse. Bien que de nouveau en net recul aux élections législatives d'octobre 2019, avec une participation accusant une importante baisse par rapport au précédent scrutin, le mouvement islamiste emmené par Rached Al-Ghannouchi est néanmoins arrivé en tête, avec 19,63 % et 52 sièges.

Entre décembre 2011 et aujourd'hui, le poids politique du parti islamiste tunisien a donc fluctué, au gré des positions occupées sous quatre gouvernements et trois mandats législatifs. Très présents dans le gouvernement d'un des leurs, Hamadi Jebali (2011-2013), avec plusieurs ministères régaliens (Intérieur, Affaires étrangères, Justice, et en partie Économie), ses membres le furent moins à partir de février 2015, sous le gouvernement d'Habib Essid (2015-2016), puis celui de Youssef Chahed (2016-2020), comme depuis février 2020 avec le gouvernement d'Elyes Fakhfakh.

Plusieurs événements, de faible ou plus large retentissement international, expliquent le retrait, certes relatif, des islamistes d'Ennahda des avant-postes gouvernementaux. Sur les difficultés socio-économiques rencontrées par le gouvernement de transition se sont greffées des crises politiques et sécuritaires, des accusations d'incompétence à l'égard des *nahdaouis*, en plus de la vieille querelle entre sécularistes et modernistes, et islamistes ou islamo-conservateurs. Celle-ci s'est cristallisée et amplifiée après les assassinats, en 2013, d'un leader emblématique de l'extrême gauche tunisienne, Chokri Belaïd, et de Mohamed Brahmi, député nationaliste. La formation islamiste a été tenue pour moralement responsable d'un climat délétère de violence et d'intimidation, en partie alimentée par les Ligues de protection de la révolution, investies entre autres par des éléments d'Ennahda, et même un temps vues d'un bon œil par le chef de file du parti Rached Al-Ghannouchi.

Maroc : un poids politique maintenu

Dans un contexte différent, le PJD marocain est également arrivé en tête des élections législatives de novembre 2011 avec 27,08 % des suffrages exprimés et 107 sièges sur 395. Victorieux à la majorité relative en dépit d'un champ partisan balkanisé et surveillé par le *makhzen*, le « parti de la lampe » a dû nouer des accords avec trois autres formations, dont certaines idéologiquement éloignées, pour constituer une équipe gouvernementale autour d'Abdelillah Benkirane, issu de ses rangs : l'Istiqlal, de tendance nationaliste conservatrice ; le Mouvement populaire, de tendance libéralo-conservatrice et de sensibilité berbériste ; enfin le Parti du progrès et du socialisme, de tendance communiste. La plupart des ministères régaliens échappaient au parti islamiste, en dépit de sa force électorale et d'une base sociale solide, notamment dans les villes.

Bien que confronté, comme son homologue tunisien, à des frictions intra-gouvernementales – au premier chef avec l'Istiqlal qui claqua la porte du gouvernement en 2013 –, et en dehors avec d'autres partis tel le Parti authenticité et modernité (PAM), le tout sur fond de difficultés politiques et économiques, le PJD a fait bonne figure aux élections législatives d'octobre 2016, améliorant même son score : 27,88 % des suffrages exprimés, soit 125 sièges, loin devant le PAM (20,95 % des voix et 102 sièges), son principal adversaire.

Cette victoire du PJD vient confirmer l'hypothèse de la résilience idéologique de l'islamisme institutionnel, jointe à une indubitable vitalité politique, en dépit des vicissitudes de la conduite d'un gouvernement hétéroclite. Ce constat bat en brèche le pronostic de commentateurs qui établissent une corrélation entre difficultés de gestion socio-économique du pays, recul politique et défaite idéologique de l'islamisme. Rien ne confirme ce lien, ni en Tunisie ni au Maroc. Le succès électoral du parti aux dernières législatives détonne d'autant plus après les déclarations fracassantes du chef de gouvernement d'alors, révélatrices d'une impuissance structurelle face à l'épineux dossier de la corruption dans le Royaume chérifien : « Nous avons découvert l'ampleur des problèmes que nous n'imaginions pas. Et le plus regrettable est que ceux-ci venaient de là où nous ne nous y attendions pas ou de gens sur lesquels je comptais m'appuyer pour les résoudre [...] La guerre à la corruption n'est pas chose facile. Je ne peux pas l'affronter seul. Seul, je n'y peux rien... »

Des expériences gouvernementales en demi-teinte

On ne peut dresser de bilan définitif de l'expérience gouvernementale du PJD et d'Ennahda. Elle n'est pas terminée ; et ils ne sont pas seuls aux commandes de l'État. En d'autres termes, leurs actions ne sont jamais complètement isolables de celles de leurs partenaires de coalition ou du pouvoir central. Est-ce à dire que leurs membres ne se distinguent pas, ou que l'idéologie a disparu de leur logiciel d'action ?

En mai 2016, Rached Al-Ghannouchi a annoncé « la sortie » de son parti de l'islam politique et sa transformation en « un parti politique, démocratique et civil », avec « un référentiel de valeurs civilisationnelles musulmanes et modernes », favorables à « un État civil » et non théocratique. Cette transformation devait entraîner la séparation des activités politiques et religieuses. La déclaration du président d'Ennahda avait deux fonctions : d'une part, prendre des distances nettes avec l'islamisme de type terroriste ; d'autre part, rassurer les partenaires à l'intérieur et à l'extérieur de la Tunisie, et ne plus prêter le flanc aux adversaires du parti l'accusant régulièrement de liens troubles avec des activistes violents, salafistes ou islamistes.

Le bilan du passage d'Ennahda au gouvernement, au plus fort de sa présence dans les ministères, n'est guère à son avantage. En matière économique, on n'a pu observer de changement par rapport aux orientations néolibérales de Ben Ali.

Ennahda n'a d'ailleurs pas hésité à s'allier à d'anciens caciques du régime déchu, la lutte contre la corruption restant un slogan. Le rapprochement du mouvement islamiste et des élites économiques, outre qu'il a empêché de nécessaires réformes financières et agricoles, s'est particulièrement exposé en 2015, lorsque des représentants du parti islamiste ont voté une réduction des taxes sur les importations de boissons alcoolisées… Le parti s'est également aligné sur les recommandations des instances financières internationales type Fonds monétaire international, à la défaveur d'une classe moyenne qu'il souhaitait pourtant se rallier. La démission du gouvernement Ennahda en janvier 2014, pour laisser place à une équipe de technocrates, constitua un autre indice de ses impérities gouvernementales.

Le PJD n'a guère fait mieux que son homologue tunisien. À l'arrivée aux affaires de la coalition, le Maroc était au 85e rang sur 117, au classement mondial de l'indice de perception de la corruption. En dépit des ambitions du parti de passer à la 45e en 2015, le Royaume chérifien tomba cette année-là à la 91e place… En 2019, le Royaume se hissa au 73e rang, fort loin des promesses formulées presque dix ans auparavant. Le parti promettait de ramener le déficit budgétaire à 3 % à l'horizon 2015; celui-ci atteignait 6 % en 2014 et 3,5 % encore en 2019. Le PJD tablait sur 7 % de croissance en cinq ans (2011-2016); elle fut de 4,3 % au quatrième trimestre 2013 et d'à peine 2,7 % en 2019. En 2016, en fin de législature, le Maroc a enregistré l'un de ses taux de croissance les plus faibles depuis 60 ans, une hausse de l'endettement public, une baisse de l'impôt sur les sociétés, avec des recettes fiscales réduites pour l'État. Le patronat s'est trouvé favorisé par des réductions fiscales et des déductions de TVA. Enfin, le prix du carburant n'a cessé d'augmenter depuis que le PJD est à la tête du gouvernement (sauf dans la période récente); et le chômage reste élevé (9,8 %), touchant surtout les femmes et les jeunes.

L'inefficacité est généralement compensée par un discours prescripteur (ce qu'il faudrait faire), arrimé à des préoccupations d'ordre moral : c'est sur le terrain idéologique que les islamistes restent encore les plus mobilisés, les plus forts.

Faire contre mauvaise fortune politique bon cœur idéo-théologique

Les islamistes tunisiens et marocains, quand ils éprouvent des problèmes de gestion, puisent au stock de ressources idéo-théologiques, censées garantir et assurer le plus possible leur rayonnement politique et social à travers un rapport spécifique à la religion. Dans les campagnes des réformes constitutionnelles post-printemps, islamistes tunisiens et marocains ont d'emblée cherché à préserver l'identité islamique et arabe de leurs pays. Le PJD a milité contre l'inscription de la liberté de croyance dans la Constitution, adoptée en 2011. Ennahda a, lui, tout fait pour faire passer « sa » Constitution entre mars et l'été 2013. Dans son projet, appuyé par ses alliés du Congrès pour la république et d'Ettakatol, nulle mention de la « liberté de pensée », de la « liberté de conscience », ou des textes internationaux en matière de droits de l'homme. Binationaux et non-musulmans ne pouvaient se présenter aux présidentielles. Certains articles prévoyaient même la préservation quasi supra-constitutionnelle de l'islam, religion d'État. Le parti tunisien soutenait toute une batterie de garanties constitutionnelles contre les expressions jugées « anti-islam ». On se souviendra aussi de la déclaration fracassante de l'ancien chef de gouvernement et secrétaire général *nahdaoui* Hamadi Jebali, appelant de ses vœux en novembre 2011 « le 6e califat ».

En mars-avril 2012, le ministre islamiste marocain de la Communication, Mustapha Al-Khalfi, proposa sans succès une réforme de l'audiovisuel, prévoyant notamment l'interdiction des spots publicitaires pour les jeux de hasard, une plus grande arabisation des programmes, l'obligation de diffuser l'appel à la prière cinq fois par jour, et l'allongement des programmes religieux hebdomadaires.

Plus récemment, les deux partis ont énergiquement protesté contre tout projet de réforme de la loi sur l'héritage, qui procède encore du « droit » musulman classique : filles et femmes héritant moitié moins que leurs frères, ou que les hommes. Lancé par le président Caïd Essebsi en 2018, adopté en Conseil des ministres, le projet de loi sur l'égalité hommes-femmes a été enterré à la veille des dernières élections législatives et présidentielles, sous les feux croisés des islamistes et des conservateurs. Ennahda l'a explicitement dénoncé comme attentatoire aux textes sacrés de l'islam, « à la stabilité de la famille tunisienne et au modèle de société » tunisien. Au Maroc, l'opposition du PJD a invoqué le même argument – l'obligation de respecter la Parole de Dieu et de son prophète – contre la pétition d'une centaine d'intellectuels, demandant en mars 2018 la fin de l'inégalité entre hommes et femmes en matière successorale.

En dépit d'un indéniable pragmatisme, les mouvements islamistes, qui font preuve d'un certain savoir-faire politique, ne sont pas prêts à renoncer au cœur de leur idéologie, à leur singularité dans le champ politique institué, à l'arsenal théologico-politique qu'ils n'hésitent jamais à réaffirmer pour unifier et consolider leurs bases sociales.

H. S.

Pour en savoir plus

- D. Avon et Y. Aschi, « La Constitution tunisienne et l'enjeu de la liberté individuelle : un exemple d'accommodement au forceps », *Raison publique*, 3 juin 2014.
- A. Belkaïd, « Femmes et héritage en Tunisie, l'échec d'une réforme », *Le Monde diplomatique*, août 2019.
- H. Seniguer, « Maroc : le coût politique d'une intégration sous contraintes », *in* P. Puchot (dir.), *Islam et politique*, Paris, Perrin, 2019, p. 249-293.

Voir également la carte « Les partis islamistes et les institutions en Afrique du Nord et au Moyen-Orient », p. 331 de cet ouvrage.

Crise de légitimité en Libye

Dans les fers des accords de Skhirat

Les accords de 2015 n'ont pas permis d'unifier la Libye autour d'une légitimité reconnue en interne et internationalement. Ils doivent donc être dépassés, avec le conflit des légitimités. Les pressions internationales devraient s'efforcer de couper les livraisons d'armes et les ressources financières qui les permettent.

Le 17 décembre 2015, la Mission d'appui des Nations unies en Libye (MANUL) se joignait aux délégations libyennes pour célébrer les accords de Skhirat – l'Accord politique inter-libyen –, qui fondaient le Gouvernement d'union nationale (GNA) à Tripoli et devaient mettre fin à la rupture provoquée par les élections contestées de 2014. Au lieu d'unifier le pays, ces accords ont aggravé la crise de légitimité, devenant sans doute un obstacle à la paix.

L'éclatement du pays

Les élections de 2014, qui avaient établi la Chambre des représentants comme nouvelle instance législative de la Libye, ont été annulées par le Congrès général national à majorité islamiste basé à Tripoli, fondé lors des élections de 2012. Quelques mois plus tard, la Cour suprême de Tripoli décidait d'invalider la Chambre des représentants, suite à une pétition de plusieurs politiques islamistes installés à Misrata. La Chambre des représentants a rejeté la décision de la Cour suprême, arguant qu'elle avait été prise sous la menace. Ces événements annonçaient la fracture institutionnelle entre la Libye de l'est et de l'ouest.

En décembre 2015, le Conseil de sécurité de l'Organisation des Nations unies (ONU) a reconnu le GNA comme seule instance exécutive en Libye ; mais ce qui restait du Congrès général national de Tripoli et de son Gouvernement du salut national mené par Khalifa Al-Ghowel refusait alors de céder son pouvoir au GNA. Trois gouvernements différents se disputaient dès lors la Libye, aucun ne pouvant gouverner, mais chacun bloquant les initiatives des deux autres. Le gouvernement par intérim de la ville d'El Beïda, dirigé par Abdallah al-Thani, refusait de céder le pouvoir avant la confirmation du GNA par la Chambre des représentants, et l'intégration de l'Accord dans la Déclaration constitutionnelle provisoire.

La Déclaration est supposée fonctionner comme un plan d'action politique gouvernant la transition du pays. Khalifa Haftar, commandant de l'Armée nationale basée à l'est du pays, a accepté avec réticence d'envoyer son représentant Ali al-Qatrani au Conseil présidentiel du GNA. Haftar n'a pourtant jamais reconnu les accords de Skhirat, qu'il voit comme une menace contre son ambition de gouverner le pays. À deux reprises, en 2017 et en 2020, il les a déclarés nuls et non avenus. Lors de sa dernière tentative, Haftar s'est auto-proclamé dirigeant de la Libye « par décision populaire ».

Dépasser Skhirat ?

Le temps est venu de dépasser les accords de Skhirat pour aller vers la réconciliation et former un gouvernement reconnu au niveau national et international. Mais la légitimité nationale doit précéder la légitimité internationale. La reconnaissance par le Conseil de sécurité du gouvernement GNA devrait ainsi être limitée, tout comme l'avait été la reconnaissance accordée à la Chambre des représentants de Tobrouk en 2014-2015, pour inciter les parties à négocier – d'où les accords de Skhirat. Une résolution du Conseil de sécurité pourrait organiser le processus.

Bien que reconnu par les Nations unies dans la Résolution 2259 du Conseil de sécurité (qui légitimait les accords de Skhirat), le GNA est une institution impuissante depuis début 2017, qui ne représente qu'une des parties au conflit. De même, la Chambre des représentants est elle aussi sans légitimité institutionnelle en dépit de son élection en 2014. Deux députés du Conseil présidentiel du GNA, Ali al-Qatrani et Fathi al-Majbari, ont décidé de boycotter le GNA de Tripoli et d'apporter leur soutien à Haftar ; un autre député, Musa al-Koni, a démissionné en janvier 2017. Sur les neuf membres du Conseil présidentiel du GNA, cinq seulement siègent aujourd'hui, alors que l'Accord politique interlibyen stipule que les décisions du Conseil présidentiel du GNA doivent être votées à l'unanimité par le président et ses députés – quorum légal jamais atteint depuis janvier 2017.

Les Nations unies et les autres acteurs internationaux devraient donc cesser d'attribuer légitimité et reconnaissance internationale au gouvernement croupion qu'est le GNA à Tripoli, tout en écartant le Parlement – tout aussi croupion – de la Chambre des représentants à Tobrouk. Cette Chambre des représentants est reconnue par la même résolution du Conseil de sécurité comme seule instance législative du pays, supposée ratifier les accords de Skhirat et légitimer le GNA, ce qu'ont interdit ses divisions internes et la pression de Haftar et ses alliés. Les 200 membres de la Chambre sont à la merci de leur président Aguila Salah, incapable de les réunir pour ratifier l'Accord et le faire appliquer, tant l'assemblée est divisée entre ses opposants et défenseurs.

De fausses légitimités entrecroisées

Le GNA a abusé de son statut international pour demander une assistance et une coopération militaire et antiterroriste. Il a ainsi encouragé un déploiement italien à Misrata, sous la forme d'un hôpital militaire en 2016, et également organisé des missions antiterroristes coordonnées avec les États-Unis contre l'organisation État islamique à Syrte, ainsi que la récente intervention militaire turque pour le défendre contre la campagne militaire d'Haftar.

Ces aides au GNA ne se sont accompagnées d'aucun engagement en faveur d'une réconciliation susceptible de mettre fin à la crise de légitimité et à la domination des milices alignées sur les institutions gouvernementales de Tripoli[1]. De même,

1. W. Lacher, « Tripoli's Militia Cartel », *SWP Comment*, n° 20, avril 2018.

la reconnaissance de la Chambre des représentants devrait dépendre de sa capacité à remplir son rôle législatif en toute indépendance, sans être soumise à une pression extérieure ou une menace militaire – dont celle de l'Armée nationale.

L'interférence de Haftar ou de tout autre acteur armé avec les institutions politiques devrait entraîner, par exemple des sanctions du Conseil de sécurité, des États-Unis et de l'Union européenne. Pour qu'une réconciliation politique soit possible en Libye, la communauté internationale doit ordonner et appliquer l'interdiction d'interférer dans le conflit libyen, et interrompre les trafics d'armes violant l'embargo onusien. L'ONU pourrait également introduire des mécanismes de supervision et de contrôle des actifs de la Banque centrale de Libye et de la National Oil Corporation (NOC), pour accroître la pression financière sur les deux camps et les pousser à la négociation.

La reconnaissance accordée au GNA en dépit de son contrôle très limité du pays pose problème. Le GNA n'est pas reconnu nationalement, n'ayant jamais été approuvé par l'instance législative du pays, la Chambre des représentants. D'après les accords de Skhirat, le mandat du GNA était limité à deux ans et devait donc se terminer en décembre 2017… Mais il a profité de sa reconnaissance par l'ONU pour ouvrir la porte du conflit libyen à la Turquie, option très opposée aux résolutions du Conseil de sécurité : l'accord entre la Turquie et le GNA de novembre 2019 viole la Résolution 1970 et ouvre la voie à d'autres violations des sanctions des Nations unies imposées par la résolution de 2011.

Le jeu des intervenants étrangers

Ces événements provoqueront la réponse des soutiens étrangers d'Haftar – notamment les Émirats arabes unis et l'Égypte – et offriront probablement à la Russie l'occasion de renforcer son influence sur l'est de la Libye. L'intervention directe de la Turquie en faveur du GNA – avec le déploiement de mercenaires arabo-syriens, d'experts militaires turcs, de systèmes de défense aérienne avancés et de drones de combat – fait au demeurant écho à des interventions similaires des soutiens étrangers d'Haftar. Elle n'a pourtant pas permis de porter un coup fatal aux forces de Haftar, aujourd'hui réapprovisionnées en mercenaires, systèmes de défense aérienne avancés et avions de chasse pour pouvoir repousser l'avancée du GNA à l'ouest de la Libye.

Les États-Unis, et certains pays européens, devraient abandonner l'idée que l'intervention turque permettra d'en arriver à un équilibre sur le terrain qui poussera Haftar à la négociation. Le 30 avril, le GNA, encouragé par de récentes victoires militaires contre l'Armée nationale, a rejeté une trêve proposée par Haftar, pensant sans doute pouvoir poursuivre son avancée et l'affaiblir à l'ouest et au sud de la Libye. Il a, depuis, réalisé des percées significatives contre l'Armée nationale d'Haftar à l'ouest, ouvrant la voie à une possible intensification du conflit. L'intervention turque a poussé Haftar et ses soutiens extérieurs à accroître leur effort de guerre, comme en atteste le bombardement à l'aveugle de Tripoli. La reconnaissance internationale est interprétée par le GNA comme une autorisation de monopole sur le pouvoir national, de contrôle sur la richesse du pays, alors qu'il réduit ses fenêtres de compromis et de négociation.

La base militaire d'Haftar à l'est du pays et la Chambre des représentants que préside à Tobrouk Aguila Salah connaissent les mêmes déficiences. La base d'Haftar a sa propre crise interne, suite au ralentissement de ses avancées militaires, et une crise inédite entre Haftar et ses alliés à l'est de la Libye a été provoquée par sa déclaration de prise de pouvoir « par décision populaire ». Quant à la Chambre des représentants, en dépit de sa reconnaissance internationale, elle reste divisée et échoue à réunir le quorum nécessaire. Des dizaines de ses membres se sont retirés pour fonder un groupe parallèle à Tripoli, allié du GNA. Malgré tout, la base de l'est est parvenue à empêcher le GNA d'obtenir une légitimité nationale formelle votée par la Chambre des représentants. L'offensive menée par Haftar en avril 2019 à Tripoli était censée compléter la série de victoires de l'Armée nationale sur le terrain, avec pour objectif la prise de contrôle de la Banque centrale, de la NOC et d'autres institutions clés basées à Tripoli.

***

L'offensive d'avril à Tripoli a été déclenchée par Haftar dix jours avant une conférence nationale organisée par les Nations unies, et a montré son indifférence vis-à-vis des initiatives onusiennes. L'offensive a été lancée au moment même où le secrétaire général de l'ONU se trouvait à Tripoli.

Les demandes de la communauté internationale pour une trêve humanitaire pendant le ramadan, en pleine pandémie, n'ont pas été entendues des parties en conflit et de leurs soutiens extérieurs. Le Processus de Berlin a échoué à ralentir le conflit. Les États-Unis paraissent seuls pouvoir exercer une pression sur la Turquie et les Émirats arabes unis, mais ils se sont pour l'instant montrés réticents à agir.

Les soutiens extérieurs et les ressources financières de la Libye nourrissent la crise, permettant aux deux bords de poursuivre leurs offensives et de se fournir en armes de pointe. La communauté internationale, notamment les États-Unis, s'avère incapable de faire respecter l'embargo et d'interrompre les livraisons d'armes par terre, mer ou air. L'opération navale européenne Irini en Méditerranée, visant à appliquer l'embargo onusien sur les armes, pourrait pourtant servir d'exemple.

Les acteurs internationaux pourraient également envisager de limiter l'accès des parties en conflit aux ressources financières provenant du secteur pétrolier et des réserves de change théoriquement consacrées aux salaires, aux subventions et aux besoins financiers de secteurs majeurs. Et ceux intervenant en Libye doivent éviter le piège d'une fausse légitimité exploitée par les parties au conflit et leurs soutiens. Le soutien à des accords de Skhirat jamais appliqués ne peut qu'être remis en cause, au profit de pressions sur les deux parties pour en arriver à une véritable négociation.

M. E.

Pour en savoir plus

- A. Dastakian, « Dorothée Schmid : "Erdogan veut démontrer qu'il peut faire ce qu'il veut en Libye" », *Marianne*, 10 juin 2020.
- A. Liga, « "Playing with Molecules": The Italian Approach to Libya », *Études de l'Ifri*, Ifri, avril 2018.
- F. Wehrey, *The Burning Shores: Inside the Battle for the New Libya*, New York, Farrar, Straus & Giroux, 2018.

L'Iran en Irak

Vers l'hégémonie ?

La chute du régime baathiste en Irak et l'occupation du pays ont permis à l'Iran d'affirmer son influence sur le système politique et sécuritaire irakien. L'érosion de la présence américaine pourrait donner à Téhéran une marge de manœuvre accrue, même si la rivalité irano-américaine doit perdurer dans le pays.

Plus de 17 ans après le renversement du régime baathiste en Irak, les États-Unis pourraient retirer leur armée d'Irak, et Téhéran rester assez engagé dans le pays pour y garder dans le futur une large influence. L'assassinat, en janvier, du général Qassem Soleimani, a renforcé les enjeux de la confrontation entre Téhéran et Washington, mais il semble que l'Iran ait pris le dessus dans le jeu d'influence et de pouvoir.

Après l'occupation anglo-américaine de l'Irak, la République islamique s'est trouvée sur la défensive. La stratégie américaine faisait alors l'objet de nombreuses spéculations. Mais l'occupation de l'Irak offrait à l'Iran un éventail d'opportunités stratégiques cherchées depuis longtemps.

2003 : une chance pour l'Iran

Le renversement de Saddam Hussein a éliminé une menace immédiate pour l'Iran. C'est la guerre Iran-Irak, de 1980 à 1988, qui a permis à la République islamique de s'affirmer, avec la plupart de ses institutions post-révolutionnaires – comme le corps des Gardiens de la révolution islamique (GRI). Et alors que Téhéran s'opposait publiquement à l'invasion de l'Irak, le gouvernement adoptait en coulisses une approche plus nuancée.

Le renversement de Saddam Hussein n'a pas seulement débarrassé l'Iran d'une menace immédiate : il a offert au pays l'occasion de positionner ses alliés et compatriotes idéologiques au cœur du nouvel État irakien. Depuis deux décennies, l'Iran soutenait politiquement et militairement les groupes chiites les plus influents d'Irak, et ces derniers se retrouvaient d'un coup en position de prendre le pouvoir…

Le plus puissant de ces groupes était le Conseil suprême de la révolution islamique en Irak (renommé plus tard Conseil suprême islamique irakien), formé à Téhéran en 1982. La section militaire du Conseil, les Brigades Badr (plus tard : Organisation Badr), agissant aux côtés de la section militaire du Parti islamique Dawa, était au premier rang des attaques contre l'État baathiste depuis deux décennies. Le renversement de Saddam Hussein permettait à ces organisations clandestines (et à leurs successeurs) de constituer le noyau de nouvelles organisations paramilitaires et de renseignement.

L'Iran a dès lors fait preuve d'une belle dextérité diplomatique dans sa gestion de l'invasion et de ses conséquences, se souciant peu des dizaines de milliers de soldats américains et britanniques sur le sol irakien. Téhéran a donc construit et renforcé son influence dans le pays, souvent aux dépens des États-Unis et du Royaume-Uni à qui échappaient les résultats sur le terrain – sans parler du retour à la paix. L'Iran s'est notamment imposé au sud de l'Irak, base d'opérations de l'armée britannique et de ses forces spéciales durant cinq ans. L'influence de l'Iran sur les organes politiques locaux et sur l'économie – à preuve le maintien des milices au sein de et autour de Bassorah, deuxième ville d'Irak – contraignait finalement les troupes britanniques à abandonner leur mission en août 2008, pour un retrait total du sud de l'Irak l'été suivant.

La principale force d'occupation américaine, au centre, à l'ouest et au nord-ouest de l'Irak, devait aussi faire face à la stratégie iranienne : l'utilisation de multiples leviers d'influence pour déjouer les objectifs stratégiques, tactiques et mêmes opérationnels de Washington. En dépit du retrait d'octobre 2011, la Maison-Blanche exerce toujours une influence considérable sur le gouvernement irakien – à l'image de l'extension de l'ambassade américaine à Bagdad.

La montée de l'État islamique en 2014 a imposé aux forces américaines un déploiement stratégique et opérationnel où elles ont dû coexister avec de multiples unités paramilitaires et militaires alignées sur l'Iran. L'Irak avait beaucoup changé depuis le retrait des troupes américaines, trois ans auparavant. Le gouvernement irakien s'était rapproché de Téhéran, notamment à travers une collaboration étroite entre le Premier ministre Nouri Al-Maliki et l'Iran sur un ensemble de sujets politiques, économiques, diplomatiques et de défense.

Le retour des troupes américaines pour combattre l'État islamique et ses alliés a ouvert une nouvelle ère de compétition entre les États-Unis et l'Iran, que l'assassinat du général Soleimani a propulsée sur le devant de la scène. L'Iran a contribué à la fébrilité ambiante en demandant l'expulsion de toutes les forces militaires américaines d'Irak, exigence approuvée par les alliés de la République islamique à Bagdad.

Il est probable que Téhéran et Washington se disputeront l'influence en Irak dans les années à venir. L'Iran gardera sans doute un avantage politique et culturel, mais aussi dans les domaines militaire et du renseignement.

La politique irakienne : une instabilité sous contrôle

La nomination de Moustafa Al-Kazimi comme Premier ministre irakien en mai semble montrer que l'Iran et les États-Unis peuvent travailler ensemble, bien qu'indirectement, pour des résultats mutuellement bénéfiques. Kazimi était un candidat de compromis, ses prédécesseurs ayant été soit rapidement rejetés, soit incapables de s'assurer le soutien de l'ensemble des factions d'importance – étape nécessaire du lent processus de formation du consensus irakien.

La quête d'un successeur adéquat à Adel Abdel-Mahdi a été compliquée par les manifestations contre le gouvernement qui ont éclaté à Bagdad et dans certaines villes du sud du pays en octobre 2019. Trois candidats ont été choisis à partir de décembre 2019, puis écartés après des consultations plus ou moins longues entre partis et factions.

Asaad Al-Eidani, gouverneur de la province du Sud de Bassorah, a été rejeté en décembre, jugé trop inadapté au contexte de manifestations anti-*establishment* dans le sud à l'automne 2019. La candidature suivante, celle de Mohammed Taoufiq Allaoui, ancien ministre des Télécommunications, était présentée le 1er février 2020, avant d'être retirée un mois plus tard après deux échecs en une semaine devant le Parlement. Adnan Al-Zourfi, ancien gouverneur de la province de Nadjaf et favori des Américains, a été désigné par le président irakien Barham Salih le 17 mars. Cette nomination lui a permis de former un cabinet approuvé par le Parlement dans les trente jours. Mais Zourfi, membre du groupe parlementaire Nasr (Alliance de la victoire) fondé par l'ancien Premier ministre Haïder Al-Abadi, a été massivement rejeté par les groupes parlementaires alignés sur l'Iran, pour ses relations avec le réseau des Affaires étrangères américain.

Un Premier ministre de compromis

Les intérêts opposés de l'Iran et des États-Unis sur fond de manifestations inédites à Bagdad et dans le sud du pays, n'ont pas empêché les alliés des deux puissances d'assurer la nomination d'un candidat de compromis, Moustafa Al-Kazimi, qui s'est assuré le soutien du Parlement le 7 mai, après près six mois de paralysie gouvernementale.

Ancien journaliste responsable de plusieurs initiatives médiatiques dans l'Irak post-baathiste – comme le Réseau des médias irakiens –, Al-Kazimi a été propulsé dans l'univers complexe de la sécurité irakienne en juin 2016 comme directeur du Service national de renseignement. Mais ce sont avant tout le passé cosmopolite d'Al-Kazimi, et sa capacité à manœuvrer entre idéologies conflictuelles, qui ont permis sa nomination. Après avoir quitté l'Irak en 1985, Al-Kazimi a vécu en Iran, en Allemagne et au Royaume-Uni, où il s'est installé et a obtenu la citoyenneté britannique. Les relations qu'Al-Kazimi entretient avec le Royaume-Uni, ainsi que sa proximité avec les États-Unis, ont probablement eu un effet dissuasif sur les groupes pro-iraniens du Parlement. Mais la capacité de l'ancien journaliste et chef des services secrets à opérer en terrain miné semble aussi avoir joué en sa faveur.

Bien qu'Al-Kazimi n'ait pris son poste de Premier ministre que récemment, sa nomination semble suggérer que la politique irakienne, basée sur le consensus, n'est pas à la veille de s'effondrer, en dépit de multiples défis. Les six dernières années ont vu l'*establishment* irakien vaincre une menace existentielle (l'État islamique), résister à des manifestations inédites en terre chiite, et apprendre à vivre au cœur d'une confrontation grandissante entre l'Iran et les États-Unis, avec une dimension militaire depuis fin décembre 2019.

Les limites et vulnérabilités de l'*establishment* irakien sont pourtant profondes, et potentiellement explosives. Le système politique irakien ne survivrait pas sans le soutien iranien et américain ; si l'une ou l'autre puissance décidait de mettre un terme à son soutien, une grave instabilité pourrait déboucher sur des scénarios redoutables.

L'alliance naturelle des partis chiites irakiens avec l'Iran n'a pas empêché Téhéran de se joindre parfois à des partis sunnites. Et l'Iran maintient par ailleurs son influence sur le gouvernement régional du Kurdistan (GRK) basé à Erbil, au nord du pays. L'influence décisive de l'Iran s'est montrée en octobre 2017, lorsque les GRI de la Force Al-Qods ont organisé la prise de Kirkouk, ville occupée par les Peshmergas depuis juin 2014. L'intervention de l'Iran est arrivée à point nommé, suite au référendum sur l'indépendance kurde de fin septembre 2017, où plus de 93 % des habitants de la zone dépendant du GRK ont voté pour l'indépendance.

La rhétorique iranienne réclamant le départ des États-Unis de l'Irak a une logique idéologique, mais elle ne vise pas un résultat stratégique immédiat. L'Iran souhaite certes un retrait total américain, mais il est peu probable que les Iraniens entendent affaiblir la position politique des États-Unis en Irak, tant cela pourrait avoir de conséquences immédiates sur la stabilité politique du pays. L'assise régionale de l'Iran est réelle et elle s'apprécie sur la scène irakienne par les progrès de l'influence politique et économique de la République islamique aux dépens des Américains. Dans ce contexte, les stratèges iraniens peuvent se permettre d'attendre simplement l'érosion de l'influence américaine sur un gouvernement irakien qui, d'ici une décennie, devrait être dominé et stabilisé par l'Iran – et l'Iran seul.

L'armée et la sécurité irakiennes : des structures en miroir

L'Irak, hier grande puissance militaire, peine depuis 2003 à rétablir de nouvelles et balbutiantes structures sécuritaires et militaires. La dissolution de ses forces armées et de l'essentiel de ses instruments de sécurité par l'Autorité provisoire de la coalition, créée après l'invasion et dirigée par Paul Bremer, représente (après l'invasion en elle-même) l'un des événements essentiels de l'histoire moderne de l'Irak. Cette décision a eu pour effet immédiat de paralyser l'appareil de défense irakien face à ses éventuels adversaires.

Pour l'Iran, ce développement n'était pas sans intérêt. En 2003 comme aujourd'hui, le souvenir de la guerre Iran-Irak était encore frais dans l'esprit des élites du pays et de ses habitants. En dépit de l'indifférence des Iraniens vis-à-vis de l'armée irakienne, les structures de défense et de sécurité iraniennes percevaient le danger d'une brèche sécuritaire dangereuse pour les voisins de l'Irak – dont l'Iran. Les Iraniens craignaient plus encore les efforts américains et britanniques pour créer de nouvelles structures de défense et de sécurité irakiennes sur le modèle anglo-saxon. Le spectre d'un endoctrinement anglo-américain des armées irakiennes inquiétait assez Téhéran pour le pousser à développer de son côté de nouvelles structures irakiennes de défense et de sécurité.

L'Iran avait une longueur d'avance, avec l'existence d'organisations paramilitaires chiites, certaines, comme l'Organisation Badr, comptant déjà deux décennies d'opérations et de cohésion organisationnelle. Avec sa dextérité habituelle, la République islamique a aussi commencé à investir dans de nouveaux groupes, dont certains étaient jusqu'alors distants de l'Iran. L'Armée du Mahdi, dirigée par Moqtada Al-Sadr, créée suite à l'invasion de 2003, en reste le meilleur exemple.

La famille d'Al-Sadr a toujours entretenu des liens étroits avec l'Iran, mais Moqtada et son père l'ayatollah Mohammad Sadeq Al-Sadr (exécuté par le régime baathiste en février 1999) s'étaient distanciés de l'idéologie de la République islamique. La visite de Moqtada en Iran en juin 2003 a rétabli des liens temporairement brisés, et en a noué de nouveaux avec des institutions et des personnalités d'importance cruciale pour le développement de la politique iranienne. L'Armée du Mahdi et les « Groupes spéciaux » peuvent aujourd'hui être considérés comme le noyau d'un « parallélisme » propre à l'appareil défensif et sécuritaire de l'Irak post-baathiste. Dès leur création, ces groupes ont mené des opérations indépendantes, mais se sont aussi joints aux structures irakiennes officielles. Ils ont, par exemple, exercé une influence notable sur le ministère de l'Intérieur entre 2005 et 2006, quand celui-ci était dirigé par Bayane Baqer Soulagh, ancien commandant de l'Organisation Badr.

La rapide avancée de l'État islamique a porté un coup à l'influence de l'Iran sur l'appareil de défense et de sécurité irakien. La formation, en juin 2014, d'Unités de mobilisation populaire (Popular Mobilization Units, PMU), pour stopper l'expansion de l'État islamique, marque la première étape vers une institutionnalisation formelle de milices et forces de l'ère post-baathiste.

La plupart des groupes opérant pour les PMU étaient soit officiellement pro-iraniens, soit globalement alignés sur la position iranienne en Irak. Dans les trois années suivantes, l'opposition à l'État islamique a gagné en puissance, et les PMU sont devenus le fer de lance de l'appareil militaire et sécuritaire irakien. Les PMU avaient tous les avantages : les groupes pouvaient garder leur indépendance tout en opérant sous une même bannière, leur position étant renforcée par leur statut d'unités militaires officielles. De plus, ils bénéficiaient du soutien des *marjas* de Nadjaf, dirigés par le Grand Ayatollah Ali Al-Sistani, d'origine iranienne. Sans être un gouvernement parallèle, l'organisation exerce une influence significative sur la politique menée à Bagdad.

La popularité montante des PMU s'est accompagnée d'une présence renforcée des GRI de la Force Al-Qods en Irak, avec une large présence médiatique du général Soleimani, qui se faisait régulièrement photographier sur les lieux des combats contre l'État islamique. Elle a été rendue publique après 2014, ce qui a inévitablement renforcé l'influence de l'Iran sur l'appareil de défense et de sécurité, ainsi que sur l'*establishment* politique, irakien.

Les GRI de la Force Al-Qods et les implantations militaires de l'Iran aspirent probablement à un rôle hégémonique en Irak, mais la dure réalité est celle de la compétition avec les forces américaines. Pour autant, ces dernières sont en perte de vitesse, laissant entrevoir un renforcement du rôle de l'Iran.

Irak : ami ou allié de l'Iran ?

Iran et États-Unis entendent déterminer pour l'Irak une posture géopolitique conforme à leurs objectifs de politique étrangère. Les défis sécuritaires et économiques rencontrés par les gouvernements irakiens successifs après la chute du régime baathiste ne leur ont pas laissé le temps de développer leur propre politique régionale et étrangère. Dans ce contexte, les intérêts iraniens et américains en Irak peuvent être vus comme partiellement alignés, puisque les deux puissances cherchent à affaiblir et entraver l'autonomie irakienne.

Les deux pays ont intérêt à la stabilité politique en Irak : l'instabilité aurait des retombées aux niveaux régional et global, comme l'a prouvé la montée de l'État islamique. Enfin, Iran comme États-Unis soutiennent le principe majoritaire, et donc la domination de la sphère politique par des groupes chiites ou affiliés au chiisme.

Le soutien de l'Iran aux chiites irakiens est certes beaucoup plus large que celui des États-Unis, mais ces derniers reconnaissent l'importance de l'impact démographique sur les politiques irakiennes, et la nécessité d'éviter toute marginalisation de la majorité chiite. Sur ce terrain, Téhéran garde une avance considérable sur les États-Unis. Rappelons que l'Irak était voici peu un ennemi avéré de l'Iran. Si l'Iran n'a pu vaincre l'Irak dans la longue guerre ouverte en 1980, ses buts de guerre ont été plus que remplis par l'ère post-baathiste. Et l'influence iranienne peut être mesurée par la prolifération de portraits et de peintures murales en l'honneur de dirigeants iraniens (l'ayatollah Khomeini, l'ayatollah Khamenei) dans les villes d'Irak, spécialement dans le Sud chiite.

***

Le poids politique et économique de la République islamique, doublé de l'infiltration des réseaux sécuritaires irakiens, a transformé le visage géopolitique de l'Irak, d'ennemi proche devenu ami, voire allié potentiel. Si l'Irak devenait un véritable allié de l'Iran, les États-Unis devraient alors laisser le champ libre à Téhéran. Début janvier, suite à l'assassinat de Qassem Soleimani, le Parlement irakien a voté un projet de loi demandant le retrait des troupes américaines du pays. Des négociations bilatérales sont en cours sur le sujet, non sans réticence de la part des États-Unis. Mais à supposer que Washington accepte de retirer intégralement ses troupes, sa présence politique devrait rester substantielle et constituer un obstacle à l'avènement de la suprématie iranienne.

La décennie 2020 promet d'être la période la plus intéressante depuis la fin du régime baathiste, l'Iran mobilisant ses ressources politiques et diplomatiques pour écarter les États-Unis et s'établir comme puissance dominante et hégémonique en Irak.

M. A.

Pour en savoir plus

- M. Abedin, *Iran Resurgent: The Rise and Rise of the Shia State*, Londres, Hurst, 2019.
- P. Pahlavi, « Comprendre la résilience de la République islamique d'Iran », *Politique étrangère*, vol. 83, n° 3, Ifri, septembre 2018.
- F. Wehrey (dir.), *Beyond Sunni and Shia: The Roots of Sectarianism in a Changing Middle East*, New York, Oxford University Press, 2018.

Liban : vers une IIIe République ?

Une profonde crise, un système qui résiste

Profond, le mouvement populaire libanais met en cause les fondements d'une société et d'un système politique minés par le communautarisme. Il a déjà obtenu des changements importants. Reste à savoir s'il pourra obtenir des élections législatives susceptibles de porter au pouvoir des responsables hors partis traditionnels, et avoir confirmation d'un nouveau cours économique, recentré sur la production plus que sur la spéculation financière.

Déclenché à l'automne dernier sous le slogan « *Kelloun yaa'ni kelloun* » (« Tous veut dire tous ») – référence à une classe dirigeante dont les contestataires exigent le départ intégral –, le mouvement populaire d'une ampleur inédite semble sonner la fin d'une ère caractérisée par le règne des *zaïms* – chefs communautaires, dont plusieurs ex-seigneurs de guerre –, trente ans après la naissance de la IIe République qui a consacré, après la fin de la guerre civile (1975-1990), le partage communautaire du pouvoir dans un pays aux 18 communautés religieuses.

Minée par le clientélisme, incapable d'assurer les services de base, cette IIe République, marquée par un capitalisme financier sauvage, une corruption institutionnalisée et une alliance tacite entre pouvoir politique et secteur bancaire, aura notamment servi de paravent aux intérêts de partis traditionnels intéressés à alimenter leur base populaire pour assurer coûte que coûte leur réélection. En mai 2018, les Libanais ont reconduit au pouvoir cette classe dirigeante qu'ils désavouent depuis plusieurs mois lors d'élections législatives marquées néanmoins par un taux élevé d'abstention et une percée symbolique de la société civile.

Si l'incompétence et la corruption de la classe politique libanaise ne sont depuis longtemps un secret pour personne, l'absence d'alternative, la persistance de clivages confessionnels hérités de la guerre civile, le spectre d'un retour à l'instabilité dans une région déchirée par les conflits et la forte imbrication entre pouvoir politique et pouvoir financier, auront permis de maintenir le système jusqu'à ce qu'il s'effondre de lui-même. Dès le mois de septembre, les premiers signes de l'écroulement apparaissent, quand la livre subit une première dévaluation provoquée par une pénurie de dollars sur le marché. Ce premier décrochage de la monnaie nationale, arrimée au billet vert depuis 1997, inquiète des Libanais déjà excédés par des années de détérioration de leurs conditions de vie.

Le 17 octobre, l'annonce par le ministre des Télécoms d'une nouvelle taxe sur les appels *via* WhatsApp est la goutte qui fait déborder le vase. Le soir même, des milliers de manifestants laissent exploser leur colère dans les rues de la capitale. La place des Martyrs et ses abords sont mis à sac et la révolte se propage rapidement au reste du pays, brisant les silos communautaires et confessionnels érigés et entretenus par les *zaïms*, qui ont longtemps entravé l'émergence d'un mouvement contestataire national.

La batterie de mesures économiques annoncées à la hâte par le gouvernement ne parvient pas à calmer la grogne. Deux semaines plus tard, le Premier ministre est contraint de démissionner sous la pression de la rue. Entre octobre et décembre, des dizaines de milliers de Libanais de tous horizons battent le pavé presque quotidiennement, reprenant à leur compte le slogan scandé depuis des années par leurs voisins arabes « le peuple veut la chute du régime », en référence à un système politique confessionnel en place depuis l'indépendance de 1943. Trois mois plus tard, un cabinet dirigé par un universitaire à mi-chemin entre les revendications de la rue et celles des partis dirigeants, s'installe au pouvoir au terme d'un long bras de fer entre les deux camps.

La revendication d'un discours pro-laïcité

Sans leader ni structure, le mouvement du 17 octobre s'est bâti horizontalement – à l'instar d'autres révoltes ayant agité la planète cette année, du Chili à Hong Kong en passant par l'Irak –, s'affranchissant des appartenances communautaires ou partisanes, en dépit des tentatives de récupération politique de certains partis confessionnels. Par son ampleur et son étendue, sa rhétorique anti-confessionnelle et sa dimension citoyenne, ce soulèvement se démarque des autres mouvements de protestation ayant ponctué l'histoire du pays. Jusqu'ici, la seule contestation ayant marqué l'histoire post-guerre du Liban et rassemblé plusieurs centaines de milliers de manifestants était celle de 2005, en réaction à l'attentat contre l'ancien Premier ministre Rafic Hariri. Imputé au régime de Bachar El-Assad, l'assassinat avait provoqué des manifestations massives, dans un élan rare d'unité islamo-chrétienne contre l'occupation syrienne du pays. Baptisé « révolution du Cèdre », ce soulèvement était toutefois principalement dirigé contre une présence militaire et une tutelle politique étrangères, même si certaines de ses causes – corruption, chômage, inégalités et absence de justice indépendante – étaient communes à celui du 17 octobre.

À l'époque, le discours du rejet du communautarisme au profit d'un nouveau régime politique fondé sur les principes de citoyenneté et de méritocratie, n'était que timidement porté par une partie des protestataires. Enfin, le soulèvement de 2005 a été largement boycotté par la communauté chiite, représentée par deux grands partis – le Hezbollah et Amal –, fidèles alliés de Damas.

En ce sens, la « révolution du 17 octobre », qui a vu défiler à son pic entre 500 000 et un million de manifestants dans toutes les régions du pays, se distingue par son caractère à la fois fédérateur et indépendant des structures de mobilisation traditionnelles. Pour la première fois, les Libanais, toutes communautés confondues, ont massivement manifesté, sans appel d'aucun parti. Et le mouvement n'a épargné aucune région, aucun fief communautaire, y compris les zones majoritairement chiites dominées par le Hezbollah – une première depuis la création du parti en 1982. Quant à la rhétorique politique dominante, et contrairement à tous les mouvements depuis l'indépendance – exceptés quelques marches, *sit-in* et manifestations de moindre ampleur dans les années 1950 et 1960 –, celle du 17 octobre s'est caractérisée par un rejet explicite et massif du régime politique en place, sous le slogan « *La lil ta'if-fiyya* » (« Non au communautarisme »). Ce discours avait émergé à grande échelle dans la rue une première fois à l'été 2015, face à une crise inédite de la collecte des ordures, et des manifestations avaient appelé à mettre fin à un système jugé responsable de la gabegie des services publics.

La nécessité d'une transition vers un régime politique aconfessionnel est pourtant inscrite noir sur blanc dans la Constitution de la IIe République, née sur les décombres d'une guerre intercommunautaire dévastatrice. Lors de l'accord de Taëf de 1989 qui mettait fin au conflit, les protagonistes libanais avaient en effet convenu d'une laïcisation progressive de la société et de la vie politique pour mettre fin à un état de fait où la religion occupe une place prépondérante dans les mœurs et la gestion des affaires publiques.

Restés lettre morte durant les trois dernières décennies, les articles 22 et 95 de ce texte fondateur stipulent la formation d'une « commission nationale » chargée d'abolir le confessionnalisme, notamment par l'élection d'un Parlement sur une base non communautaire, la création d'un Sénat dépourvu de tout pouvoir législatif où seraient représentées les communautés religieuses, et la suppression du critère de représentation confessionnelle dans l'administration publique au profit des paramètres de spécialité et de compétence.

Une Intifada culturelle

Le mouvement du 17 octobre s'est par ailleurs démarqué des précédents par la participation massive des femmes et de mouvements féministes, sous le slogan « *Al-Thawra Ounsa* » (« La révolution est un nom féminin »), ou encore de la communauté LGBT, dans un pays où les droits des femmes et des minorités sexuelles restent largement bafoués.

Des marches ont également été organisées contre le système patriarcal, tandis que des slogans condamnant les autorités religieuses apparaissaient sur les façades de certains lieux de culte. Mariage civil, violences conjugales, droit des femmes à transmettre la nationalité à leurs enfants, ou encore abolition de la pénalisation de l'homosexualité ou du système de la « *kafala* » pour les travailleurs migrants[1] : débats, revendications, graffitis ont proliféré dans les rues, exprimant le rejet d'un modèle socioculturel jugé archaïque.

Cette dimension sociale et culturelle s'est également catalysée dans des agoras citoyennes durant des semaines, sur toutes les places de la contestation, dans des soirées animées au cœur de la ville sunnite de Tripoli, longtemps réputée pour son conservatisme religieux, ou encore dans des « parades civiles » pour la fête de l'indépendance, aux dépens du traditionnel défilé militaire, annulé par les autorités.

1. Quelque 250 000 travailleurs domestiques, venus principalement d'Éthiopie, du Sri Lanka et des Philippines, sont soumis au Liban à un système de parrainage appelé « *kafala* » qui prive ces employés du droit du travail, décrié par les organisations non gouvernementales (ONG) locales et internationales pour son caractère « esclavagiste ».

Des effets immédiats

Le vent de changement de la « révolution du 17 octobre » a, par ailleurs, eu un impact direct sur la dynamique politique et judiciaire, jusque-là ralentie, voire paralysée par les antagonismes locaux, ainsi que sur certaines élections syndicales et désignations ministérielles.

Ainsi, et contre toute attente, un indépendant proche du mouvement révolutionnaire, a été élu en novembre dernier à la tête de l'ordre des avocats face à un concurrent appuyé par une coalition de partis au pouvoir. Cette élection, saluée par la rue comme une première victoire vers l'indépendance de la justice, a été suivie par la nomination en janvier d'une ministre de la Justice engagée en faveur de la réforme d'un appareil judiciaire gangrené par les pressions politiques, les pots-de-vin et la lenteur administrative.

Longtemps à l'arrêt, la machine législative s'est mise en branle, les commissions parlementaires multipliant les réunions d'examen de projets de lois liés notamment à la lutte contre la corruption – toujours pas votés en séance plénière – : récupération des fonds pillés, création d'un tribunal spécial pour les crimes financiers, ou encore possible levée de l'immunité accordée aux responsables… Toutes ces mesures sont réclamées avec force par les protestataires, alors que le pays est classé pour l'indice de perception de la corruption au 137e rang sur 180 pays, selon Transparency International.

Le gouvernement a ordonné un audit du bilan financier de la Banque centrale, pointée du doigt pour son manque présumé de transparence sur le niveau de ses réserves en devises, alors qu'une forte pénurie de dollars astreignait les banques, à partir de l'automne, à imposer des restrictions draconiennes sur les retraits bancaires. Une enquête a été lancée par la Justice sur des fonds, qui appartiendraient à de hauts responsables et banquiers, transférés à l'étranger depuis octobre dernier, alors que les virements bancaires sont strictement interdits.

Des embûches réelles

Si le mouvement du 17 octobre a incontestablement secoué les fondations d'un mur vieux de plusieurs décennies et déjà eu un impact immédiat sur la vie politique, il se heurte à l'intransigeance d'une classe dirigeante inamovible depuis des années – dominée par d'anciens chefs de milices et une tradition de lourds héritages politiques –, au soutien jusque-là indéfectible de l'armée au pouvoir politique, et à ses propres failles structurelles. Les appels continus de la rue à la formation d'un cabinet réduit et transitoire, composé exclusivement de technocrates indépendants du sérail politique et chargé d'organiser des élections législatives anticipées, ont ainsi été balayés par les partis au pouvoir.

Si le Courant du futur (sunnite) du Premier ministre démissionnaire, les Forces libanaises (parti chrétien) et le Parti social progressiste (druze) – qui formaient par le passé l'alliance dite « du 14 mars » opposée à la tutelle syrienne sur le Liban et au Hezbollah, le mouvement chiite libanais pro-iranien – ont décidé de faire profil bas et de rejoindre l'opposition, le Courant patriotique libre (chrétien) du chef de l'État Michel Aoun, le Hezbollah et leurs alliés ont fini par former unilatéralement une équipe ministérielle composée de « technocrates » non-partisans, mais désignés par ces partis – une mascarade selon la rue.

Le maintien au pouvoir des symboles de la IIe République est couplé à l'absence totale de réforme constitutionnelle, voire d'un début d'application des dispositions de l'actuelle Constitution impliquant la déconfessionnalisation progressive de la société et de la vie politique.

Parallèlement et sur le terrain, la contestation s'est progressivement affaiblie à partir de décembre, avant d'être stoppée net par les mesures de confinement liées à l'épidémie du COVID-19. Le mouvement a par ailleurs fait l'objet d'une vaste campagne de dénigrement orchestrée par certains pôles au pouvoir, des médias et réseaux sociaux l'accusant d'être manipulé par les États-Unis contre l'axe iranien – une rhétorique confortée par la contestation simultanée dénonçant en Irak, entre autres, l'influence iranienne dans le pays –, ainsi que par certains partis locaux ayant rejoint l'opposition après la chute du gouvernement Hariri, notamment le Courant du futur et les Forces libanaises.

L'absence de leadership ou de structure fédératrice – une force pour le mouvement de contestation à ses débuts –, a enfin jeté une ombre sur la pérennité de la révolte et son éventuelle traduction dans les urnes, alors que la société civile, en mal de structuration, avait déjà essuyé un revers cuisant lors des législatives de 2018[2].

La fin d'une ère financière ?

Si la transition politique reste pour l'heure incertaine et tributaire de divers facteurs – dont la tenue d'élections parlementaires susceptibles de propulser une nouvelle élite gouvernante au pouvoir ou, *a minima*, de briser le monopole de l'ancienne caste dirigeante –, la rupture avec le modèle économique et financier qui prévalait depuis les accords de Taëf est en revanche plus assumée, voire explicitement défendue et planifiée par le nouveau cabinet.

Basé sur l'endettement frénétique de l'État et le financement par les banques à des taux d'intérêt particulièrement élevés[3] d'un déficit public chronique par le biais d'entrées massives de capitaux étrangers – investissements, recettes touristiques et transferts d'une vaste diaspora –, ce modèle a servi, par ailleurs, à maintenir durant plus de deux décennies un régime monétaire fixe et à combler les « déficits jumeaux » abyssaux du pays. Ses racines remontent à la fin de la guerre civile (1975-1990), lorsque les banques locales ont commencé à prêter à un État en quête de financements colossaux pour reconstruire un pays dévasté par 15 ans de violences, et alors que l'indexation, au milieu des années 1990, de la monnaie nationale sur le billet vert nécessitait l'accumulation par le secteur bancaire de réserves en devises pour maintenir la parité dollar/livre libanaise.

Faute de réformes et de bonne gouvernance, ce modèle – intrinsèquement vulnérable car tributaire des flux financiers étrangers et de leurs fluctuations – n'a fait qu'accroître le déficit de l'État, entraînant un bond de la dette publique de moins de trois milliards

2. Un député venant de la société civile a été élu en mai 2018 sur les 128 de l'Assemblée nationale.
3. Les taux sur les bons du Trésor émis par l'État ont frôlé les 40 % en 1995, assurant un rendement très élevé aux banques.

de dollars au début des années 1990 à plus de 90 milliards début 2020, soit 170 % du PIB, l'un des ratios les plus élevés du monde, au profit des banques locales et d'une classe politique qui se sont partagé les dividendes d'un financement grassement rémunéré de l'État. La structure financière en place a enfin alimenté une économie rentière aux dépens des secteurs productifs ainsi que le clientélisme politique.

Les premiers signes d'essoufflement de ce modèle, qui a exacerbé la pauvreté, les inégalités sociales et le chômage, sont apparus à partir de 2011 avec la baisse progressive des entrées de capitaux venant de l'étranger, à l'ombre du conflit syrien voisin et des crises politiques qui se succédaient sur le plan local.

L'érosion conséquente des réserves en devises de la Banque centrale et la forte baisse de la solvabilité de l'État ont atteint leur paroxysme en 2019, poussant le nouveau cabinet à annoncer en mars dernier le premier défaut de paiement de l'histoire du pays et la restructuration de la dette, dans le cadre d'un vaste plan de sauvetage économique qui prévoyait également une restructuration d'un secteur bancaire jugé trop large par rapport à la taille de l'économie locale[4].

Autre changement de taille : le plan des réformes économiques prévoit un abandon progressif du régime monétaire en place, alors que la livre, artificiellement surévaluée depuis les années 1990, connaît depuis des mois une dégringolade sans précédent sur le marché parallèle. Il jette enfin les fondements d'une transition économique : d'un modèle rentier et largement dépendant des importations et des aides internationales vers une économie productive et créatrice d'emplois, basée sur le développement des secteurs agricole et industriel – deux secteurs délaissés durant toutes ces années –, mais aussi sur les nouvelles technologies, et davantage tournée vers l'export.

De plus, l'unanimité n'est pas acquise, le secteur bancaire, certains responsables politiques ainsi qu'une partie de la rue y voyant un plan qui vise à démanteler un système économique libéral et, dans une perspective géopolitique, un outil aux mains du Hezbollah pour affaiblir les banques, un allié clé de Washington dans sa guerre économique contre le parti chiite.

B. E. K.

Pour en savoir plus

- « Le Liban en crise prêt à faire flotter sa monnaie après une aide », *Challenges*, 15 mai 2020.
- P. de Clermont-Tonnerre, « Le Liban s'enfonce dans la crise économique », *Libération*, 7 mars 2020.
- M. Corm, *Pour une IIIe République libanaise. Étude critique pour sortir de Taëf*, Paris, L'Harmattan, 2012.

4. Les actifs bancaires au Liban représentaient 422 % du PIB fin 2019, plaçant le pays au 2e rang mondial après Chypre (512 %) et devant la France (363 %), le Royaume-Uni (289 %), l'Allemagne (242 %) et les États-Unis (83 %).

Où en est le nationalisme palestinien ?

Vers une redéfinition

Revendiquant tout d'abord un État, les Palestiniens ont cherché, après 1967, à affirmer un État-nation face à Israël. L'échec d'Oslo et la perspective de l'annexion de la Cisjordanie pourraient les conduire à insérer leur nationalisme dans la recherche de l'égalité des droits à l'intérieur même d'Israël.

En présentant en janvier dernier sa « vision pour la paix » entre Israéliens et Palestiniens, Donald Trump n'a pas seulement bouleversé les équilibres internationaux : pour certains, il a également porté le coup de grâce au nationalisme palestinien.

Après des décennies de lutte des Palestiniens pour concrétiser la « solution à deux États », le plan américain a en effet été perçu comme un feu vert, donné par un membre permanent du Conseil de sécurité des Nations unies, à l'annexion par Israël de certains territoires en Cisjordanie. Cette violation ouverte d'une succession de décisions internationales pourrait mettre fin à un processus au long cours en mal d'achèvement. Elle entérinerait un changement de paradigme historique, réclamé par le Premier ministre israélien Benyamin Netanyahou (actuellement mis en examen dans trois affaires de corruption) au long de ses trois campagnes électorales successives de 2019 et 2020. Ce dernier pourrait passer de la parole aux actes, mais l'annexion de la vallée du Jourdain signerait-elle pour autant la mort du nationalisme palestinien ?

L'État comme objectif de souveraineté

La naissance du nationalisme palestinien est étroitement liée à la gestation de l'État d'Israël. Elle est donc traditionnellement fixée à 1917, date à laquelle le secrétaire au Foreign Office britannique Arthur Balfour annonça que le gouvernement britannique favoriserait « l'établissement en Palestine d'un foyer national pour le peuple juif ». Par la suite, le sentiment national palestinien s'est forgé autour de la défense d'une terre, plutôt qu'autour de la défense d'un peuple. Alors que les premières vagues de migrants sionistes ont déjà commencé à arriver depuis 1881, le mouvement palestinien demeure jusqu'en 1948 largement territorial et anticolonial, rejetant à la fois le pouvoir mandataire britannique et l'immigration juive.

C'est à partir de 1948, et l'expulsion de 700 000 Arabes par les forces du nouvel État hébreu, que la notion de « peuple palestinien » s'ébauche, sans être encore formellement conceptualisée. Alors qu'émerge le panarabisme, il est difficile pour les Palestiniens de concevoir une identité nationale et une souveraineté territoriale détachées de leur caractère arabe. Ils sont en effet à cette époque complètement dépendants des États arabes, tant pour leur survie matérielle que pour porter leur message sur la scène internationale. La notion de « peuple arabe palestinien » – et donc de nation (*watan*) – n'apparaît ainsi que dans la quatrième Charte nationale palestinienne, rédigée en 1968 à la suite de la guerre des Six Jours, qui marque une victoire écrasante d'Israël sur les États arabes. La première revendication officielle d'un État palestinien signe, en 1969, cette prise de conscience et cette affirmation nationale. Depuis lors, et en dépit des divergences intrapalestiniennes sur les moyens d'y parvenir, la délimitation territoriale ou encore le calendrier, l'objectif est clairement défini : l'établissement d'un État-nation palestinien.

Ce nationalisme est porté depuis 1964 par l'Organisation pour la libération de la Palestine (OLP), créée par la Ligue arabe, puis par le chef et fondateur du Fatah (Mouvement de libération de la Palestine), Yasser Arafat. Dès 1975, ce dernier accepte officieusement l'instauration d'une Autorité palestinienne (AP) sur toute portion des territoires occupés en 1967 qu'Israël accepterait d'évacuer. La reconnaissance d'Israël par l'OLP en 1988 confirme un changement radical d'objectif : il ne s'agit plus de libérer la Palestine mandataire des colons (juifs et britanniques), mais de concrétiser le droit à l'autodétermination de la nation palestinienne. Décision pragmatique nécessaire pour certains, trahison historique impardonnable pour d'autres, ce choix ouvre la voie au « processus d'Oslo », qui accouche de la création d'une Autorité nationale palestinienne en 1995.

Une nation divisée

La majorité de la population de Cisjordanie et de Gaza, épuisée par des années de violence depuis le déclenchement de la première Intifada en 1987, soutient les accords d'Oslo négociés par l'OLP en exil, ouvrant la voie à une solution à deux États. Mais cette paix est un renoncement pour une partie des Palestiniens, représentés par de nombreuses factions présentes dans les territoires occupés, à l'image du Hamas. Pour les réfugiés répartis dans des camps entre Gaza, la Cisjordanie et les pays voisins, cette option implique l'abandon du droit au retour, considéré comme un pilier inaliénable du nationalisme palestinien.

Nombreux sont donc ceux qui, comme Edward Saïd, considèrent Oslo comme « un instrument de reddition [...], un Versailles palestinien ». En effet, les accords signés n'accordent aucune souveraineté réelle et durable, qu'elle soit économique, territoriale ou sécuritaire, aux territoires palestiniens. Ils satisfont cependant l'immense majorité de la communauté internationale, y compris la Ligue arabe, qui commence à déverser une aide astronomique sur les territoires palestiniens, en théorie pour y financer la création d'un État-nation démocratique. L'Autorité palestinienne, institution supposée incarner la souveraineté du peuple palestinien, devient rapidement la propriété d'une élite emmenée par Yasser Arafat et ses forces de sécurité pléthoriques, qui met en place un système clientéliste pour préserver ses intérêts.

Les voix qui divergent du récit officiel sont largement réduites au silence au nom de la préservation des accords d'Oslo, qui assurent les intérêts sécuritaires israéliens. L'AP tente de se présenter comme l'unique représentante légitime du nationalisme palestinien – y compris alors aux dépens de l'OLP. La violente remise en question d'Oslo qu'exprime la seconde Intifada et la mort de Yasser Arafat ne changent rien à cette dynamique de captation. Mahmoud Abbas, ancien négociateur palestinien à Oslo, succède à Arafat et poursuit le pari d'une obtention du statut d'État indépendant et souverain, passant par la reconnaissance de la communauté internationale. En dépit de la poursuite de la colonisation et de l'occupation militaire et économique israéliennes, Abbas accentue la division intrapalestinienne et refuse, tout comme ses financeurs étrangers, de reconnaître la victoire du Hamas aux élections législatives de 2006 – dernière consultation réellement démocratique organisée à ce jour dans les territoires occupés.

Depuis sa prise de contrôle de Gaza en 2007, le Hamas a, quant à lui, évolué dans son discours, tout en maintenant son refus de reconnaître formellement l'État d'Israël. En reconnaissant en 2017 les frontières de 1967 et en gommant les références antisémites de sa Charte, il tente de se positionner comme la seule véritable alternative crédible à l'AP. Ce qui n'empêche pas le mouvement islamiste de maintenir son récit dans un cadre islamique et arabe, et de refuser de renoncer à la violence, tout en s'appuyant sur un autoritarisme comparable à celui de l'AP[1].

Les efforts de réconciliation intrapalestinienne restent infructueux : le Parlement palestinien est aujourd'hui dissous ; le Conseil national palestinien (organe législatif de l'OLP) ne s'est pas réuni en session plénière depuis 1996 ; et les prétendants à la succession de Mahmoud Abbas sont pour la plupart en prison (palestinienne ou israélienne), ou en exil.

Le nationalisme palestinien face à l'annexion

L'Autorité palestinienne est sévèrement délégitimée, tout comme le processus de *state-building* consécutif aux accords d'Oslo, dont 69 % des Palestiniens résidant dans les territoires occupés souhaitent désormais l'abrogation, maintes fois promise par le président palestinien. 39 % d'entre eux seulement soutiennent encore aujourd'hui une solution à deux États, et une large majorité souhaite la démission de Mahmoud Abbas, dont le mandat a expiré en 2009[2]. Ces chiffres ne révèlent que partiellement l'extrême déconnexion entre le leadership palestinien et sa population – et particulièrement les générations nées après Oslo. L'AP a en effet systématiquement freiné tout renouvellement de la classe politique palestinienne, aujourd'hui encore composée d'anciens dirigeants de l'OLP, avec l'assentiment de l'Union européenne, des États arabes, et bien sûr d'Israël et des États-Unis.

L'annexion de tout ou partie des territoires occupés semblant aujourd'hui inéluctable, les jeunes Palestiniens ont perdu toute confiance dans les anciens médiateurs de paix, et largement abandonné l'illusion d'un État palestinien souverain. Ils tentent depuis plusieurs années de réinventer le mouvement national, et ainsi de faire évoluer une nouvelle fois l'objet même du nationalisme palestinien.

1. « Two Authorities, One Way, Zero Dissent », Human Rights Watch, 23 octobre 2018.
2. « Public Opinion Poll No (75) », Palestinian Center for Policy and Survey Research, 11 février 2020.

Véritable bombe diplomatique, l'annexion de plusieurs parties de la Cisjordanie ne changerait pourtant presque rien sur le terrain : Israël contrôle administrativement et militairement la majorité de la Cisjordanie, et l'ordre juridique civil israélien s'est déjà progressivement étendu aux colonies. La société civile palestinienne tente de trouver sa place dans ce nouveau cadre et de penser sa survie au sein d'un seul État, nommé Israël, qui s'étendrait « de la rivière à la mer[3] ». Il s'agit désormais, pour les tenants du nationalisme palestinien, de dépasser l'idée d'État-nation comme aboutissement de leur lutte. À l'image du précédent sud-africain, l'enjeu est de déplacer le combat sur le terrain des droits civiques, politiques et économiques, dans ce qui deviendra *de facto*, dans un premier temps, un État binational en situation d'apartheid.

Pour une large partie de la société israélienne, l'État binational représenterait un dévoiement du sionisme, car Israël est l'État-nation du peuple juif. Alors que le nombre de Palestiniens a dépassé en 2019 le nombre de juifs présents sur le territoire de la Palestine mandataire (une dynamique démographique qui devrait s'accentuer), les appels déguisés à une nouvelle vague d'expulsion de la population palestinienne se multiplient au sein de la droite israélienne, où certains rêvent encore de faire de la Jordanie le seul État palestinien.

Dans ce contexte tendu, s'esquisse depuis plusieurs années un rapprochement entre les différentes communautés palestiniennes, dont celles vivant des deux côtés du mur qui sépare Israël de la Cisjordanie. Alors que les Arabes israéliens (les « Palestiniens de 48 ») ont longtemps été exclus du mouvement national, un rapprochement identitaire semble en marche, particulièrement depuis la seconde Intifada. Après des décennies de vie sous administration militaire et de discriminations économiques – et aujourd'hui légales, depuis l'adoption de la loi sur l'État-nation israélien de juillet 2018 –, beaucoup ont cependant fait le pari de l'inclusion dans la démocratie israélienne, et la Liste arabe unie est aujourd'hui le troisième parti représenté à la Knesset.

L'expérience acquise par des années de luttes pour l'acquisition de droits civiques à l'intérieur même du système israélien sera précieuse au moment où devront être redéfinis les lieux, les objectifs et les méthodes d'un nouveau nationalisme palestinien. Ce dernier pourrait alors, comme Ghassan Kanafani, effectuer son retour à Haïfa.

A. M.

Pour en savoir plus

- P. Cammack, N. J. Brown et M. Muasher (dir.), « Revitalizing Palestinian Nationalism: Options Versus Realities », Carnegie Endowment for International Peace, 2017.
- A. Hanieh, « The Oslo Illusion », *Jacobin*, avril 2013.
- N. Picaudou, *Les Palestiniens. Un siècle d'histoire*, Bruxelles, Complexe, 1997.

3. Expression historique utilisée pour désigner le territoire de la Palestine mandataire.

La grande stratégie internationale des Émirats arabes unis

Une ambition en question ?

Dans le Golfe et en dehors, les Émirats arabes unis déploient une stratégie ambitieuse. Au Yémen et vis-à-vis de l'Iran, elle doit pourtant s'adapter à des circonstances nouvelles. Les problèmes locaux, au Maghreb ou en Afrique, les difficultés économiques et la crise sanitaire annoncent-ils d'autres changements ?

En l'espace d'une décennie, les Émirats arabes unis (EAU) sont devenus l'un des acteurs stratégiques les plus ambitieux du monde arabe. Fondée en 1971 et avec environ un million de citoyens (auxquels s'ajoutent un peu plus de 8 millions d'expatriés), cette fédération de sept émirats est aujourd'hui au cœur de la plupart des grands dossiers régionaux. Alliée de l'Arabie Saoudite, elle a contribué à l'effort de guerre au Yémen depuis 2015 et joué un rôle clé dans la mise en œuvre du boycott du Qatar en juin 2017. Disposant de larges ressources financières grâce à la rente pétrolière, et des fonds souverains parmi les plus importants au monde (Abu Dhabi Investment Authority, Investment Corporation of Dubaï, Mubadala), les EAU ont aussi investi dans leur armée, la déployant dans de nombreuses opérations extérieures (Somalie, Kosovo, Afghanistan, et récemment en Syrie avec la coalition contre l'État islamique), au point d'avoir pu être surnommés « la petite Sparte » par James Mattis.

Si, avec de flamboyants projets architecturaux, les EAU attirent les jeunesses arabes en quête de prospérité, le pays n'est pas pour autant « la Suisse » du Moyen-Orient. Pour Abou Dhabi et son prince héritier Mohammed ben Zayed Al Nahyane – autrement appelé MbZ –, deux menaces pèsent sur le pays. La première est celle de l'Iran, qui occupe trois petites îles que les EAU réclament depuis 1971. Avec son arsenal balistique, son programme nucléaire, ainsi que son soutien aux milices comme le Hezbollah libanais ou les Houthis du Yémen, le régime iranien est considéré comme une menace majeure, justifiant le soutien émirien à la politique de « pression maximale » de l'administration Trump.

La seconde, et probablement la plus importante menace aux yeux des EAU, vient de l'islam politique. Depuis les révolutions arabes de 2011, Abou Dhabi n'a cessé de faire de l'affaiblissement, voire de l'éradication, des forces islamistes son cheval de bataille, à la fois en interne en supprimant l'organisation Islah proche des

Frères musulmans, et en externe en soutenant systématiquement des partenaires que les EAU perçoivent comme les plus à même de combattre ces groupes : le président Sissi en Égypte, le maréchal Haftar en Libye.

Le déploiement de l'ambitieuse stratégie régionale des EAU n'a pas été sans susciter des critiques. Le soutien, au nom de la lutte contre l'islamisme, à des groupes se réclamant d'une forme de nationalisme autoritaire peut exacerber les rivalités locales, que ce soit en Libye ou dernièrement au Soudan. Or l'année écoulée a aussi permis d'observer comment Abou Dhabi a composé avec une nécessaire révision de ses engagements, qu'il s'agisse du retrait progressif de son armée du Yémen, ou encore de la réouverture d'un dialogue avec le régime iranien.

Le retrait des forces émiriennes du Yémen

En juillet 2019, les EAU annoncent le retrait graduel de leurs troupes du Yémen. Si celui-ci n'est pas encore intégral, il amorce un chapitre final dans l'engagement militaire émirien au sein de la coalition saoudienne depuis mars 2015. Au plus fort de son effort de guerre, le contingent émirien aurait compté plus de 4 000 soldats, faisant du pays le premier contributeur de troupes. Principalement déployés dans le sud du pays, les Émiriens conduisent des opérations complexes qui, dans un premier temps, provoquent l'engouement des militaires occidentaux : les assauts amphibies sur Aden et Moukalla sont alors présentés comme la démonstration de capacités inédites pour une armée arabe.

Néanmoins, Abou Dhabi comprend bientôt que l'enlisement du conflit et la crise humanitaire effritent son image de marque en Occident, où la couverture médiatique se montre de plus en plus négative. En outre, émerge une guerre dans la guerre : à la recherche de partenaires locaux capables de combattre les Houthis, les EAU s'appuient sur des miliciens issus de groupes sécessionnistes du Sud-Yémen, pour qui l'objectif final est d'obtenir leur indépendance vis-à-vis du gouvernement Hadi réfugié en Arabie Saoudite. Non seulement les EAU sont accusés de favoriser *de facto* la partition du pays, mais surtout cette configuration alimente les thèses d'une mésentente entre les EAU et l'Arabie Saoudite, au moment même où Abou Dhabi a fait de cette alliance la clé de voûte de sa politique étrangère. Ainsi, le coût de la guerre en termes de réputation et l'embourbement des EAU dans les rivalités intra-yéménites poussent le pays à entamer ce retrait à l'été 2019.

Pour autant, les EAU devraient rester indirectement impliqués par leur soutien continu à certains groupes du Sud-Yémen, et ce alors que les perspectives d'une réconciliation entre le gouvernement Hadi et les forces sécessionnistes pour lutter ensemble contre les Houthis ne sont aujourd'hui guère encourageantes.

De l'endiguement au dialogue avec l'Iran

La participation émirienne au conflit yéménite fut en partie guidée par le souhait d'Abou Dhabi de prévenir la présence iranienne dans la péninsule arabique. Plus généralement, les EAU ont adopté une position dure sur la problématique iranienne, qui converge avec celle des Saoudiens, mais également des gouvernements israélien et américain. En janvier 2016, Abou Dhabi rappelle son ambassadeur en Iran, en geste de solidarité avec l'Arabie Saoudite, au moment où les tensions resurgissent entre Riyad et Téhéran autour de l'exécution d'un opposant religieux chiite saoudien. En mai 2018, les EAU sont parmi les tout premiers à soutenir publiquement la décision de l'administration Trump de sortir de l'accord nucléaire de 2015 avec l'Iran, et approuvent sa stratégie de « pression maximale ».

Or cette position émirienne a récemment connu une inflexion. En mai et juin 2019, six tankers sont attaqués dans les eaux du Golfe, notamment au large de l'émirat de Fujairah. Si Washington accuse nommément Téhéran d'être responsable de l'attaque, Abou Dhabi s'y refuse, et préfère jouer la désescalade en envoyant une délégation officielle en Iran pour mener des échanges sur la sécurité maritime – une première depuis 2013. Depuis lors, les EAU ont fait montre de flexibilité sur la question iranienne et sont même allés jusqu'à fournir une aide humanitaire à Téhéran en pleine crise du COVID-19.

En réalité, cette ambivalence des EAU sur le dossier iranien n'a rien de surprenant. La rhétorique diplomatique émirienne a souvent mêlé l'idée d'un endiguement avec celle de la possible coexistence avec un Iran qui accepterait le *statu quo*. Cela s'explique par les liens historiques entre les deux pays : environ 400 000 résidents à Dubaï sont d'origine iranienne, et les EAU sont restés, bon an mal an, la porte d'entrée des sociétés iraniennes en direction de l'économie internationale dans le contexte des sanctions subies par Téhéran. De plus, les EAU veulent éviter une conflagration régionale, alors qu'ils espèrent lancer Dubaï Expo en 2021.

Les ambitions d'Abou Dhabi au-delà du Golfe

La réforme de l'armée émirienne conçue par MbZ durant les deux dernières décennies a permis de faire du pays l'un des premiers partenaires des États-Unis dans le monde arabe. Or aujourd'hui, au-delà du golfe Persique et de ses alliés occidentaux, Abou Dhabi fait preuve de nouvelles ambitions régionales.

En Afrique, les EAU conduisent une politique de puissance qui s'appuie sur des investissements dans les infrastructures locales (notamment portuaires *via* les contrats de gestion de DP World) et des coopérations militaires étroites. Dans la Corne de l'Afrique, Abou Dhabi a pu ainsi jouer un rôle clé dans le processus de paix entre l'Éthiopie et l'Érythrée; au Sahel, elle contribue financièrement à la Force conjointe du G5-Sahel et a tissé des liens forts avec la Mauritanie, ou encore le Tchad.

Cette stratégie africaine ne se développe pas sans heurts, et les ambitions émiriennes peuvent parfois conduire à des frictions avec les pouvoirs en place. À Djibouti, les autorités ont rompu unilatéralement le contrat de gestion du port par DP World en 2018. En Somalie, le gouvernement voit d'un mauvais œil les coopérations d'Abou Dhabi avec les provinces autonomes du Puntland et du Somaliland. Par ailleurs, le soutien émirien au maréchal Haftar dans la guerre civile en Libye a fragilisé ses relations avec les voisins maghrébins qui y voient une interférence délétère pour la région. Si les relations avec l'Algérie et la Tunisie étaient déjà difficiles depuis plusieurs années, c'est surtout la brouille récente avec le Maroc (les deux pays ont rappelé leurs ambassadeurs) qui atteste des crispations autour de la politique régionale des EAU.

Si l'Afrique est un dossier en devenir dans la politique étrangère d'Abou Dhabi, sa grande priorité reste l'Asie, et en particulier l'Inde et la Chine. Abou Dhabi et

Delhi ont ainsi noué un partenariat stratégique qui doit beaucoup à la relation personnelle qui lie MbZ et Narendra Modi. Autrefois réduite à la question des travailleurs indiens dans le Golfe, cette relation bilatérale comprend désormais une coopération en matière de contre-terrorisme, ainsi que de sécurité maritime. Cette entente explique aussi la discrétion émirienne sur le traitement des populations musulmanes par le gouvernement Modi, notamment au Cachemire.

Le rapprochement avec l'Inde n'empêche pas Abou Dhabi de consolider aussi ses liens avec la Chine, les EAU espérant devenir le partenaire naturel de Pékin dans le Golfe *via* la Nouvelle route de la soie (Belt and Road Initiative, BRI). Dans ce cadre, Dubaï constitue avec ses infrastructures le *hub* idéal, notamment pour la coordination de projets en Afrique. À Abou Dhabi, le port Khalifa a cédé en 2018 pas moins de 90 % de son terminal à conteneurs au géant chinois Cosco. Cette stratégie émirienne envers la Chine rentre en compétition avec celles de ses voisins saoudien, qatari ou encore omanais, qui entendent chacun attirer les capitaux chinois et faire de leur pays le *hub* régional de la BRI. De plus, cette proximité émirienne avec Pékin n'est pas sans entretenir la nervosité de Washington : le Pentagone scrute attentivement l'entrisme chinois dans les ports du Golfe, craignant à terme une réplique du cas djiboutien, où les investissements commerciaux préfigurent une implantation militaire chinoise.

Abou Dhabi peut-elle soutenir le rythme de cette ambitieuse politique étrangère ? Le retrait amorcé du Yémen devrait soulager ses finances publiques, mais le pays fait face à une grave crise économique à la suite de la pandémie du COVID-19. La crise a touché les secteurs du transport aérien et du tourisme international, deux piliers de la diversification économique des EAU, et plus particulièrement de Dubaï. Dans le même temps, la guerre pétrolière à laquelle se sont livrées la Russie et l'Arabie Saoudite a entraîné une chute historique du prix du baril qui impacte elle aussi les recettes publiques émiriennes. La crise sanitaire a ainsi exacerbé une conjoncture déjà préoccupante, en attaquant les secteurs essentiels de l'économie du pays.

L'élection présidentielle américaine sera aussi une échéance majeure : comme Riyad, Abou Dhabi a entretenu sa proximité avec Donald Trump et son entourage, au point de devenir l'objet de suspicions de la part du Parti démocrate. Dans un tel contexte, 2021 sera une année test pour Abou Dhabi : elle mettra sa grande stratégie à l'épreuve de moyens économiques et militaires inévitablement diminués par la crise, et posera la question de sa révision, voire de sa pérennité.

J.-L. S.

Pour en savoir plus

- K. Coates Ulrichsen, *The United Arab Emirates: Power, Politics and Policy-Making*, Londres, Routledge, 2016.
- H. Ibish, « The UAE's Evolving National Security Strategy », The Arab Gulf States Institute in Washington, avril 2017.
- E. Soubrier, « Les Émirats arabes unis à la conquête du monde ? », *Politique étrangère*, vol. 85, n° 1, Ifri, mars 2020.

Pétrole : l'Arabie Saoudite et les autres

Un contexte bouleversé pour tous les acteurs

Déjà bouleversé par une offre excédentaire et les rivalités entre grands producteurs, le marché pétrolier subit de plein fouet les effets de la pandémie du COVID-19. La stratégie traditionnelle de l'Arabie Saoudite en est lourdement affectée, comme celle des principaux acteurs de la région, avec les conséquences géopolitiques qu'on imagine.

Le dimanche 12 avril 2020 constituera une date historique pour l'industrie pétrolière : les négociations engagées le jeudi précédent sous l'égide de l'OPEP + ont abouti à un accord de réduction de l'offre de pétrole deux fois supérieure aux coupes de la crise financière de 2008, un accord accueilli favorablement par le G20 réuni le même jour.

Cet accord fait suite à l'éclatement, le 6 mars 2020, de la fragile entente de 2016 entre principaux pays producteurs régulant leur production dans un contexte de marché excédentaire – éclatement résultant du refus de la Russie de réduire sa production. Les autorités saoudiennes annoncent immédiatement leur décision d'augmenter leur production. Les prix s'effondrent et chutent à 20 dollars/baril ($/b) – contre 64 $/b en moyenne en 2019. Ces décisions prennent de court le marché, qui s'interroge sur la politique saoudienne. Pourtant, ces décisions sont en phase avec la politique multiforme suivie par ce pays depuis cinquante ans.

Un rappel historique

L'Arabie Saoudite détient avec le Venezuela les plus importantes réserves pétrolières conventionnelles mondiales. Le secteur pétrolier représentait en 2018 environ 30 % du PIB du pays et 70 % de ses recettes budgétaires. Cette dépendance a conduit le pays à mettre en place il y a plus d'un demi-siècle une politique pétrolière reposant sur trois piliers complémentaires :

- **la solidarité avec les États-Unis :** elle remonte à l'accord dit du Quincy de 1945, où l'Arabie Saoudite s'engageait à assurer la sécurité d'approvisionnement des États-Unis en échange d'une protection militaire ;
- **la solidarité avec les pays producteurs :** l'Arabie Saoudite a joué dès l'origine un rôle déterminant au sein de l'Organisation des pays exportateurs de pétrole (OPEP) ;
- **la préservation de sa part du marché mondial :** le pays refuse d'être le seul producteur à supporter l'intégralité du poids de la stabilité du marché.

Le poids de chaque pilier a évolué selon les circonstances économiques et politiques. Lors des chocs pétroliers de 1973 et 1979, le pays a privilégié la solidarité politique avec les pays arabes. En 1986, il a décidé d'augmenter sa production dans un marché excédentaire pour préserver sa part de marché. En 1991, il a mobilisé sa production dans le contexte de la guerre contre l'Irak. Il a fait de même en mobilisant ses stocks après l'attaque, en septembre 2019, des installations pétrolières d'Abqaïq qui avait réduit sa capacité de production de moitié. En 2014, il a cherché à maintenir sa part de marché au détriment des producteurs américains de pétrole non conventionnel. Et deux ans plus tard, il privilégiait la solidarité avec les producteurs de pétrole en négociant un accord de réduction de production associant l'OPEP et d'autres producteurs dont la Russie (accord dit OPEP +).

Les rapports de force

L'effondrement de la demande dans le contexte de la pandémie du COVID-19 bouleverse brutalement le paysage. Mais le marché pétrolier restera durablement marqué par la concurrence entre l'Arabie Saoudite, la Russie et les États-Unis qui sont devenus le premier producteur mondial de pétrole grâce aux hydrocarbures non conventionnels.

L'Arabie Saoudite et la Russie ont cherché en mars à brider la concurrence américaine, comme en 2014. Devant le refus de la Russie de couper sa production, Riyad n'avait d'autres choix que de suivre une politique de préservation de sa part de marché. L'adhésion de la Russie à l'accord OPEP + a fait l'objet dès l'origine de critiques de plusieurs producteurs russes, en particulier de Rosneft (40 % de la production russe). La Russie, dont les coûts de production sont faibles, pourrait augmenter sa production de l'ordre de 0,5 million de barils/jour (M b/j). Mais l'impact du prix bas du pétrole sur l'économie russe est cependant important. Et il en va de même pour l'Arabie Saoudite, dont les coûts de production sont aussi très faibles, mais qui maintient durablement sa production à son niveau maximum d'environ 13 M b/j.

Les investissements pétroliers aux États-Unis ont baissé immédiatement et le nombre d'appareils de forage s'est effondré. On peut anticiper une baisse de la production pour les mois à venir d'environ 3 M b/j. D'ores et déjà, certaines sociétés ont cessé leur activité. Leur production ne va pas disparaître : comme en 2014, leurs actifs seront repris à bas prix. Par ailleurs, il ne faut pas sous-estimer la réactivité de l'industrie américaine, qui cherchera à améliorer sa productivité comme elle l'a fait il y a cinq ans pour réduire ses coûts de production ; mais les marges de progrès sont plus faibles aujourd'hui. De plus, de nombreux producteurs étaient dès avant la crise dans une situation financière fragile : depuis 2016, la rentabilité des producteurs américains est faible (retour sur investissement de 5 à 6 % contre environ 10 % pour l'ensemble de l'industrie) et de nombreux producteurs ne dégageaient pas de cash de prix supérieurs à 50 $/b. Cette situation inquiète le gouvernement américain, vu son impact sur les 2,5 millions d'emplois du secteur.

L'effondrement de la demande dû à la pandémie fait craindre une baisse durable de la demande et la persistance de prix bas : l'Agence internationale de l'énergie (AIE) estime que la demande de pétrole en 2020 devrait baisser de 9,3 M b/j par rapport à 2019, avec une pression sur les prix.

Les pressions américaines et les conséquences de cette situation sur les économies russe et saoudienne expliquent le récent volte-face de la Russie et de l'Arabie Saoudite.

Impact sur les principaux pays producteurs

Des prix du pétrole durablement bas ont un impact macro-économique majeur sur les principaux pays producteurs.

Dans le cas de l'Iran et du Venezuela, l'effondrement des prix du pétrole s'ajoute à une crise sanitaire et à la crise économique créée par l'embargo américain. La crise actuelle renforcera les difficultés politiques et économiques de l'Irak et de la Libye. La situation de l'Algérie est inquiétante : sa production de pétrole est structurellement en baisse, ses coûts de production sont élevés et ses réserves financières au plus bas.

La Russie a des coûts de production bas que favorise la faiblesse du rouble. Son économie est plus diversifiée que celle des autres producteurs pétroliers, mais les hydrocarbures représentaient, en 2019, 40 % de ses recettes budgétaires. Par ailleurs, elle connaît depuis plusieurs années un ralentissement structurel et est vulnérable à des chocs extérieurs.

L'effondrement du prix du pétrole représente un défi économique et politique pour l'Arabie Saoudite. Avec un prix du pétrole de 30 $/b, ses recettes pétrolières devraient être divisées par deux par rapport à 2019, soit une baisse de près de 400 milliards de dollars. Cet effondrement se situe dans un contexte d'un solde budgétaire déficitaire depuis 2014 et d'une croissance de l'endettement. Certes, le pays dispose de réserves financières importantes (490 milliards de dollars fin 2018), mais il devra faire face à des échéances importantes en 2021 et 2022, de respectivement 60 et 40 milliards de dollars. Cette situation soulève des interrogations sur la poursuite du plan de modernisation de l'économie lancé par le prince Mohammed ben Salman, Vision 2030, qui prévoyait une baisse des subventions, la création d'un fonds souverain, une ouverture aux investissements étrangers et une diversification vers des secteurs d'activité hors énergie. On ne peut exclure aussi un regain des tensions politiques internes dans un contexte financier difficile.

L'impact de la crise sur le Koweït et les Émirats arabes unis devrait être limité compte tenu d'une situation financière saine et d'une pression démographique faible. Mais la situation a des conséquences géopolitiques sur la région. L'instabilité de nombreux régimes devrait se renforcer, nourrissant la rivalité des stratégies d'aide des puissances. Les relations entre l'Arabie Saoudite et les États-Unis se tendent sur fond de détérioration de la situation des milices iraniennes en Irak. L'image de la Russie et de l'Arabie Saoudite auprès des pays producteurs de la région en sort dégradée.

Crise sanitaire et marché pétrolier

La crise sanitaire aura un impact important sur le secteur de l'énergie, tant sur le plan économique que géopolitique. Le Fonds monétaire international anticipe, dans ses projections d'avril 2020, une baisse du PIB mondial de 3 % en 2020, l'économie mondiale rebondissant à 5,8 % en 2021. Mais il souligne les incertitudes majeures de ces projections. L'impact économique dépendra de nombreux facteurs : évolution de la pandémie, durée et succès des mesures de confinement, ampleur et efficacité des mesures de sortie de crise prises par les gouvernements, les autorités sanitaires et les banques centrales, modifications des modes de consommation… Les aléas sont tels qu'il est présomptueux de dessiner des scénarios d'évolution du marché pétrolier et de la politique des acteurs. On peut seulement avancer quelques pistes.

- Les événements récents ont confirmé que l'OPEP avait perdu son pouvoir de marché. Le cartel a dû s'associer à son concurrent la Russie, et les États-Unis se sont mobilisés pour aboutir à l'accord du G20 le 12 avril. Mais il s'agit à l'évidence d'un mariage contre-nature. L'accord sera-t-il respecté par tous les acteurs ? Il faut s'attendre à une grande volatilité du marché dans un contexte de prix du pétrole bas.
- La crise a un impact immédiat sur la demande. À long terme, on peut s'attendre à une modification des modes de consommation, en particulier dans le transport. Le pic de la demande pétrolière peut s'en trouver rapproché, ce qui serait une révolution dans le secteur de l'énergie.
- L'impact sur la transition énergétique est incertain. Certains pays ont annoncé une baisse de leurs ambitions en la matière, mais d'autres, à l'image de l'Union européenne, considèrent que la transition énergétique doit être au cœur des plans de relance.
- L'impact économique de la crise sur les pays producteurs peut conduire à une déstabilisation accrue du Moyen-Orient. Qu'en est-il de la stabilité intérieure de l'Arabie Saoudite ou de l'Iran ? On peut envisager une détérioration supplémentaire des relations entre ces deux pays, pouvant conduire à des attaques contre les installations pétrolières saoudiennes, ou à un blocage (voulu ou non) du détroit d'Ormuz par où transite 20 % de la consommation pétrolière mondiale. On ne peut donc exclure une crise géopolitique conduisant à un nouveau choc pétrolier.

***

Quel peut être l'impact de ce contexte bouleversé sur la stratégie pétrolière de l'Arabie Saoudite ? Les États-Unis ont été depuis un demi-siècle son partenaire privilégié. Ce ne sera sans doute plus le cas à l'avenir. Les États-Unis sont maintenant son concurrent principal sur le marché pétrolier. N'ayant plus besoin du pétrole du Moyen-Orient, ils se retirent progressivement de la région, jusqu'à menacer l'Arabie Saoudite de lui ôter leur protection militaire. Dans ces conditions, la responsabilité implicite des Saoudiens d'assurer la sécurité du marché pétrolier mondial n'est plus une priorité pour eux. La solidarité avec les pays producteurs de pétrole a été mise en cause par deux fois ces cinq dernières années : à l'évidence, ce n'est plus une préoccupation majeure pour le pays. Déjà, voici quelques années, Ali Al-Naïmi, ministre du Pétrole saoudien, affirmait qu'il convenait de profiter de l'argent du pétrole pour préparer l'après-pétrole. Dans le contexte d'un pic de la consommation pétrolière se rapprochant, cette priorité devrait à l'avenir guider la stratégie pétrolière du pays.

O. A.

Pour en savoir plus

- « Fiscal Break-Even Prices Revisited: What More Could They Tell Us about OPEC Policy Intent? », *Economic Commentary*, vol. 7, n° 8-9, août-septembre 2012.
- « World Energy Outlook 2019 », Agence internationale de l'énergie, novembre 2019.
- D. Yergin, « The Oil Collapse », *Foreign Affairs*, vol. 99, n° 2, avril 2020.

Partie 3

Le monde en questions

Crise sanitaire et démondialisation

Le COVID-19 a-t-il tué la mondialisation ?

Les contestations de la mondialisation se font entendre après chaque crise internationale, politique ou économique. Le COVID-19 relance le débat. Il est peu probable que la crise présente conduise à une démondialisation globale : les relocalisations seront sans doute partielles et sectorielles.

L'heure de la démondialisation a-t-elle sonné ? Deux thèses s'affrontent sur l'impact de la pandémie du coronavirus sur la mondialisation. Pour la première, la crise aura finalement peu d'effet et ce sera bientôt le retour à une forme de *big business as usual*. Pour la seconde, on se dirige vers une véritable démondialisation.

Un accélérateur antimondialiste ?

La crise du coronavirus a sans nul doute servi d'accélérateur à un certain nombre de tendances déjà observables ces dernières années. Et tout d'abord sur l'idée même de démondialisation. Elle était tout simplement impensable durant les années 1990, la mondialisation étant alors perçue comme un phénomène irréversible et globalement bénéfique. L'émergence publique du mouvement altermondialiste au tournant des années 1990-2000 et la montée en puissance, en plusieurs étapes, des mouvements populistes antimondialisation ont pourtant contribué à remettre en cause le « consensus permissif » qui existait jusqu'alors vis-à-vis de la mondialisation dans les pays développés, ainsi qu'une vision angélique d'un processus alors souvent présenté comme un facteur de prospérité et de paix pour tous.

Ce tournant a été également favorisé par les premières crises de la mondialisation, comme la crise financière asiatique de 1997 ou les suites des attentats du 11 septembre 2001. C'est d'ailleurs en 2002 qu'émerge le terme de démondialisation sous la plume de l'économiste altermondialiste philippin Walden Bello.

La crise de 2008-2009 a constitué une étape essentielle. La démondialisation a alors été perçue par des dirigeants tel le Premier ministre britannique de l'époque, Gordon Brown, comme une menace à conjurer. Elle fait, en effet, désormais partie des scénarios envisageables. Le double choc de 2016, avec le Brexit en juin puis l'élection de Donald Trump en novembre, tend à prouver que l'idée de démondialisation s'impose de plus en plus, en particulier auprès des *non-college white* de la Rust Belt aux États-Unis ou des *somewhere*[1] brexiters au Royaume-Uni – soit dans

1. D'après l'expression du journaliste britannique David Goodhart.

les deux pays qui ont joué un rôle moteur dans le processus de mondialisation des années 1970-1980.

La probabilité qu'un certain processus de démondialisation se concrétise devient alors assez forte. Elle est notamment renforcée par le conflit commercial déclenché par l'administration Trump vis-à-vis de la Chine à partir de 2018. Dans un grand nombre de pays développés, l'antimondialisation figure désormais sur la liste des thématiques que les politiques peuvent mettre en avant en tant qu'option légitime, d'autant que ses partisans se trouvent déjà au pouvoir dans certains pays (États-Unis, Brésil, Philippines, Hongrie...). C'est dans ce contexte que la crise du COVID-19 a tout simplement fait de la démondialisation une réalité, au moins de façon provisoire, en poussant les gouvernements à fermer les frontières et à mettre une grande partie des économies à l'arrêt, ce qui a provoqué une très forte contraction des échanges internationaux.

La mondialisation accusée en temps de crise

Deuxième constat : comme dans les autres crises majeures – attentats du 11 septembre 2001, crise de 2008-2009 –, la mondialisation et le néolibéralisme ont, en 2020, rapidement été montrés du doigt et jugés responsables, y compris par certains dirigeants.

Après le 11 Septembre, le philosophe britannique John Gray expliquait dans un article du 24 septembre 2001 de *The New Statesman* qu'avec ces attentats « l'ère de la mondialisation [était] achevée », tandis que le sociologue allemand Ulrich Beck parlait en novembre d'un « Tchernobyl de la mondialisation » dans le *Financial Times*. En septembre 2008, quelques jours après la faillite de Lehman Brothers, le président Nicolas Sarkozy affirmait : « Une certaine idée de la mondialisation s'achève avec la fin d'un capitalisme financier qui avait imposé sa logique à toute l'économie et avait contribué à la pervertir. »

Il en a été de même en 2020 à l'occasion de la crise du coronavirus. Ainsi le président Emmanuel Macron, dans un entretien au *Financial Times* du 17 avril 2020, expliquait-il : cette crise « va changer la nature de la mondialisation. […] Et cette mondialisation, on sentait bien qu'elle arrivait au bout de son cycle. […] Je crois que ce choc qu'on est en train de vivre après beaucoup d'autres, va nous obliger à repenser la mondialisation, et va nous obliger à repenser les termes de la souveraineté. »

En période de crise s'exprime souvent une préférence collective pour l'interventionnisme étatique au détriment du libéralisme économique, pour l'économie réelle aux dépens de l'économie financière, ou encore pour le national et le local par rapport au global. En outre, les courants globalo-sceptiques, globalo-critiques, ou antiglobalisation de la gauche, de la droite ou de l'écologie radicales, peuvent avoir le sentiment que la crise valide leur vision critique du « système » et qu'elle leur donne une opportunité historique de peser sur le « monde d'après ».

Les vulnérabilités créées par la mondialisation

Les vulnérabilités du processus de mondialisation ont sans nul doute été renforcées par l'épisode pandémique.

À travers les flux de personnes et les échanges commerciaux, la mondialisation constitue à l'évidence un facteur favorable à la diffusion de virus affectant humains, animaux ou végétaux. L'économiste Olivier Blanchard explique ainsi : « Depuis que les nations échangent entre elles, les épidémies se propagent par le canal du commerce[2]. » Cela a été bien évidemment le cas pour le COVID-19. Le politiste Romain Lecler affirme quant à lui que « ce virus est un pur produit de la mondialisation[3] », relevant que « la carte des foyers d'infection recouvre celle des vols aériens intercontinentaux ». Les flux de la mondialisation (touristes, voyageurs d'affaires, expatriés, étudiants internationaux, migrants, etc.) ont sans aucun doute favorisé la propagation très rapide du virus dans les 188 pays qui ont décompté au moins un cas – soit la quasi-totalité des États membres des Nations unies.

On peut aussi remarquer que les pays les plus touchés par le coronavirus les premiers mois ont été les principales puissances économiques (Chine, Europe occidentale, États-Unis), où le trafic aérien est le plus important et qui reçoivent le plus de touristes internationaux. Ce sont donc, d'une certaine manière, les espaces les plus « mondialisés », y compris à l'intérieur même des pays, qui ont été les plus affectés : Lombardie, Île-de-France, région madrilène, New York... La mondialisation apparaît ainsi centrale en la matière. Un rapport du National Intelligence Council américain de 2004 estimait d'ailleurs qu'une pandémie telle que la « grippe espagnole » constituait l'un des principaux risques susceptibles de la faire « dérailler ».

La seconde forme de vulnérabilité mise en évidence par la pandémie est liée, selon Olivier Blanchard, à « l'extrême fragilité de nombreuses multinationales qui ont éclaté leurs chaînes de sous-traitants partout sur la planète » et, plus largement, de pays qui ont soudainement pris conscience de leur dépendance vis-à-vis de la Chine pour certains produits jugés stratégiques (médicaments, masques, etc.).

Enfin, le célèbre « graphique de l'éléphant » a bien montré que les classes moyennes des pays émergents figuraient parmi les principaux bénéficiaires de la mondialisation de ces dernières décennies, contribuant à une sortie massive de l'extrême pauvreté. Ces classes moyennes apparaissent donc cruciales pour la légitimation politique de ce processus. Or une partie de ces catégories a pâti de la crise de 2008-2009. Un peu partout dans le monde, les mouvements sociaux qui ont jalonné les années 2010 – des *Indignados* espagnols jusqu'aux mouvements de 2019 en passant par *Occupy Wall Street* ou les Gilets jaunes en France – se sont d'ailleurs nourris du ressentiment face à une dégradation de leur niveau de vie ces dernières années. Une partie de ces classes moyennes sera sans doute durement frappée par la crise économique de 2020, qui réduira donc ainsi encore le « socle populaire » de la mondialisation.

Pas de grande démondialisation

En dépit de ces constats, il n'est pas certain que les hypothèses d'une grande démondialisation ou d'une relocalisation massive des activités économiques dans les pays développés soient les plus probables. Cela dépendra en grande partie de l'avancée

2. B. Mathieu, « Olivier Blanchard : "Le coronavirus peut accélérer la déglobalisation" », *L'Express*, 12 mars 2020.
3. S. Billard, « Ce n'est pas une simple crise : nous vivons une interruption inédite de la mondialisation », *L'Obs*, 21 mars 2020.

de la recherche sur les traitements et les vaccins contre le COVID-19, de la durée et de l'intensité de la récession économique, de l'éventuelle reprise en 2020 et en 2021, mais aussi du résultat des élections présidentielles américaines de novembre 2020, de ceux des mouvements populistes dans différents scrutins, et enfin des enjeux climatiques qui devraient rapidement revenir sur le devant de la scène.

Nombre d'analystes estiment que, si l'on risque d'observer une poursuite de la démondialisation des flux physiques, et en particulier des échanges commerciaux qui évoluent désormais à un rythme moins rapide que la production mondiale, les flux immatériels (données, flux financiers, services) devraient, eux, continuer à progresser. On ne devrait pas non plus nécessairement observer de processus massif de relocalisation, cette dernière se limitant à certaines activités industrielles jugées stratégiques, notamment dans le domaine médical.

En revanche, on pourrait assister à une recomposition des chaînes de valeur à l'initiative des grands groupes, sans doute en faveur d'une re-régionalisation, ce qui, pour les Européens, tendrait à favoriser les sous-traitants en Europe de l'Est et en Afrique. Ces groupes devraient, en effet, réévaluer les risques d'une trop grande dépendance vis-à-vis de certaines sources d'approvisionnement, notamment de la Chine, en les diversifiant et en cherchant à se rapprocher des consommateurs. Le groupe Renault, par exemple, a annoncé fin avril 2020 vouloir réduire drastiquement le nombre de ses sous-traitants et se retirer de sa *joint-venture* chinoise de Wuhan.

Pour Bertille Bayart, « la démondialisation sera d'abord une désinisation ». Une évolution liée à plusieurs facteurs : accroissement des coûts de production dans certaines économies émergentes (hausse des coûts salariaux), hausse des droits de douane ou des coûts de transport, ou encore attentes des consommateurs. La situation devrait être néanmoins différente selon les secteurs. Le professeur El Mouhoub Mouhoud distingue trois cas de figure : les « produits à matières solides » comme l'automobile ou l'électronique, qui sont automatisables et donc relocalisables ; les « matières souples » à l'instar du textile ou des chaussures, dont la production n'est pas automatisable et qui continueront à être délocalisées dans des pays à faible coût de main-d'œuvre, mais vraisemblablement hors de la Chine ; et le secteur des services qui devrait connaître de nouvelles délocalisations.

E. F.

Pour en savoir plus

- « Has COVID-19 Killed Globalisation? », *The Economist*, 14 mai 2020.
- T. Gonard, « "Démondialisation" ? La crise du coronavirus révèle une tendance de fond », *The Conversation*, 19 mars 2020.
- E. M. Mouhoud, « Le recul du commerce international n'est pas le signe d'une démondialisation », *Le Monde*, 31 janvier 2020.

COVID-19 : une crise économique sans précédent

vidéo
http://dunod.link/hlgxc1e

Des conséquences multiformes

La crise générée par le COVID-19 est inédite, par son ampleur, sa progressivité et son extension géographique. À long terme, les systèmes de dépendance économique devront être repensés. Tout comme le rôle des institutions financières – qui ont pourtant fonctionné – et commerciales.

Si la crise sanitaire liée au COVID-19 a pu être initialement sous-estimée, il a été très vite largement admis que ses répercussions économiques seraient exceptionnelles, plus graves et plus durables que celles observées après d'autres crises récentes (syndrome respiratoire aigu sévère – SRAS – en 2003, crise des *subprimes* en 2008).

Une crise d'une nature inédite

Cette crise se démarque de celle de 2008 en ce qu'elle frappe en premier lieu l'économie réelle (et non la sphère financière, qui n'en sera affectée que dans un second temps). En outre, elle s'inscrit dans un contexte de mondialisation particulièrement poussée, la plupart des économies du monde n'ayant jamais été aussi étroitement connectées et interdépendantes.

Tout démarre officiellement en Chine au tout début de l'année[1], avec les premiers signes de propagation rapide dans la ville de Wuhan d'un nouveau virus, le coronavirus SRAS-CoV-2. En réponse à l'épidémie de COVID-19 (maladie causée par ce nouveau coronavirus), les autorités chinoises décident le 23 janvier le confinement total de la ville de Wuhan et de bon nombre d'autres villes de la province du Hubei (dont Wuhan est la capitale).

C'est cette réponse radicale à la crise sanitaire qui va provoquer une crise économique d'une ampleur sans précédent. En mettant les usines à l'arrêt et en interrompant les chaînes logistiques, les autorités chinoises bloquent le fonctionnement économique non seulement de la province du Hubei mais de tout le pays, avant que l'onde de choc

1. La date du démarrage de l'épidémie est contestée. Contrairement aux allégations du gouvernement chinois, les premiers cas de contamination auraient été observés bien plus tôt, selon certaines sources dès le mois d'octobre.

ne se propage à l'ensemble de l'économie mondiale. En effet, la Chine, épicentre de la crise, se situe au cœur de nombreuses chaînes de valeur mondiales. En cessant de fournir des intrants et composants essentiels pour des secteurs tels que l'électronique, le textile ou encore l'automobile, elle désorganise les chaînes de production dans des pays géographiquement proches comme le Japon, la Corée, le Cambodge ou le Vietnam, mais aussi dans des pays bien plus éloignés, comme l'Allemagne ou l'Italie.

Par ailleurs, la Chine n'est plus seulement l'atelier du monde. Elle est devenue, au fil de son enrichissement, un pôle de demande important, ne serait-ce que pour le secteur touristique. Dès lors, le choc d'offre évoqué ci-dessus s'est accompagné d'un choc de demande.

Une caractéristique de la crise actuelle est donc de se développer par vagues : la crise sanitaire initiale déclenche une crise économique qui se propage d'un pays à l'autre ; mais la pandémie se propage en parallèle, aggravant encore les effets de la crise économique importée. La crise est aussi géographiquement bien plus étendue que les précédentes, et lorsqu'une région sort de la crise, une autre y entre. Ainsi, bien que la Chine amorce un redémarrage au mois d'avril, les réseaux de production demeurent paralysés, car les pays d'Asie du Sud-Est, par exemple, commencent alors à être touchés à leur tour.

Enfin, cette crise a éclaté dans un contexte économique détérioré dans de nombreux pays, à commencer par la Chine (où la croissance avait fortement ralenti dès le deuxième semestre 2019), ce qui réduit les marges de manœuvre dont disposent les gouvernants pour faire face aux difficultés. Dans certains cas (Malaisie, Philippines, Brésil, entre autres), l'instabilité politique complique encore la donne. Mais le contexte économique international est aussi profondément dégradé sous l'effet des tensions économiques (et au-delà) entre la Chine et les États-Unis. Autant de conditions qui démultiplient les effets délétères du choc sanitaire et des réponses qui y sont apportées.

Des effets conjoncturels encore difficiles à cerner mais des effets structurels profonds

Au début de l'été 2020, l'épidémie n'est pas encore parfaitement maîtrisée et l'éventualité d'une deuxième vague ne peut être écartée : c'est pourquoi l'incertitude demeure quant à la durée d'une récession à laquelle peu de pays échapperont. Toutes les prévisions s'accordent pour dire que cette récession sera profonde, mais alors que certains anticipent une reprise en V, d'autres parient plutôt sur une courbe en W, voire en L, avec une période prolongée de croissance atone.

Les prévisions les plus optimistes se fondent sur l'hypothèse d'un retour à la normale à l'automne – loin d'être acquis. Un rebond comparable à celui observé en 2003 (reprise en V) semble difficile à envisager cette fois, compte tenu de l'ampleur géographique de la crise et de ses effets en cascade. En outre, le caractère multidimensionnel de la crise laisse penser qu'un retour au *statu quo ante* est hautement improbable, tant le nombre de paramètres affectés est important. Enfin, compte tenu de la complexité des chaînes de valeurs, une remise en route des différents maillons de la chaîne peut s'avérer délicate et prendre du temps.

Certains changements de nature structurelle peuvent en revanche être anticipés, avec un degré raisonnable de certitude. Tout d'abord, l'impact de la crise devrait être particulièrement négatif pour les pays les plus pauvres, peu à même de faire face à la crise sanitaire, et en outre fréquemment dépendants des exportations de produits de base et autres matières premières dont les cours se sont effondrés, mais aussi des envois financiers des travailleurs à l'étranger, qui ont connu une chute brutale suite au blocage des économies plus avancées[2]. Or ils constituent une source essentielle de financement pour les pays en développement. Même si les pays africains semblent avoir été largement épargnés par la pandémie, ils sont les premiers à souffrir de tels effets indirects.

Selon les estimations de la Conférence des Nations unies sur le commerce et le développement, dans les pays les moins avancés le nombre de pauvres devrait passer de 344 à 377 millions, soit une hausse de la proportion de la population vivant en dessous du seuil de pauvreté de 32,5 % (avant l'épidémie) à 35,8 %. Pour la première fois depuis trente ans, l'indice de développement humain devrait reculer, selon le Programme des Nations unies pour le développement.

En plus du retour de la pauvreté, les inégalités vont à nouveau se creuser, et sur ce dernier plan les pays industrialisés ne seront pas épargnés, comme en témoigne le cas des États-Unis. Par ailleurs, la crise devrait renforcer certaines tendances qui s'étaient amorcées sous l'effet des tensions entre ces derniers et la Chine, notamment une réorganisation des chaînes de valeur mondiales destinée à réduire la dépendance vis-à-vis de la Chine. Comme l'explique le sous-secrétaire à la croissance économique, l'énergie et l'environnement du département d'État américain Keith Krach, « cela fait plusieurs années que nous travaillons à réduire la dépendance de nos chaînes d'approvisionnement à l'égard de la Chine, mais nous passons à la vitesse supérieure ».

Dans cet esprit, les États-Unis poussent à la création d'une alliance de partenaires de confiance (Economic Prosperity Network), qui comprendrait à la fois des entreprises et des groupes de la société civile fonctionnant selon les mêmes normes, dans des domaines aussi divers que le numérique, l'énergie et les infrastructures, la recherche, le commerce, l'éducation, etc. Le gouvernement américain travaille sur ce projet avec l'Australie, l'Inde, le Japon, la Nouvelle-Zélande, la Corée du Sud et le Vietnam, mais l'Amérique latine pourrait également y jouer un rôle.

Les États-Unis ne sont toutefois pas les seuls à chercher à réduire leur dépendance à l'égard de la Chine, et des incitations fiscales et autres subventions à la relocalisation des entreprises hors de Chine figurent également dans la boîte à outils des gouvernements japonais et coréen pour répondre à la crise.

Sans aller jusqu'à un découplage complet, qui ne semble, en réalité, envisageable que dans le seul secteur numérique, il y a de fortes chances pour qu'à l'avenir la plupart des gouvernements cherchent à éviter de s'en remettre au marché mondial pour l'accès à des produits et équipements jugés vitaux ou stratégiques. Dans ces conditions pourrait alors émerger une nouvelle dynamique de mondialisation, structurée autour des grands pôles régionaux d'intégration commerciale, asiatique, européen et américain.

2. Le caractère contracyclique des remises ne peut en outre pas se déployer puisque l'essentiel des pays de la planète est touché.

Les réponses des instances de gouvernance économique globale

Face à la crise, des efforts de coopération multilatérale n'ont pas tardé à se déployer. Ainsi, des engagements ont été pris dans le cadre du G20 pour injecter près de 5 000 milliards de dollars dans l'économie mondiale, dans le cadre de mesures budgétaires sans précédent, et soutenir les décisions exceptionnelles prises par les banques centrales. Des mesures énergiques ont également été prises à l'égard des pays les plus pauvres, avec la déclaration d'un moratoire d'un an sur le remboursement des dettes. De même, les institutions de Bretton Woods se sont mobilisées en faveur de leurs membres les plus vulnérables. Le conseil d'administration du Fonds monétaire international a validé la mise en place de nouveaux mécanismes de financement rapide, répondant ainsi aux sollicitations de pas moins de 102 de ses membres frappés par la crise. La Banque mondiale a, de son côté, accordé une aide d'urgence à plus de 30 pays africains.

Dans le domaine commercial par contre, les difficultés rencontrées par l'Organisation mondiale du commerce (OMC) ont été encore aggravées par la crise, qui a renforcé les pressions protectionnistes existantes. Nombre de pays envisagent désormais de rapatrier certaines productions sur leur propre territoire, mais aussi de restreindre les exportations de certains produits et matériels, notamment médicaux. Selon les chiffres de Global Trade Alert, le nombre des barrières aux échanges est en forte hausse, et les limitations des exportations, instrument jusque-là peu utilisé, sont devenues monnaie courante. Si elles peuvent se justifier pour des raisons de sécurité nationale, le risque ne peut être écarté qu'elles soient instrumentalisées à des fins strictement protectionnistes.

Face à ces évolutions, toutefois, des petits groupes de pays se sont mobilisés pour préserver la fluidité des échanges et la poursuite du bon fonctionnement des chaînes de valeur. C'est notamment le cas de divers pays, majoritairement asiatiques, rassemblés autour Singapour et de la Nouvelle-Zélande ; mais le Canada a pris des initiatives similaires pour préserver la liberté des échanges. Même si ce n'est pas sous l'égide de l'OMC – dont la légitimité a été battue en brèche par l'administration Trump – que ces efforts prennent forme, les principes qui ont présidé à la création de l'organisation demeurent vivaces. D'ailleurs, pour pallier le blocage de l'organe d'appel du mécanisme de règlement des différends de l'OMC, un mécanisme multipartite intérimaire a également été mis en place par un petit groupe de pays (réunissant Australie, Brésil, Chine, Chili, Colombie, Costa Rica, Union européenne, Guatemala, Hong Kong, Islande, Mexique, Nouvelle-Zélande, Norvège, Pakistan, Singapour, Suisse, Ukraine et Uruguay), qui témoigne de la volonté de sauvegarder les valeurs de l'institution.

F. N.

Pour en savoir plus

- « How COVID-19 Is Changing the World: A Statistical Perspective », Committee for the Coordination of Statistical Activities, 2020.
- « Perspectives de l'économie mondiale », Fonds monétaire international, avril 2020.
- R. Baldwin et S. Evenett (dir.), « COVID-19 and Trade Policy: Why Turning Inward Won't Work », Centre for Economic Policy Research, 2020.

Coronavirus : information et formation de la crise

La tragédie grecque menait par degrés à l'apogée avant de recourir à une catharsis libérant les spectateurs de leurs passions. L'univers médiatique moderne ne délivre jamais, et souhaite seulement garder l'audience sous tension.

La formation de l'attention

Fait rarissime, durant de longues semaines, chaque Français aura été touché quotidiennement près de 80 fois par une information sur le coronavirus[1]. En 2019, le sujet le plus traité par les médias a été l'incendie de Notre-Dame de Paris (sur quelques jours, chaque Français aura été touché quotidiennement 55 fois par l'information). En langage médiatique, la crise sanitaire est un *blast* : le thème balaie tout sur son passage, le coronavirus occupant 80 % du temps d'antenne des chaînes d'information en continu.

Yves Citton rappelle que nos régimes d'attention dépendent de nos régimes de valorisation : je fais attention à ce que j'ai appris à valoriser, et je valorise ce à quoi j'ai appris à faire attention. Mais attention n'est pas raison. L'économiste Robert Shiller, en révoquant la théorie des marchés efficients, prouvait que l'attention, ou le fait d'être informé, n'engendrait pas mécaniquement un comportement logique. Accumuler sans raison des stocks de farine répond à un réflexe archaïque dans lequel on ne mesure pas encore assez la responsabilité des médias. S'est installée dans cette crise une véritable hégémonie des choix médiatiques. La surattention médiatique provoquant un même phénomène de mimétisme parmi les dirigeants politiques qui, tour à tour, fermaient leurs frontières, confinaient leur population, stoppaient les échanges d'économies interdépendantes. Aux antipodes de la glaciation économique émergeait une déferlante d'échanges informationnels, livrés en permanence aux émotions d'une multitude confinée.

La communication publique

La crise financière de 2008 était due, comme la plupart des bulles spéculatives depuis le XVIIe siècle, à l'alignement des attentions (et des inattentions) sur certains indicateurs plus que sur d'autres, entraînant un phénomène de « cécité attentionnelle ». Face au coronavirus, on a oublié que les situations d'urgence se caractérisent par la loi de Murphy : la réalité est pire que tous les scénarios envisagés. D'où les erreurs des équipes en charge de la crise – par exemple en France

1. Selon l'indicateur d'exposition médiatique de la société Kantar, dit unité de bruit médiatique (UBM).

avec le choix tactique d'affirmer l'inutilité des masques. Les analystes expliquent usuellement que les événements graves provoquent le *rally 'round the flag*, autrement dit l'agrégation des opinions de soutien aux dirigeants. Pourtant, mesurée à la veille du 11 mai 2020, l'opinion des Français sur la gestion du gouvernement était critique. C'est dès le mois de mars que s'est installée la défiance : 57 % des Français pensaient alors que le gouvernement avait « caché certaines informations » sur le coronavirus (sondage IFOP/Illicomed, 2 mars 2020). En mai, 75 % des sondés accusaient le manque de sincérité de leurs dirigeants.

Les préceptes de l'Organisation mondiale de la santé (OMS) étaient pourtant avisés et attribuaient une place essentielle au principe d'incertitude dans les documents relatifs à la communication du risque en temps d'urgence sanitaire. Alors que l'incertitude n'étonne pas les experts, économistes ou médecins, elle fracture les organisations sociales et crée de l'anomie dans nos sociétés d'opinion. Face aux problèmes sanitaires, le département de gestion des risques infectieux de l'OMS recommande d'abord de renforcer la confiance. Donc de communiquer en toute transparence sur les incertitudes : « Les messages diffusés par les autorités à l'intention de la population devraient inclure des informations explicites quant aux incertitudes associées aux risques, aux événements et aux interventions, et préciser ce que l'on sait et ce que l'on ignore à un instant donné. »

L'industrie de l'information et les médias ont-ils aussi une responsabilité dans la pénurie de matériels ? Peut-être, en particulier à travers les campagnes critiques des décisions prises au moment de la crise H1N1 de 2009. En France, les leçons post-crises sont trop souvent marquées par une mémoire de court terme, qui ne retient que les leçons de la dernière crise en oubliant les précédentes. Ce mécanisme est bien connu des chercheurs en sciences sociales. Ainsi la pénurie de masques, les restrictions de moyens alloués au plan pandémie, et la dilution de l'Eprus (Établissement de préparation et de réponse aux urgences sanitaires, créé en 2007, intégré en 2016 dans Santé publique France) sont-elles en partie liées aux leçons retenues de la grippe H1N1. Dix ans après, le lien apparaît nettement entre le sentiment d'« en avoir trop fait » en 2009 et le manque de moyens actuel.

Une première explication tient à un phénomène de désapprentissage, de stockage de la mémoire, en particulier dans les administrations. Dans le plan pandémie grippale de 2011, toutes les mesures qui ont fait défaut au début de la crise de 2020 étaient prévues : fermeture des crèches, des écoles, des spectacles, anticipation de pénuries d'eau et d'alimentation ; le plan anticipait également une forte dépendance de la France vis-à-vis de la Chine en matière de matériel de protection.

Un second facteur explicatif tient à la tension entre caractère systémique des crises et recherche de boucs émissaires. Le trait commun à tous les débats et enquêtes post-crises est bien la recherche de coupables.

« Infodémie », *fake news* et rôle de la Chine

COVID-19 et complotisme : quel est le plus viral des deux ?

Sur le coronavirus comme sur d'autres sujets, l'économie de l'attention est victime d'escroqueries quotidiennes. Plus d'un quart des Français pensent que le nouveau coronavirus a été fabriqué en laboratoire, dont 17 % « intentionnellement » et 9 % « accidentellement », selon une étude réalisée pour la Fondation Jean-Jaurès et Conspiracy Watch, site édité par l'Observatoire du conspirationnisme et des théories du complot. Selon une étude du Pew Research Center, 29 % des Américains pensent de même.

Dans la crise, les réseaux sociaux auront hébergé et nourri nombre d'affabulations, difficiles à effacer de millions d'esprits. La plus importante est celle que le fondateur de Conspiracy Watch a appelé « le complot des blouses blanches » : l'Institut Pasteur aurait enfanté l'actuel coronavirus dans les années 2003-2004 et l'aurait enregistré à l'Institut national de la propriété industrielle (INPI) à des fins commerciales. Le numérique reprend le complotisme en l'amplifiant par la présence de plus en plus large des grilles de lectures conspirationnistes sur les *social medias*. Leurs consommateurs s'enferment dans un schéma d'auto-information qu'Eli Parizer qualifie de *filter bubbles*, « bulles de filtres » créées par algorithmes. Ces derniers sélectionnent les contenus proposés à chaque internaute en fonction des données collectées sur lui, générant un « isolement intellectuel » et culturel que nulle information réaliste ne peut venir contrarier. L'idée même de faire confiance aux médias historiques, aux journalistes professionnels, est dès lors récusée.

Les réseaux sociaux ont également véhiculé des imputations maléfiques contre la Central Intelligence Agency (CIA), Bill Gates accusé d'avoir eu raison trop tôt, de grandes entreprises du secteur pharmaceutique, le gouvernement chinois, voire des théories clairement antisémites… Pour David Icke, star de la sphère complotiste radicale, le coronavirus pourrait venir des antennes 5G aux États-Unis et en Grande-Bretagne... Les publics touchés sont ici surtout jeunes, peu diplômés et proches des votes extrêmes. Le numérique est le vivier des *alternative facts*, dont l'audience s'élargit à mesure que se réduit la confiance dans les médias *mainstream*.

Une guerre froide de l'information

Trente ans après la répression de la place Tian'anmen, la Chine entend redorer son image. La crise du COVID-19 l'aura pourtant vue recourir à une communication hasardeuse. Alors que le virus était apparu dès novembre-décembre 2019 à Wuhan – dont les 11 millions d'habitants sont mis en quarantaine dès fin janvier –, la gravité de la maladie n'est publiquement reconnue que le 20 janvier 2020 par le président Xi Jinping. Selon Citizen Lab, institut spécialisé dans le contrôle de l'information de l'université de Toronto, des termes comme « pneumonie inconnue de Wuhan » ou « Commission de la santé de Wuhan » ont été bannis de plusieurs applications chinoises dès les premières semaines de l'épidémie.

Au nom de la stabilité, il est courant qu'en Chine les géants de l'internet épurent les contenus politiquement sensibles ou indésirables. Plusieurs médecins de Wuhan qui avaient alerté sur le virus ont été accusés par la police de propager des « rumeurs » – comme Li Wenliang, mort du virus début février. Par la suite, la Chine a mis en œuvre une étonnante communication, alternant contenus positifs (construction en un temps record d'un imposant hôpital de campagne), diplomatie de générosité (mise en scène d'envois de masques), critiques acerbes de diplomates chinois sur la stratégie de crise de pays où ils étaient en poste, enfin campagne de désinformation provoquant une contre-attaque américaine immédiate. La guerre de l'information était ouverte. Le SRAS-CoV-2 proviendrait d'un laboratoire chinois – thèse avancée par le *Washington Post* –, conséquence d'une fuite accidentelle. Mike Pompeo, secrétaire d'État des États-Unis, affirmait sur ABC qu'il en existait un « nombre significatif de preuves » – un argument pour un Donald Trump en pleine campagne électorale et tentant de dissimuler sa gestion désinvolte de l'épidémie.

Jean-Pierre Cabestan résume les atermoiements de l'Empire du Milieu : « La Chine a voulu faire preuve de générosité. Or l'accompagner d'agressivité a nui à son message. Par sa communication elle nourrit une "guerre froide" avec les États-Unis. Elle se pensait assez puissante pour tout se permettre, et c'était une erreur.[2] »

***

Dans *Surveiller et punir*, Michel Foucault s'attache aux mutations des dispositifs disciplinaires. La prison, par exemple, perdure comme clé de voûte d'une « nouvelle technologie du pouvoir » qui, avec l'école, l'asile ou l'hôpital, permet depuis la fin du XVIIIe siècle un nouvel investissement de la vie quotidienne des individus. Après l'invention de l'imprimerie, l'école, autre système disciplinaire, génère, avec la lecture et l'écriture, des comportements nouveaux pour que chacun comprenne la loi. Chaque révolution accouche de nouveaux paradigmes.

C'est le cas pour la société informationnelle augmentée du passage au numérique. Ce dernier s'inscrit dans une logique panoptique de contrôle des populations. Or si la prison, ou l'école, restent sous contrôle d'autorités identifiées, le cyberespace s'affranchit des modes de régulation décrits par Foucault. La dynamique propre des médias et l'irrationnelle liberté des réseaux sociaux forment et déforment les structures de l'économie de l'attention, provoquant chaque jour une nouvelle forme d'anomie.

Le traitement informationnel de la crise du coronavirus associe deux entités – médias et médias sociaux – qui fracturent ensemble les systèmes de régulation, en tentant d'imposer une nouvelle norme de comportements. On pourrait déchiffrer bientôt dans les urnes des comportements politiques formatés par la puissance du narratif informationnel issu de la crise du COVID-19…

J. I.

Pour en savoir plus

- « COVID-19, une épidémie de fausses informations », *Mécaniques du complotisme*, Podcasts, France Culture, 28 avril 2020.
- H. Bergeron, O. Borraz, P. Castel et F. Dedieu, « Gestion de crise : comment tirer les leçons du coronavirus ? » *Analyse, Opinion, Critique*, 21 avril 2020.
- Y. Citton (dir.), *L'Économie de l'attention. Nouvel horizon du capitalisme ?*, Paris, La Découverte, 2014.

2. M.-F. Chatin, « Sanctionner la Chine ? », RFI, 24 avril 2020.

La défense française et la pandémie

Des effets à venir

Tentation d'un repli largement dicté par des considérations budgétaires ; manœuvres d'acteurs profitant des espaces stratégiques ainsi dégagés ; doute sur le niveau d'efforts que les Européens pourront consentir dans l'avenir : la crise du COVID-19 influe déjà sur les choix de défense français.

Depuis qu'elle est apparue, l'épidémie du COVID-19 a pesé sur les appareils de sécurité et de défense de nombreux États. Au-delà de cas spectaculaires, telle la contamination à bord de deux porte-avions américain et français, les effets de la pandémie sur les activités opérationnelles sont restés assez limités. Mais les conséquences de plus long terme sur la politique de défense française, bien qu'incertaines, pourraient être plus déstructurantes et ébranler l'effort de remontée en puissance amorcé en 2017.

La pandémie liée au COVID-19 représente un défi global exposant tous les États à un mal identique. Pour autant, en termes sanitaires ou économiques, tous les États ne souffrent pas de la même manière de l'épidémie. La qualité des systèmes de santé nationaux, la pertinence des choix publics pour endiguer la propagation du virus, et l'implication plus ou moins profonde de chaque système national dans l'économie globalisée comptent – comme la chance… – parmi les facteurs de rétablissement. En ce sens, la pandémie sera l'occasion d'une redistribution de puissance qui pèsera sur les intérêts stratégiques français. Deux tendances distinctes mais complémentaires sont susceptibles d'affecter ceux-ci.

De la diversion au repli

La première tendance concerne la place de la défense au sein des priorités nationales de sociétés durement frappées par le virus. Face à une « guerre » qui n'en est pas une, les armées n'ont pas à être en première ligne et se bornent ainsi logiquement à un rôle d'appui, en France comme ailleurs. Hors de l'urgence, la place des investissements de défense dans les dispositifs de relance économique fait pleinement sens (emplois non délocalisables et chaînes d'approvisionnement majoritairement nationales), mais pourrait être difficile à garantir à l'heure des arbitrages budgétaires. Ce type d'arguments, déjà audibles en France, se posera en outre en des termes plus défavorables encore dans les pays ne disposant pas d'une industrie de défense, et où les investissements n'auraient ainsi pas d'effet comparable sur l'économie nationale.

Le dilemme se décline dans toutes les économies de l'Organisation du traité de l'Atlantique nord (OTAN). La crise économique et financière de 2008 avait ouvert une phase de réduction des dépenses militaires des pays membres qui s'était poursuivie jusqu'en 2014. Au terme de cette période, les dépenses militaires des Alliés avaient chuté de près de 20 %, une tendance qui n'avait été infléchie qu'avec l'annexion de la Crimée par la Russie et l'apparition de Daech. En Corée du Sud, la crise a d'ores et déjà amené le gouvernement à réduire ses ambitions budgétaires de défense pour 2020. Dans combien de pays la réévaluation des priorités à l'issue du COVID-19 aboutira-t-elle à réviser à la baisse les niveaux d'ambition en termes de politique étrangère et d'action militaire à l'extérieur du territoire national ?

La tentation d'un repli qui accompagnerait une contraction de l'effort de défense risque d'être d'autant plus séduisante pour les élites et opinions publiques occidentales qu'elle viendrait conforter la perception grandissante de la vanité d'interventions militaires toutes présentées – à tort – comme des « guerres sans fin ». Les opérations extérieures ont des coûts budgétaires et politiques non négligeables, que fort peu d'États sont aujourd'hui prêts à consentir, comme en témoignent les difficultés de la France pour trouver des partenaires susceptibles d'opérer à ses côtés au Sahel. Une autre source de fragilité pourrait venir de ce que les pays de l'OTAN qui ont subi, hors France, le plus grand nombre de victimes liées au COVID-19 – États-Unis, Royaume-Uni, Italie, Espagne, Allemagne – représentent aussi les principaux budgets militaires de l'Alliance et comptent parmi les partenaires les plus précieux de Paris pour ses opérations extérieures.

Des démonstrations de force à l'opportunisme stratégique

Plus le nombre d'alliés suivant la tendance au repli sera élevé, plus grandira le risque d'opportunisme stratégique, pouvant affecter les intérêts de sécurité français. Exploitant et comblant des vides sécuritaires présentés ou voulus comme temporaires, un tel opportunisme pourrait être le fait de groupes armés, comme d'États.

Dans les sociétés les plus fragiles et plus directement exposées aux menaces, des phénomènes de diversion et d'opportunisme se sont déjà combinés depuis le début de la pandémie. Ainsi, lorsque le gouvernement irakien retire en mars ses unités des activités de formation dispensées par la coalition contre Daech, afin de les déployer à Bagdad pour assurer le couvre-feu et prémunir le pays face à la pandémie, il étend un vide sécuritaire hors de la capitale. Celui-ci offre dès lors aux combattants toujours actifs de Daech l'opportunité d'attaques plus ambitieuses contre certaines de leurs cibles prioritaires, comme les unités de miliciens chiites.

Plus généralement, dans des pays confrontés à des troubles sécuritaires graves, voire à des guerres civiles, la pandémie met à l'épreuve des gouvernements souvent déjà incapables de répondre aux besoins essentiels des populations civiles. La propagande des groupes armés comme le Hezbollah ou les talibans a d'ores et déjà commencé à exploiter ce registre dans le contexte de la pandémie, y puisant un argument de plus pour discréditer leurs adversaires étatiques.

Les démonstrations de force émanant d'États ont été nombreuses depuis le début de la crise, sans pour autant être porteuses de sens radicalement nouveaux. La

Chine a mené de multiples exercices aériens et aéronavals à proximité de Taïwan, et des exercices de lutte anti-sous-marine en mer de Chine du Sud, tandis que des accrochages se poursuivaient à proximité d'autres terres contestées, telles les îles Senkaku/Diaoyu. La Russie, de même, semble avoir maintenu un niveau soutenu d'activité opérationnelle, multipliant exercices et manœuvres, et testant mi-avril un missile antisatellite depuis le sol, peu après que deux de ses satellites ont manœuvré à proximité d'un satellite militaire de reconnaissance optique américain.

Dans les deux cas, la continuité avec les pratiques passées prédomine sur la nouveauté, et nulle ambition particulièrement agressive n'apparaît derrière la poursuite d'activités somme toute routinières. Il est même tout sauf surprenant de voir des États en rivalité fondamentale continuer à envoyer des signaux stratégiques alors qu'ils traversent une crise mondiale : en l'occurrence tous les États jouent une partition assez semblable, y compris les pays de l'OTAN. Chacun cherchant à démontrer, *a minima*, que la pandémie n'affecte pas la disponibilité et la capacité opérationnelle de ses forces armées.

En réalité, la problématique de l'opportunisme stratégique est moins significative à court terme qu'à plus long terme. Par-delà les logiques d'affichage, les manœuvres de démonstration de force ont aussi pour fonction de tester des capacités de détection et des délais de réponse, dans le domaine cybernétique, dans l'espace extra-atmosphérique, en mer de Chine méridionale, ou dans les espaces aériens d'Europe du Nord. C'est sur le temps long que les effets d'aubaine réels peuvent apparaître, à mesure que les conséquences opérationnelles, budgétaires et politiques de la pandémie et – surtout – de la crise économique pourront se faire sentir et accélérer des tendances déjà à l'œuvre.

Ainsi la réponse erratique de l'administration Trump à la pandémie accélère-t-elle un processus d'érosion du leadership américain, par ailleurs largement alimenté par l'acharnement de la Maison-Blanche à démanteler autant que possible l'architecture de maîtrise des armements nucléaires et conventionnels (retrait du traité *Open Skies*) et flirtant avec la possibilité d'une reprise des essais nucléaires, sans même que le besoin en ait été exprimé par les laboratoires de la National Nuclear Security Administration. Une réélection de Donald Trump à l'automne 2020 exacerberait à la fois les craintes d'alliés se sentant de plus en plus exposés, et les appétits de puissances régionales et autres rivaux géopolitiques dont les capacités n'auraient pas été lourdement entamées par la crise et qui disposeraient ainsi d'une liberté d'action renouvelée. Quant à l'arrivée au pouvoir d'un président démocrate comme Joe Biden, elle atténuerait certaines de ces dynamiques sur le plan diplomatique, mais se traduirait par des axes d'effort qui seraient sans doute, dans un premier temps au moins, plus internes qu'externes.

Préserver l'ambition

La crise durable qui s'ouvre vulnérabilise de multiples manières la stratégie de défense française. Exposée par Emmanuel Macron le 7 février à l'École militaire, elle s'appuie sur quatre piliers : « la promotion du multilatéralisme [...], le développement de partenariats stratégiques, la recherche d'autonomie européenne et la souveraineté nationale ». Sans surprise majeure, le discours a replacé dans une vision cohérente et ambitieuse des axes d'effort engagés, pour certains, dès les débuts du quinquennat, tels la préservation d'un modèle d'armée complet, le développement d'une plus grande capacité d'action autonome des Européens en complément de l'Alliance atlantique, la conception entre Européens d'un agenda pour l'avenir de la maîtrise des armements sur le continent, ou encore la montée en puissance budgétaire telle que définie dans le cadre de la loi de programmation militaire (LPM) 2019-2025. S'y ajoutent des développements plus inédits, comme l'ambition d'une politique européenne de souveraineté sur les infrastructures et technologies critiques (réseaux numériques, ports et aéroports, énergie...).

De même, et parce que « les intérêts vitaux de la France ont désormais une dimension européenne », les partenaires européens « qui y sont prêts » sont invités à engager un dialogue sur le rôle de la dissuasion française pour la sécurité collective, ainsi qu'à participer à des exercices des forces nucléaires françaises. À l'instar de l'Initiative européenne d'intervention (IEI) initiée en 2018 et de la définition de priorités en matière de maîtrise des armements, ces initiatives ont pour vocation de contribuer, sur le temps long, à l'émergence d'une culture stratégique européenne.

Rien, dans la crise actuelle, ne remet en cause la pertinence de ces orientations. Au contraire, la redistribution de puissance et le démantèlement des normes et du multilatéralisme devraient inciter à réaffirmer une ambition forte pour la défense, tant au niveau national qu'en Europe. Pour autant, la politique de défense française semble s'acheminer vers une ère de troubles. La LPM 2019-2025 est singulièrement ambitieuse et, une fois n'est pas coutume, a été appliquée à la lettre depuis son vote. Alors qu'elle commence juste à rattraper les retards de renouvellement des équipements hérités des coupes budgétaires survenues entre 2008 et 2015, elle sera soumise à forte pression lors des échéances à venir, en particulier la révision de 2021.

Malgré la mobilisation de l'Allemagne, de la France, de l'Espagne et de l'Italie, les inconnues sont tout aussi grandes pour la trajectoire de l'effort de défense dans le reste de l'Europe, et les financements communautaires européens supposés concrétiser l'activation de la Coopération structurée permanente (CSP) et du Fonds européen de défense (FEDef). L'espoir demeure de financements communautaires ambitieux, mais il serait illusoire et dangereux d'imaginer qu'ils pourraient combler une réduction des efforts de défense nationaux. Si la crise économique frappe durement la politique de défense de la France, celle-ci n'aura d'autres choix que de réduire ses ambitions stratégiques et ses niveaux d'activité opérationnelle, sur le territoire national comme sur les théâtres extérieurs.

C. B.

Pour en savoir plus

- « Discours du président Emmanuel Macron sur la stratégie de défense et de dissuasion devant les stagiaires de la 27e promotion de l'École de guerre », 7 février 2020.
- A. Marrone et O. Credi, « COVID-19: Which Effects on Defence Policies in Europe? », Istituto Affari Internazionali, avril 2020.
- F. Parly, A. Kramp-Karrenbauer, M. Robles Fernández et L. Guerini, « At the Heart of Our European Union », Communiqué, Ministère des Armées, 29 mai 2020.

Les opérations militaires françaises en 2020

La guerre au temps du coronavirus

Les armées françaises ont joué leur rôle au service de la maîtrise de la crise du COVID-19. Elles restent cependant très engagées sur les théâtres extérieurs. Après le Levant, c'est aujourd'hui le Sahel qui mobilise l'essentiel des attentions françaises, même si se profile le choix d'un relatif retrait.

« Nous sommes en guerre », assénait Emmanuel Macron le 16 mars 2020. Si la rhétorique martiale visait à assumer la gravité de la situation sanitaire et à mobiliser la population, elle ne résumait pas la réalité opérationnelle des armées françaises dans un contexte géopolitique bouleversé. Au-delà de la contribution à la gestion de crise sur le territoire national et des reports de charges dus aux mesures de précaution sanitaires, la défense française a en effet maintenu un dispositif de plus de 30 000 militaires en déploiement opérationnel. Axe d'effort essentiel des années 2014-2018, le Moyen-Orient semble passer au second plan, en dépit – ou du fait – de tensions géopolitiques croissantes entre l'Iran et les États-Unis. Le centre de gravité des opérations françaises évolue clairement vers la bande sahélo-saharienne.

Les armées et la pandémie : l'enjeu de la résilience

En janvier 2015, les attentats contre *Charlie Hebdo* et l'Hyper Cacher avaient conduit à la mobilisation inédite de 10 000 militaires sur le territoire national dans le cadre de l'opération Sentinelle, toujours en vigueur en 2020 malgré des allègements notables. La pandémie du COVID-19 a déclenché une nouvelle mobilisation massive des armées. Entamée le 25 mars, l'opération Résilience a mobilisé plus de 3 000 militaires en soutien au secteur civil pour faire face à l'afflux de patients. Le Service de santé des armées a été mobilisé pour aider au désengorgement des zones les plus lourdement frappées, notamment en Alsace avec le déploiement d'un Élément militaire de réanimation à Mulhouse. Les armées ont également contribué aux transferts de patients grâce au module Morphée des *A330* de l'armée de l'Air, au porte-hélicoptères amphibie (PHA) *Tonnerre* opérant depuis la Corse, ainsi qu'aux hélicoptères *NH90* de l'armée de Terre. Elles ont enfin participé à l'acheminement de matériel sanitaire au profit des départements, régions et collectivités d'outre-mer, comme l'ont illustré les déploiements des PHA *Dixmude* aux Antilles et *Mistral* dans l'océan Indien (La Réunion, Mayotte).

La crise a aussi pesé négativement sur les armées. Si la contamination des forces a été limitée, elle n'a pu être partout empêchée, et notamment à bord du porte-avions *Charles de Gaulle*, dont plus de la moitié de l'équipage a contracté le virus, contraignant à écourter sa mission en Atlantique nord. La décontamination du bâtiment a été effectuée par le 2e Régiment de Dragons, spécialisé dans l'action en environnement NRBC (nucléaire, radiologique, biologique, chimique). À cette exception près, l'activité opérationnelle n'a été que peu impactée par la crise. Les armées ont pu maintenir leurs missions de dissuasion, de protection des approches et d'intervention à l'étranger. L'activité a néanmoins souffert de la mise en place de mesures sanitaires imposant la réduction des états-majors, la mise en quatorzaine des personnels destinés à être déployés, ou le report d'une partie de la préparation et de l'entraînement. Ce fut aussi le cas pour certaines missions de formation, comme en Irak, du fait de la suspension par l'armée locale des exercices avec les partenaires étrangers.

Fin de partie au Moyen-Orient ?

Dès avant la pandémie du COVID-19, l'activité opérationnelle de la France au Moyen-Orient apparaissait sur le déclin. Lancée en 2014 pour contrer l'avancée de l'État islamique, l'opération Chammal, volet français de la coalition internationale emmenée par les États-Unis, était parvenue à son objectif principal dès mars 2019 avec la prise de Baghouz, dernier réduit djihadiste, et l'élimination de son leader, Abou Bakr Al-Baghdadi, en octobre par un raid américain. La mission s'est néanmoins poursuivie, *via* des frappes aériennes sporadiques, ainsi qu'à travers un accompagnement de ses partenaires : l'armée irakienne d'une part, les Forces démocratiques syriennes (FDS), majoritairement composées de Kurdes syriens, de l'autre.

En Syrie, l'annonce par la Maison-Blanche en octobre 2019 d'un retrait des forces américaines, et le déclenchement d'une offensive turque sur les territoires tenus par les FDS, ont profondément remis en question le cadre d'emploi du petit contingent de forces spéciales françaises dans le pays. En Irak, le statut de la coalition est également remis en cause début 2020 par la crise diplomatico-militaire née de l'élimination par un drone américain du général iranien Qassem Soleimani et de son allié irakien Abou Mehdi Al-Muhandis, leader de la milice chiite Kata'ib Hezbollah. La réaction irano-irakienne est à la fois militaire – tirs de roquettes sur les bases occupées par les États-Unis et leurs alliés, dont la France – et politique – vote par le Parlement irakien d'une résolution appelant au départ de toutes les troupes étrangères du pays.

Les activités de la coalition internationale sont alors drastiquement réduites, et en mars les États-Unis amorcent un retrait progressif, rendant le contrôle de leurs bases aux autorités irakiennes. Le retrait des formateurs français pour cause de pandémie s'inscrit donc dans une dynamique de fond. Il n'est toutefois pas exclu que la situation sécuritaire au Levant, et notamment le regain d'activité de l'État islamique à la faveur du retrait occidental, incite *in fine* la France à se réengager, quitte à le faire par la seule arme aérienne – à la manière de sa contribution à l'opération Southern Watch des années 1990.

Si elle semble sur le départ en Irak et en Syrie, la France a cherché à se renforcer dans le Golfe face à l'escalade née d'une série d'attaques hybrides contre des navires et sites pétroliers autour du détroit d'Ormuz. Ces agressions sont la réponse asymétrique de Téhéran à la stratégie de « pression maximum » imposée par Washington après son retrait de l'accord sur le nucléaire de 2015, que la France – comme les autres signataires européens – a désespérément cherché à sauver. C'est pour faire entendre « une autre voix occidentale » que Paris a pris en janvier 2020 la tête de l'opération Agénor, mission européenne de surveillance maritime dans le Golfe. Commandée depuis la base française d'Abou Dhabi, elle se pose comme réponse plus ou moins autonome des États-Unis, qui ont mis en place une mission parallèle (Sentinel).

Dans une même perspective, la marine française a joué un rôle clé dans la mise en place d'une autre opération européenne, Irini, chargée de faire respecter l'embargo sur les armes au large des côtes libyennes. Cette dernière prend la suite de la mission EUNAVFOR Sophia destinée à lutter contre le trafic d'êtres humains, dans un contexte modifié par les ingérences russes et turques, alors même que le jeu français paraît peu lisible. L'accrochage survenu le 10 juin entre la frégate française *Le Courbet* et un bâtiment de la marine turque le long des côtes libyennes a encore accru les tensions autour de ce conflit complexe.

Le Sahel de toutes les menaces

Si la France réduit la voilure au Levant, elle ne cesse d'élargir ses efforts au Sahel. L'opération Barkhane est amorcée en 2014 comme mission de contre-terrorisme et de formation des armées locales – essentiellement maliennes –, suite à la cinglante défaite administrée l'année précédente par l'intervention française (Serval) aux groupes djihadistes qui s'étaient emparés du nord du Mali. Il s'agissait initialement pour Barkhane de maintenir la pression sur les groupes terroristes en déroute pour donner à l'armée malienne le temps de se reconstituer et au processus de paix – entamé à Ouagadougou en 2013, achevé à Alger en 2015 – de se mettre en place. Le tout s'accompagnait d'une régionalisation du dispositif pour coller à la géographie du G5-Sahel, structure multinationale soutenue par la France et l'Union européenne regroupant Mauritanie, Mali, Burkina Faso, Niger et Tchad dans une coopération transfrontalière de sécurité et de développement censée centraliser l'aide internationale.

Ce montage, d'apparence solide, a vite révélé sa fragilité politique. À la faiblesse persistante de l'État malien et de ses forces de défense et de sécurité gangrenées par le népotisme et la corruption, s'est ajouté le double jeu d'une partie des signataires de l'accord d'Alger, empêchant le « retour » de l'administration publique au Nord en dépit des efforts de la Mission multidimensionnelle intégrée des Nations unies pour la stabilisation au Mali (MINUSMA).

Par ailleurs, après un repli, la mouvance djihadiste s'est restructurée autour de l'ancien leader autonomiste touareg Iyad ag Ghaly, nommé en 2017 à la tête de la Jama'at Nusrat al-Islam wal-Muslimin (JNIM), affiliée à Al-Qaïda au Maghreb islamique (AQMI). Forts de leur implantation dans les populations arabo-berbères, les djihadistes ont également étendu leur influence au centre du pays, puisant au ressentiment des communautés peules du Macina dès 2015, du Sahel burkinabé (nord) et du Liptako nigérien (ouest) à partir de 2017. C'est aussi dans cette zone dite « des trois frontières » que se développe l'État islamique au Grand Sahara (EIGS), adoubé par Daech et rattaché à la Province d'Afrique de l'Ouest de l'organisation, laquelle englobe aussi plus à l'est les anciens membres de Boko Haram au Nigeria et dans la région du lac Tchad.

La montée des périls a pris un tour dramatique en 2019, avec une hausse de plus de 70 % des violences (près de 5 000 morts, dont la moitié de civils) prenant la forme inquiétante du nettoyage ethnique (massacre du village peul d'Ogossagou, par exemple). Les forces maliennes accumulent les revers (Boulikessi, In Delimane), abandonnant plusieurs camps et postes-frontières. La menace s'est de plus étendue au Niger et surtout au Burkina Faso, où l'armée a alimenté l'insurrection par ses exactions sur les populations civiles. L'enlèvement au Bénin en mai 2019 de deux touristes français a aussi montré la progression des activités djihadistes sur le couloir de transhumance jusqu'au nord des États du golfe de Guinée. Enfin, la mort en novembre de 13 militaires de Barkhane dans un accident d'hélicoptère au nord du Mali a encore assombri l'engagement français, suscitant inquiétudes et scepticisme.

Le sommet de Pau, qui a réuni en janvier 2020 autour d'Emmanuel Macron les cinq chefs d'État de la région, visait à enrayer la spirale négative, en impulsant une nouvelle dynamique politique avec un agenda de réformes locales, et en mettant fin au double langage de certains officiels africains. Mais la conférence a aussi annoncé l'envoi de 600 militaires français supplémentaires (soit un total de plus de 5 000 hommes) pour porter l'effort sur la zone des trois frontières et accélérer le *tempo* opérationnel. Le temps du contre-terrorisme « cinétique » mené par Barkhane semble pourtant compté : la stratégie française pourrait amorcer, après un ultime baroud, un retrait progressif et le passage de relais à des armées locales toujours accompagnées par Paris, mais plus discrètement, dans le cadre d'un « partenariat militaire opérationnel. »

À la relation difficile entre Paris et les gouvernements locaux s'ajoute le lien complexe avec les alliés occidentaux, notamment les États-Unis qui assurent une part importante du transport stratégique, du ravitaillement en vol et du renseignement technique sur le théâtre. Sans constituer un obstacle dirimant, la remise en cause par la Maison-Blanche de sa présence militaire en Afrique, et particulièrement au Sahel, pourrait compliquer le rythme des opérations françaises – d'où la nécessité d'une voie de sortie. C'est aussi pour cette raison que la France a beaucoup investi politiquement dans l'implication des Européens, sous forme de contributions à Barkhane (Royaume-Uni, Danemark, Estonie), ou de la coalition de forces spéciales européennes Takuba. Reste à savoir si le Sahel est le bon théâtre pour démontrer les capacités opérationnelles de l'Europe de la défense.

E. T.

Pour en savoir plus

- Auditions du chef d'état-major des Armées et de la ministre des Armées devant la Commission de la défense nationale et des forces armées, 17 et 22 avril 2020.
- A. Antil, « Sahel : soubassements d'un désastre », *Politique étrangère*, vol. 84, n° 3, Ifri, septembre 2019, p. 89-98.
- C. Brustlein, « La défense française face au COVID-19 : quels défis par-delà l'horizon ? », *Éditoriaux de l'Ifri*, Ifri, 28 avril 2020.

Réguler les armements létaux autonomes ?

Entre craintes et intérêts stratégiques

Les systèmes d'armes autonomes, dans leur diversité, suscitent de nombreuses préoccupations d'ordre éthique ou juridique. Les États s'opposent autour de l'idée d'une régulation, en fonction de leurs capacités et de leurs intérêts, alors que la société civile tente une pression croissante en ce sens.

Le 6 mai 2020, le secrétaire général de l'Organisation des Nations unies (ONU) a présenté son rapport annuel sur la protection des civils dans les conflits armés. À cette occasion, Antonio Guterres a alerté les États sur les dangers des systèmes d'armes létales autonomes (SALA). Ceux-ci, définis en 2012 par le Département de la Défense américain comme : « des systèmes d'armes qui, une fois activés, peuvent sélectionner et attaquer des cibles sans autre intervention d'un opérateur humain », suscitent en effet des préoccupations croissantes.

Quand les robots s'en vont en guerre

Ce que les médias appellent volontiers « robots tueurs » désigne des systèmes d'armes capables de fonctionner en mode autonome, sans qu'un opérateur doive valider chaque action. Le robot sentinelle sud-coréen *SGR-A1*, développé par Samsung et déployé à la frontière intercoréenne, peut ainsi repérer des cibles et décider seul d'ouvrir le feu – bien qu'il n'ait encore jamais été utilisé de la sorte.

S'il n'est pas question que les robots se régissent par leurs propres lois, comme le suggérerait l'étymologie du mot, on peut décrire différents degrés d'autonomie. Le niveau le plus répandu conserve un humain « dans la boucle » décisionnelle. L'homme peut aussi être seulement « sur la boucle » : le système agit alors seul, mais sous la surveillance d'un humain qui peut reprendre le contrôle à tout moment. Enfin, le niveau d'autonomie le plus élevé, où l'humain demeure « hors de la boucle », signifie qu'aucun contrôle n'est plus maintenu.

D'un point de vue opérationnel, les SALA s'annoncent plus rapides, endurants et coordonnés que les soldats sur le champ de bataille. Sur un autre plan, l'autonomisation des systèmes d'armes pourrait entraîner une réduction des coûts et un emploi optimisé des capacités humaines. Leur intérêt militaire semble si prometteur que les SALA sont parfois décrits comme l'un des éléments d'une nouvelle révolution des techniques de guerre. Dans cette perspective, les États refusant de développer des SALA s'exposeraient non seulement au risque d'un retard technologique, mais encore d'un déclassement stratégique difficilement rattrapable. Si ces armes sont encore très peu employées, des prototypes en sont développés par un certain nombre d'États – au premier rang desquels la Chine, la Corée du Sud, les États-Unis, Israël, le Royaume-Uni et la Russie – et elles devraient être de plus en plus répandues dans la décennie à venir.

Les SALA soulèvent naturellement nombre d'inquiétudes d'ordre éthique et juridique. À l'occasion du premier Forum de Paris sur la Paix en 2018, Antonio Guterres avait déjà appelé les États à « interdire ces armes politiquement inacceptables et moralement révoltantes ». L'émergence des armes autonomes a suscité un vaste débat, lancé par de nombreuses organisations non gouvernementales (ONG) qui réclament la mise en œuvre d'un traité les interdisant de façon préventive, en raison des doutes existant sur leur conformité au droit international humanitaire – notamment quant aux principes de précaution, de distinction, et de proportionnalité –, et sur leur compatibilité avec le droit à la vie et le respect de la dignité humaine. Leurs opposants redoutent par ailleurs que ces armes n'abaissent le seuil d'entrée en conflit et qu'il soit impossible d'identifier les responsabilités en cas d'exaction.

Différents acteurs de la société civile se sont donc organisés pour endiguer le développement de ces armes émergentes. Dès 2007, le roboticien Noel Sharkey s'employait à élaborer un code de conduite de la robotique létale. En 2009, il co-fondait l'International Committee on Robot Arms Control, bientôt rejoint par d'autres ONG, tels Article36.org et Human Rights Watch, pour former en 2012 la Campaign to Stop Killer Robots. Cette coalition d'ONG entend s'inscrire dans la lignée du désarmement humanitaire, caractérisé par l'irruption de la société civile dans les enceintes de négociations diplomatiques, et qui a déjà contribué à l'interdiction des armes à lasers aveuglants, des mines antipersonnel et des armes à sous-munitions. La campagne réclame un moratoire sur les armes autonomes, alertant sur les dangers d'une « course aux armements intelligents » à l'échelle mondiale. Après avoir diffusé une première lettre ouverte en juillet 2015, la campagne en a adressé une nouvelle à l'ONU en 2017, l'exhortant à faire obstacle au développement des « robots tueurs ».

Dans ce contexte, les SALA peuvent être appréhendés tant comme un potentiel instrument de supériorité militaire pour les États que comme une menace pour la sécurité internationale. Toutefois, comme s'en alarmait Izumi Nakamitsu, Haute représentante pour les affaires de désarmement de l'ONU en 2018 : « il n'y a actuellement aucun standard ni régulation multilatérale » sur les armes autonomes. La tension entre la mobilisation d'acteurs de la société civile soucieux d'interdire les SALA et la diversité des intérêts étatiques pose donc la question de leur régulation sur le plan international.

Un enjeu de sécurité émergent

En 2013, Ban Ki-moon a été le premier dirigeant des Nations unies à mettre en garde les États sur les défis posés par les « robots tueurs » et à appeler à des discussions multilatérales sur le sujet. De fait, le débat sur la régulation des SALA est engagé à l'ONU depuis 2014, dans le cadre de la Convention sur certaines armes classiques (CCAC), qui a décidé en 2016 de la création d'un groupe d'experts gouvernementaux (GGE) sur la question. L'objectif de ce groupe est « d'explorer et de se mettre d'accord sur les recommandations possibles et sur les options liées aux technologies émergentes dans le domaine des SALA ».

Néanmoins, pas plus que les rencontres précédentes, la dernière réunion du GGE à Genève en novembre 2019 n'a permis aux participants d'établir de calendrier pour négocier un accord. Les débats ont peu avancé, se heurtant systématiquement aux questions de la définition même de ces armes, de la responsabilité qui leur est attachée, de leur surveillance et de la place de l'humain dans les boucles décisionnelles. Derrière ces interrogations se profilent des priorités nationales profondément divergentes, liées à des cultures stratégiques et à des rapports aux normes variables.

Les perspectives de régulation sont également limitées par les obstacles habituels de la coopération internationale, les règles en vigueur lors des rencontres du GGE autorisant n'importe quel État à bloquer une action proposée par d'autres. C'est ce qui a permis à la Corée du Sud, aux États-Unis et à la Russie d'empêcher la planification de négociations formelles en vue d'un nouveau traité ou d'un protocole juridiquement contraignant.

D'autres États, comme la France et le Royaume-Uni, prônent un « endiguement contrôlé » de l'autonomisation des systèmes d'armes. Ils estiment que le droit de la guerre suffit à encadrer le développement des SALA et semblent prêts à entrer dans des négociations, mais pour définir un code de conduite dépourvu de contraintes juridiques. Sans surprise, les disparités des capacités matérielles des États – notamment leur vulnérabilité ou leur supériorité technologique – se reflètent dans leur positionnement diplomatique sur la régulation des SALA. Une douzaine d'États a ainsi indiqué ne pas vouloir négocier de nouveau traité. Or, dix d'entre eux font partie des vingt plus grands budgets militaires de 2019. Au contraire, la Campaign to Stop Killer Robots est parvenue à obtenir l'appui d'une trentaine d'États, dont la grande majorité affiche des ambitions militaires limitées. La Chine représente une exception qui n'est qu'apparente, puisqu'en dépit de son soutien à la campagne en ce qui concerne l'utilisation d'armes entièrement autonomes, elle ne souhaite pas limiter leur développement, ni leur production.

Quant à la Russie, dont l'ambition exprimée est le retrait graduel de l'homme du champ de bataille, elle présente le remplacement des soldats par des robots comme éminemment souhaitable. En avril 2020, le directeur de la Russian Foundation for Advanced Projects (équivalent russe de la DARPA, agence en charge de l'innovation de défense) a ainsi annoncé : « Les combattants vont être progressivement remplacés par leurs "frères" robotiques, qui peuvent agir de manière plus rapide, précise et sélective que les humains. » De fait, la Russie voit dans l'autonomisation des systèmes d'armes un grand intérêt militaire et prépare cette évolution en prônant depuis 2015 une doctrine « d'exclusion de l'homme de la zone d'immédiate confrontation[1] ». Aussi les diplomates russes s'opposent-ils activement à des négociations formelles sur l'encadrement des SALA, dont l'issue pourrait contrarier leur dessein.

1. Stratégie de sécurité nationale de la Fédération de Russie, décembre 2015.

Une impossible régulation ?

Les SALA séduisent donc autant qu'ils effraient. C'est autour de ce clivage que se déploient les stratégies des acteurs du débat sur la régulation. D'un côté, les partisans des armes autonomes tentent d'acculturer l'opinion publique à cette technologie émergente. De l'autre, leurs opposants s'emploient à les rendre inacceptables. Le mouvement Ban Killer Robots semble ainsi vouloir produire une pression normative suffisamment forte pour créer des comportements d'autocensure face aux « robots tueurs ». Ainsi les chercheurs en Intelligence artificielle et en robotique signataires de la lettre ouverte de 2015 insistent-ils sur le risque de « ternir leur champ de recherche » en travaillant sur l'autonomie létale[2]. Ils craignent une réaction négative des opinions, qui se détourneraient de l'Intelligence artificielle et de ses bénéfices par crainte des dérives des SALA.

Sur le plan des institutions politiques, les appels à la régulation des armes létales autonomes se multiplient également. Le 12 septembre 2018, le Parlement européen a ainsi exhorté ses États membres à s'engager dans des négociations pour les faire interdire. Dans la même veine, en octobre 2019, l'Indonésie s'est exprimée au nom du Mouvement des non-alignés – qui compte plus de 120 membres –, appelant de ses vœux un instrument juridiquement contraignant. En avril 2020, le ministre allemand des Affaires étrangères Heiko Maas a lui aussi évoqué les armes autonomes comme une « ligne rouge à ne jamais franchir ».

Lors d'une réunion publique du Conseil de sécurité de l'ONU le 27 mai 2020, la question de l'encadrement des armes létales autonomes a été abordée. Si toutes les parties semblent désormais d'accord sur la nécessité de maintenir un contrôle humain sur l'usage de la force, la régulation des « robots tueurs » est loin d'être entérinée. Les réunions du GGE de l'été 2020, ainsi que la réunion annuelle de la CCAC à Genève en novembre 2020, seront, pour les États, l'occasion d'avancer dans leur compréhension commune de ces technologies et sur la manière de les réguler.

Raymond Aron disait du choix politique, et singulièrement en politique étrangère, qu'il impliquait moins une lutte « entre le bien et le mal [qu'] entre le préférable et le détestable ». Les enjeux soulevés par les SALA démontrent la nécessité de dépasser toute forme de manichéisme, en dépit des antagonismes persistants, pour identifier les points de convergence, à la fois en termes de craintes et d'intérêts.

L. de R.

Pour en savoir plus

- N. Bhuta, S. Beck *et al.*, *Autonomous Weapons Systems: Law, Ethics, Policy*, Cambridge, Cambridge University Press, 2016.
- M.-d.-N. Ruffo, *Itinéraire d'un robot tueur*, Paris, Le Pommier, 2018.
- P. Scharre, *Army of None: Autonomous Weapons and the Future of War*, New York, W.W. Norton & Company, 2018.

2. Une analogie peut être d'ailleurs établie avec les chimistes, biologistes et physiciens s'étant mobilisés contre les armes chimiques, biologiques, et à lasers aveuglants.

Contrôle et surveillance numérique

Pas de pause avec le COVID-19

Depuis dix ans, les pratiques de contrôle numérique ont évolué avec la technologie et le comportement des États, autoritaires comme démocratiques. La dissémination récente des applications d'Intelligence artificielle favorise le contrôle de l'espace public. Le COVID-19 sera-t-il un accélérateur vers une surveillance numérique généralisée ?

Les stratégies de contrôle numérique évoluent

Porté par la démocratisation de l'accès à internet dans les années 2000, le web connaît un essor fulgurant, avec la multiplication des espaces d'interaction, d'échange et de conversation. Le web social, les blogs, Facebook et Twitter, peu coûteux et faciles d'utilisation, donnent à chacun la possibilité d'être informé et d'informer en temps réel. Ils parachèvent la déliaison de l'imprimé et de l'écrit, installent le multimédia au cœur des pratiques courantes, et confirment que la proximité virtuelle n'a plus rien à voir avec la contiguïté de l'espace.

Face aux répercussions politiques du web, les États, et surtout les États autoritaires, ont déployé des stratégies de contrôle variant dans leur intensité comme dans leur sophistication. Une première génération de contrôle s'est focalisée sur le déni d'accès et la censure de contenus spécifiques, une méthode pratiquée dès l'origine en Chine puis dupliquée, en fonction des événements politiques, en Iran et dans le monde arabe. Une deuxième génération correspond à la création d'un environnement juridique, et de capacités techniques, permettant de refuser l'accès à certaines informations – une version plus évoluée de contrôle, que le droit doit pouvoir légitimer.

Une troisième génération de contrôle consiste à passer d'une politique réactive à une politique proactive : il s'agit moins de refuser l'accès, que de rivaliser avec des menaces potentielles au moyen de campagnes de contre-information efficaces, qui discréditent ou démoralisent les opposants. C'est là une stratégie commode pour des pouvoirs qui visent à éviter le passage de l'activisme numérique à la rue. En Russie par exemple, cherchant à affecter et à façonner la façon dont l'information est reçue par les internautes, les autorités manipulent le référencement sur les moteurs de recherche, afin de rendre difficile l'accès à l'information à caractère sensible.

Enfin, ces stratégies de contrôle numérique s'étendent au-delà de l'opposition traditionnelle entre régimes autoritaires et pays démocratiques. La préservation de l'ordre public, qui peut servir de justification à des mesures de restriction ou de censure dans l'usage de l'internet, la lutte contre la cybercriminalité, la défense d'intérêts économiques, sont autant d'éléments qui se conjuguent pour justifier et prôner les politiques de contrôle. En Europe, la série d'attentats d'origine islamiste commis en 2015-2016 a ainsi incité plusieurs gouvernements à adopter des lois numériques intrusives. Au Royaume-Uni, la question du chiffrement s'est trouvée au cœur d'une loi sur le renseignement très controversée. En 2015, le gouvernement français a avalisé la mise en place d'un système de surveillance du trafic sur internet. Des débats similaires ont eu lieu en Allemagne, remettant en question le dogme de la liberté des flux d'informations échangés sur le réseau.

Reconnaissance faciale : une surveillance algorithmique démultipliée

Le champ du contrôle numérique s'est considérablement élargi à la faveur de l'essor récent et spectaculaire de l'Intelligence artificielle (IA). L'une des applications majeures de cette technologie est la reconnaissance faciale qui, de plus en plus répandue, permet d'identifier une personne sur une photo ou une vidéo, en comparant son visage avec ceux sauvegardés dans une base de données. Elle combine les techniques biométriques, l'IA, la cartographie 3D et le *deep learning*, et doit son récent essor aux avancées effectuées dans les domaines des métadonnées (*big data*), des réseaux de neurones et des puissances de calcul des microprocesseurs[1].

Le recours à la reconnaissance faciale à des fins de contrôle et de surveillance se répand dans le monde entier. Il n'est certes pas surprenant que des régimes autoritaires investissent massivement dans ce domaine : du golfe Persique à l'Asie du Sud et du Sud-Est, de nombreux États se procurent des systèmes d'analyse avancée et des caméras de reconnaissance faciale. La Chine de 2020 constitue l'exemple le plus abouti de la mise en place d'un contrôle social, au moyen d'outils numériques recourant massivement aux Intelligences artificielles.

L'Europe sous emprise ?

La nouveauté réside dans la généralisation de ces technologies au sein des démocraties libérales, en particulier européennes, lesquelles déploient des systèmes de contrôle automatisés aux frontières, de prévision policière, de *safe cities* (technologies de surveillance de l'espace urbain), ainsi que des systèmes de reconnaissance faciale[2]. Deux exemples récents : à l'été 2019, le *Financial Times* révélait que des sociétés privées testaient, à l'insu des citoyens, des systèmes de reconnaissance faciale dans plusieurs quartiers de Londres ; dans la capitale britannique, les tests effectués par la police métropolitaine ont révélé un taux d'erreur d'identification

1. Le *deep learning* est une méthode d'apprentissage automatique (*machine learning*), qui s'inspire des neurosciences, ses algorithmes ressemblant à des réseaux de neurones connectés entre eux et s'activant selon les stimuli reçus. Cette technique succède aux méthodes dites « expertes », qui ont fleuri dans les années 1970-1980, avant de décliner.

2. Voir la cartographie interactive intitulée « Countries Using AI Surveillance Technology », Carnegie Endowment for International Peace.

des personnes supérieur à 80 %. En France, la ville de Nice s'est positionnée à l'avant-garde de ces usages. Le déploiement de la reconnaissance faciale pendant le carnaval 2019, de portiques biométriques dans deux lycées, ainsi que la signature d'une convention visant à établir une *safe city*, à travers la mise en relation de toutes les données reçues par les objets connectés de la ville, ont alimenté de nombreuses polémiques.

Pour les États, ces technologies offrent deux avantages principaux : automatiser des fonctions de suivi et de surveillance généralement déléguées à l'humain ; structurer un réseau de surveillance plus vaste que ceux des méthodes traditionnelles, afin d'instaurer un autocontrôle, dérivé du modèle chinois de « crédit social ».

Dans une perspective européenne, trois risques principaux découlent de ces tendances de fond. Le premier est celui d'une dépendance croissante de l'Europe à l'égard d'une stratégie technologique chinoise prédatrice. Les entreprises chinoises sont les principaux fournisseurs mondiaux de ces technologies de contrôle et de surveillance. À lui seul, l'équipementier Huawei (placé sous sanctions américaines depuis mai 2019) en livre à plus de 50 pays, sur tous les continents. Incarnant de façon décomplexée la *tech* autoritaire, Pékin fournit les autocraties comme les démocraties : particulièrement ciblée, l'Europe est maillée de projets de *safe* ou *smart cities* chinois dans des villes allemandes, espagnoles, françaises, italiennes et serbes.

Le deuxième risque est lié à la question démocratique : le déploiement de moyens de surveillance aussi invasifs pour la vie privée devrait susciter des mouvements de résistance en Occident – c'est déjà le cas à Londres, ou à San Francisco dont la municipalité a interdit la reconnaissance faciale pour les forces de police, ainsi que dans d'autres États américains. Ce facteur de risque interroge l'absence de réels débats publics sur des enjeux de libertés fondamentales.

Troisièmement, l'Europe révèle ses contradictions profondes: en adoptant la surveillance affinée à l'Intelligence artificielle, les pays européens envoient un mauvais signal au reste du monde, alors qu'ils s'étaient positionnés à l'avant-garde de la régulation des données avec le Règlement général sur la protection des données (RGPD). Invoquer l'éthique – des données ou de l'Intelligence artificielle – ne peut constituer une politique en soi. En l'espèce, les lacunes du RGPD expliquent en partie comment ces technologies de surveillance grignotent du terrain sur le continent.

Enfin, l'exportation par la Chine de ses technologies de contrôle numérique se double d'un effet de mimétisme dans certains pays. À Moscou, certaines autorités observent avec envie la gestion algorithmique des masses par le pouvoir chinois – ce qui « fonctionne » en Chine devrait ainsi pouvoir être répliqué en Russie, d'où la multiplication des installations de reconnaissance faciale à travers le pays, surtout dans la capitale.

Le COVID-19, accélérateur de la surveillance numérique ?

La survenue de la pandémie mondiale du COVID-19, en début d'année 2020, a entraîné un recours aux outils technologiques pour appuyer les politiques de suivi du coronavirus. Partout dans le monde, les initiatives ayant recours à la géolocalisation, et parfois à d'autres données numériques, se sont multipliées, un nombre croissant de gouvernements mettant en place des applications permettant de tracer le parcours des personnes contaminées, ou de s'assurer qu'elles restaient à leur domicile.

C'est notamment par un usage massif de la localisation des téléphones portables que la Corée du Sud a pu contrôler le virus sans recourir à un confinement national. La surveillance numérique, à travers les données générées par les téléphones ou les ordinateurs, peut constituer un efficace outil de gestion de crise. Dans plusieurs pays, scientifiques et ingénieurs développent des applications dans ce sens. Cependant, adoptés dans l'urgence, et parfois sans contrôle démocratique, ce type de dispositifs de surveillance généralisée de la population comporte des risques évidents pour les libertés fondamentales.

Foyer de départ de l'épidémie, la Chine a rapidement déployé des mesures technologiques destinées à limiter sa propagation. Le géant du numérique Alibaba a créé une application qui attribue aux citoyens des QR codes de différentes couleurs en fonction de leur état de santé. Seuls ceux bénéficiant d'un code vert pouvaient se déplacer librement. La Russie utilise aussi un système de QR code, et la ville de Moscou a développé une application qui demande l'accès à la localisation, à la caméra, au journal d'appels, et à plusieurs autres données des téléphones, pour s'assurer que les malades respectent la quarantaine. En Inde, le gouvernement a lancé une application analogue qui requiert une autorisation d'accès à la géolocalisation précise du smartphone où elle est installée, en plus du Bluetooth. Le débat autour de la protection des données personnelles en Inde a un précédent avec la carte Aadhaar, système d'identification de la population nationale fondé sur la biométrie. Aux États-Unis, l'administration Trump s'est tournée vers les géants de la *tech* afin d'identifier les foyers épidémiques et d'enrayer la propagation du virus. En Europe enfin, les débats, en France ou au Royaume-Uni par exemple, butent sur les problématiques de confidentialité et les risques qu'induirait le maintien de tels dispositifs, supposant une surveillance numérique à durée indéterminée.

J. N.

Pour en savoir plus

- S. Arsène, « China's Social Credit System: A Chimera with Real Claws », *Asie.Visions*, n° 110, Ifri, novembre 2019.
- A. Polyakova et C. Meserole, « Exporting Digital Authoritarianism: The Russian and Chinese Models », *Policy Brief*, Brookings Institution, août 2019.
- O. Tesquet, *À la trace. Enquête sur les nouveaux territoires de la surveillance*, Paris, Premier Parallèle, 2020.

Réseaux sociaux et révoltes sociétales

Les réseaux de la colère

Un peu partout, ces dernières années ont vu éclore des mouvements populaires non structurés par des organisations politiques, et appuyés sur la communication numérique et les réseaux sociaux. Cette dimension numérique leur donne une dynamique incontestable, mais elle signe aussi une certaine faiblesse politique.

A-t-on assisté à la mondialisation d'un mouvement de protestation des peuples ? Il faut remonter à la fin des années 1960 pour trouver des mouvements de protestation d'une ampleur équivalente à ceux qui agitent depuis 2019 de nombreux pays. Au Chili, au Liban, en Irak, en Égypte, en Algérie, à Hong Kong, au Soudan, en Équateur, à Haïti, en Bolivie, au Venezuela, en Guinée, à Barcelone et en France, des vagues de révolte et des protestations populaires de grande ampleur ont essaimé dans les rues des capitales et des grandes villes. L'année 2019 et le début de 2020 – année rabotée par la pandémie du COVID-19 – auront été marqués par une accélération et une multiplication des conflits sociaux et politiques, souvent sans précédent dans les pays concernés.

La montée de la colère dans le monde

Les origines de ces mouvements sont diverses. Au Liban, le déclencheur des manifestations a été un projet de taxe sur la messagerie WhatsApp ; au Chili, l'augmentation du billet de métro. En France, les manifestations des Gilets jaunes qui ont débuté en octobre 2018 ont été provoquées par les taxes sur le carburant ; au Soudan, c'est la flambée du prix du pain qui a servi de détonateur. Ailleurs, les racines de la révolte populaire sont plus politiques : à Hong Kong, une tentative de permettre l'extradition de suspects vers la Chine. En Algérie, où les manifestations de masse ont lieu sporadiquement depuis février 2019, ce fut l'annonce que le président Abdelaziz Bouteflika, âgé et souffrant, avait l'intention de briguer un cinquième mandat.

Ces troubles, plus ou moins violents, trouvent cependant un dénominateur commun dans la dénonciation d'un accroissement des inégalités, non seulement entre les riches et les pauvres, mais encore entre les classes moyennes et les très riches, dans le rejet de la corruption, qui apparaît encore plus insupportable, et dans l'opposition à une forme de libéralisme débridé.

Un autre point commun à ces mouvements est l'expression d'une démocratie directe, sans partis ni figures l'incarnant, de la part de plusieurs catégories de la population, dans la rue, où les peuples connectés remettent en cause les représentations parlementaires et les pouvoirs en place, dont ils se méfient de façon croissante. L'attente de renouvellement politique est particulièrement criante chez les jeunes, d'ordinaire aux avant-postes des manifestations. Ces soulèvements ne sont en général porteurs d'aucune idéologie unificatrice, d'aucun projet politique concret, ni même d'une stratégie révolutionnaire ; en revanche, ils partagent une même exigence de démocratie, de justice, de moralité et d'égalité.

Comme souvent dans ce genre de mouvements, l'élément déclencheur semble souvent dérisoire au regard des développements ultérieurs. Il n'est que le révélateur de colères et de malaises profonds, généralisés bien que larvés. En face, les dirigeants cèdent souvent en suspendant ou supprimant ce qui a joué le rôle d'étincelle. Mais il est rare que le retrait du point d'achoppement suffise à affaiblir la colère, comme à Hong Kong avec le retrait de la loi d'extradition vers la Chine.

Réseaux sociaux : des amplificateurs de révoltes

Le cycle de révoltes actuelles, aussi massif soit-il, n'est pas pour autant inédit. Fin 2011, l'hebdomadaire américain *Time* élisait « le manifestant » comme personnalité de l'année – en référence aux événements du printemps arabe de l'année écoulée. Les mobilisations de 2019 – les mouvements du début de la décennie dans le monde arabe, puis Occupy Wall Street ou les Indignés en Occident – s'inscrivent dans une même séquence historique.

Dans la phase actuelle, les réseaux sociaux et applications de messagerie ont considérablement amplifié les mouvements – bien plus encore qu'en 2011 par exemple, quand sont apparues les expressions de « soulèvement 2.0 » ou de « révolution Facebook ».

En moins de dix ans, le nombre d'internautes dans le monde a plus que doublé, passant à 4,6 milliards de personnes[1]. Compte tenu de cette emprise globale du numérique, il n'est pas surprenant que les soulèvements émergent sur les réseaux sociaux. Visibilité, veille, dénonciation ou répression : ceux-ci sont devenus le cadre d'un rapport de forces mouvant et inégal entre acteurs individuels, groupes, États et entreprises. Le rôle de l'espace numérique dans les processus électoraux ne cesse de croître. Et la vigilance sur certains *hashtags*, exercée conjointement par des citoyens et des journalistes, peut représenter un appui décisif à la mobilisation d'une opposition excédée par le chômage ou la corruption.

Face à des situations d'injustices socio-économiques et politiques, les mobilisations des jeunes Soudanais et des Libanais doivent beaucoup en 2019 aux réseaux sociaux. Au Soudan, Facebook, Twitter et YouTube, par la diffusion de vidéos, de clips audio, de photos et de caricatures, ont révélé la véritable misère économique et politique du pays. L'Association des professionnels soudanais (APS), fer de lance du mouvement de contestation, a régulièrement lancé des appels à manifester avec des *hashtags* en arabe ou en anglais comme #SudanRevolts et #SudanUprising, entraînant des centaines de tweets et retweets chaque heure. Grâce aux réseaux sociaux, les soulèvements dans les villes de province ont aussi été remarqués beaucoup plus rapidement.

1. En mars 2020. Source : Internet World Stats.

Au Liban, le début de la contestation a constitué un exemple type d'un événement initié par les réseaux sociaux, qui ont devancé les médias traditionnels. L'annonce d'une taxe sur les appels effectués par l'intermédiaire de l'application WhatsApp a rapidement déclenché des protestations physiques, relayées *via* les réseaux sociaux au motif que des besoins élémentaires, comme l'eau ou l'électricité, n'étaient pas assurés dans le pays, trente ans après la fin de la guerre civile. Dénonçant pêle-mêle la corruption, les bas salaires et l'état des infrastructures, les manifestants ont diffusé des *hashtags* en arabe, anglais et français sur Twitter, destinés à accroître la mobilisation et à trouver des relais parmi la diaspora libanaise.

En Algérie, la contestation populaire contre l'éventuelle réélection du président Bouteflika s'est cristallisée dans l'anonymat et sans leader. Les réseaux sociaux sont venus compenser la faiblesse des contre-pouvoirs au sein de la société algérienne. Les interdictions de manifester à Alger, ou d'afficher publiquement des appels, ont permis à Facebook, déjà très utilisé en Algérie, de devenir le seul support médiatique du pays.

Horizontales, réticulaires, non institutionnalisées et non violentes, ces révoltes se démarquent des partis politiques et des syndicats. Leur organisation, leurs principes et slogans ne sont pas inscrits dans un livre programmatique ou décidés dans des réunions de partis. En France, le mouvement des Gilets jaunes est parti d'une pétition en ligne, qui a permis à des centaines de milliers de personnes de comprendre qu'elles partageaient le même rejet de la hausse des carburants, avant de manifester chaque semaine. Ce mouvement s'est résolument inséré dans les réseaux sociaux, s'appuyant sur des cercles militants enracinés dans tout le pays.

Inévitablement, de nouveaux usages contestataires du numérique se développent, auxquels les autorités doivent s'adapter. Il en va ainsi de l'utilisation des réseaux sociaux pour coordonner les protestations, organiser des *flash mobs*, voire permettre ce que Manuel Castells nomme l'« auto-communication de masse », c'est-à-dire la possibilité, pour une personne seule, de faire connaître, par exemple grâce à une caméra, ses revendications à un large public. L'exemple de la « révolution des parapluies » des étudiants hongkongais à l'hiver 2014, illustre un usage massif et créatif du numérique à des fins politiques, repris par leurs successeurs à partir du printemps 2019.

Le numérique interdit également de faire silence autour des actes de violence. Les répressions policières à Minneapolis, aux États-Unis, en mai 2020, ont été filmées par des téléphones portables, et les vidéos, complétées par des témoignages, se sont répandues instantanément sur les réseaux sociaux. Les reporters militants construisent ainsi le *storytelling* des manifestations, créent des *hashtags* mobilisateurs à l'instar de #GeorgeFloyd ou #BlackOutTuesday, qui font le tour du monde. Certains, comme #ICantBreathe ou #BlackLivesMatter, sont directement repris des émeutes de Baltimore en 2015, qui dénonçaient déjà les violences policières et le racisme.

Limites et dépendances

Ce qui fait la force de ces mouvements (spontanéité, horizontalité, imprévisibilité) constitue en même temps leur faiblesse. Pouvoir enclencher rapidement des manifestations massives permet à ces mouvements de contourner les difficultés organisationnelles afférentes, mais les prive, dans le même temps, de la longue expérience nécessaire à la mise en place de processus de décision robustes, et de la capacité à répondre à la répression par des changements tactiques.

Ainsi ces mouvements s'enferment-ils souvent dans une impasse : manifester leur seule colère dans la rue, sans pouvoir ni modifier leurs modes d'action, ni traduire cette mobilisation en demandes concrètes et en pression politique susceptible de pousser le pouvoir à changer de méthode ou de politique, voire de le remplacer par un autre.

Le manque de structures pouvant produire des représentants légitimes aboutit à une représentation *de facto*, par les personnes les plus visibles ou les plus populaires sur les réseaux sociaux. L'absence de leaders se révèle vite être une faiblesse, qui les pénalise lors des négociations, puisque les mouvements ne sont pas reconnus par la partie adverse.

Plus largement, même si les réseaux sociaux ont permis de rassembler, de fédérer autour de causes communes, de diffuser des informations, d'appeler l'attention sur des idées contestataires, ils peuvent aussi affaiblir les mobilisations, et même provoquer des formes inédites de censure et de contrôle. En tant que signal envoyé par les mouvements sociaux, la manifestation à l'ère numérique a radicalement changé de statut. Elle n'est plus le point d'aboutissement d'une longue et fastidieuse organisation interne, et par conséquent le signe d'une capacité mobilisatrice et d'une structuration efficace du mouvement. Elle serait plutôt le début d'une contestation autorisée par le développement d'outils qui font se retrouver physiquement dans l'espace public des individus mus par un même sentiment d'indignation.

Enfin, une autre faiblesse des mouvements sociaux est leur dépendance vis-à-vis des plates-formes numériques propriétaires, pour appeler l'attention du public sur les causes qu'ils défendent. Cette position de dépendance les rend vulnérables face aux tentatives de déstabilisation *via* la désinformation et la confusion, notamment de la part des pouvoirs politiques en place. La dépendance des mouvements sociaux vis-à-vis des oligopoles du numérique les expose au risque d'une censure pure et simple. Ainsi, au cours de l'année écoulée, Facebook a censuré sans explication de nombreuses pages militantes. À Hong Kong, Facebook et YouTube combattent la propagande du régime chinois contre les manifestants hongkongais. 200 000 comptes Twitter, qui cherchaient à semer la discorde et à discréditer la légitimité du mouvement de protestation, ont ainsi été supprimés par le réseau social.

J. N.

Pour en savoir plus

- S. Brannen, C. Stirling Haig et K. Schmidt, « The Age of Mass Protests: Understanding an Escalating Global Trend », Center for Strategic and International Studies, mars 2020.
- P. Mishra, *L'Âge de la colère. Une histoire du présent*, Paris, Éditions Zulma, 2019.
- Z. Tufekci, *Twitter et les gaz lacrymogènes. Forces et fragilités de la contestation connectée*, Caen, C&F Éditions, 2019.

Les États : en lutte pour le droit, en lutte par le droit

Multilatéralisme ou unilatéralisme ?

Le multilatéralisme développé sous leadership américain s'érode progressivement au profit d'un unilatéralisme revendiqué à la fois par les États-Unis et par une Chine pressée de faire entendre sa voix. Sur quels thèmes, et avec quels acteurs, pourrait être relancée la progression vers un ordre international juridiquement organisé ?

Depuis peu, le terme de *lawfare* bénéficie d'une présomption d'actualité, d'innovation intellectuelle. Ce qu'il désigne n'a rien de nouveau : la lutte pour le droit et par le droit des acteurs juridiques, chacun cherchant à l'utiliser au mieux de ses intérêts. Sur le plan interne, c'est la mission des lobbies pour la création des normes et des avocats ou conseils juridiques pour leur interprétation. Sur le plan international, les États sont les principaux acteurs juridiques, à l'origine des normes qui les lient, et chargés de les appliquer et de les faire appliquer. Ils sont aujourd'hui aussi confrontés à l'activité croissante d'acteurs non étatiques, qui peuvent peser sur l'élaboration de normes internationales et intervenir pour leur application. On se limitera ici aux acteurs organiques, officiels maîtres du jeu : les États.

Le droit international ne se réduit pas à des recueils de textes et de décisions jurisprudentielles. Il est vivant, dynamique, il est un champ de bataille entre les différents acteurs internationaux. Les États le considèrent comme un permis de chasse pour leurs activités, militent pour sa transformation, ou réclament son application selon leurs intérêts. Ils s'efforcent de persuader qu'ils agissent conformément à leurs engagements. En toute hypothèse, le droit compte, et de plus en plus. Pour parodier le quintette de *Carmen* : il est toujours bon, par ma foi, d'avoir le droit avec soi. Pour les États, il s'agit de l'instrumentaliser. Pour simplifier, deux grandes stratégies sont pratiquées : le multilatéralisme qui suppose un leadership ; l'unilatéralisme qui relève plus de la recherche de l'hégémonie. Dans les deux cas, il s'agit de formes de domination, mais avec des caractéristiques différentes, notamment quant aux techniques juridiques.

L'option multilatérale ou le leadership

Le multilatéralisme s'entend de plusieurs façons. Soit – c'est le sens le plus rigoureux – on le limite aux normes et institutions à vocation universelle, rassemblant tous les États ou presque, dont l'archétype est la Charte des Nations unies, texte majeur du droit international contemporain. Soit, dans une acception plus large, on l'étend aux normes et institutions plus restreintes, régionales particulièrement, type Organisation du traité de l'Atlantique nord (OTAN) ou Union européenne (UE). Dans les deux cas, l'option multilatérale consiste à chercher des réglementations internationales juridiquement obligatoires, associant autour des mêmes normes les États intéressés. C'est la technique conventionnelle qui est alors utilisée, et les traités sont négociés sur la base de l'égalité juridique entre États qui, dans une certaine mesure, corrige l'inégalité de puissance entre partenaires. Les petites et moyennes puissances y sont généralement attachées, la formule optimisant leur influence internationale, en leur permettant de définir les normes qui les obligent.

Pour les grandes puissances, l'avantage est là de disposer d'un levier sur l'ensemble des États, ou sur des partenaires choisis, pour leur faire accepter des normes communes. Le multilatéralisme ne peut réussir que si des grandes puissances s'en font les pilotes et les garants. En d'autres termes, il repose toujours sur une dialectique entre égalité et inégalité. Seules les grandes puissances développent des visions de l'ordre international, avec les moyens de la faire partager par les autres. Les Nations unies en sont un exemple presque caricatural. Pour l'égalité, l'Assemblée générale : un État, une voix. Pour l'inégalité, le Conseil de sécurité : quinze membres, dont cinq permanents avec droit de véto. Sans être nécessairement institutionnalisée, cette dialectique est présente dans la plupart des grands traités multilatéraux, formellement ou implicitement. Il faut certes que le jeu ne soit pas à somme négative ou nulle, et que tous y trouvent un avantage, absolu ou relatif. L'avantage peut être inégalement réparti et favoriser plutôt les grandes puissances : ainsi le Traité sur la non-prolifération des armes nucléaires – mais il est aussi de l'intérêt des États non détenteurs d'armes nucléaires qu'aucun pays supplémentaire ne s'en dote.

La dialectique égalité/inégalité

La dialectique de l'égalité et de l'inégalité est démontrée par la pratique. Lorsque, dans les années 1970, les pays du Tiers-monde, alliés aux pays socialistes, ont pris le contrôle de l'Assemblée générale, ils ont tenté d'user du multilatéralisme à leur profit contre les puissances occidentales dominantes. La thématique du « Nouvel ordre économique international », développée par diverses grandes résolutions, aspirait à bouleverser les relations économiques mondiales en les mettant au service du développement, avec des mesures redistributives fondées sur une inégalité profitant aux pays en développement. L'entreprise s'est emparée de la rhétorique de l'Organisation des Nations unies (ONU) grâce à la forte majorité de ses promoteurs, mais faute de leadership, elle s'est écroulée avec le mur de Berlin et face à la résistance du marché.

Avec le leadership, on définit un ordre international juridiquement organisé où chacun trouve sa place et, dans une certaine mesure, protège ses intérêts. Le multilatéralisme qui en est un instrument a prospéré de 1945 aux années 1970. Il a connu ensuite plus de difficultés, même si son acmé est la Convention sur l'interdiction des armes chimiques de 1993, aux prescriptions précises et intrusives, avec un mécanisme de vérification très développé mis en œuvre par une institution spécifique. À partir de là, le multilatéralisme régresse : paralysie de l'Organisation mondiale du commerce (OMC), semi-échec de la Cour pénale internationale, mesures purement déclaratoires de la COP21, difficultés du Traité sur la non-prolifération des armes nucléaires… La raison en est toujours la dialectique de l'égalité et de l'inégalité. Les États-Unis, toujours au cœur d'un multilatéralisme réussi, ont commencé à douter de son intérêt pour eux, le considérant désormais comme trop égalitaire, trop coûteux, trop poreux, et permettant les violations sans réactions efficaces, en même temps que ligotant leur action. D'autres pays soutiennent pourtant le multilatéralisme, notamment les pays européens dont la France, parce qu'il leur donne un rôle universel et correspond à leur vision d'un ordre juridiquement régulé. La Chine commence à s'y intéresser, y voyant la possibilité de peser davantage, voire de substituer sa domination à celle des États-Unis ou du duopole américano-soviétique.

L'option unilatérale ou l'hégémonie

Avec l'hégémonie, on n'est plus dans la vision d'un ordre international régulé par des règles communes ajoutant un avantage commun aux intérêts individuels, mais dans la logique prédatrice d'un jeu à somme nulle ou négative – un seul gagnant, les autres subissant. L'hégémonie repose sur la capacité de nuire. Cette logique n'est pas contraire au droit international puisque les États sont seuls comptables de leurs intérêts, mais elle s'appuie sur l'unilatéralisme et des formes variées de coercition. C'est l'option qui, diversement mais continûment, est suivie par les différentes administrations américaines depuis cinq décennies.

La crise du COVID-19 – l'incapacité d'affronter la pandémie par des réponses multilatérales, la faible probabilité de déboucher sur un traitement collectif, ses redoutables conséquences économiques – met en lumière l'érosion profonde du multilatéralisme.

C'est en 1971, sous la présidence Nixon, que l'unilatéralisme américain s'est manifesté, avec la rupture des accords monétaires de Bretton Woods. Le dollar est devenu en quelques années la principale voire la seule monnaie internationale, une situation que l'euro n'a pu réellement concurrencer. Les avantages unilatéraux qu'en tirent les États-Unis sont immenses. Ils peuvent ainsi imposer de façon quasi universelle les sanctions unilatérales qu'ils infligent aux pays qui leur déplaisent, l'usage du dollar plaçant tous les autres sous la juridiction américaine. On sait l'utilisation qu'ils en font, particulièrement à propos de l'Iran au grand dam de nombre de pays européens. Après 1971, cet unilatéralisme s'est développé sur divers plans : dérégulation du transport aérien sous la présidence Carter en 1977, refus de ratifier la convention de Montego Bay en 1982, le Statut de Rome instituant la Cour pénale internationale en 1998, mise à l'écart du Conseil de sécurité pour l'intervention en Irak de 2003, retrait de l'Organisation des Nations unies pour l'éducation, la science et la culture (UNESCO) en 1984 puis en 2017…

Cette politique est constante. La présidence Clinton (1993-2001) pourrait faire exception avec la conclusion des accords de Marrakech instituant l'OMC, vecteur de la mondialisation des échanges. Mais les États-Unis avaient pris soin d'indiquer qu'ils ne se considéreraient pas nécessairement liés par les décisions des panels de règlement des différends, se réservant de prendre des contre-mesures unilatérales discrétionnaires s'ils le jugeaient utiles. Par la suite, on sait que l'OMC s'est trouvée marginalisée, incapable d'aboutir à des accords d'élargissement des échanges, de fait écartée des grands contentieux économiques. La mondialisation semble s'inverser au profit de politiques de retranchement national et d'avantages unilatéraux recentrant les économies sur des bases individuelles. À la limite, de telles politiques peuvent se passer du droit international : il suffit d'universaliser la loi américaine de sorte qu'elle s'impose à tous – comme c'est largement le cas avec le droit d'internet, relayé par les GAFAM (Google, Apple, Facebook, Amazon et Microsoft).

Dans un tel contexte, la compétition remplace la coopération, la méfiance la confiance, la concurrence la coordination. Mais la concurrence est faussée par les avantages compétitifs dont dispose la puissance hégémonique, qui ne se considère assujettie à aucune règle internationale et pense pouvoir définir unilatéralement les règles obligatoires pour les autres. La fameuse formule américaine : « le dollar est notre monnaie et votre problème », résume le tout. Elle repose sur une vision fiduciaire : n'en résulte pas le chaos, mais le désordre, dans un monde où la puissance hégémonique ne s'estime plus en charge du maintien de la paix et de la sécurité internationales, dans un cadre collectif ou individuel. Ce glissement du multilatéralisme à l'unilatéralisme est structurel : il connaît pauses, accélérations, styles diversifiés, mais définit une politique d'État et non une orientation temporaire.

***

La question est alors de savoir si les autres États peuvent réagir, sauvegarder le multilatéralisme existant, le relancer. Les négociations sur l'environnement et le changement climatique n'ont débouché, avec la COP21 en 2015, que sur une rhétorique, comme le traité de 2017 sur l'interdiction et l'élimination complètes des armes nucléaires. Dans le contexte actuel, la question de la santé publique pourrait être porteuse, et les États-Unis tentés de renforcer leur présence à l'OMS où ils ont laissé terrain libre à la Chine. La conception que la Chine se fait du multilatéralisme est en réalité une forme d'hégémonie déguisée : elle ne repose pas sur une vision universelle, mais sur une vision chinoise de l'ordre international. L'Union européenne, pilier du multilatéralisme, prendra-t-elle le relais ? Elle aurait vocation à le faire, mais lui manquent la cohérence, la vision et la volonté…

S. S.

Pour en savoir plus

- Z. Laïdi, « Comment la multipolarité déconstruit le multilatéralisme », *Le Débat*, vol. 201, n° 4, septembre-octobre 2018.
- P. Peretz et M. Lafont Rapnouil : « L'union des démocraties : un semblant de multilatéralisme sans légitimité ? », *Esprit*, vol. 347, n° 8-9, août-septembre 2008.
- R. Perron, *Histoire du multilatéralisme. L'utopie du siècle américain de 1918 à nos jours*, Paris, Presses de l'Université Paris-Sorbonne, 2014.

Asile et immigration en Europe

Nouveau départ ou dernière chance ?

Les options de la Commission issue des élections européennes de 2019 ne permettront pas de surmonter les divergences entre États membres de l'Union européenne, qui bloquent depuis 2018 l'adoption de positions communes. Et le choc du COVID-19 pourrait bien faire passer les questions migratoires en arrière de la scène.

La politique commune d'asile et d'immigration de l'Union européenne (UE) est en friche depuis deux ans. Rappelons brièvement les épisodes précédents. Lancé en 1999, ce chantier a traversé des vagues d'harmonisation législative *a minima* avant que ne s'exposent en plein jour contradictions et failles, avec l'arrivée de plus d'un million de personnes sur les côtes européennes en 2015. S'ouvre alors une période durant laquelle asile et immigration deviennent des questions quasi existentielles pour l'avenir de l'UE. Après l'adoption de mesures d'urgence pour soutenir la Grèce et l'Italie, et la coopération avec la Turquie et la Libye pour endiguer les flux, l'UE retrouve ses réflexes et propose en 2016 un nouveau paquet législatif visant à renforcer le Régime d'asile européen commun (RAEC).

Les négociations s'arrêtent brutalement en juin 2018, les États membres officialisant leurs désaccords sur la réforme du système Dublin et la solidarité européenne. On préfère alors attendre les élections européennes de mai 2019, mettre en scène la confrontation entre nationalistes et progressistes, et observer le rapport des forces. Entre-temps, les migrants ne cessent d'arriver, bien qu'à un niveau inférieur à celui de 2015. L'immigration reste une préoccupation des États : elle se traite désormais hors du cadre institutionnel européen.

Toujours en juin 2018, l'*Aquarius* erre en Méditerranée avec plusieurs centaines de migrants à bord, suite à la décision de Matteo Salvini, ministre italien de l'Intérieur, de fermer les ports de la péninsule aux navires affrétés par les organisations non gouvernementales (ONG). Cette situation, comme d'autres qui suivront durant des mois, trouve son issue grâce à l'Espagne et à une poignée d'États membres qui s'accordent sur le débarquement du bateau et la répartition des migrants sur leurs territoires. Ce type d'ententes *ad hoc* reposant sur la bonne volonté de quelques États se multiplie sans devenir pour autant un mécanisme standardisé. En septembre 2019, Allemagne, France, Italie et Malte s'accordent sur un mécanisme de répartition des migrants sauvés en Méditerranée centrale. L'accord est présenté aux autres États membres lors du Conseil européen d'octobre : sans suite.

Nouvelle Commission, vieilles recettes

Les enjeux environnementaux dominent la campagne des élections européennes. Le Parlement européen sort fragmenté d'élections dont aucune majorité claire ne se dégage au niveau européen. En revanche, les majorités nationales se trouvent confortées dans nombre de pays. Les gouvernements campent donc sur leurs positions, parfois inconciliables, jusqu'à ce que la chute de la coalition gouvernementale italienne de la Ligue et du Mouvement 5 Étoiles laisse espérer une sortie de l'impasse des négociations sur le RAEC.

Deux mois plus tard, en novembre 2019, la nouvelle Commission européenne est formée après de longues discussions entre États membres et Parlement européen. Dans son premier discours devant les députés européens, la présidente Ursula von der Leyen revient sur le dossier migratoire. Elle annonce un Pacte européen sur l'asile et l'immigration, présenté comme « un nouveau départ » qui permettrait de dépasser les oppositions entre États membres et de jeter les bases d'un équilibre plus équitable entre solidarité et responsabilité. On sent bien que la nouvelle Commission joue une partie de sa crédibilité sur la question migratoire et qu'elle entend éviter le sort du précédent exécutif qui s'est particulièrement essoufflé sur la crise migratoire, bien qu'il n'ait pas manqué d'autres dossiers explosifs comme la crise de l'euro ou le Brexit.

Deux commissaires sont désignés pour définir et mettre en œuvre la stratégie migratoire de la nouvelle Commission : la commissaire Johansson en charge des Affaires intérieures et le commissaire Schinas, vice-président de la Commission, en charge de « la promotion de notre mode de vie européen ». L'intitulé de ce dernier portefeuille a donné lieu à la première controverse sur cette Commission. Il n'en constitue pas moins un message à destination de ces gouvernements européens qui voient l'immigration comme un danger pour les identités européennes. Les objectifs assignés à ces deux commissaires dans leur lettre de mission ressemblent pourtant au mot près à ce que la Commission dit depuis le début des années 2000 : une liste non hiérarchisée de mesures mêlant contrôle des frontières extérieures, retour des migrants, coopération avec les pays tiers, respect du droit d'asile et voies légales d'immigration.

L'adoption d'un texte miraculeusement censé faire consensus entre États membres est également une méthode éprouvée, en des temps où l'immigration était pourtant un sujet de moindre tension en Europe. Les programmes quinquennaux sur les questions de justice et des affaires intérieures – dont l'asile et l'immigration – étaient la norme entre 1999 et 2009. Un Pacte européen sur l'asile et l'immigration a déjà été adopté sous l'égide de la présidence française de l'UE en 2008. Et l'Agenda européen en matière de migration proposé par la Commission en mai 2015, fraîchement accueilli par plusieurs États membres, devait devenir une des boussoles de l'action de la Commission Juncker.

L'éclatement du cadre européen

La crise de 2015 a confirmé que les États membres pouvaient refuser de s'astreindre aux règles européennes sans grandes conséquences. Les réticences, voire l'opposition frontale du groupe de Visegrad au mécanisme temporaire de relocalisation des demandeurs d'asile à partir de la Grèce et de l'Italie, sont à cet égard exemplaires. Garante du respect du droit européen, la Commission ne peut faire pression que par la voie juridictionnelle. Or, l'arrêt de la Cour européenne de Justice condamnant la Hongrie, la Pologne et la République tchèque n'est intervenu qu'en avril 2020, soit plus de deux ans après la fin du dispositif. De plus, la suspension du processus de négociation législative sur l'avenir du droit d'asile exclut *de facto* le Parlement européen de toute compétence délibérative, y compris concernant l'accord avec la Turquie de mars 2016. Bref, les États membres ont pratiquement les pleins pouvoirs sur les questions d'asile et d'immigration, mettant progressivement de côté les standards européens en la matière.

Le droit d'asile, inscrit dans la Charte des droits fondamentaux de l'UE, fait ainsi les frais d'approches nationales privilégiant sans ambiguïté les aspects sécuritaires de la gestion des flux migratoires par rapport aux principes de la protection internationale. Lorsqu'en février 2020, moins de 15 000 migrants se présentent à la frontière gréco-turque, la réaction du gouvernement grec est immédiate. Il envoie police et armée pour leur interdire l'entrée sur le territoire grec, et suspend sans délai le droit à demander l'asile. Le soutien des gouvernements européens et de la présidente de la Commission est alors quasi unanime : la protection des frontières européennes prime sur les devoirs humanitaires et le droit international.

La politique des frontières est également mise à profit dans la lutte contre le COVID-19. La fermeture des frontières intérieures et extérieures de l'UE a des conséquences immédiates pour les personnes en situation de migration, et en premier lieu pour celles qui ont un besoin de protection internationale. Seuls trois États membres, et la Norvège, ont explicitement exempté les demandeurs d'asile de leurs interdictions d'entrée. À l'inverse, certains pays ont profité du COVID-19 pour dérouler des mesures anti-migratoires non autorisées dans le cadre européen, sans établir de liens réels entre l'immigration et la pandémie. Sans surprise, ce fut le cas de la Hongrie, qui a interdit l'entrée des demandeurs d'asile, les contacts avec les ONG, et suspendu la procédure d'asile. Nombre d'autres pays – dont la France – ont *de facto* suspendu le droit de demander l'asile, en invoquant l'impossibilité de garantir les exigences sanitaires dans les administrations concernées. Enfin, l'Italie et Malte ont déclaré que leurs ports n'étaient plus sûrs en raison de la pandémie, laissant peu de chances de survie à ceux qui tentent encore la traversée de la Méditerranée.

La réponse de la Commission européenne reste timide, en dépit des efforts de la commissaire Johansson. Dans une communication du 16 mars sur les restrictions de voyage dans l'UE, elle n'exige plus des États membres qu'un « service minimum », en deçà des standards habituels européens, n'invoquant que le respect du principe de non-refoulement. Le 16 avril, la Commission a publié ses lignes directrices sur les procédures d'asile, de réinstallation et de retour, incitant les pays européens à maintenir ces procédures *a minima*. La Commission s'est enfin abstenue de commenter la décision des gouvernements italien et maltais.

Sauver les apparences

Le COVID-19 a également retardé la présentation du Pacte européen sur l'asile et l'immigration à l'automne 2020, un pacte concocté après une tournée des capitales européennes. La commissaire Johansson ne cache pas que ce texte est imparfait. Comment pourrait-il en être autrement, la Commission souhaitant garder tous les États à bord ? Concilier des positions aussi antagonistes relève d'une mission impossible – sans parler de celles des collectivités locales et des organisations de la société civile. Si la coopération avec les États tiers en matière migratoire fait relativement consensus, les axes du Pacte relatifs à l'identification des demandeurs d'asile aux frontières extérieures de l'UE, puis leur répartition en Europe, sont au centre des controverses.

On distinguera ici trois débats. Le premier est juridique. Le niveau de contrainte sur la liberté et les garanties procédurales des migrants et des réfugiés qu'implique l'approche sécuritaire soulève des questions de compatibilité avec les droits fondamentaux, et une jurisprudence bien établie des Cours de Strasbourg et de Luxembourg. L'UE peut-elle faire fi de l'ordre juridique européen d'un trait de plume ? Le deuxième débat est d'ordre technique et pose la question de la faisabilité opérationnelle de ces politiques. Si les moyens des agences européennes (Frontex et le Bureau européen de l'asile) ont fortement augmenté depuis 2015, les États membres demeurent chargés de la mise en œuvre des politiques européennes. L'exemple du mécanisme de relocalisation est éloquent. Seuls 35 000 demandeurs d'asile ont pu être répartis dans l'UE entre 2015 et 2017, sur un objectif de 160 000. Ce chiffre étant certainement le meilleur que l'UE pouvait obtenir… En fait, les décisions de l'UE ont généralement une cohérence et une rationalité sur le papier. Mais elles ne résistent pas au principe de réalité lié à la complexité des mouvements de populations, et aux jeux des pays tiers auxquels l'UE confie de plus en plus de responsabilités dans ses politiques migratoires.

Le troisième débat est évidemment politique. Il est même prioritaire sur les deux autres, qui occupent les experts depuis maintenant plusieurs décennies. Le niveau de défiance entre États membres est tel que l'objectif de régimes d'asile et d'immigration efficaces et justes semble secondaire par rapport à l'obtention d'un accord apaisant les tensions en Europe même. Autrement dit, l'enjeu est que chaque partie ait l'impression d'avoir gagné sur le moment. Peu importe que la politique adoptée soit impraticable, au risque d'évacuer définitivement l'idée d'une politique commune d'asile et d'immigration. À moins que les enjeux sanitaires et environnementaux ne renvoient franchement au second plan les débats sur l'immigration. Compte tenu du choc de la crise du COVID-19, cette dernière option ne peut être exclue.

M. T.

Pour en savoir plus

- « Global Trends: Forced Displacement in 2019 », Genève, Haut-Commissariat des Nations unies pour les réfugiés, juin 2020.
- A. Liga, « Les politiques migratoires en France, en Italie et en Espagne : un système complexe d'interdépendances internes et régionales », *Études de l'Ifri*, juin 2020.
- M. Tardis, « L'UE est-elle prête pour les défis migratoires ? », *Politique étrangère*, vol. 84, n° 3, Ifri, septembre 2019.

Les États-Unis hors gouvernance mondiale ?

Démonter le système multilatéral

Le premier mandat de Donald Trump s'est traduit par une mutation de la politique étrangère américaine, inspirée par le glissement idéologique du Parti républicain. Tout engagement international est désormais vu comme une entrave à la liberté de Washington, qui cherche à adapter sa politique à un déclin relatif de sa puissance.

Face à la crise mondiale due à la pandémie du COVID-19, Donald Trump a encore accentué son approche non coopérative des relations internationales. Sans surprise, le président américain n'a pas dévié des lignes directrices de sa doctrine *America First*, une politique étrangère populiste, nationaliste et « anti-globaliste », dont le point de départ est le rejet des institutions et règles construits et garantis par les États-Unis après 1945, que Trump considère comme néfastes pour les intérêts américains. La politique étrangère de Trump est avant tout un effort de déconstruction ; et la crise a confirmé non seulement l'absence de leadership américain, mais même de participation américaine aux efforts internationaux.

Cette évolution profonde de la politique étrangère américaine reflète aussi la prise de pouvoir, au Parti républicain, du courant souverainiste, ascendant depuis la fin de la guerre froide et désormais dominant[1]. Un courant qui, notamment, répudie l'idée de gouvernance mondiale, vue comme portant atteinte à la souveraineté et à l'identité américaines.

La révolution Trump : les États-Unis, partenaire irresponsable

Nombre d'observateurs insistent à raison sur les éléments de continuité entre la politique étrangère de Trump et celle de son prédécesseur démocrate, Barack Obama, en particulier sur la double volonté de désengagement du Moyen-Orient et de réorientation vers l'Asie. On pourrait y ajouter le refus d'être le « gendarme du monde » – pour Obama parce que les États-Unis n'en auraient plus les

1. M. Kandel, « La présidence Trump, une rupture avec 7 décennies de politique étrangère américaine ? », European Council on Foreign Relations, 18 novembre 2016.

moyens, pour Trump parce que ce ne serait plus dans leur intérêt. Dans les deux cas, les alliés sont appelés à en faire davantage, et les adversaires trouvent des opportunités nouvelles.

Mais avec Trump, la logique transactionnelle prend le dessus sur l'idée d'alliance et de responsabilité. Surtout, ces éléments ne doivent pas masquer la véritable rupture : le rejet du principe directeur de la politique étrangère américaine de l'après-guerre froide, selon lequel l'inclusion des rivaux dans l'architecture internationale (institutions et règles) devait en faire des « partenaires responsables » pour les États-Unis dans la défense de la sécurité et de la prospérité globales (la Chine à l'Organisation mondiale du commerce, la Russie au G7…). Les documents stratégiques de l'administration Trump s'ouvrent sur le constat d'échec de cette approche[2]. En remettant en question le multilatéralisme et ses institutions, en se plaçant hors de la gouvernance mondiale, l'Amérique de Trump s'est ainsi muée en « partenaire irresponsable » rejetant, et de fait contribuant à détruire, cet ordre international que Washington avait jusque-là garanti.

Le « trumpisme » en politique étrangère a été qualifié de « jacksonien ». Dans la typologie définie par Walter Russell Mead, le jacksonisme – en référence à Andrew Jackson, président populiste et nationaliste qui avait élargi le vote populaire et accéléré le « nettoyage ethnique » des Amérindiens – évoque les valeurs du Sud et le retour à un nationalisme américain « ethnoculturel » plutôt que « civique ». Surtout, il qualifie une politique étrangère fondée sur une définition étroite des intérêts américains, réduits à la protection du peuple américain, élevant au-dessus de tout l'impératif de souveraineté et son corollaire, un unilatéralisme vu comme nécessaire à la préservation de la liberté d'action américaine.

Le jacksonisme de la doctrine Trump a une ligne directrice simple : un assaut généralisé contre le globalisme, répondant avant tout aux motivations intérieures de la base électorale trumpienne, qui représentent ces Américains se considérant comme les perdants de la mondialisation au profit d'une élite mondialisée vue comme antiaméricaine. Cette ligne s'est d'abord manifestée par des attaques systématiques contre les alliances et institutions internationales – de l'Organisation du traité de l'Atlantique nord (OTAN) qualifiée un temps d'« obsolète » à l'Organisation des Nations unies (ONU), en passant par le G7 et l'Organisation mondiale du commerce (OMC) ; ou encore à travers le retrait de l'Organisation des Nations unies pour l'éducation, la science et la culture (UNESCO) ou de la Commission des droits de l'homme de l'Organisation des Nations unies. Le tout traduisant bien un assaut généralisé contre ce que Trump et sa base appellent le globalisme et auquel ils opposent le nationalisme de la ligne *America First*.

Bolton, éphémère conseiller à la Sécurité nationale (2018), hostile à la notion même de droit international, est venu ajouter sa pierre à l'édifice, soufflant de nouvelles idées à Trump – on songe à la menace symbolique de retrait de l'Union postale universelle, la plus ancienne des organisations internationales, à la croisade renouvelée contre la Cour pénale internationale, mais surtout à la critique des accords de maîtrise des armements (*Open Skies* et *New Start* notamment). S'illustrent aussi dans cette catégorie les multiples entorses à ce même droit international dans la

2. « National Security Strategy of the United States of America », Maison-Blanche, décembre 2017.

politique israélienne de l'administration Trump. Enfin, le démontage systématique de l'héritage d'Obama en politique étrangère, obsession personnelle de Trump, s'est traduit par la dénonciation de plusieurs traités, du Partenariat Trans-Pacifique (TPP) à l'accord de Paris sur le climat et à l'accord sur le nucléaire iranien (JCPOA). Cet agenda destructeur a entravé la gouvernance globale sur le climat, miné la relation transatlantique, et plus largement le multilatéralisme en Asie et au Moyen-Orient. Enfin, le rejet de l'engagement au profit de la compétition stratégique avec la Chine a également conduit à un abandon du cadre multilatéral au profit d'une approche purement bilatérale, avec la guerre puis la trêve commerciales, ou encore la dénonciation du Traité sur les forces nucléaires à portée intermédiaire (FNI), condamné par Washington au prétexte que la Chine n'y était pas partie et qu'il limitait la capacité d'action américaine dans la région indo-pacifique.

L'ensemble de ces choix a généralisé la vision d'un monde hobbesien, dominé par des grandes puissances régnant sur leur sphère d'influence, la vision d'une politique étrangère transactionnelle, non coopérative, privilégiant le rapport de force plus que l'action collective. Le multilatéralisme est dans cette optique l'instrument des faibles ; l'unilatéralisme, ou le bilatéralisme, l'approche des puissants – ce qui n'est pas le moindre des paradoxes, l'unilatéralisme désormais privilégié traduisant aussi le déclin relatif de la puissance américaine.

Le bilatéralisme, symptôme du déclin relatif

Les Américains avaient coutume de se proclamer : « multilatéralistes quand nous le pouvons, unilatéralistes quand nous le devons ». Le rejet actuel du multilatéralisme traduit donc la conscience américaine d'un déclin. Les États-Unis étaient hier multilatéralistes parce qu'assez puissants pour que leur volonté s'impose d'elle-même, ou parce qu'ils pouvaient accepter un résultat moins optimal justifié *in fine* par l'impératif plus élevé de maintien de la stabilité hégémonique, en particulier pour garder le contrôle des alliés. Ces marges de manœuvre ont aujourd'hui disparu, et les États-Unis sont unilatéralistes d'abord parce qu'ils ne sont plus aussi puissants *relativement*. Ils sont même plutôt « bilatéralistes » : gestion optimale d'une puissance dominant encore toute relation bilatérale.

Ce choix est inséparable de la mutation idéologique du Parti républicain en parti souverainiste, dont l'un des mots d'ordre est l'opposition viscérale à la gouvernance mondiale au nom de l'indépendance nationale, de la liberté d'action et de la légitimité unique de la Constitution américaine. Depuis les années 1990, dans une évolution donc largement antérieure à Trump, le Parti républicain s'est progressivement radicalisé dans une opposition systématique à l'ONU mais aussi, plus largement, à la diplomatie, au multilatéralisme, à toute forme d'accord international, s'opposant à la ratification de la quasi-totalité des traités.

Il faut en revenir à un article[3] publié en 2000 par John Bolton (alors vice-président du *think tank* American Enterprise Institute), qui rejetait le projet de « gouvernance mondiale », symbole de la « mondialisation heureuse » des années 1990, représentée aux États-Unis par la doctrine Clinton d'élargissement des

3. J. Bolton, « Should We Take Global Governance Seriously? », *Chicago Journal of International Law*, vol. 1, n° 2, 2000.

démocraties de marché et d'intervention humanitaire sous l'égide de l'ONU (ou au moins de l'OTAN). Ce projet multilatéraliste, assimilé aux Démocrates, est dénoncé par le Parti républicain post-guerre froide comme menaçant la souveraineté et la liberté d'action des États-Unis. C'est bien au nom de la défense de l'identité américaine que la gouvernance mondiale et ce qui l'accompagne – droit international, multilatéralisme – sont considérés comme antiaméricains. Ce clivage est devenu familier, d'autant qu'il s'est répandu dans le monde, entre populistes et globalistes, dans un combat identitaire, donc sans compromis possible : la victoire de l'un signe la défaite de l'autre.

Le discours anti-multilatéraliste est la vision dominante de l'Amérique trumpienne, avec un poids redoublé aujourd'hui face à l'impératif stratégique de confrontation avec la Chine. Toute entrave à la logique de puissance est vue comme négative, ce constat étant renforcé par la prise de conscience tardive du poids croissant de la Chine dans les institutions internationales (lui-même en partie conséquence de la désertion américaine), symbolisé par la direction de l'Organisation des Nations unies pour l'alimentation et l'agriculture (FAO) ou la complaisance de l'Organisation mondiale de la santé (OMS) vis-à-vis de Pékin au début de la pandémie du COVID-19. Cette vision se nourrit enfin de l'effacement du camp adverse, qui n'apparaît plus comme l'optimiste avant-garde des années 1990, mais comme le gardien du *statu quo*, représentant d'un « système » périmé et rejeté.

Face à la pandémie, les États-Unis ont rejeté d'emblée toute réponse multilatérale, sur le plan sanitaire ou économique, et ont contribué à miner les possibilités de réponse globale : suspension des paiements à l'OMS, refus de participer à la conférence internationale sur la recherche d'un vaccin, injonction aux institutions de Bretton Woods de ne pas intervenir, absence totale de leadership au G7 – dont ils assument pourtant la présidence pour 2020.

La redéfinition du rapport américain au monde se trouvait au cœur des promesses électorales de Trump. Au terme de son premier mandat, il a bien entamé une véritable transformation de la politique étrangère des États-Unis. Le processus de déconstruction n'est pas achevé, mais il est bel et bien lancé. Le COVID-19 n'a fait que jeter une lumière crue sur ce qui était implicite dans la doctrine Trump : les États-Unis se placent hors de la gouvernance mondiale. Mais sans participation américaine, il n'y a pas de gouvernance mondiale possible. À cet égard, les élections de novembre 2020 sont cruciales pour l'avenir des États-Unis, mais aussi pour le monde.

M. K.

Pour en savoir plus

- M. Kandel, « Le conservatisme national américain. La nouvelle droite américaine et le monde », *Le Débat*, vol. 208, n° 1, janvier-février 2020.
- W. R. Mead, *Special Providence: American Foreign Policy and How It Changed the World*, New York, Alfred A. Knopf/A Century Foundation Book, 2002.
- M. Quencez, « Le "trumpisme" en politique étrangère. Vision et pratique », *Politique étrangère*, vol. 85, n° 2, Ifri, juin 2020.

Présidentielles américaines 2020

Trump peut-il perdre ?

L'année 2020 avait bien commencé pour Trump, avec une économie florissante. Le COVID-19 et la mort de George Floyd auront changé la donne. L'affaiblissement du président se fait sentir jusque dans les rangs républicains. L'incertitude demeure cependant – et jusque dans les options programmatiques de Joe Biden.

Il n'y a certes pas beaucoup de points communs entre la reine Elizabeth II et le président Donald Trump, mais peut-être ce dernier est-il en train de connaître une *annus horribilis*, comme la souveraine en 1992. En effet, à l'été 2020, alors que s'achève son (premier) mandat, le pays fait face à l'épidémie du COVID-19, qui a causé plus de 130 000 victimes et mis en lumière les dysfonctionnements du système de santé américain. Le coup d'arrêt brutal de l'économie lié au confinement a vu plus de 40 millions d'Américains perdre leur emploi, faisant monter le taux de chômage à 14,7 % de la population active en avril 2020. Enfin, le meurtre relayé par vidéo de George Floyd par des policiers, le 25 mai à Minneapolis, a déclenché une série de manifestations raciales d'une ampleur jamais vue depuis les années 1960, sous la bannière du mouvement *Black Lives Matter*.

Le contraste est cuisant avec un début d'année que le président avait entamé dans un contexte très favorable. En janvier 2020, l'économie américaine était au beau fixe, avec une prévision de taux de croissance de 2 % pour l'année, et un chômage au plus bas, à 3,6 %. Le 15 janvier, le président avait signé un accord commercial bilatéral avec la Chine, dit de phase 1, censé résoudre les désaccords entre les deux pays et relancer leurs échanges. Par ailleurs, Donald Trump pouvait se vanter d'avoir tenu la plupart de ses promesses « populistes » : une politique très dure en matière d'immigration ; une renégociation des grands accords commerciaux allant dans le sens du protectionnisme ; une remise en cause tous azimuts des alliances et des institutions internationales, le tout servi par une rhétorique agressive propre à galvaniser sa base électorale. Au slogan de 2016, *Make America Great Again* succédait désormais le cri de ralliement de la campagne 2020 : *Keep America Great Again*.

Un président affaibli

Suite aux difficultés du printemps, la réélection de Donald Trump ne semble plus aussi certaine qu'elle pouvait le paraître voici quelques mois. Les sondages de juin 2020 donnaient son adversaire démocrate Joe Biden gagnant au niveau national avec une moyenne de 10 points d'avance. La baisse du taux d'approbation du président par les personnes de plus de 65 ans – baisse liée à la perception d'une mauvaise gestion par ce dernier d'une épidémie qui les menace en priorité –, est particulièrement significative. Alors que Trump avait un avantage de 7 points parmi ces électeurs en 2016, c'est Joe Biden qui mène désormais par 10 points auprès d'eux.

Autre évolution notable du printemps 2020 : la rébellion anti-Trump s'étend parmi les Républicains. Elle était jusqu'ici limitée aux quelques *never trumpers* des *think tanks* de Washington, comme le spécialiste de politique étrangère Robert Kagan ; et à quelques très rares élus : le sénateur de l'Utah Mitt Romney ayant pris la relève de feu John McCain. Fin 2019, le Projet Lincoln a été fondé, entre autres par George Conway, époux de la conseillère de Donald Trump, Kellyanne Conway. S'inspirant d'Abraham Lincoln, président républicain à l'origine de l'abolition de l'esclavage, ce comité d'action politique dénonce l'insanité de l'actuel président et appelle à sa défaite. Il a annoncé avoir levé 1,4 million de dollars après plusieurs violents tweets du président à son encontre en mai 2020.

Il reste cependant difficile d'émettre des prédictions définitives sur l'issue de l'élection : les résultats restent incertains dans une dizaine d'États flottants. Comme en 2016, la désignation des grands électeurs au scrutin majoritaire pourrait y faire basculer la victoire du côté de Trump sans qu'il ait obtenu la majorité à l'échelle du pays. Il faut donc suivre de près l'évolution de la campagne dans ces États, et particulièrement dans le Wisconsin, en Pennsylvanie, en Caroline du Nord, en Floride et en Arizona.

La mobilisation des électeurs sera également un facteur clé. Elle devrait être massive du côté démocrate, si l'on en juge par le très fort taux de participation observé lors des élections de mi-mandat de novembre 2018. Mais les électeurs issus des minorités pauvres, en majorité démocrates, pourront-ils voter facilement ? Certains États républicains déploient depuis quelques années des tactiques d'entrave au vote particulièrement efficaces. De même, le président et les Républicains s'opposent à la généralisation du vote par correspondance, une solution évoquée pour contourner les difficultés entraînées par l'épidémie du COVID-19. Si Donald Trump prétend que ce vote à distance facilite la fraude électorale, il a cependant révélé ses véritables motivations en twittant que le vote par correspondance pourrait bénéficier avant tout aux Démocrates. Il est vrai que cette technique permettrait aux personnes qui ne peuvent prendre un jour de congé le mardi 3 novembre, ou qui n'ont pas de voiture pour se rendre au bureau de vote, d'accomplir plus facilement leur devoir électoral.

La fin du consensus reaganien

Pour autant, une victoire du candidat démocrate centriste Joe Biden ne signifierait pas un retour des États-Unis au consensus libéral qui a régné de la présidence Reagan à celle d'Obama.

Le qualificatif « libéral » est ici employé dans son sens français : favorable à une limitation du rôle de l'État et à une économie dérégulée. Depuis les années 1930, le terme *liberal* a pris aux États-Unis un sens opposé. À l'époque, le président Roosevelt entendait engager une relance économique dans le cadre de son *New Deal*. Pour rassurer une opinion qui traditionnellement se méfie du *big government*, il emploie pour désigner ce projet le terme de *liberal*, insistant sur le fait qu'il repose avant tout sur l'initiative privée. Très rapidement, le mot va désigner les personnes qui sont favorables à l'intervention sociale et économique de l'État, et devient synonyme de progressiste.

La crise financière de 2008 a mis en mouvement dans le pays une importante évolution des idées politiques. La Grande Récession qui a suivi a agi comme un révélateur de sa situation sociale après vingt ans de recul de l'État. De fait, à la veille de la crise, les inégalités sociales aux États-Unis avaient retrouvé leur niveau de 1929. Dans un pays aux infrastructures publiques délabrées faute de budget, la mobilité sociale était au plus bas. Les critiques ont alors commencé à gagner du terrain aussi bien à droite qu'à gauche.

À droite, le mouvement des Tea Parties est apparu dès 2009. Ses militants s'insurgeaient contre l'aide de l'État aux grandes banques et institutions financières, renflouées parce que « trop importantes pour faire faillite » (*too big to fail*), alors même que les classes moyennes durement touchées étaient abandonnées à leur sort. Mais le mouvement sera rapidement détourné de cette première colère pour en revenir à une hostilité d'essence libertarienne envers l'État, doublée d'une haine du président Obama et de son projet de loi « socialiste » sur la santé. Pour le journaliste républicain anti-Trump David Frum : « Contre toute évidence, les donateurs du Parti républicain ont interprété le Tea Party comme un mouvement défendant le programme de la page éditoriale [très libérale] du *Wall Street Journal.* »

Cependant, sous l'influence de l'idéologue d'extrême droite Steve Bannon et du journaliste de Fox News Tucker Carlson, le candidat Trump développe en 2015-2016 un programme xénophobe et nationaliste, mais aussi anti-libéral, mettant en avant la défense des classes moyennes et un retour au protectionnisme. Les militants du Tea Party se convertissent alors largement en électeurs de Trump.

À gauche, le mouvement de protestation *Occupy Wall Street*, également ulcéré par le sauvetage des banques et des institutions financières par la puissance publique, prend son envol en 2011. Porté par les étudiants, il développe un programme économique beaucoup plus construit et très radical. Le mouvement réclame un système fiscal plus équitable et l'encadrement strict des activités financières, mais aussi l'effacement de la dette étudiante, la gratuité des études supérieures, l'établissement d'un système de santé public pour tous, et le retour au protectionnisme pour ramener l'emploi industriel aux États-Unis.

Si le mouvement s'éteint rapidement, ces propositions vont se retrouver dans le programme de Bernie Sanders en 2016. Ce dernier contraste nettement avec la vision plus conventionnelle d'Hillary Clinton, qui représente alors la majorité centriste du Parti. Dans un article de septembre 2018, la philosophe « populiste de gauche » Nancy Fraser dénonce l'hypocrisie de l'*establishment* démocrate, qui a mis en avant la célébration des minorités tout en favorisant la dérégulation financière.

Quel programme pour Joe Biden ?

Candidat par défaut pour beaucoup de Démocrates qui lui reprochent son âge et sa fatigue, Joe Biden a effectué une remontée inattendue lors des primaires démocrates du printemps 2020. Après son échec dans les trois premiers États de la primaire,

Joe Biden a remporté la Caroline du Sud avant d'obtenir l'essentiel des voix lors du *Super Tuesday* du 3 mars. Le processus des primaires se poursuivant en dépit du confinement de nombreux États, Joe Biden a atteint la majorité absolue des délégués en juin, ce qui lui assurait l'investiture du Parti pour la convention du mois d'août.

Cette victoire est confortée par le ralliement de ses adversaires démocrates, et principalement des candidats de la gauche du parti, Bernie Sanders et Elizabeth Warren. La campagne de Joe Biden, très modérée, réfléchit désormais à la part qu'elle doit faire aux idées de la gauche du parti, longuement développées depuis le mouvement *Occupy Wall Street* de 2011. On sait déjà que Joe Biden a renoncé au principe du libre-échange sans entrave, tel qu'il était encore pratiqué sous Obama. En mai 2020, il a mis en place des groupes de travail entre son équipe et celle de Bernie Sanders sur six sujets : le changement climatique, la réforme pénale, l'éducation, l'économie, la santé et l'immigration. Leur mission est de faire évoluer le programme du candidat Biden, afin qu'il traduise un nouveau consensus de l'ensemble des Démocrates. Bernie Sanders s'est dit encouragé par l'esprit d'ouverture et de compromis qu'affiche Joe Biden, ainsi que par la nomination de nombreux radicaux dans ces groupes de travail. Ainsi, la Représentante de New York, très à gauche, Alexandria Ocasio-Cortez, fait partie du groupe de travail sur les questions climatiques – sujet qu'elle connaît bien pour avoir proposé le projet de *Green New Deal* après son élection à la Chambre en novembre 2018.

Un autre enjeu crucial du scrutin de novembre prochain concerne les élections au Sénat. Un président démocrate élu ne pourrait accomplir grand-chose si la Chambre Haute demeurait républicaine. Il faudrait même que les Démocrates obtiennent une majorité de 60 sénateurs sur 100, qui permettrait seule de surmonter la procédure d'obstruction parlementaire dite du *filibuster*, et de faire adopter la plupart des lois et des nominations souhaitées.

Il est impossible de savoir si les meetings politiques pourront reprendre à l'automne, compte tenu de l'épidémie du COVID-19. Dans tous les cas, les grands événements de la campagne sont surtout les débats télévisés, prévus depuis des mois. Trois débats opposeront Joe Biden et Donald Trump, le 29 septembre, le 15 octobre et le 22 octobre. Un autre débat télévisé aura lieu le 7 octobre entre les candidats à la vice-présidence.

L. N.

Pour en savoir plus

- N. Fraser, « De Clinton à Trump, et au-delà », *Esprit*, septembre 2018.
- L. Henneton, « Les élections américaines de 2020 : 4 scénarios, 12 États clés pour le Sénat », *Potomac Papers*, n° 37, Ifri, septembre 2019.
- L. Nardon, « Quelle politique étrangère après 2020 ? », *Politique étrangère*, vol. 85, n° 2, Ifri, juin 2020.

Le Brésil dans l'incertitude

Entre crise sanitaire et crise politique

Ses turbulences politiques ont mal préparé le Brésil au choc du coronavirus. La crise sanitaire, particulièrement mal gérée par le président, a aggravé les problèmes du pays, confronté à une crise économique d'ampleur, et à une division politique profonde. L'incertitude durera sans doute jusqu'à 2022.

Le Brésil entame la troisième décennie du siècle dans une posture de grande fragilité – politique, institutionnelle, économique et sociale. Le pays fait face à son plus grand défi depuis le retour de la démocratie en 1988 avec trois crises simultanées : sanitaire, économique et politique.

Si la crise sanitaire et la crise économique ont des racines externes, les conditions internes aggravent leur impact. Le coronavirus est plus dangereux pour des patients souffrant d'autres affections; de même, les difficultés du pays – polarisation politique, inégalités économiques et poids du système fiscal, distorsions bureaucratiques… –, ont rendu le pays plus vulnérable au choc du coronavirus. À l'échelle continentale, le pays offre toujours d'importantes opportunités d'investissement et détient d'abondantes ressources naturelles, mais le dysfonctionnement politique risque d'accroître les problèmes.

La crise sanitaire accélère les dysfonctionnements existants

D'aucuns considèrent que la crise du COVID-19 met fin à une phase de globalisation ouverte par l'entrée de la Chine à l'Organisation mondiale du commerce (OMC) en décembre 2001, phase où un nombre important de chaînes de production ont été transférées dans des pays asiatiques. La crise représenterait aussi le début de la fin d'un mouvement plus récent : l'arrivée au pouvoir de leaders populistes au profil anti-*establishment*. Ces dirigeants populistes ont échoué face à la pandémie : Donald Trump aux États-Unis, Jair Bolsonaro au Brésil, Andrés Manuel López Obrador au Mexique ou Boris Johnson au Royaume-Uni. Les gouvernements plus classiques ont adopté des réponses fortes, appuyées sur des données scientifiques, des équipes techniques compétentes et des institutions administratives efficaces, avec des résultats bien meilleurs : Angela Merkel en Allemagne, Justin Trudeau au Canada ou Moon Jae-in en Corée du Sud. On serait donc face à un mouvement pendulaire, avec un retour de l'*establishment* traditionnel pour gérer la crise.

On peut aussi considérer que cette crise est moins un point d'inflexion qu'un catalyseur de processus politiques, économiques et technologiques préexistants : rivalité géopolitique sino-américaine, découplage économique, compétition technologique, polarisation politique (aux États-Unis ou au Brésil par exemple), aggravation des inégalités sociales et des oppositions raciales…

Le caractère accélérateur de la crise est évident pour les pays émergents, dont le tissu social et le système sanitaire sont plus précaires. L'importance du travail informel et la fragilité des systèmes sociaux expliquent l'impact particulièrement brutal de *lockdowns* prolongés sur les couches les moins favorisées de ces pays.

Ces pays ne disposent que de marges de manœuvre fiscales et monétaires étroites pour combattre la décroissance et prendre les mesures politiques atténuant l'impact de la pandémie : chômage à large échelle, augmentation de la population sans abri, expansion de la criminalité...

Ces difficultés touchent toute l'Amérique latine. Même les pays qui ont connu quelques succès initiaux contre le coronavirus, comme le Pérou ou le Chili, ont vécu plus tard une augmentation des contaminations. Au Pérou, le président Vizcarra a gagné en popularité avec une réponse initiale énergique, aux dépens de l'activité économique, mais la fragilité du système de santé n'a pu éviter une accélération des contaminations. Au Chili, un éloignement prématuré des mesures de distanciation sociale a produit un recul des indices de popularité du président Piñera, à peine sorti du niveau critique. L'Argentine, en plein dans une rude renégociation de sa dette internationale, a vu s'éroder les mesures de distanciation sociale et vit sous la menace permanente de l'importation de cas de coronavirus du Brésil.

Jair Bolsonaro, président de la crise

Dans ce contexte difficile, les problèmes du Brésil apparaissent encore plus importants. Au-delà de la crise sanitaire et économique, le pays est aux prises avec une crise politique profonde, marquée par le retour des militaires aux postes clé de la République, par des scandales policiers et une aggravation de la polarisation politique.

L'attitude du président Jair Bolsonaro, contestant l'utilité de la distanciation physique, a nettement contribué à aggraver la crise de santé publique. Bolsonaro maintient une logique de négation des données scientifiques et de confrontation avec les autorités régionales et judiciaires qui semble, à première vue, irrationnelle ou même suicidaire. Sa logique trouve cependant l'appui d'une partie importante de la société brésilienne – celle-là même qui a l'a élu en 2018 et qui continue à le soutenir en dépit des menaces d'*impeachment*.

Comme Donald Trump aux États-Unis, Bolsonaro incarne l'usure de la politique traditionnelle, des partis et des institutions républicaines face à une classe moyenne profondément déçue. Des années de corruption et de crise économique ont créé une situation dévastatrice pour les grands partis et ouvert en 2018 le chemin pour l'élection de Bolsonaro. Président, ce dernier a maintenu une stratégie de communication directe avec l'électorat, s'opposant aux médias traditionnels et renonçant à une coalition majoritaire avec les partis classiques au Congrès.

Pour un président à la rhétorique populiste et sans appui institutionnel au Congrès, la pandémie représentait une sérieuse menace. Bolsonaro a gardé l'appui d'environ 40 % de l'électorat tout au long de sa première année de mandat, en 2019, et il comptait sur un redémarrage graduel de l'économie après sa réforme de la Sécurité sociale pour aborder en bonne posture l'élection de 2022. Le spectre d'une crise profonde a commencé à lui faire craindre un effondrement de sa popularité, pouvant même mener à un *impeachment* au sein d'un Congrès peu docile.

La menace constante d'enquêtes contre ses alliés, ses soutiens financiers, et même contre ses fils, n'a fait qu'augmenter la sensation de danger pour le président. Craignant pour sa survie politique, Bolsonaro a tout misé sur la rhétorique de confrontation qui l'a porté au pouvoir. Il a contesté l'alarmisme des grands médias traditionnels sur la pandémie, tentant de maintenir un semblant de normalité aux yeux de la population, et rendant gouverneurs, maires et juges responsables de l'arrêt des activités et de l'augmentation du chômage. Dans le même temps, Bolsonaro renforçait pourtant discrètement les liens avec certains partis du Congrès, contrairement à ses promesses de campagne, pour renforcer sa ligne de défense contre un éventuel *impeachment*. Des postes étaient ainsi distribués aux nouveaux alliés dans les secrétariats d'État et les ministères. En outre, le président élargissait encore l'espace réservé aux militaires de réserve dans son gouvernement, cherchant à semer le doute sur l'éventuelle réaction des forces armées à un *impeachment*. Les généraux d'active donnaient quelques signes qu'ils n'approuveraient pas une rupture démocratique ; mais les niveaux intermédiaires et la base des forces armées, ainsi que la police militaire, sont idéologiquement plus proches de Bolsonaro et l'aident à créer un sentiment d'incertitude sur la loyauté des militaires.

La stratégie de Bolsonaro lui a permis de se préserver l'appui d'un tiers de la population, en raison du manque de crédibilité des autres institutions. Dans un pays qui déteste en bloc politiques et bureaucrates, Bolsonaro reste le leader national le plus populaire, plus que tout autre parlementaire du Congrès, et plus que ses concurrents pour la présidence. Mais ce même instinct qui a poussé Bolsonaro à consolider son retranchement, a alarmé une opposition déjà inquiète du risque d'érosion de la démocratie dans le pays. Les institutions attaquées par Bolsonaro – gouverneurs, juges, médias entre autres – se sont réunies, et des voix de plus en plus nombreuses demandent la destitution du président. Dans ce contexte, plusieurs ministres fédéraux ont dû céder à la pression et quitter leur poste.

Ce combat politique est très nuisible à la coordination des efforts contre le coronavirus. Deux ministres de la Santé ont démissionné pendant la pandémie, en désaccord avec Bolsonaro. Des membres de l'équipe économique se plaignent qu'en dépit de ressources existantes, le ministère de la Santé n'arrive pas à mettre sur pied un plan de tests au niveau national, ni à renforcer décisivement les unités hospitalières. Autrement dit : les fonds disponibles n'ont pas été pleinement utilisés. La confrontation entre le gouvernement central et les États a également nui à la coordination des mesures de distanciation sociale et aux restrictions de déplacement. Le système public de santé brésilien n'a pas pu faire face à l'épidémie : dans un pays aux fortes inégalités sociales, morts et hospitalisations se sont concentrés chez les plus démunis.

La crise économique

L'instabilité politique nuit également à la formulation de politiques économiques. La réponse initiale du Brésil a ici été ambitieuse pour un pays émergent et très endetté : plus de 5 % du PIB ont été déversés dans l'économie par le gouvernement, avec un vaste programme de transferts de revenus. Mais la réponse à l'urgence était étalonnée sur une épidémie supposée durer trois mois, et les créanciers internationaux font déjà pression sur le pays pour limiter l'extension de mesures qui devront être prorogées du fait de l'aggravation de la crise sanitaire. L'activité économique, qui ne s'était pas encore relevée de la crise de 2015-2016, devrait baisser de plus de 5 % en 2020, et gouvernement comme économistes attendent une forte augmentation du chômage pour le deuxième semestre – lorsque les entreprises, passé le choc initial, devront ajuster les salaires à un contexte de diminution des recettes et d'augmentation de l'endettement.

La production agricole continue à croître, mais génère peu d'emplois. Avec un chômage en hausse, la criminalité progresse et les étudiants arrivant sur le marché du travail courent le risque de se retrouver dans une génération perdue. Tout cela peut encore s'aggraver d'une crise de la dette publique : un risque qui semble encore lointain, dans la mesure où le plafond de dépenses inscrit dans la Constitution impose un ajustement fiscal graduel. Dans une ambiance de grande inquiétude politique, des demandes de hausse des dépenses publiques pourraient cependant briser cet équilibre, déstabilisant sévèrement les finances du pays.

***

Vu les racines profondes de la crise politique, il est difficile de lui imaginer une solution rapide ou définitive. La crise du coronavirus, ici comme ailleurs, a accéléré des processus politiques et sociaux déjà en cours, mis en évidence les déséquilibres, sans presser la formulation d'alternatives politiques. Dans l'impasse brésilienne, les deux parties – Bolsonaro et anti-Bolsonaro – se sentent menacées, mais manquent de forces pour vaincre l'opposant. Le scénario le plus probable est celui d'une turbulence constante jusqu'aux élections de 2022, où le président sera confronté à d'autres noms de la gauche et du centre, certains hors de la politique traditionnelle. En dépit des chocs qui se succèdent, aucun nom ne semble encore pouvoir créer une dynamique d'unité nationale. En cas de chute de Bolsonaro, le futur potentiel président – le général Hamilton Mourão – partage beaucoup des idées du président et inspire peu de confiance aux partis. Le risque, pour le Brésil, est que l'instabilité politique génère une décennie perdue et réduise encore plus l'influence du pays dans l'arène internationale.

B. R. et S. C.

Pour en savoir plus

- O. Dagicour, « Géopolitique de l'Amazonie », *Politique étrangère*, vol. 85, n° 1, Ifri, mars 2020.
- L. Delcourt, *Le Brésil de Bolsonaro. Le grand bond en arrière*, Paris, Syllepse, 2020.
- Dossier « L'Amérique latine en fusion », *in* T. de Montbrial et D. David (dir.), *RAMSES 2020. Un monde sans boussole ?*, Paris, Ifri/Dunod, 2019.

Les trois batailles de Vladimir Poutine

Épidémie, économie, réforme constitutionnelle

La crise du COVID-19 n'a pas produit en Russie la catastrophe annoncée : le système sanitaire et l'économie semblent avoir relativement bien résisté. La crise a pourtant montré un pouvoir central incertain, pressé d'en revenir à ses échéances de politique intérieure, et à la popularité déclinante.

Le printemps 2020 comptera sans doute au nombre des périodes les plus éprouvantes qu'aura connues Vladimir Poutine durant ses présidences : la crise sanitaire du COVID-19 s'est en effet accompagnée de la chute des prix du pétrole sur le marché mondial, prix dont l'économie russe reste toujours très dépendante.

Un printemps éprouvant

Le début de sa troisième décennie de pouvoir s'annonçait pourtant triomphal. En janvier, tout d'abord, le président russe avait lancé une réforme constitutionnelle qui lui ouvrait la possibilité de conserver le fauteuil présidentiel pour deux autres mandats : jusqu'à 2036… La célébration du 75e anniversaire de la Victoire de la Seconde Guerre mondiale devait réunir le 9 mai à Moscou plusieurs chefs d'État, dont le président français Emmanuel Macron, refermant ainsi symboliquement – sans que les sanctions aient été pour autant levées – la parenthèse de stigmatisation internationale ouverte par l'annexion de la Crimée.

Le Kremlin a beaucoup tergiversé avant de se décider à reporter ces deux événements majeurs pour son agenda politique ; et il s'est empressé d'y revenir, avant même que la fin de l'épidémie ne soit vraiment confirmée dans le pays. La parade militaire a été organisée le 24 juin et suivie du scrutin populaire sur la réforme constitutionnelle à partir du 1er juillet.

Les différentes facettes de la crise interagissent fortement, exigeant des mesures souvent contradictoires, ce qui restreint fortement la marge de manœuvre des décideurs. Comment se montrer généreux avec la population en distribuant davantage d'aides économiques directes, si la crise des prix du pétrole s'annonce durable ? Comment préserver le rôle central du président tout en le mettant à l'abri du mécontentement populaire si la crise sanitaire en venait à mal tourner ? Autant de casse-têtes pour une administration présidentielle pourtant rodée. Cette inattendue combinaison de facteurs explique que la gestion de la crise ait été si différente des démonstrations habituelles de la force et de la centralité de la figure du président.

Crise sanitaire : le pire semble évité

Arrivée plus tard qu'en Chine (avec laquelle la frontière a été fermée dès janvier) et en Europe, l'épidémie du COVID-19 a sévèrement frappé la Russie. Le pays a rapidement pris la troisième place en nombre de cas déclarés, derrière les États-Unis et le Brésil. Nombre de doutes planent autour du chiffre officiel des morts – étonnamment bas –, qui ne s'explique probablement pas seulement par les différences des méthodes de décompte (le COVID-19 n'est pas indiqué comme cause du décès si la victime souffrait d'autres maladies ayant pu entraîner son décès) ; d'autres explications sont mises en avant, comme le diagnostic de pneumonie atypique ou la faible fiabilité des tests. Les gouverneurs auraient également pu être tentés d'enjoliver l'efficacité de leur gestion sanitaire, qui a été incluse dans la batterie d'indicateurs destinés à évaluer leurs performances générales. Une éventuelle défaillance pouvait leur faire courir le risque de perdre leur poste, voire d'être incarcéré.

De lourdes inquiétudes se sont manifestées dès le début de l'épidémie concernant la capacité de résistance à la crise du système de santé publique russe. Le secteur, pour lequel la Russie dépense moins (5,5 % du PIB) que les pays de l'Organisation de coopération et de développement économiques (10-11 % du PIB en moyenne), a connu une réforme dite « d'optimisation » qui a abouti à diviser par deux (de 10 700 à 5 300) le nombre d'établissements médicaux entre 2000 et 2018. Les petites villes et le milieu rural ont été particulièrement touchés. Le rapport de la Chambre des comptes de février 2020 décrit un système à plusieurs vitesses, où les équipements dernier cri coexistent avec des infrastructures décrépies et insalubres. La crise créera-t-elle, dans une élite russe accoutumée à se faire soigner à l'étranger, une prise de conscience de l'importance des investissements dans ce secteur ?

Plusieurs graves problèmes ont, pour la plupart d'entre eux, été rapidement corrigés : défaillances de gestion, concurrence des logiques bureaucratiques, mauvaise coordination, manque d'équipements de protection, très rudes conditions de travail des personnels dans certains hôpitaux (trois médecins se sont défenestrés durant la crise, et beaucoup ont été contaminés). La gestion sanitaire semble donc, à ce stade, avoir été moins catastrophique qu'on pouvait l'anticiper. Le contraire eût été d'ailleurs vivement dénoncé sur les réseaux sociaux russes. Le système de santé public a donc résisté. La Russie figure aujourd'hui au nombre des pays qui réalisent le plus de tests, dont le marché, monopolistique au début de l'épidémie, a été ouvert aux acteurs privés ou semi-privés. La moitié des cas déclarés ont été concentrés sur Moscou et sa région.

Une gestion politique inhabituelle

C'est le maire de Moscou, Sergueï Sobianine, qui a, sans conteste, été le « visage » de cette crise sanitaire en Russie. À la tête d'une commission de coordination rattachée au Conseil d'État (dont le Kremlin cherche de toute évidence à rehausser le statut, y compris constitutionnellement, sa présidence restant l'une des options offertes à Vladimir Poutine pour l'après-2024), Sergueï Sobianine a été le premier à imposer la stratégie du confinement, la fermeture des écoles, des entreprises et des lieux publics, face à un Kremlin dont les priorités politiques étaient ailleurs. Il a aussi émis des doutes sur la véracité des statistiques officielles. Sa gestion de la crise peut être critiquée sur plusieurs points, mais il a certainement gagné avec elle en autonomie politique… tout comme en inimitié avec d'autres clans proches du pouvoir.

C'est curieusement l'homme fort du Kremlin qui est resté en retrait durant la crise, dont il a délégué la gestion au gouvernement et aux gouverneurs des régions. Cette conduite est pour le moins inhabituelle pour une verticale du pouvoir centrée sur le président et dans laquelle les gouverneurs ont progressivement perdu autonomie politique et maîtrise des ressources, concentrées entre les mains du pouvoir fédéral. Il n'est d'ailleurs pas certain qu'à la sortie de la crise les gouverneurs gardent leur relative autonomie fraîchement acquise ni qu'ils tentent de le faire : leur profil est celui de technocrates parachutés par le Kremlin, plus que de poids lourds politiques bénéficiant de solides ancrages régionaux.

Dans cette crise, le Kremlin a surpris par des déclarations déconnectées des attentes du public et des décisions confuses et contradictoires. Ainsi, la « semaine chômée », devenue le « mois chômé », imposée par le Kremlin devait être payée par les employeurs, ce qui a créé des difficultés insurmontables pour les petites et moyennes entreprises. Dans son premier discours, au début de la crise sanitaire, Vladimir Poutine annonçait l'alourdissement de la taxation des capitaux quittant le pays et de l'épargne de la classe moyenne, alors qu'étaient plutôt attendues des annonces d'aides directes. Les erreurs de tir n'ont été corrigées que tardivement et partiellement. Les apparitions du président lors de conférences vidéo, ponctuées de remontrances contre les gouverneurs, cachaient mal son apparent ennui…

Économie : « un choc sévère, mais pas fatal »

La gestion économique de la crise a été différente de celle des pays occidentaux, qui ont consacré une part importante de leur PIB aux aides directes aux ménages et entreprises. La Russie promet d'y consacrer tout au plus 5 % de son PIB, dont une grande partie sous forme de baisses et reports de charges, ou de crédits à taux préférentiels. Ces décisions ont créé plus d'un déçu dans un pays où la population a subi depuis 2014 une chute de ses revenus, et qui dispose de peu d'épargne et de faibles filets de sécurité sociale.

Pourtant, l'économie russe, faiblement endettée (15 % du PIB), est mieux préparée aux chocs extérieurs – y compris du fait des sanctions occidentales – que lors des crises précédentes de 2008-2009 et 2014-2015. Ses réserves de change peuvent faire pâlir d'envie (565 milliards de dollars). Le fonds souverain (Fonds de bien-être national) a même augmenté depuis le début de la pandémie, passant de 123 milliards de dollars (7,3 % du PIB) début mars à 172 milliards (11 % du PIB) début juin. Les coussins de sécurité ont donc continué à se gonfler, en prévision d'un prix mondial du pétrole durablement inférieur à celui censé garantir l'équilibre budgétaire russe (42 dollars le baril). Le cours du rouble flottant, une inflation et un chômage maîtrisés complètent la liste des raisons pour lesquelles les institutions internationales comme le Fonds monétaire international et les grandes agences de notation demeurent optimistes, voire s'attendent à un retour de la croissance en Russie en 2021 après les prévisions de la chute de - 5,5 % du PIB en moyenne en 2020.

Si le choc est sévère, il n'est donc pas fatal. Un plan de relance a été annoncé début juin, dont les montants, en coordination avec les treize « projets nationaux », vont jouer sur la reprise. Il reste que la diversification de l'économie russe et l'objectif de Vladimir Poutine de faire entrer la Russie dans les cinq plus grandes économies mondiales semblent bien loin de l'ordre du jour.

Un système Poutine fragilisé ?

Le plan de relance aidera-t-il à redresser la popularité du président, qui s'érode depuis l'annonce de la réforme des retraites de 2018, et plus encore avec la crise ? Les sondages n'ont qu'une valeur relative dans un système autoritaire, et les taux de popularité de Vladimir Poutine restent élevés comparés à ceux observés dans les systèmes démocratiques. Néanmoins, la tendance est bel et bien là : en mai, 59 % des personnes interrogées approuvaient l'action du président, contre 69 % en février (sans parler des 86 % de 2015). La majorité des Russes (62 %) souhaitent désormais imposer un âge limite pour la fonction présidentielle, et plus de la moitié d'entre eux salueraient l'apparition de nouveaux visages sur la scène politique russe. La grogne contre la chute du niveau de vie monte : début juin, 28 % des Russes interrogés se disaient prêts à participer à des protestations sociales[1].

L'absence d'alternative politique crédible, la difficulté de l'opposition à mobiliser, la peur du chaos et des violences, les « carottes et bâtons » dont dispose le Kremlin, devraient pourtant aider à prévenir les débordements critiques. La durée de la crise sera certainement décisive.

Une politique étrangère plus agressive pourrait-elle redonner un élan patriotique au peuple russe et rehausser la cote présidentielle ? La tentation peut être grande, mais l'effet-Crimée s'est estompé. L'opinion souhaite que les autorités se consacrent davantage aux enjeux économiques et sociaux. La menace de nouvelles sanctions américaines n'est jamais loin : elle rend de nouvelles aventures militaires potentiellement coûteuses. La Russie continuera à peser dans les dossiers régionaux, ainsi que le montre son implication en Syrie et, de plus en plus, en Libye, mais elle risque de voir son rôle se réduire face au duopole sino-américain qui se dessine. À la lumière de cette évolution globale, la Russie pourrait-elle être à nouveau tentée par un rapprochement avec l'Union européenne – mais autrement qu'en jouant sur ses divisions, ou qu'en misant sur ses forces anti-*establishment* ?

T. K.-J.

Pour en savoir plus

- F. Daucé, *La Russie postsoviétique*, Paris, La Découverte, 2019.
- I. Facon, « La Russie face à la COVID-19 : enjeux nationaux et internationaux », *Note de la FRS*, n° 38, Fondation pour la recherche stratégique, mai 2020.
- A. Stent, *Putin's World: Russia Against the West and with the Rest*, New York, Twelve, 2019.

1. Ce paragraphe se réfère aux différents sondages du Centre Levada.

Russie/Europe de l'Est : les guerres mémorielles

L'autre ligne de fracture

Au double récit occidental et soviétique sur la Seconde Guerre mondiale succèdent trois narratifs en redéfinition : un narratif russe minorant les responsabilités staliniennes, un narratif centre-européen les soulignant, et un narratif occidental ou européen. La guerre des récits s'intègre au jeu géopolitique du Vieux Continent.

Alors que le 75e anniversaire de la fin de la Seconde Guerre mondiale devait être célébré en fanfare le 9 mai 2020 sur la place Rouge en présence de nombreux dirigeants étrangers, la pandémie du coronavirus du printemps 2020 a entraîné le report *sine die* de la parade militaire. Au-delà de la crise sanitaire mondiale, les enjeux mémoriels autour de la Seconde Guerre mondiale entre la Russie et nombre de pays européens demeurent cependant un sujet de tensions récurrent. Certains pays, dont les États baltes, dénoncent la campagne orchestrée par le gouvernement russe sur certains aspects de ce conflit, visant à minimiser la coopération soviétique avec l'Allemagne nazie et l'ampleur des crimes de Staline.

Ces guerres mémorielles constituent une ligne de fracture supplémentaire sur un continent où l'héritage du second conflit mondial est constitutif de l'Europe contemporaine. Un héritage qui perdure dans les postulats narratifs, et opposés, des autorités publiques des divers États concernés.

Depuis 15 ans : un durcissement des positions

Depuis le début des années 2000 et l'arrivée de Vladimir Poutine au Kremlin, la célébration du 9 mai a retrouvé une forme de sacralisation, agissant comme un véritable ciment pour l'unité du pays et sa mémoire collective. Cette célébration a connu une rupture en 2005 lors du 60e anniversaire de 1945, de nombreux événements de grande ampleur étant organisés pour l'occasion. Si de nombreux chefs d'État se sont rendus à cette commémoration, le refus des présidents d'Estonie, de Lituanie et d'Ukraine d'y assister a été perçu comme un affront personnel par le président russe[1].

1. A. Nikzentaitis, « The Place of Past Events in International Information Wars », *Lithuanian Historical Studies*, vol. 23, n° 1, décembre 2019, p. 145-163.

Deux ans plus tard, en 2007, le Parlement estonien a voté le déplacement de la statue du soldat de bronze vers le cimetière militaire de Tallinn, jusque-là située dans le centre de la capitale. Érigée en 1947 par les autorités soviétiques pour commémorer la victoire sur le nazisme, cette statue est considérée par une majorité de la population comme le symbole de l'occupation soviétique. Cette décision suscite l'ire de Moscou, qui soutient traditionnellement la minorité russophone présente dans le pays. Pendant plusieurs semaines, un groupe de jeunes russophones, membres du mouvement « Garde de nuit », organise alors des rondes autour du monument. Suite à ces tensions, la capitale estonienne devient le théâtre de violentes émeutes en avril 2007. Cet épisode marque une césure importante dans la guerre des mémoires qui oppose la Russie aux ex-pays soviétiques et communistes.

En Pologne, ces enjeux mémoriels ont également pris une dimension particulière. L'arrivée au pouvoir en 2005 du parti Droit et Justice (*Prawo i Sprawiedliwość* – PiS), au discours plus nationaliste, remet en lumière les crimes de l'Union soviétique sur le sol polonais durant le conflit mondial. En avril 2006, une plainte était déposée devant la Cour européenne des droits de l'homme contre la Russie, en vue de faire reconnaître le massacre de Katyń comme crime contre l'humanité. En décembre 1939, après délibération du Politburo, le Commissariat du peuple aux Affaires intérieures (NKVD) avait été chargé d'organiser l'expulsion de certains groupes de citoyens polonais, considérés comme un danger potentiel sur cette partie du territoire polonais sous contrôle soviétique. C'est dans ce contexte que 4 410 détenus polonais du camp de Kozelsk ont été abattus dans la forêt de Katyń entre le 3 avril et le 13 mai 1940.

Ce massacre de l'armée soviétique est à présent saisi comme marqueur mémoriel majeur de l'histoire polonaise de cette période. Face à cette mutation, la Russie se montre réactive, avec notamment un décret présidentiel de Dmitri Medvedev de 2009, créant une Commission contre les falsificateurs du passé. Les gouvernements des deux pays commémorent ensemble cette tragédie le 7 avril 2010. Dans un geste diplomatique, la Douma russe vote, la même année, une résolution reconnaissant la responsabilité directe de Staline, comme étant l'ordonnateur de ce crime. Toutefois, cette parenthèse n'altère pas une dynamique de fond en Russie, où la mémoire du massacre semble progressivement effacée de l'espace visuel. Ainsi, en décembre 2019, le bureau du procureur local décide le retrait d'une plaque commémorative, installée sur un édifice de l'université de médecine de Tver, ancien quartier général régional du NKVD. Selon le procureur, cette décision se justifie par l'absence de preuves tangibles sur les informations portées par la plaque. Son retrait prend place à la veille des commémorations du 75e anniversaire de la fin du conflit en Europe, et témoigne d'une certaine volonté d'altérer la responsabilité du régime soviétique dans l'événement.

L'affirmation des mémoires sur la Seconde Guerre mondiale connaît ainsi une évolution nette, avec un entrecroisement des narrations sur le continent européen. La fin de la guerre froide s'est accompagnée de la fin de la domination de deux narrations, occidentale et soviétique, sur le conflit. Une troisième narration s'est imposée ces dernières décennies, en provenance des pays d'Europe centrale et orientale. Distincte des deux premières, elle entend mettre en lumière la double responsabilité, allemande et soviétique, dans le conflit.

Les responsabilités dans le conflit

Dans cette lutte mémorielle, se joue une remise en question des faits historiques de la part des autorités des pays concernés. Le travail des historiens est dès lors un instrument essentiel, qui participe à ces oppositions. La question des responsabilités dans le déclenchement de la Seconde Guerre mondiale campe désormais au cœur de ces nouvelles divergences, vecteur majeur des différends mémoriels opposant la Russie à certains pays d'Europe centrale et orientale.

L'été 1939 a vu se dérouler d'importantes tractations diplomatiques pour tenter de contenir la menace d'une invasion de la Pologne par l'armée allemande. Face aux hésitations franco-britanniques à constituer une véritable alliance contre Hitler, les autorités soviétiques, sous l'impulsion de Molotov, acceptent la signature d'un pacte de non-agression avec l'Allemagne nazie. Le 23 août 1939, Moscou et Berlin signent et officialisent cette alliance. L'existence de protocoles secrets, longtemps réfutée par l'Union soviétique, envenime l'interprétation de la nature du pacte scellé entre les deux régimes totalitaires. Le contenu de ces protocoles concerne le partage de l'Europe de l'Est, et en particulier celui de la Pologne. Toutefois, les historiens réfutent généralement l'hypothèse d'un plan prémédité de Staline sur le sujet. Les recherches historiques ont en effet montré l'absence d'une réunion du Politburo – le 19 août –, durant laquelle Staline aurait exposé sa vision stratégique. À l'été 1989, les Soviétiques ont admis, pour la première fois, que « sans aucun doute » les deux régimes avaient secrètement et illégalement divisé l'Europe de l'Est en zones d'influence à la veille du second conflit mondial. Mais Moscou précisait toutefois que cet accord secret n'avait eu aucune incidence sur les frontières de l'Union soviétique[2].

Des éléments fondamentaux de ces protocoles ont été remis au jour durant l'été 2019. Un communiqué conjoint de cinq pays d'Europe orientale (Estonie, Lettonie, Lituanie, Pologne et Roumanie) rappelle que le pacte germano-soviétique est à l'origine du déclenchement du conflit, mais également qu'il « a condamné la moitié de l'Europe à des décennies de misère[3] ». Cette déclaration déclenche une nouvelle offensive du côté des autorités russes. En décembre 2019, dans un discours devant le sommet informel de la Communauté des États indépendants (CEI), Vladimir Poutine affirme que la Pologne porte une grande responsabilité dans le déclenchement de la guerre, en minorant celle du régime soviétique. Le président russe tente de renverser l'argumentaire, soulignant que la Pologne avait également mené des négociations avec l'Allemagne nazie, préalablement au déclenchement du conflit.

La poursuite de la guerre par d'autres moyens

Ces déclarations se traduisent également par l'adoption de textes qui renforcent la confrontation. À cet égard, la résolution du 19 septembre 2019 approuvée par le Parlement européen sur l'importance de la mémoire européenne pour l'avenir de l'Europe, constitue un exemple saisissant de la bataille mémorielle. L'objet de

2. E. B. Fein, « Soviets Confirm Nazi Pacts Dividing Europe », *The New York Times*, 19 août 1989.
3. « Joint Statement by Estonia, Latvia, Lithuania, Poland and Romania on the Occasion of 80 Years Since the Signing of Molotov-Ribbentrop Pact », Ministère des Affaires étrangères de la République d'Estonie, 23 août 2019.

ce texte est, pour partie, de dénoncer la signature du pacte germano-soviétique. Soutenu par les pays d'Europe centrale et orientale, il entend rappeler la responsabilité conjointe de l'Allemagne et de l'URSS dans le déclenchement du conflit mondial. En outre, le texte dénonce la politique actuelle des autorités russes en matière de traitement des faits historiques, et leurs tentatives de minimiser les crimes commis par le régime soviétique, notamment à l'occasion du second conflit mondial. Dans cette même logique mémorielle, le Parlement estonien a adopté le 19 février 2020 un texte « sur la mémoire historique et la falsification de l'histoire », qui condamne ouvertement le pacte germano-soviétique et ses protocoles secrets.

Cette posture s'oppose frontalement au discours officiel russe et au récit officiel de la Grande Guerre patriotique menée par l'Union soviétique contre l'Allemagne nazie. La Russie et certains pays européens s'opposent ainsi dans une guerre des mémoires où l'interprétation des faits historiques et de leur poids symbolique constitue autant d'armes informationnelles. En République tchèque, la décision de la mairie de Prague de déboulonner la statue du général Ivan Koniev, considéré comme un « héros soviétique », a envenimé les relations avec Moscou au cours de l'année 2020. De même, en avril de la même année, une procédure judiciaire a été engagée par une commission d'enquête russe pour démontrer les crimes « génocidaires » commis par la Finlande contre la population civile et les soldats soviétiques en Carélie orientale durant le conflit. Cette enquête s'appuie sur des documents déclassifiés provenant du Service fédéral de sécurité de la Fédération de Russie et cherche à poursuivre une narration produite par les autorités russes, pour l'essentiel à usage interne.

Les enjeux de la mémoire historique et de son héritage en Europe sont ainsi devenus un instrument de communication, pour les autorités publiques en Russie, mais également de plusieurs pays de l'Union européenne. La politisation des interprétations de cette période de l'histoire européenne rend sans doute durablement impossible de bâtir un patrimoine mémoriel commun. Cette dimension politique traduit la diffusion de visions désormais plus nationales et moins « européennes » de la Seconde Guerre mondiale : chaque pays concerné tend désormais à véhiculer une lecture individuelle, conforme à ses intérêts du moment, et non plus collective, de cette tragédie européenne.

F. V.

Pour en savoir plus

- J. Lopez et O. Wieviorka (dir.), *Les Mythes de la Seconde Guerre mondiale*, Paris, Perrin, 2018.
- T. Snyder, *Terres de sang. L'Europe entre Hitler et Staline*, Paris, Gallimard, 2012.
- V. Zaslavsky, *Le Massacre de Katyn. Crime et mensonge*, Paris, Perrin, 2007.

L'Ukraine face aux crises

L'activisme contrarié de Volodymyr Zelensky

Plus d'un an après son élection, le président Zelensky fait toujours preuve d'un activisme déterminé dans l'espace public, mais les changements tant attendus peinent à s'affirmer. Son bilan est en demi-teinte, avec une gestion qui, face à plusieurs crises, rencontre de fortes résistances.

Acteur sans expérience politique, Volodymyr Zelensky a été élu sur un programme antisystème et un retour à la paix dans le Donbass, région séparatiste de l'est du pays. Bien que des avancées soient perceptibles, le volontarisme présidentiel manque de transparence et de lisibilité sur le long terme. L'après-crise sanitaire permettra-t-elle à l'Ukraine de poursuivre une transformation profonde bien que lente, ou scellera-t-elle un retour aux pratiques décriées depuis des années ?

Vers un conflit gelé ?

La résolution du conflit à l'est est une des promesses phares du président, désireux de renouer le dialogue rompu par la précédente présidence avec la Russie. Après un échange de prisonniers entre les deux pays et un désengagement militaire le long de la ligne de contact qui sépare le territoire sous administration ukrainienne de celui que contrôlent les séparatistes, les négociations ont repris dans le cadre du Format Normandie (Ukraine, Russie, France, Allemagne) et des accords de Minsk de 2015. Un sommet réunissant Merkel, Macron, Zelensky et Poutine s'est tenu à Paris en décembre 2019, mais les étapes concrètes envisagées sont loin d'être réalisées : Ukraine et Russie campent sur des positions opposées.

Zelensky pose comme condition à la tenue d'élections locales dans la région un désarmement du Donbass et le contrôle de la frontière orientale du pays, ce à quoi s'oppose le président russe qui réclame le préalable d'une autonomie régionale reconnue dans la Constitution ukrainienne. La Russie se positionne comme médiateur alors qu'elle soutient financièrement et militairement les régions séparatistes, devenues le théâtre d'un conflit de basse intensité avec des bombardements quotidiens sur la ligne front. Le Donbass deviendra-t-il le nom d'un conflit gelé à l'image de ceux en Géorgie et en Moldavie ?

Quant à la Crimée, annexée par la Russie en 2014 et que les autorités ukrainiennes considèrent toujours comme leur territoire, elle n'entre pas dans les négociations et justifie, comme le conflit à l'Est, les sanctions nord-américaines et européennes à l'égard de la Russie. Redoutant une levée de ces sanctions, l'Ukraine s'affiche aux côtés des États-Unis et de l'Union européenne (UE), sans le soutien desquels elle ne peut politiquement, économiquement et militairement faire face à la Russie. Ses relations avec l'UE contribuent d'ailleurs à l'éloigner de Moscou, avec un accord d'association et un accord de libre-échange qui permettent son ancrage au marché européen.

Peu de temps après son arrivée au pouvoir, le président ukrainien s'est trouvé impliqué dans une crise de politique intérieure américaine. Sa première conversation téléphonique, en juillet 2019, avec un Donald Trump qui lui suggère d'enquêter sur le fils de Joe Biden, ancien vice-président et potentiel candidat à la présidentielle de 2020, devient « l'affaire ukrainienne ». Cette dernière provoque une procédure d'*impeachment* d'où Trump sort acquitté, mais sans se tarir pour autant. En mai 2020, des révélations sur une conversation téléphonique de 2015 entre Joe Biden – devenu candidat officiel du Parti démocrate – et Petro Porochenko, alors président ukrainien, la relancent. L'Ukraine se trouve ainsi au cœur d'un scandale politique à rebondissements touchant une puissance dont elle a toujours voulu s'assurer l'appui, quel que soit le camp au pouvoir.

Sauvetage économique sur fond de crise sanitaire

L'Ukraine affronte l'épidémie du COVID-19 alors qu'une réforme de la santé, longtemps repoussée, est entrée en vigueur en 2018. Cette dernière vise à optimiser le fonctionnement des structures de santé tout en éradiquant la corruption. Mais le système de santé reste vétuste et sous-financé. Le pays applique des règles de confinement et de déconfinement similaires à celles de ses partenaires européens, permettant de limiter le bilan humain (1 035 décès au 24 juin 2020). Face à des capacités étatiques restreintes, les hôpitaux bénéficient de l'aide d'acteurs privés, riches hommes d'affaires ou bénévoles, ainsi que d'organismes internationaux tel Médecins sans frontières.

La crise sanitaire s'est accompagnée, comme dans la plupart des pays, de l'aggravation d'une situation économique déjà fragile. Fortement touchée par la crise de 2008 puis par la révolution et la guerre en 2014, l'Ukraine a renoué avec la croissance à partir de 2016 grâce à d'importants financements internationaux (Fonds monétaire international – FMI, Banque européenne pour la reconstruction et le développement – BERD, Union européenne – UE). Dès le début de la crise, elle s'est tournée vers ces bailleurs de fonds, évoquant un possible défaut de paiement. Son PIB devrait se contracter de 8,2 % en 2020 (prévisions du FMI au 10 juin 2020) et le déficit public, se creuser. Le chômage augmente, tout comme l'inflation. L'Ukraine a également été privée des revenus de ses migrants dans des pays de l'UE – dont la Pologne –, retournés au pays au moment le plus critique de la pandémie. Pour faire face, l'Ukraine a obtenu un nouveau prêt du FMI (18 mois, 5 milliards de dollars), après avoir donné des gages à l'institution.

Deux lois ont ainsi été adoptées au printemps 2020 : une loi foncière et une loi bancaire. La première est une décision historique entérinant la fin du moratoire, en vigueur depuis 2001, sur la vente des terres agricoles. En discussion depuis des années, la loi fixe un cadre strict à l'ouverture du marché et révèle un engagement plus général de Zelensky dans le secteur économique, notamment pour attirer les investisseurs étrangers, avec assistance technique et administrative à la clé.

La deuxième loi rend impossible le retour des banques nationalisées à leurs anciens propriétaires. Appelée loi anti-Kolomoïski, elle vise notamment à empêcher le retour de Privatbank, nationalisée en 2016, à son propriétaire initial, l'oligarque Igor Kolomoïski qui, pour son soutien à Zelensky lors de sa campagne électorale, pouvait espérer une clémence. Le président s'est impliqué personnellement pour convaincre les députés des bienfaits d'une loi dont l'adoption conditionnait l'octroi du prêt du FMI. Quant à Kolomoïski, il cherche à obtenir des compensations financières pour une nationalisation qu'il juge illégale.

Ces lois montrent que le sauvetage économique est une priorité présidentielle, qui l'emporte sur l'opinion ou certains intérêts privés. La loi bancaire permet, en outre, au président d'afficher son indépendance face à des détracteurs le présentant comme une marionnette de Kolomoïksi – ce qui ne signifie pas que les arbitrages entre oligarques et groupes d'influence ont disparu de la scène politique.

Une stratégie politique peu lisible

Dans le domaine politique, les avancées sont contrastées. Les élections parlementaires anticipées de juillet 2019 ont permis un certain renouvellement d'une classe politique souvent accusée de s'autoprotéger. Pour répondre à la défiance, les députés ont voté, sur demande du président, la levée de leur propre immunité parlementaire ainsi qu'une loi sur la procédure de destitution du président. Ces dispositions confortent le statut antisystème de Zelensky, qui ne cesse de rappeler que son dévouement s'attache à la cause nationale, et non à ses intérêts propres, contrairement à ses prédécesseurs. Mais ce statut, qui lui assure la faveur de l'opinion (68 % en mai 2020) ne suffit pas à définir une politique qui, sur le long terme, reste peu lisible.

Plusieurs éléments suscitent incompréhension, voire inquiétude. Le chef de l'État cherche à s'entourer d'hommes de confiance, venant de sa société de production et sans expérience politique, même si de jeunes réformateurs sont appelés dans l'équipe gouvernementale. Mais six mois après sa mise en place, celle-ci est fortement remaniée, avec un nouveau Premier ministre. Le controversé chef du Bureau présidentiel, Andriy Bohdan, ancien avocat de Kolomoïski, est renvoyé alors que le procureur général, plutôt apprécié pour son indépendance, est destitué. Quant à Mikhail Saakachvili, ancien président géorgien (2004-2013) et ancien gouverneur de la région d'Odessa (2015-2016), il revient aux affaires à la tête d'un organe consultatif sur les réformes.

Zelensky justifie ces changements par la grande difficulté à trouver un personnel politique compétent et non corrompu. Mais cela traduit aussi son embarras à se départir d'un système contraint par des arbitrages incessants entre groupes d'influence – dont celui de l'inamovible ministre de l'Intérieur Arsen Avakov (en poste depuis 2014) ou de la plus grande fortune d'Ukraine, Rinat Akhmetov –, quand les enquêtes judiciaires se multiplient à l'égard de Porochenko.

L'indépendance de la justice reste un enjeu de taille. En dépit du lancement tant attendu de la Haute Cour anticorruption en septembre 2019, les organes de lutte contre la corruption restent sous pression et sans réel moyen. Le niveau de corruption du pays n'a pas significativement baissé (au 128e rang, pour Transparency International). Les bonnes intentions présidentielles ont du mal à masquer la faiblesse des institutions politiques face à une guerre de l'information qui se joue sur le Net et transforme le régime en *leakocracie*[1]. Le président lui-même fait un usage intensif et personnalisé des réseaux sociaux. Malgré sa popularité, il semble parfois naviguer à vue, tout en s'abritant derrière la pression des organisations internationales.

La politique présidentielle est tout aussi difficile à déchiffrer sur le Donbass. Elle semble privilégier les aspects humanitaires (échange de prisonniers), sur lesquels elle remporte quelques succès, au détriment des aspects sécuritaires, à l'issue incertaine. Les tentatives ukrainiennes pour reconfigurer les négociations du Groupe de contact trilatéral (Russie, Ukraine, Organisation pour la sécurité et la coopération en Europe – OSCE), censé mettre en œuvre les décisions du Format Normandie, laissent planer le doute sur un éventuel dialogue direct des autorités ukrainiennes avec les chefs séparatistes, dialogue jusqu'ici exclu parce qu'impliquant leur légitimation politique. Cherchant à faire bouger les lignes, Zelensky est soupçonné, voire accusé, de vouloir ou pouvoir se plier aux conditions de la Russie. C'est ce que lui reproche le mouvement citoyen « Non à la capitulation », lancé à l'autonome 2019, et qui enjoint au président de ne pas franchir certaines lignes rouges, dans ses manifestations régulières.

Ces manifestations témoignent de la vitalité d'une société civile qui reste vigilante. Le moindre faux pas est contesté jusque devant le Bureau présidentiel, dont l'esplanade, désormais ouverte au public en signe de transparence, sert de lieu de protestation, contre une nomination ou pour demander justice pour des meurtres non élucidés, comme ceux de Maïdan en 2014. Le journalisme d'investigation, qui n'a pas faibli, alimente également la critique, même si l'indépendance des principaux médias est loin d'être acquise (l'Ukraine est au 96e rang du classement de Reporters sans frontières).

Tant que le président n'est pas tenu responsable des crises du pays, ou est considéré comme les gérant au mieux, il semble pouvoir se garder d'un soulèvement populaire massif. À peine un an et demi après son arrivée au pouvoir, Zelensky envisage déjà un second mandat pour pouvoir réellement transformer le pays. Le peuple ukrainien lui accordera-t-il ce temps politique ?

A. G.

Pour en savoir plus

- P. d'Anieri, *Ukraine and Russia: From Civilized Divorce to Uncivil War*, Cambridge, Cambridge University Press, 2019.
- E. Armandon, *Géopolitique de l'Ukraine*, Paris, Presses universitaires de France, 2016.
- A. Wilson, « Ukraine and the Oligarchs: Endless Delays to Reform », European Council of Foreign Relations, mai 2020.

1. A. Prokip et M. Minakov, « Ukraine's Democratic Leakocracy », Wilson Center, 27 février 2020.

France/Allemagne : du déphasage à l'action ?

Du bon usage de la crise sanitaire

Dans les faits, les relations franco-allemandes sont au point mort depuis trois ans, pour des raisons qui tiennent autant aux différences culturelles qu'aux divergences politiques. La crise du coronavirus pourrait rebattre les cartes, Angela Merkel acceptant d'acter une solidarité financière entre pays de l'Union européenne (UE).

Avec l'élection d'Emmanuel Macron, la France s'est peut-être dotée du plus pro-européen de tous ses présidents de la République. Et en même temps de celui qui, avec De Gaulle peut-être, était le seul à être immédiatement disposé à ouvrir un nouveau chapitre de la relation de son pays avec l'Allemagne. Trois ans plus tard, pourtant : que de ratés pour un « moteur » qui fait s'enliser la locomotive, ou la pousse vers l'avant mais sans wagons…

Force est de reconnaître que faire retentir l'*Hymne à la joie* sur l'esplanade du Louvre au soir d'une élection ne fait pas disparaître les évidentes divergences franco-allemandes en matière de gestion budgétaire ou de politique de sécurité et de défense. Aussi a-t-il fallu attendre la crise sanitaire pour voir Paris et Berlin lancer en mai 2020 une première initiative majeure, avec leur plan de relance de 500 milliards d'euros financé par une dette commune des États européens. Avec cette initiative (et celles qui suivront), destinée à faire face à l'impact économique du COVID-19, le « moteur » franco-allemand reprend du service, même si de nombreux obstacles demeurent.

Trois ans de solitude

Les relations franco-allemandes n'ont jamais été simples ; mais elles sont devenues plus compliquées, malgré quelques gestes de bonne volonté, depuis l'unification allemande, et plus encore depuis trois ans. Le sentiment qui prévaut est celui d'un déphasage permanent, sur fond d'incompréhension réciproque et de mésentente interculturelle.

Au départ, c'est un rendez-vous manqué. D'un côté, un président avec tous les pouvoirs, menant une politique appuyée sur une majorité solide née sur un champ de ruines politiques. En face, Angela Merkel l'emporte certes encore en 2017, mais il lui faut un an pour construire sa majorité politique, une majorité fragile qui passe dans les sondages sous les 50 %. Se heurtant à des oppositions jusque dans ses propres rangs, Angela Merkel abandonne la présidence de l'Union chrétienne-démocrate d'Allemagne (CDU) en 2018, tout en restant au pouvoir. En fin de règne, physiquement affaiblie, elle monte pourtant dans les sondages, alors qu'Emmanuel Macron s'y enfonce avec la crise des Gilets jaunes. En 2020, d'aucuns se prennent à rêver d'un cinquième mandat Merkel tant ses potentiels successeurs s'avèrent faibles, alors qu'En Marche commence à redouter l'échéance de 2022.

Déphasage également au niveau des initiatives. Le président enchaîne discours et initiatives à l'échelle internationale, quand le mutisme prévaut outre-Rhin, où politique européenne et politique étrangère sont de moins en moins objets de consensus, y compris dans les rangs d'une majorité qui se déchire. Côté allemand, les discours français sur l'Europe irritent. Ils peuvent faire bouger les lignes, faire avancer le projet européen – ce que Berlin ne peut critiquer. Mais ils transgressent en permanence les lignes rouges tracées de longue date par les Allemands : qu'il s'agisse du budget de la zone euro, de l'Initiative européenne d'intervention en matière de défense, ou des ventes d'armes, sans véritable échange franco-allemand en amont. En France, on critique le manque de solidarité européenne de l'Allemagne et son refus d'ouvrir une vraie discussion avec Paris sur le devenir de l'UE. En Allemagne, c'est la méthode française qui ne passe pas. Le discours macronien est perçu comme un instrument de provocation, un *Master Plan* finement ciselé mais dépourvu de substance, donc comme un geste gratuit. Le silence allemand vaut donc désaccord : une méthode qui provoque frustration et désenchantement en France.

Consensus ou disruption

Le déphasage est aussi culturel. La grande prudence, voire la pusillanimité, de l'Allemagne sur la scène internationale s'explique par la désunion des partis au pouvoir, par l'expérience historique d'un pays à l'origine (et *in fine* victime) de deux cataclysmes sans précédent, par la volonté, enfin, de traverser l'actuelle polycrise en maintenant malgré tout les structures du multilatéralisme et l'esprit de détente d'antan. Or, en face, Paris déborde d'idées, d'activisme et de volontarisme. La politique de disruption (dénoncée par Merkel) est à mille lieues de la quête du compromis et du consensus de la culture allemande, laquelle est ressentie à Paris comme source de stagnation et expression d'un manque d'ardeur.

Déphasage, enfin, à l'échelle politique. Les désaccords se creusent avec les élections européennes, où le parti d'Angela Merkel et le mouvement d'Emmanuel Macron sont en concurrence directe, même si le compromis de dernière minute – la nomination d'Ursula von der Leyen à la tête de la Commission – paraît, un temps, aplanir les différences. Celles-ci éclatent de nouveau quand Emmanuel Macron, dans une interview outre-Manche, constate la mort cérébrale de l'Organisation du traité de l'Atlantique nord (OTAN), tout en lançant un débat sur la normalisation des relations avec la Russie – le tout sans concertation préalable avec Berlin.

L'Allemagne, qui a peu fait durant les trois dernières décennies pour stimuler l'OTAN sur le plan militaire, est restée profondément pro-transatlantique. Quant aux rapports avec le Kremlin, la dépendance assumée de Berlin envers le gaz russe ne l'empêche pas de dénoncer, arguments juridiques à l'appui, la politique expansionniste de Poutine, qui rend à ses yeux une normalisation à ce stade impossible. Or les divergences des positions allemandes et françaises par rapport à Moscou et Washington compliquent aussi le rapprochement des politiques de Paris et Berlin en matière de contrôle des armements et de dissuasion nucléaire – alors même que la sortie des États-Unis du Traité sur les forces nucléaires à portée intermédiaire (FNI) et du traité *Open Skies*, comme le programme de réarmement nucléaire russe, rendent indispensable un dialogue franco-allemand sur la dissuasion nucléaire (proposé par Macron...).

Le moment « hamiltonien » de la crise du COVID-19

C'est dans un contexte de refroidissement notable de leurs relations bilatérales que France et Allemagne entrent donc dans l'ère du coronavirus. Et elles le font en ordre dispersé. Il fallait certes s'y attendre. L'UE n'est pas un État; elle n'a pas de gouvernement et quasiment pas de compétences en matière de politique de santé. De plus, la politique allemande de santé est décentralisée, et les Länder limitrophes de la France peinent à communiquer avec Paris, faute de réseaux directs. Les frontières ferment donc sans discussion préalable. Au fil des semaines, la solidarité sanitaire se met certes en mouvement, ainsi qu'en témoigne l'admission d'une centaine de patients français dans des hôpitaux allemands, alors que les établissements hospitaliers français ploient sous l'afflux de malades gravement atteints. Mais cette solidarité devient aussi l'objet de comparaisons insoutenables. Le décompte quotidien des décès de part et d'autre du Rhin fait vite l'objet d'analyses trop caractéristiques : la France se trouve reléguée dans la catégorie des « pays du Sud », quand la résilience allemande face au virus fait la une des titres en France.

Mais c'est surtout la fracture Nord/Sud de l'UE, latente depuis la crise de la dette de la zone euro en 2010, qui resurgit avec force deux semaines à peine après le début du confinement. Alors que l'Europe du Sud (hors Portugal, mais rejointe par le Royaume-Uni) commence à compter ses morts par dizaines de milliers, l'impact économique de la crise menace de fragmenter durablement l'eurozone, faisant peser un « danger mortel » (Jacques Delors) sur l'UE. Fin mars, les 27 se déchirent. Neuf États, dont la France, menacés par l'explosion de leurs dettes publiques insistent pour l'introduction de « coronabonds », afin de mutualiser les dettes provoquées par la crise sanitaire. Demande rejetée par les États autoproclamés « frugaux » du Nord, que Berlin rejoint, du moins dans un premier temps. La rupture, plus profonde que jamais, semble dès lors consommée.

C'est à ce moment que la Commission européenne avance des positions esquissant une première série de compromis possibles. Fin avril, elle plaide en faveur de l'utilisation de divers titres du budget de l'UE, ainsi que du Mécanisme européen de stabilité (MES), pour un montant de 240 milliards d'euros. La Banque européenne d'investissement (BEI) s'engage à son tour jusqu'à 200 milliards d'euros. À cela s'ajoute l'annonce par la Commission d'une aide aux États membres pour financer le coût du chômage partiel à hauteur de 100 milliards d'euros. Reste toutefois à savoir si ces sommes prendront la forme de dotations, ou au contraire de crédits qui risquent de rendre la dette de certains pays du Sud insoutenable.

Le rebond franco-allemand ?

C'est dans ce contexte de tension extrême, à la fois sanitaire, économique mais aussi sociétale (manifestations anti-confinement) que Paris et Berlin publient le

18 mai un projet européen de plan de relance de 500 milliards d'euros, qui seraient empruntés par l'UE elle-même et reversés sous forme de subventions aux régions et secteurs en détresse. S'il ne s'agit pas des « coronabonds » revendiqués fin mars par les pays du Sud, on se rapproche ainsi d'une logique de mutualisation des dettes européennes, rejetée jusqu'alors par l'Allemagne. Cette dernière a donc effectué en mai 2020 un virage à 180 degrés qui peut s'expliquer par plusieurs facteurs.

Face à l'impact de la pandémie, l'Allemagne devait se montrer solidaire. Rejouer la pièce de l'austérité de 2010, alors que le COVID-19 est une crise largement exogène, aurait durablement fracturé l'Europe au moment précis où elle doit se repositionner face à la Chine et aux États-Unis. Le couple franco-allemand, mal en point depuis de longues années, n'y aurait sans doute survécu que comme une coquille vide. Le prix à payer pour pareil scénario aurait dépassé de très loin le coût d'un plan de relance que l'Allemagne ne devrait garantir qu'à hauteur de son prorata au budget européen, soit 27 %.

Par ailleurs, le très sévère jugement de la Cour de Karlsruhe sur la politique d'achat de titres d'État par la Banque centrale européenne (BCE), qui a précédé le plan franco-allemand de deux semaines, a imposé à Francfort une retenue qui a tout naturellement remis Bruxelles en première ligne des actions à mener. La Commission reprendra donc, dans les mois qui viennent, le flambeau de la BCE pour le combat du redressement économique des 27. La sombre perspective d'une procédure d'infraction, que la Commission semblait envisager contre l'Allemagne en réaction à l'arrêt de Karlsruhe, pourrait aussi s'éloigner du fait de la souplesse manifestée par la chancelière.

Enfin, cette dernière tire pleinement profit d'une gestion de la crise sanitaire qu'elle a su maîtriser. En mai 2020, le parti d'extrême droite Alternative für Deutschland (AfD) a perdu dans les sondages un quart de son électorat de 2017, la CDU a gagné dix points, et la chancelière se trouve en position de force comme jamais depuis la crise migratoire de 2015. Elle peut donc imposer le financement d'un plan de relance à ses troupes sans risquer d'être démentie. Reste à savoir si ce plan survivra aux dissensions entre les 27, s'il sera suffisant pour relancer l'économie européenne, et s'il représentera vraiment le début de ce moment hamiltonien dont rêvent les plus pro-européens, en permettant l'émergence d'un État fédéral, comme aux États-Unis en 1790, par la mise en commun des dettes publiques de différentes entités étatiques. L'état de nos finances pourrait nous y forcer. Ou bien mettre un terme à la construction européenne…

H. S.

Pour en savoir plus

- P. Maurice, « Coronavirus : la solidarité franco-allemande à l'épreuve », *Éditoriaux de l'Ifri*, Ifri, avril 2020.
- H. Stark, « Le traité d'Aix-la-Chapelle : promesse de convergence pour couple divisé », *Politique étrangère*, vol. 84, n° 4, Ifri, décembre 2019.
- H. Stark, « L'Europe et le tandem franco-allemand face à la crise du coronavirus », *ThucyBlog*, n° 34, mai 2020.

Allemagne : des cartes rebattues

L'incertaine succession d'Angela Merkel

Le système des partis allemands est entré en turbulence : recul des partis coalisés à Berlin, progression des Verts, irruption de l'AfD. La crise sanitaire de 2020 pourrait à nouveau rebattre les cartes politiques, mais l'issue, et donc la succession d'Angela Merkel, demeurent incertaines.

Les élections législatives de 2017 et la dernière législature de « l'ère Merkel » ont plongé l'Allemagne dans la crise. Les élections régionales dans trois Länder de l'ex-République démocratique allemande (RDA), à l'automne 2019, ont été marquées par une poussée de l'extrême droite et du parti populiste Alternative für Deutschland (AfD). Les partis de la coalition au pouvoir à Berlin, en ont été encore fragilisés.

L'annonce, en février 2020, par Annegret Kramp-Karrenbauer (« AKK »), présidente de l'Union chrétienne-démocrate d'Allemagne (CDU), qu'elle ne serait pas candidate à la chancellerie en 2021 et de son retrait de la présidence, a renforcé les incertitudes quant à la succession d'Angela Merkel. Cette crise des partis traditionnels et l'émiettement du paysage politique ont pourtant été affectés par la crise du COVID-19 : les jeux restent ouverts pour les législatives de septembre 2021.

Le paysage politique : entre érosion et émiettement

L'affirmation de l'AfD à l'Est

L'AfD a enregistré une forte percée aux trois élections régionales de l'automne 2019 : dans le Brandebourg, en Saxe, puis en Thuringe, le parti obtient entre 23,5 % et 27,5 % des voix (contre des scores compris entre 9,7 % et 12,2 % en 2014). L'Est de l'Allemagne confirme son statut de bastion électoral de l'AfD : 30 ans après la chute du Mur, la fragmentation politique entre « deux Allemagne » perdure.

Si l'AfD n'est arrivée en tête dans aucune de ces régions, ses performances sont un avertissement pour la fragile coalition d'Angela Merkel. Les partis qui la composent ont toutefois conservé le Land qu'ils dirigeaient. Dans le Brandebourg, le Parti social-démocrate d'Allemagne (SPD), partenaire minoritaire de la coalition gouvernementale à Berlin, sauve sa première place avec 26,2 % des voix, mais en reculant de 6 % dans l'un de ses bastions. En Saxe, la CDU arrive certes en tête avec 32,1 % des voix, mais avec un net repli (39,4 % en 2014).

Les différents partis, en particulier la CDU, avaient prévenu qu'ils ne formeraient pas de coalition avec l'AfD, d'autant que cette dernière se présentait dans ces régions avec des figures comme Björn Höcke ou Andreas Kalbitz, issus de « L'Aile » (Der Flügel), sa frange la plus radicale. Ils ont donc été contraints à des coalitions hétéroclites comprenant CDU, SPD et Die Grünen (les Verts). Ces alliances gouvernementales à trois – contre deux précédemment – sont de plus en plus la règle à l'échelle régionale, au risque de compliquer l'action politique et de privilégier encore un peu plus les partis contestataires.

SPD : entre virage à gauche et concurrence des Verts

Six mois après le départ de sa présidente Andrea Nahles, au lendemain de la débâcle des élections européennes du 26 mai 2019 (15,8 % des suffrages), les adhérents du SPD ont élu le 30 novembre un nouveau duo à la présidence du parti. La victoire de Saskia Esken et Norbert Walter-Borjans a été d'autant plus inattendue qu'ils affrontaient un duo composé du ministre des Finances et vice-chancelier fédéral, Olaf Scholz, et de Katia Geywitz, une ancienne élue régionale du Brandebourg. Soutenue par l'aile gauche du parti, la nouvelle direction s'est montrée très critique sur le maintien du SPD dans la « grande coalition ». Les nouveaux responsables souhaitaient l'abandon du *Schwarze Null*, la politique du « zéro déficit » budgétaire prônée par l'ancien ministre des Finances conservateur Wolfgang Schäuble, et qui n'avait pas été remise en cause par son successeur Olaf Scholz. Avec cette volonté de s'éloigner de la ligne centriste héritée de l'ère Schröder, le SPD va tenter de mettre fin au déclin électoral qu'il subit depuis des années : 25,7 % aux législatives de 2013, 20,5 % aux législatives de 2017 et 15,8 % aux européennes de 2019. Le SPD fait donc là le pari – à l'instar du Labour britannique avec Jeremy Corbyn – de retrouver ses électeurs par une politique nettement plus orientée à gauche.

Le déclin électoral du SPD s'est accompagné d'une montée en puissance du parti écologiste Die Grünen. Lors du scrutin européen, ce dernier a pour la première fois dépassé le SPD à l'échelle fédérale, recueillant 20,5 % des suffrages. Il a remporté des victoires dans certains bastions sociaux-démocrates (Hanovre) et menace les conservateurs dans les leurs (Bavière), tout en peinant à percer électoralement dans les Länder de l'est. Les dirigeants écologistes Robert Habeck et Annalena Baerbock, issus de l'aile « réaliste » du parti, sont de plus en plus enclins à faire des Verts le possible partenaire d'une coalition avec la CDU-CSU (Union chrétienne-sociale en Bavière) et en viennent même à espérer ravir la chancellerie aux conservateurs.

Thuringe : le coup de tonnerre

Les élections régionales de Thuringe du 27 octobre 2019 avaient placé le parti Die Linke, du ministre-président sortant Bodo Ramelow, à la première place devant la CDU. Manquaient néanmoins quatre voix à la coalition en place (Die Linke, SPD et Die Grünen) pour être reconduite. Aucune autre alliance n'étant politiquement pensable, les partenaires misaient sur l'élection, au troisième tour de scrutin, de Bodo Ramelow à la tête d'une coalition minoritaire. C'est pourtant, contre toute attente, le candidat libéral du Parti libéral démocrate (FDP) Thomas Kemmerich, dont le parti avait obtenu à peine 5 % des suffrages en octobre, qui est élu par le parlement régional : il doit son élection à un report des voix de la CDU et de l'AfD sur sa candidature au troisième tour de scrutin.

Une telle alliance *de facto* avec l'AfD constituait aux yeux d'Angela Merkel une « faute impardonnable ». La présidente de la CDU Annegret Kramp-Karrenbauer s'efforçait alors de rappeler à l'ordre le parti en Thuringe : sans résultat. C'est donc l'autorité de la chancelière – manifestée dans une déclaration faite lors d'un déplacement en Afrique du Sud – qui contraint Thomas Kemmerich à la démission, deux jours après son élection. La CDU de Thuringe rentre dans le rang. Affaiblie dans son autorité sur le parti et vis-à-vis de la chancelière, AKK annonce le 8 février sa démission de la présidence, renonçant à se présenter à la succession d'Angela Merkel à la chancellerie. Le coup d'éclat de Thuringe a ainsi mis au jour les luttes internes qui traversaient la CDU depuis des mois sur des questions programmatiques et à propos de la succession de la chancelière.

Quelques jours après l'affaire de Thuringe, le 19 février 2019, les attentats de Hanau ravivaient les craintes quant au danger représenté par l'extrême droite. Les élections au Bürgerschaft (parlement régional) de Hambourg, quatre jours plus tard, voyaient néanmoins l'AfD maintenir sa présence au parlement de la ville-État, avec 5,3 % des voix. La victoire du SPD, avec 39,2 %, des voix était en demi-teinte : le parti reculait dans l'un de ses bastions, mais la position du vice-chancelier Olaf Scholz, ancien premier bourgmestre de la ville hanséatique, se voyait confortée.

Après le COVID-19 : retour aux fondamentaux ?

La pandémie du COVID-19, qui s'est largement répandue en Allemagne à compter de mars 2020, a, au moins temporairement, suspendu les tensions politiques. Face aux exigences de la gestion de crise, conservateurs et sociaux-démocrates ont fait front commun dans la mise en place des mesures gouvernementales. Les deux partis gouvernent ensemble au niveau fédéral et sont à la tête de 14 Länder : ils ont donc en main la gestion de la crise à tous les niveaux. Cette situation a surtout profité aux conservateurs, qui retrouvent dans les sondages leurs scores d'avant 2017, frôlant la barre des 40 % d'intentions de vote. Ils creusent de plus en plus l'écart avec Die Grünen, qui repasse sous la barre des 20 % dans les sondages. Les sociaux-démocrates ne profitent pas autant que leurs partenaires de leur gestion de la crise. Même si le ministre des Finances Olaf Scholz a très tôt proposé des mesures de soutien à l'économie, il peine à incarner le virage social voulu par les électeurs du parti.

La crise sanitaire a reporté la guerre de succession qui menaçait la CDU, le congrès extraordinaire prévu le 24 avril ayant été annulé en raison du coronavirus. L'enjeu, pour le parti, est de rester uni après la crise et de profiter du regain d'opinions favorables pour conserver la chancellerie en 2021. Parmi les candidats déclarés à la direction du parti, le ministre-président de Rhénanie-du-Nord-Westphalie (la plus grande fédération de la CDU) Armin Laschet, qui forme un duo avec le ministre fédéral de la Santé Jens Spahn, pourrait tirer profit de la crise, ayant dirigé une région aux avant-postes de l'épidémie. Les deux autres candidats déclarés, le libéral Friedrich Merz, candidat malheureux face à AKK en 2018, et Norbert Röttgen, président de la Commission des Affaires étrangères du Bundestag, n'ont pas un tel avantage politique. Mais l'exposition médiatique d'Armin Laschet a attiré sur lui de nombreuses critiques et fragilisé sa candidature.

Dans ce contexte inédit, le ministre-président de Bavière, le président de la CSU Markus Söder, a su se distinguer. Orateur hors pair, très présent dans les médias, il a été, dès le début de la crise, partisan d'une ligne ferme inspirée du confinement appliqué en France. Sa popularité a atteint des records en Bavière (jusqu'à 94 % d'approbation), mais aussi dans le reste de l'Allemagne, si bien qu'il fait figure de favori pour succéder à la chancelière, dont le parti apparaît divisé.

Si les partis au pouvoir ont pu tirer profit de ce temps de crise, leur priorité est désormais de surmonter le choc économique, pour rassurer les Allemands. L'avantage est donc à la CDU-CSU, l'agenda politique marginalisant les thématiques portées par Die Grünen ces derniers mois, comme la lutte contre le réchauffement climatique ou la transition énergétique.

La crise et le sentiment d'insécurité qu'elle a entraîné n'ont pas profité électoralement à l'AfD, qui recule dans les sondages. La décision de sa frange la plus radicale (« L'Aile ») de s'autodissoudre en avril 2020, après que l'Office fédéral de protection de la Constitution l'a placée sous observation, a ravivé le débat sur la qualification de l'AfD comme parti d'extrême droite. De plus, essayant de trouver sa place dans le débat politique comme parti anti-confinement, dans des « manifestations corona » sur le modèle des populistes aux États-Unis, l'AfD reste un parti contestataire.

Les élections législatives de 2021

À moins d'un an de l'échéance du dernier mandat d'Angela Merkel, la voie semble libre pour une CDU-CSU qui peut s'appuyer sur l'expérience et la popularité de la chancelière. L'aura des conservateurs se nourrit également de la mobilisation du gouvernement dans la lutte contre la pandémie. Les électeurs conservateurs semblent plébisciter le président de la CSU, Markus Söder, même s'il répète à l'envi ne pas être candidat. Vantant désormais les mérites d'Angela Merkel après avoir vivement critiqué sa politique migratoire en 2015, Markus Söder a tout intérêt à jouer la carte de la loyauté. L'aile conservatrice de la droite allemande lui est acquise, mais il doit encore faire ses preuves auprès de l'aile centriste, celle d'Angela Merkel qui penche plutôt du côté d'Armin Laschet. Mais l'Allemagne n'a jamais eu de chancelier venant de Bavière – la région d'Allemagne à l'identité la plus affirmée. Les deux candidats qui s'y sont hasardés, Franz Josef Strauss en 1980 et Edmund Stoiber en 2002, ont tous deux échoué. Le pari reste donc risqué.

P. M.

Pour en savoir plus

- H. Ménudier, « Les mutations électorales allemandes en 2019 », *Allemagne d'aujourd'hui*, vol. 230, n° 4, 2019, p. 19-29.
- H. Stark, « 30 ans après la chute du Mur. Une Allemagne unifiée, une population désunie », *Notes du Cerfa*, n° 150, Ifri, novembre 2019.
- F. Virchow, « Alternative für Deutschland (AfD), un parti d'extrême droite ? », *Notes du Cerfa*, n° 152, Ifri, mars 2020.

La Pologne en Europe

De l'érosion démocratique à l'effacement stratégique ?

Le parti au pouvoir poursuit sa politique d'érosion de l'état de droit, les mises en garde de l'Union européenne (UE) semblant impuissantes. La Pologne a bien et rapidement réagi face à la pandémie du COVID-19. Mais la constance des choix pro-américains de la diplomatie polonaise pourrait l'isoler encore plus en Europe.

Après son adhésion à l'UE, la Pologne a activement participé à l'intégration européenne et au développement de sa politique extérieure, notamment à travers le Partenariat oriental (2008), conformément au slogan de l'époque : « Une Pologne forte dans une Europe forte ». Les objectifs de la politique étrangère et de sécurité polonaise visaient alors au renforcement de la communauté de sécurité, matérialisée par la coopération des États démocratiques dans l'UE et l'Organisation du traité de l'Atlantique nord (OTAN). L'arrivée au pouvoir du parti Droit et Justice (PiS) en 2015 a mis un terme à cette approche. Cinq ans plus tard, les atteintes à l'état de droit et aux principes démocratiques se multiplient, et la politique étrangère du pays semble se réduire à un simple maintien des relations diplomatiques, précipitant un véritable effacement stratégique.

L'érosion de l'état de droit

Avec un taux de participation de 61,7 % – le plus élevé pour des élections législatives depuis le scrutin de 1989 qui mettait fin au communisme –, le PiS a remporté les élections législatives d'octobre 2019 avec 43,6 % des voix. La principale force d'opposition – la Coalition civique-Alliance centriste, composée notamment de la Plateforme civique (PO) – a, elle, obtenu 27,4 % des voix. La victoire du PiS a cependant été ternie par la perte de la majorité au Sénat, reprise par l'opposition. L'élection du nouveau président du Sénat, Tomasz Grodzki (PO), première victoire de l'opposition démocratique depuis novembre 2015, n'a pourtant pas empêché le PiS de poursuivre ses réformes controversées et de multiplier ses attaques contre le pouvoir judiciaire, les gouvernements locaux et les minorités (ethniques ou sexuelles). Pour la quatrième année consécutive, des atteintes à l'état de droit ont été relevées par Freedom House qui, dans son dernier classement, a qualifié la Pologne de « démocratie incomplète ».

Le chapelet de réformes du système judiciaire lancé dès 2015 ne vise pas sa modernisation, mais son contrôle. Les gouvernements du PiS ont atteint en 2020 leur objectif, en mettant la main sur l'ensemble des organes judiciaires polonais. Après la création d'une nouvelle chambre disciplinaire au sein de la Cour suprême polonaise en 2018, qui a soulevé une vague de manifestations contre la politisation de cette Cour, le gouvernement a adopté, le 23 janvier, une nouvelle loi dite disciplinaire (qualifiée rapidement de « muselière ») durcissant encore le régime de responsabilité disciplinaire des juges en Pologne.

Cette réforme vise, selon le ministre polonais de la Justice, à combattre la corruption et les vestiges du communisme. Mais sa finalité est d'interdire à tout magistrat tout acte à caractère politique, toute résolution exprimant une quelconque hostilité envers les autorités de la République et les organes constitutionnels, voire toute critique des principes du système politique en place. Les juges devront déclarer leur appartenance à une association, à un parti politique, leur inscription sur des sites internet ainsi que leurs comptes sur les réseaux sociaux. En avril 2020, la Commission européenne a lancé une quatrième procédure d'infraction à l'encontre de la Pologne, estimant que cette loi « sape l'indépendance des juges polonais et est incompatible avec la primauté du droit européen ».

Le coup de grâce à l'indépendance de la Justice – après la prise de contrôle du Tribunal constitutionnel, du Conseil national de la magistrature, et la subordination du Parquet à l'exécutif –, a été porté par le président Duda, qui a nommé en mai 2020 Malgorzata Manowska, ancienne vice-ministre de la Justice et proche du parti au pouvoir, à la tête de la Cour suprême, alors qu'elle était arrivée en deuxième position – avec 25 voix, soit loin derrière le juge Wróbel qui en avait recueilli 50 –, dans un vote de la Cour suprême établissant la liste des cinq candidats à soumettre au président.

La résilience face au COVID-19

En dépit de la forte progression des contaminations au mois de juin, à partir d'une mine de charbon au sud du pays, le bilan de la gestion de la pandémie du coronavirus est plutôt positif. Contrairement à la plupart des pays d'Europe occidentale, les autorités polonaises ont réagi très vite, avec des mesures très strictes. Une loi d'exception préparant le pays à la crise a été adoptée le 2 mars, avant même l'apparition du premier cas (4 mars). La Pologne a été l'un des premiers pays européens à fermer ses frontières (15 mars), malgré les protestations de la Commission européenne. Le nombre des personnes infectées est resté relativement modéré : à la mi-juin, 30 000 personnes et 1 272 décès. Ces chiffres doivent pourtant être maniés avec précaution, vu la stratégie adoptée par le gouvernement polonais : dépister seulement les cas les plus graves. Avec 5 661 tests par million d'habitants réalisés en juin, la Pologne se place en 23e position parmi les États de l'UE en termes de tests effectués.

Ces mesures drastiques ont permis d'engager la première étape de déconfinement dès le 20 avril. La quatrième et dernière étape a été annoncée le 30 mai, pour relancer l'économie, qui a enregistré un recul de 0,5 % au premier trimestre 2020, avec une croissance de 1,9 % – l'un des meilleurs résultats de l'UE. Les estimations du Fonds monétaire international pour le reste de l'année 2020 sont cependant plus pessimistes : l'économie polonaise pourrait reculer de 4,6 %. En mars, le taux de chômage n'était que de 5,4 % : le plus bas en 30 ans. Mais ces données concernaient une période où les restrictions ne s'appliquaient pas encore, et où les entreprises n'avaient pas eu recours à des licenciements massifs. Selon la ministre du Développement, le nombre de chômeurs pourrait atteindre fin 2020 1,5 million de personnes, et le taux de chômage 9 à 10 %. Le gouvernement a adopté un « bouclier anti-crise » d'un montant de 47 milliards d'euros, avec un bouclier financier pour la protection des emplois de 22 milliards d'euros.

Revers de la médaille : ces dispositions d'exception ont également donné au gouvernement de larges pouvoirs pour une durée de 180 jours sans aucun contrôle administratif, alors que les dispositions réservées à l'état d'urgence par la Constitution sont limitées à 90 jours. Choix calculé, car l'état d'urgence réclamé par l'opposition pour la lutte contre le COVID-19 eût exclu la tenue d'élections. Or Jaroslaw Kaczynski entendait maintenir l'élection présidentielle au 10 mai 2020. Dans cette optique, le gouvernement déposait le 31 mars un projet généralisant le vote par correspondance, réservé jusqu'alors aux Polonais de plus de 75 ans et aux personnes ne pouvant se déplacer pour raison médicale. Le Tribunal constitutionnel avait pourtant indiqué à plusieurs reprises que des changements importants ne pouvaient être apportés au Code électoral que six mois au moins avant des élections. Face à une large indignation (73 % des Polonais se disaient opposés au maintien de l'élection) et au risque de voir la légalité de l'élection contestée, le scrutin a finalement été ajourné au 28 juin, avec un second tour le 12 juillet. Il s'est déroulé à la fois en bureau de vote et par correspondance, pour réduire les risques de contamination.

Après le désistement de Malgorzata Kidawa-Blonska, très affaiblie dans les sondages, la Coalition civique a désigné un nouveau candidat, Rafal Trzaskowski, actuel maire de Varsovie. Pro-européen, il promettait de respecter une Constitution bafouée à maintes reprises par le président sortant, et de réunir les Polonais. Andrzej Duda, pour sa part, a adopté la même stratégie qu'en 2015, multipliant les promesses sociales, annonçant un plan d'investissements massifs et se posant en défenseur de l'identité polonaise et des valeurs traditionnelles. Elle s'est avérée payante : Andrzej Duda a été réélu de justesse avec 51,03 % des voix contre 48,97 % pour Rafal Trzaskowski. Bien que l'OSCE ait salué la tenue d'élections organisées correctement en dépit du contexte, elle a dénoncé leur couverture médiatique, teintée par « une rhétorique homophobe, xénophobe et antisémite ».

Un effacement stratégique

La Pologne, supposée retrouver sa pleine autonomie et son influence dans l'UE, est en réalité isolée et inaudible. Sa politique étrangère et de sécurité, entièrement subordonnée à la politique intérieure, semble naviguer à vue. La nouvelle Stratégie de sécurité nationale, adoptée en mai 2020, désigne la Russie comme principale menace, soulignant que la rivalité stratégique entre États-Unis, Chine et Russie, affecte l'ensemble du système des relations internationales. Le document ne traite pas des objectifs ni des moyens qui permettraient de contrer les menaces ou les risques, de relever les défis immédiats, ou de saisir leurs opportunités pour renforcer la sécurité de la Pologne dans l'environnement actuel. Le texte se contente de souligner l'importance de l'intégration de la Pologne dans les structures transatlantiques et européennes, et le nécessaire développement des relations bilatérales et régionales.

Dans ses relations avec l'Allemagne, le gouvernement polonais a adopté une approche plus conciliante, semblant abandonner l'idée des réparations de guerres. Lors de la commémoration du 80e anniversaire du début de la Seconde Guerre mondiale, le 1er septembre 2019 à Varsovie, en présence de la chancelière Angela Merkel et du Premier ministre français, le président Frank-Walter Steinmeier a demandé pardon aux victimes de l'invasion de la Pologne de 1939 et insisté sur la main tendue à la Pologne et sa volonté de « marcher ensemble sur le chemin de l'unité et du pardon ».

Un premier pas vers la reprise d'un dialogue avec la France a été franchi avec la visite du président Emmanuel Macron en Pologne, les 3 et 4 février 2020, qui a mis en avant une longue liste de points de convergence : maintien de la Politique agricole commune dans le budget européen à venir, taxation des géants du numérique, taxe carbone aux frontières de l'Europe, lutte contre les paradis fiscaux… En dépit de divergences persistantes en matière de défense, les deux pays ont signé un programme de coopération donnant quelque substance au partenariat stratégique conclu à Varsovie en 2008. La déclaration franco-polonaise sur la coopération européenne adoptée lors de la visite présidentielle insiste sur la contribution des deux pays à la sécurité européenne et au partenariat transatlantique, ainsi que sur la lutte contre le changement climatique.

Le gouvernement polonais continue cependant de privilégier les relations bilatérales avec les États-Unis, au détriment de l'UE. La décision, annoncée le 31 janvier 2020, d'achat de 32 *F-35* confirme la préférence polonaise pour les équipements américains – ce choix étant d'abord motivé par la volonté de pérenniser la présence des militaires américains sur le territoire, même s'il met en péril d'autres programmes de modernisation des forces, comme l'achat d'hélicoptères d'attaque ou de sous-marins.

Le pari est risqué. L'administration Trump continue à démanteler les traités de réduction des armements de l'après-guerre froide (dernier en date : le traité *Open Skies*), une politique qui non seulement déstabilise l'environnement stratégique, mais sape la coopération euro-atlantique en matière de défense et de renseignement. De plus, une Pologne s'appuyant uniquement sur Washington, risque de subir les contrecoups de la guerre commerciale sino-américaine, alors que l'économie polonaise est en partie dépendante des échanges avec la Chine.

Les responsables polonais semblent loin de comprendre que les intérêts des États-Unis diffèrent de plus en plus de ceux de l'Europe, et que l'autonomie stratégique européenne n'affaiblirait pas les relations transatlantiques mais les conforterait.

K. S.

Pour en savoir plus

- W. Sadurski, *Poland's Constitutional Breakdown*, Oxford, Oxford University Press, 2019.
- K. Soloch, « Emmanuel Macron a-t-il raison de vouloir renouer avec la Pologne ? », *La Croix*, 4 février 2020.
- R. Zięba, *Poland's Foreign and Security Policy: Problems of Compatibility with the Changing International Order*, New York, Springer, 2019.

Chine : les paradoxes de la puissance

Entre fragilités internes et affirmation de force

vidéo
http://dunod.link/cbsln52

La « période d'opportunités stratégiques » que les experts chinois voyaient s'ouvrir au début des années 2000 s'est désormais refermée. La Chine fait face à plus de défis que d'opportunités, sur les plans intérieur comme extérieur. Pourtant Pékin affiche une assurance de plus en plus visible sur la scène internationale.

En 2020, la Chine se trouve dans une situation paradoxale : alors que la pandémie du COVID-19 lui a infligé de sérieux revers en interne et a suscité à son égard une défiance internationale exacerbée, elle a continué à s'affirmer comme puissance, privilégiant le rapport de force plutôt que la coopération.

Le choc du COVID-19 sur l'économie chinoise

L'épidémie du COVID-19, apparue dans la ville de Wuhan fin décembre, a provoqué en Chine trois crises, successives et entremêlées. À la crise sanitaire s'est ajoutée une crise sociale dans les premières semaines de l'épidémie. La mort, le 7 février 2020, du médecin lanceur d'alerte Li Wenliang, arrêté début janvier et contraint de reconnaître avoir diffusé de fausses rumeurs, a provoqué une vague de protestation sur les réseaux sociaux chinois. Avocats, journalistes, écrivains ou blogueurs ayant tenté d'enquêter sur la gestion de l'épidémie à Wuhan ont eux-mêmes été muselés. Le renforcement de la censure et du contrôle social a cependant permis de juguler la contestation.

Puis est venue la crise économique, plus redoutable et durable que la crise sanitaire, et provoquée par les mesures de confinement appliquées à partir de fin janvier, qui ont mis à l'arrêt l'ensemble de l'économie chinoise. Les chiffres officiels du chômage urbain ont atteint 6,2 % et 5,9 % en février et mars, soit environ 1 % de plus qu'en 2019, sans compter les dizaines de millions de travailleurs migrants qui ont perdu leur emploi. En parallèle, près de 9 millions de jeunes diplômés sont arrivés sur le marché du travail en 2020.

Les autorités chinoises espéraient qu'à la levée du confinement début avril, production et consommation repartiraient à la hausse, permettant une reprise économique rapide. Non seulement la consommation est restée atone, mais la demande mondiale s'est effondrée, du fait des règles de confinement imposées dans le reste du monde.

Ces réactions en chaîne ont précipité la Chine dans sa plus grave crise économique depuis l'ouverture du pays par Deng Xiaoping à la fin des années 1970. En outre, ayant brutalement pris conscience de leur dépendance vis-à-vis des chaînes d'approvisionnement chinoises, nombre d'entreprises étrangères envisagent de relocaliser leurs capacités de production hors de Chine, ce qui aggraverait encore cette crise économique. Les gouvernements japonais et américain ont d'ores et déjà pris des dispositions encourageant leurs entreprises à retirer leurs productions de Chine. L'Europe pourrait suivre. Les conséquences économiques et sociales (chômage, déclassement, accentuation des inégalités) de la crise sont autant de pressions supplémentaires sur le Parti communiste et son actuelle équipe dirigeante.

Une diplomatie offensive et décomplexée

En dépit de la crise, les autorités n'ont cessé de marteler un discours triomphant quant à la gestion de l'épidémie. Sur la scène internationale, la pandémie a revêtu une dimension idéologique, la Chine cherchant à démontrer la supériorité de son modèle sur celui des systèmes démocratiques occidentaux. La construction de deux hôpitaux en dix jours, le confinement total des 60 millions d'habitants de la province du Hubei, puis l'envoi de masques et d'équipements médicaux à de nombreux pays, ont été largement médiatisés pour illustrer cette supériorité et présenter la Chine comme une puissance responsable et solidaire.

Les bénéfices de cette politique n'ont toutefois pas duré, une attitude alternative et moins coopérative ayant rapidement pris le dessus : la diplomatie dite du « loup guerrier ». L'expression, tirée d'un film d'action chinois à succès, s'applique à des diplomates déployant une grande énergie pour promouvoir et défendre publiquement le récit chinois dans le monde, particulièrement sur les réseaux sociaux occidentaux – les mêmes qui sont censurés sur le territoire chinois.

Porte-parole du ministère des Affaires étrangères et figure de proue des « loups guerriers », Zhao Lijian a, par exemple, régulièrement accusé les Américains d'avoir fabriqué le virus dans un laboratoire militaire et de l'avoir introduit en Chine. Ce type d'accusation a été relayé par nombre d'ambassades chinoises à travers le monde, et l'activisme de la mission diplomatique chinoise en France a été particulièrement remarqué.

Cette nouvelle approche diplomatique résulte à la fois d'initiatives individuelles et de directives venues du plus haut niveau. Xi Jinping fait souvent référence dans ses discours à l'« esprit combattant ». En septembre 2019, il lui a consacré un discours à l'École centrale du Parti. Il y engageait les cadres dirigeants à « avoir le courage d'affronter les difficultés, d'assumer à la fois le rôle de commandant et celui de combattant, de cultiver et de maintenir un esprit combatif inébranlable, une volonté de lutte inflexible, et des facultés de combat supérieures[1] ».

Ces directives martiales, que beaucoup de diplomates appliquaient déjà de manière plus ou moins marquée avant le COVID-19, ont été plus fortement mises en œuvre lors de la pandémie. Toutefois, cette stratégie ne fait pas l'unanimité en Chine. Les médias d'État la défendent, mais nombre d'universitaires et de cadres l'estiment contre-productive, et source de ressentiment à l'égard de la Chine.

1. « Discours de Xi Jinping lors de la cérémonie d'ouverture de la classe de formation des cadres d'âge moyen de l'École centrale du Parti (École nationale d'administration) », Agence de presse officielle Xinhua, 3 septembre 2019.

Des conséquences délétères en termes d'image

La Chine, déjà largement contestée, a vu son image se dégrader significativement. Dans le monde chinois d'abord, le sentiment anti-Parti communiste n'a cessé de croître. À Hong Kong, la loi sur la sécurité nationale imposée par Pékin a enflammé une situation déjà extrêmement volatile.

Cette loi signifie que s'applique désormais à Hong Kong la conception élargie de la sécurité nationale développée par Xi Jinping depuis son arrivée au pouvoir. Conforme à la logique léniniste, elle repose avant tout sur la sécurité du pouvoir politique – le Parti communiste –, plutôt que sur celle des citoyens. C'est sur la base de cette conception que Xi Jinping a créé en 2014 la Commission centrale de sécurité nationale qu'il préside, et que la loi de la République populaire de Chine sur la sécurité nationale a été votée en 2015.

La loi, votée à Pékin sans consultation des législateurs hongkongais, a établi deux institutions en charge de la sécurité nationale, supervisées par le gouvernement central. La nouvelle Agence de sécurité nationale, par exemple, est exclusivement dotée de personnels issus des services de sécurité du continent, qui bénéficient de l'immunité et ne peuvent faire l'objet d'aucun contrôle ni poursuite. La loi rend *de facto* caduc le « haut degré d'autonomie » et l'équilibre des pouvoirs à Hong Kong.

Pour le reste du monde, cette loi révèle l'aversion du Parti pour toute contradiction démocratique, y compris à Hong Kong, normalement protégée par la déclaration sino-britannique jusqu'en 2047. Pékin révèle ici sa propension à passer outre au droit : le droit interne hongkongais d'une part, en niant la compétence législative de la cité ; le droit international d'autre part, en bafouant la déclaration sino-britannique de 1984 enregistrée à l'Organisation des Nations unies.

À Taïwan, l'année 2020 s'est ouverte sur de profondes contrariétés pour Pékin. En janvier, la présidente démocrate Tsai Ing-wen a été réélue avec un nombre de voix record. Puis Taïwan s'est fait remarquer sur la scène internationale en déployant une gestion exemplaire de la crise du coronavirus : 449 cas confirmés et 7 morts, sans confinement ni interruption de l'économie, grâce à des mesures prises dès le 1er janvier, bien avant que la Chine populaire n'agisse, 22 jours plus tard.

Cette performance a conduit une large partie de la communauté internationale à appeler à la réintégration de Taïwan dans l'Organisation mondiale de la santé. L'initiative a échoué, mais l'île a bénéficié pendant la pandémie d'un rayonnement favorable et d'un large soutien international. En représailles, Pékin a intensifié la pression militaire. Bâtiments de la marine chinoise et avions de chasse ont multiplié leurs exercices et patrouilles dans le détroit. En avril, le porte-avions chinois *Liaoning*, accompagné de cinq bâtiments de surface, croisait à l'est de Taïwan.

La Chine, puissance affirmée, solitaire et fragilisée

Avec le reste du monde, l'approche diplomatique agressive de la Chine durant la crise du COVID-19 a aussi considérablement aggravé la méfiance à son égard.

La rivalité sino-américaine a atteint de nouveaux sommets. À la guerre commerciale sur fond de compétition technologique, s'est ajouté un affrontement politique sur l'origine, la responsabilité et la gestion de l'épidémie. S'il est précipité de parler de

« guerre froide », l'expression de « paix belliqueuse » de Raymond Aron s'applique nettement[2]. Le découplage des deux économies est engagé de part et d'autre, et les deux puissances s'affrontent « pacifiquement » sur tous les terrains. Toute crise de l'une est utilisée par l'autre pour faire pression : mouvement pro-démocrate à Hong Kong, répression des Ouïghours au Xinjiang, révoltes antiracistes aux États-Unis… Cet état de fait n'est pas seulement imputable à la personnalité de Donald Trump, car à Washington le consensus contre la Chine est très largement bipartisan.

L'Union européenne (UE) a opéré dès 2019 une réorientation de sa politique à l'égard de la Chine, en qualifiant cette dernière de « partenaire, compétiteur et rival systémique ». Le Haut représentant de l'UE pour les Affaires étrangères, Josep Borrell, œuvre activement pour réunir un consensus en Europe en faveur d'une approche pragmatique, ferme et unifiée à l'égard de Pékin. Le défi est grand, mais l'attitude agressive de la Chine pendant la crise du COVID-19 et la dégradation des relations bilatérales entre certains États membres et Pékin favorisent ce consensus. Pékin a également subi un important revers diplomatique en Afrique, après la multiplication, en avril 2020, d'actes racistes dans la ville de Canton. Enfin, la Chine et l'Inde ont connu une nouvelle montée des tensions sur leur frontière commune à partir de mai, avec un affrontement meurtrier entre militaires le 15 juin.

En résumé : Pékin resserre son emprise sur Hong Kong, renforce la majorité démocrate à Taïwan, s'aliène progressivement Européens et Australiens, se crispe avec l'Inde, et s'oppose de plus en plus frontalement aux États-Unis. La Russie, pour sa part, maintient avec la Chine des relations cordiales et intéressées.

La Chine de Xi Jinping, dépourvue d'alliés mais sûre de ses capacités, semble s'estimer prête à relever tous les défis. Le Parti mise, sans doute de manière excessive, sur un affaiblissement durable des États-Unis, gravement touchés par le COVID-19, pour affirmer sa puissance. Par son assurance décomplexée, le Parti cherche à galvaniser le nationalisme en interne, et à masquer ses propres faiblesses aux yeux de la communauté internationale. Reste à observer s'il pourra remporter ce pari risqué.

M. J.

Pour en savoir plus

- P. Allard, « La Chine, championne technologique ou géant empêtré ? », *Politique étrangère*, vol. 85, n° 1, Ifri, mars 2020.
- P. Haski, « Chine-USA, la bataille de l'OMS », Arte, juin 2020.
- M. Julienne, « Economy and Diplomacy: China's Two Challenges in the Post-COVID-19 World », *Lettre du Centre Asie*, n° 82, Ifri, 19 mai 2019.

2. R. Aron, *Le Spectateur engagé. Entretiens avec Jean-Louis Missika et Dominique Wolton*, Paris, Éditions de Fallois, 2004.

Corée : Nord et Sud divergent encore plus

Entre COVID-19 et négociations bloquées

Si la gestion de la crise du COVID-19 a bénéficié à l'image internationale de la Corée du Sud, le mystère demeure sur la situation en Corée du Nord. Alors que Pyongyang renforce ses moyens militaires, l'alliance américano-sud-coréenne connaît quelques turbulences, et les négociations semblent dans l'impasse.

La crise du COVID-19 a une nouvelle fois mis en évidence l'opposition entre les deux systèmes politiques de la péninsule. Au Sud, la gestion de l'épidémie a paru exemplaire : l'économie a continué à fonctionner, le confinement généralisé a été évité, le nombre de contaminés est resté limité (12 800) et le taux de létalité, bas (2,2 % au 30 juin 2020). La Corée du Sud a ainsi renforcé son image de puissance moyenne organisée et innovante. La Corée du Nord, elle, s'est encore refermée.

La Corée du Sud et le COVID-19

L'efficacité sud-coréenne a des racines sociétales et culturelles, mais l'essentiel n'est pas là. Elle s'explique d'abord par l'expérience (H1N1 en 2009 et syndrome respiratoire du Moyen-Orient – MERS – en 2015). La Corée du Sud avait été le pays le plus durement touché par le MERS hors Moyen-Orient (186 cas, 36 décès et 17 000 personnes placées en quarantaine). La présidente Park Geun-hye et son administration avaient alors été critiquées pour leur lenteur et leur manque de transparence. Le Centre coréen de contrôle et de prévention des maladies (KCDC) en avait tiré les enseignements, et c'est cet organisme qui s'est retrouvé au cœur de la gestion du COVID-19.

Tout semblait pourtant mal engagé. Après identification du premier cas coréen (20 janvier), le nombre de malades est multiplié par 180 dans la deuxième quinzaine de février avant l'apparition du premier foyer épidémique à la fin du mois. Le pays connaît un pic de nouveaux cas (909) le 29 février et devient, début mars, le deuxième pays le plus infecté, après la Chine. Bévues, déclarations contradictoires, controverses donnent alors l'impression que la situation échappe au gouvernement. Mais, dès le 6 mars, Séoul annonce moins de nouveaux cas et en deux semaines leur nombre est divisé par quatre. Le 30 avril, le pays ne dénombre aucune infection locale (4 importées) ; et le 6 mai c'est le relâchement partiel des mesures de distanciation.

La « stratégie modèle » se résume ainsi : traiter, dépister, tracer et respecter la transparence. Tout d'abord, le système hospitalier sud-coréen, privé à plus de 90 %, d'excellent niveau, a une large capacité d'accueil. Hospitalisation et traitement contre le COVID-19 sont gratuits. Deuxièmement, la Corée du Sud teste massivement et gratuitement : 20 000 tests par jour au plus fort de la crise. Au 30 juin, elle avait testé 1 273 766 personnes. Toute personne présentant des symptômes pouvait, *via* une *hotline* ou une application, localiser un des 600 centres de dépistage – dont certains en *drive* –, s'y rendre dans la journée et avoir ses résultats par texto en 24 heures. Les kits de dépistage sont même devenus un atout économique et diplomatique pour Séoul qui, dès fin mars, en produisait quotidiennement 130 000. Mi-avril, 120 pays souhaitaient en obtenir. Troisièmement, il fallait tracer : identifier les individus à risque et les isoler. Les 20 000 enquêteurs du KCDC ont accès, grâce à des pouvoirs d'exception en temps de crise, aux bornages téléphoniques des personnes potentiellement infectées, mais aussi à leurs données bancaires et aux enregistrements des caméras de surveillance des 15 jours précédant les symptômes. Ce traçage, strictement encadré par la loi, s'accompagne de mesures de quatorzaine, avec une surveillance notamment *via* une application : on communique deux fois par jour des informations sur son état de santé, la fonction de géolocalisation n'étant qu'une option. Enfin, quatrièmement, la transparence crée la confiance. Le KCDC transmet aux mairies de district les informations sur les nouveaux cas. Ces dernières mettent en ligne ces informations anonymisées et préviennent par SMS les habitants qui auraient pu être en contact avec des malades. Tous ces efforts n'empêchent pas les rechutes. Symbole de la fragilité de la situation sanitaire, le week-end du 2 mai un homme atteint du COVID-19 qui avait fréquenté plusieurs boîtes de nuit de Séoul a provoqué plus de 150 infections, contraignant à tester plus de 46 000 personnes.

La gestion du président Moon Jae-in a été assez largement appréciée par ses concitoyens. Alors que le taux d'approbation de son action était, suite à une série de scandales et à la stagnation économique, au plus bas fin février 2020, il était remonté de 44 à 62 % début mai (Realmeter). Ce qui explique en partie le succès du Parti démocrate du président, et de ses alliés, aux élections du 15 avril (180 sièges sur 300 à l'Assemblée). L'excellente organisation du scrutin – une participation de 66 % et aucun pic épidémique dans les semaines qui ont suivi – a d'ailleurs renforcé l'image positive de la Corée du Sud. Ces résultats sont importants pour les deux dernières années du mandat de Moon Jae-in : la majorité absolue facilitera la mise en œuvre de son programme, dont la politique d'ouverture vis-à-vis de la Corée du Nord. Pour le deuxième anniversaire du sommet de Panmunjeom avec Kim Jong-un, Moon Jae-in a d'ailleurs réaffirmé chercher des voies de coopération « réalistes et pratiques » avec le Nord, notamment pour la lutte contre le COVID-19.

Au Nord, rien de nouveau ?

La République populaire et démocratique de Corée (RPDC) dit ne pas être affectée par le COVID-19. Il est quasiment impossible que ce soit le cas. Le pays serait touché depuis janvier 2020, et une épidémie pourrait y avoir des conséquences dramatiques, alors qu'il figure au 193e rang (sur 195) dans le *Global Health Security Index 2019*. Les structures de santé manquent d'électricité et de médicaments ; 43 % de la population souffrirait de malnutrition ; et tous les habitants n'ont pas accès à l'eau potable ni à des sanitaires. La volonté du régime de se montrer aux commandes est claire : fermeture de la frontière avec la Chine le 20 janvier ; quarantaine d'un mois pour certaines personnes ; interdiction du tourisme ; fermeture des écoles ; construction d'un nouvel hôpital...

Exercices militaires et essais de missiles contribuent à l'image d'un pays fonctionnant normalement. Depuis mai 2019, les essais de missiles balistiques de courte portée se sont multipliés, avec un record en mars 2020 : neuf engins lancés en quatre jours (*KN-24* et *KN-25*). Pyongyang, qui posséderait plus de 750 missiles de portées courte et moyenne, cherche probablement à en améliorer les systèmes de guidage et de propulsion solide. La RPDC qui est *de facto* un État nucléaire, disposerait de 30 à 100 armes nucléaires et continue à améliorer son arsenal. Le 2 octobre 2019, une nouvelle version d'un missile mer-sol balistique stratégique a été testée depuis une plate-forme immergée (*Pukguksong-3/KN-26*, portée estimée : 1 900 kilomètres). Fin juillet 2019, on a vu Kim Jong-un inspecter la construction d'un nouveau sous-marin (*Sinpo-C*), potentiellement capable de lancer ce type de missile. Seuls six pays possèdent aujourd'hui cette capacité.

On reste loin de l'objectif de dénucléarisation de la péninsule annoncé à Singapour en juin 2018. Les dirigeants nord-coréen et américain ont décidé à Panmunjeom en juin 2019 de reprendre le dialogue, mais rien n'a suivi. En dépit des espoirs nés du remplacement de John Bolton, la rencontre d'octobre 2019 à Stockholm a été un fiasco ; et fin décembre, Kim Jong-un a menacé de mettre fin au moratoire sur les essais nucléaires et de missiles intercontinentaux en réponse à une politique américaine voulant « étrangler et étouffer complètement la RPDC ». À cette occasion, le dirigeant nord-coréen a aussi vertement critiqué les exercices conjoints américano-sud-coréens et promis « une nouvelle arme stratégique ». Mi-mars 2020, Donald Trump proposait par courrier à Kim Jong-un une aide contre le COVID-19 et une reprise des négociations : sans effet concret.

L'écart entre les attentes de Pyongyang et celles de Washington paraît difficile à combler. La RPDC cherche une levée progressive des sanctions – que Pyongyang contourne toujours –, tout en refusant tout contrôle et restant fermé à la dénucléarisation. Les négociateurs américains ont deux options : un accord intérimaire incluant l'arrêt de production de matériaux fissiles, la limitation de leur stock, et la fermeture de Yongbyon, contre une levée au moins partielle des sanctions ; ou un accord de dénucléarisation totale contre une levée complète des sanctions.

Mais la RPDC ne figure plus en 2020 dans les préoccupations majeures des grandes puissances. Au-delà du COVID-19, la Russie est plus tournée vers le Moyen-Orient ; l'Europe est préoccupée par sa réforme entamée en janvier 2019 ; et les États-Unis sont en campagne électorale.

Alliance États-Unis/Corée du Sud : les remous

L'environnement de la Corée du Sud demeure donc incertain. Les capacités militaires de la RPDC s'accroissent, et la politique d'engagement du président Moon n'a guère porté de fruits. Parallèlement toutefois, Moon Jae-in poursuit une politique de défense ambitieuse, avec un budget en forte hausse (+ 7,4 % en 2020) et des signes forts comme l'achat de 20 *F-35*, après une première commande de 40.

L'alliance avec les États-Unis, pilier majeur de la sécurité du pays, est soumise à rude épreuve. Pour donner des gages à Pyongyang, des exercices majeurs ont été annulés, reportés ou dégradés. Surtout, les tensions s'accumulent autour du *Special Measures Agreement* (SMA), qui répartit les coûts de stationnement des troupes américaines dans la péninsule. Le président Trump – qui est allé jusqu'à remettre en cause l'intérêt de ce déploiement – aurait demandé une hausse de 400 % de la contribution sud-coréenne, soit 5 milliards de dollars. Partis et opinion sud-coréens y sont massivement opposés. Si les Sud-Coréens soutiennent largement l'alliance avec les États-Unis (92 %) et le déploiement de troupes américaines sur leur sol (74 %), 68 % d'entre eux pensent que leur gouvernement devrait négocier un montant moins élevé, tout en se disant prêts à payer davantage[1]...

Les arguments sont multiples. Séoul a déjà dépensé 10 milliards de dollars pour construire la base de Pyeongtaek. Le nombre de soldats américains a diminué de 33 % depuis 1991 (- 14 500 hommes), alors que la contribution sud-coréenne au SMA grimpait de 6,3 %. La Corée du Sud dépense 2,5 % de son PIB pour sa défense, une part plus importante que tous les alliés des États-Unis. Enfin, Séoul est le quatrième plus gros acheteur de l'industrie de défense américaine : 6,2 milliards de dollars entre 2014 et 2018, avec une prévision de 10,6 milliards pour 2019-2021. Le gouvernement sud-coréen aurait d'ailleurs fait une proposition d'augmentation de 13 % de sa contribution au SMA – apparemment refusée, Washington demandant une hausse d'au moins 50 %. Si un accord n'est pas trouvé, un retrait partiel et symbolique des troupes américaines pourrait être décidé, même si une résolution du Sénat de décembre 2019 encadre sur le sujet la marge de manœuvre présidentielle. D'ores et déjà, 4 000 employés sud-coréens des forces américaines ont été placés en congé sans solde pendant plusieurs semaines. Pour éviter de placer l'alliance en instabilité structurelle, il faudrait abandonner le processus de renouvellement annuel, pour en revenir à des accords de 3 ou 5 ans.

La pandémie du COVID-19 a largement consolidé le *soft power* de la Corée du Sud. Mais cette crise inédite a aussi renforcé les incertitudes sur l'avenir de la péninsule : conséquences économiques au Sud, doutes sur les capacités du Nord à la gérer. Quant au désarmement nucléaire et à la paix, nulle perspective ne s'ébauche pour les mois qui viennent.

R. H.

Pour en savoir plus

- B. Hautecouverture, « Corée du Nord : la reprise des essais balistiques entre réalité stratégique et crise sanitaire », *Note de la FRS*, n° 37, Fondation pour la recherche stratégique, mai 2020.
- P. Joo, « La Corée du Sud au temps du COVID-19 », *La Règle du jeu*, 10 avril 2020.
- M. Péron-Doise, « Enjeux stratégiques des politiques de lutte contre le COVID-19 dans la péninsule coréenne », *Note de recherche*, n° 95, Institut de recherche stratégique de l'École militaire, 21 avril 2020.

1. Chicago Council on Global Affairs, décembre 2019.

Japon : gérer l'onde de choc du COVID-19

Des conséquences multidimensionnelles

L'archipel a été relativement peu touché par la pandémie, mais la gestion du gouvernement Abe y est pourtant critiquée. Les effets politiques et économiques de la crise pourraient compliquer la fin de mandat du Premier ministre, alors que le Japon réexamine ses liens avec ses grands partenaires : Chine, États-Unis, Union européenne.

Pendant la pandémie du coronavirus, le Japon est apparu comme une exception, voire une énigme. En dépit de ses liens étroits avec la Chine, de sa population vieillissante, et en l'absence de mesures draconiennes pour contenir l'épidémie, l'archipel n'a été que très peu touché (18 300 cas et 970 décès au 25 juin 2020 pour une population de 126 millions d'habitants). L'énigme s'explique par la mise en place de mesures peu spectaculaires mais efficaces, à contre-courant des stratégies adoptées ailleurs.

Si la crise sanitaire n'a pas été dramatique, l'onde de choc qu'elle a provoquée, notamment sur le plan économique, mais aussi sociétal, politique et diplomatique est, elle, importante. L'impact économique est colossal, à la hauteur du plan de relance adopté par le gouvernement Abe. Le difficile développement du télétravail pourrait, lui, avoir à terme des effets bénéfiques sur la démographie en favorisant un rééquilibrage entre vie professionnelle et vie familiale. La crise du COVID-19 a aussi mis en évidence la nécessité de renforcer la souveraineté industrielle du pays, en particulier face à la Chine. La pandémie a enfin été l'occasion pour Tokyo de renforcer ses partenariats à l'international. Paradoxalement, l'administration Abe ne sort pas renforcée de cette crise.

Une stratégie sanitaire mal comprise mais efficace

La gestion de l'épidémie par le gouvernement Abe a pu sembler laxiste. Peu de malades ont été testés, aucun confinement strict n'a été imposé, et la fermeture des frontières aux visiteurs de Chine, de Corée du Sud et d'autres pays touchés par le virus n'a été décidée que tardivement (5 mars) – tout comme l'état d'urgence sanitaire (6 avril). Le calendrier des mesures adoptées semblait refléter la priorité donnée à l'économie, et non la juste mesure du tsunami viral. Pourtant, le nombre des victimes a été très limité et l'état d'urgence a pu être levé dès le 25 mai.

Le succès de ce « modèle japonais » a donné lieu à de nombreuses spéculations et hypothèses. Il repose en réalité sur un ensemble de mesures prises en priorité au niveau local. La stratégie initiale reposait sur l'identification précoce, le traitement et le confinement des malades pour contenir les foyers d'infection. Les mesures de distanciation physique ont été expliquées de manière très concrète (les 3 « C » : éviter les lieux confinés, avec une forte concentration de population, et avec des contacts rapprochés). Les écoles ont été fermées début mars. Quand le nombre de cas a fortement augmenté, la déclaration de l'état d'urgence a permis un appel au confinement non contraignant de la population, ainsi que la fermeture partielle des commerces les plus à risques (restaurants, bars, etc.), ce qui a suffi à freiner l'apparition des nouveaux cas. Les habitudes de la population japonaise (peu de contacts physiques, utilisation généralisée des masques) ont également contribué au succès de ces mesures.

Contrer un choc économique colossal

La crise du COVID-19 a gravement dégradé l'ensemble de l'économie japonaise. Le secteur du tourisme a été fortement ébranlé par la fermeture des frontières (- 64 % de visiteurs sur la période janvier-avril 2020). Les entreprises nippones ont souffert de la désorganisation des chaînes d'approvisionnement liée à la fermeture des usines en Chine. Le ralentissement de la consommation et la baisse des commandes à l'international fragilisent encore l'économie et la balance commerciale. Le marché de l'emploi devrait également être durement touché, près de 40 % des travailleurs japonais craignant de perdre leur emploi. Enfin, le report des Jeux olympiques, décidé le 24 mars, devrait occasionner un surcoût d'au moins 2,7 milliards de dollars. L'économie japonaise devrait ainsi demeurer en récession en 2020, avec une prévision de croissance estimée à - 5,2 %.

Dans l'espoir d'atténuer les effets secondaires de la crise et de favoriser un rebond, Shinzo Abe a annoncé en avril et en mai deux plans de relance massifs (plus de 2 000 milliards d'euros), représentant plus de 40 % du PIB et près de quatre fois l'enveloppe budgétaire débloquée en 2009 pour contrer la crise financière mondiale. Les objectifs du plan actuel sont de limiter les faillites, de soutenir le tissu économique et de relancer la consommation par la distribution d'une enveloppe de 100 000 yens (850 euros) à chaque résident au Japon.

La laborieuse mise en place du télétravail

En dépit des appels répétés des autorités publiques à ne pas se rendre sur son lieu de travail au cœur de l'épidémie, la pratique du télétravail est restée très limitée. Les entreprises avaient pourtant été encouragées dès l'été 2019 à le mettre en place, afin d'éviter la saturation des transports en commun durant les Jeux olympiques initialement prévus pour 2020. La culture d'entreprise spécifique au Japon, qui mesure les performances des employés à leur temps de présence au bureau et valorise les échanges en face-à-face, a fortement freiné le développement du télétravail. Une enquête réalisée mi-mars 2020 a ainsi montré que seuls 13 % des salariés travaillaient à distance et que 80 % des entreprises ne disposeraient pas des moyens logistiques et organisationnels permettant à leurs employés de télétravailler.

Le gouvernement a réitéré son souhait d'encourager une généralisation du travail à distance, en subventionnant notamment la transformation numérique des entreprises. Le développement massif du télétravail, en favorisant un meilleur équilibre entre vie professionnelle et vie privée, pourrait également, à moyen terme, permettre une amélioration de la situation démographique au Japon.

Renforcer la politique de contrepoids face à la Chine

L'embellie dans les relations sino-japonaises, autorisée par l'attitude conciliante de Pékin en difficulté face aux pressions américaines, pourrait se voir compromise par les retombées de la crise du COVID-19. En surface, la relation reste cordiale : la solidarité dans la gestion de l'épidémie a été soulignée, et la visite d'État de Xi Jinping, prévue pour avril, n'a été annulée qu'à regret. Sur le plan diplomatique, Tokyo n'a pas critiqué le discours chinois, ni employé la formule « virus de Wuhan », à la différence de Washington. Pour autant, le gouvernement Abe a gardé une ligne ferme sur d'autres dossiers, dont celui des incursions maritimes chinoises autour des îles Senkaku, qui ont connu une nouvelle recrudescence. Il a par ailleurs appelé à la réintégration de Taïwan au sein de l'Organisation mondiale de la santé (OMS). Le rapport annuel sur la diplomatie nippone paru en mai a d'ailleurs qualifié Taïwan de « partenaire extrêmement important ».

La pandémie a rappelé l'importance d'un renforcement de l'autonomie économique et industrielle vis-à-vis de la Chine. La dépendance du Japon pour certains secteurs clés comme les équipements sanitaires a créé une pénurie temporaire. L'arrêt des usines chinoises a conduit à une forte désorganisation des chaînes de production, notamment dans le secteur automobile. Le plan d'urgence voté en avril a donc consacré 2,2 milliards de dollars de subventions au transfert de la production de certaines industries (notamment sanitaires) au Japon ou en Asie du Sud-Est. À ce stade, il s'agit plus de gestion du risque que d'un réel découplage d'avec la Chine, qui reste un marché crucial pour le Japon : 22 % des exportations totales du Japon et 65 % de ses exportations intermédiaires sont destinées à la Chine.

L'objectif d'une économie moins vulnérable et plus indépendante de la Chine est toutefois une priorité politique, désormais portée par le secrétariat du Conseil de sécurité nationale. Une nouvelle section dédiée vient d'être créée au sein de cet organe fondé en 2013 par Abe pour élaborer et mettre en œuvre une approche stratégique de la sécurité – jusqu'ici largement définie en termes diplomatiques et de défense. La crise du COVID-19 a par ailleurs conduit à faire bénéficier nombre d'entreprises des secteurs pharmaceutique et médical de la loi de protection vis-à-vis des investissements étrangers, votée à l'automne 2019, et qui vise particulièrement Pékin. Elle abaisse de 10 à 1 % le seuil de prise de participation étrangère dans des entreprises de secteurs considérés comme sensibles.

Le Japon renforce ses partenariats à l'international

La démarche d'autonomisation industrielle vis-à-vis de la Chine rapproche encore Tokyo de Washington. Le Japon prend part aux rencontres du groupe dit « Quad Plus », qui rassemble, en sus des États-Unis, de l'Inde et de l'Australie (le « Quad », en comptant Tokyo), la Corée du Sud, la Nouvelle-Zélande et le Vietnam. Mises en place en mars, ces réunions hebdomadaires visent à améliorer la coordination des politiques de gestion de l'épidémie.

Pour autant, le Japon n'est pas strictement aligné sur son allié américain et engage des démarches indépendantes : Tokyo va par exemple proposer à la Thaïlande, à l'Indonésie et aux Philippines d'adhérer au Comprehensive and Progressive Agreement for Trans-Pacific Partnership, le méga accord de libre-échange qui vise à écrire les règles du jeu commercial au XXIe siècle, et à contrebalancer l'influence croissante de la Chine.

Dans ce contexte, l'Union européenne (UE) apparaît comme un partenaire privilégié pour Tokyo dans sa défense d'un ordre international fondé sur des règles. Des accords de partenariat économique et stratégique ont été signés en 2018 et 2019, et la coopération s'étend dans le domaine du financement des infrastructures. En mettant en évidence une propagande chinoise parfois agressive, la pandémie a conduit l'UE et une partie de ses États membres à adopter une posture plus ferme face à Pékin. Cette évolution pourrait favoriser un approfondissement du partenariat avec le Japon, notamment en matière de gouvernance de la santé.

Une fin de mandat bouleversée pour Shinzo Abe

Si le Japon peut s'appuyer sur un bon bilan sanitaire de la crise du COVID-19, son économie déjà fragilisée par le ralentissement de la demande chinoise et la hausse de la TVA en 2019 est touchée de plein fouet.

La gestion politique du gouvernement Abe a été sévèrement jugée. On lui a reproché la mise en place tardive de l'état d'urgence, des mesures de soutien aux entreprises inadaptées, des prises de bec avec les autorités locales. La décision du Premier ministre d'offrir deux masques lavables par foyer, expédient rudimentaire face à l'épidémie, a par exemple été tournée en dérision (*Abenomask*).

La crise du COVID-19 a donc été une véritable épreuve pour Shinzo Abe, la réapparition de scandales politiques ayant dégradé sa popularité à moins de 30 % en mai, une situation critique qui pourrait conduire à sa démission si elle se pérennisait. La capacité du Premier ministre à mener à bien les derniers mois de son mandat est donc remise en cause (il doit céder sa place en septembre 2021). Shinzo Abe va être sous la pression de l'opinion publique et de ses pairs, alors même qu'il devra gérer au mieux une crise économique inédite. Le COVID-19 a enfin bouleversé le calendrier des réformes, et le projet de révision de la Constitution, cher au cœur de Shinzo Abe, semble d'ores et déjà devoir être remisé.

C. P.

Pour en savoir plus

- T. S. Harris, *The Iconoclast: Shinzo Abe and the New Japan*, Londres, Hurst, 2020.
- V. Niquet, *Le Japon en 100 questions. Un modèle en déclin ?*, Paris, Tallandier, 2020.
- « Japon – COVID-19 », Paris, Direction générale du Trésor, Ministère de l'Économie et des Finances, 2020.

L'Inde et la pandémie du COVID-19

Une crise autant sociale que sanitaire

Le COVID-19 a frappé une Inde en proie aux affrontements intercommunautaires déclenchés par les mesures du gouvernement Modi. L'absence de coordination entre le gouvernement fédéral et les États, la violence du choc économique et la modicité des mesures d'aide gouvernementales dessinent une crise sociale de grande ampleur.

Depuis qu'il a entamé son deuxième mandat au poste de Premier ministre, le 31 mai 2019, Narendra Modi a pris un très net virage idéologique. Dès le mois d'août, son gouvernement a abrogé le statut d'autonomie dont bénéficiait le Jammu-et-Cachemire (le seul État à majorité musulmane de l'Union indienne), arrêté la majeure partie des chefs politiques locaux, et coupé pendant six mois les communications dans ce territoire. Fin mai 2020, celles-ci n'étaient que partiellement rétablies. En décembre 2019, il faisait voter le *Citizenship Amendment Act* (CAA), loi très controversée facilitant l'accès à la citoyenneté pour les réfugiés issus des minorités non musulmanes du Pakistan, du Bangladesh et de l'Afghanistan. Ce faisant, il faisait pour la première fois de la religion un critère d'accession à la citoyenneté indienne.

Loin d'être des décisions isolées, ces deux mesures sont emblématiques d'une volonté affirmée de reléguer les musulmans indiens dans une catégorie de citoyens de second ordre[1]. Elles ont d'ailleurs fortement polarisé le pays. Les tensions ont atteint un pic dramatique début février 2020, lorsque des milices extrémistes hindoues ont attaqué un quartier musulman de Delhi (causant 50 morts, pour l'essentiel musulmans). En somme, durant ses neuf premiers mois au pouvoir, le nouveau gouvernement Modi a consacré l'essentiel de son énergie à mettre en œuvre les dossiers prioritaires de l'agenda nationaliste hindou, en se préoccupant bien peu par ailleurs d'un ralentissement économique perceptible à travers le pays.

C'est dans ce contexte délétère que la contagion due au COVID-19 s'est peu à peu propagée, obligeant les autorités régionales, puis centrales, à se confronter au

1. Voir également l'autorisation donnée par la Cour suprême, en novembre 2019, de construire un temple dédié à Ram sur le site d'Ayodhya et l'affaire du Triple Talaq, où le gouvernement a prétexté la réforme d'une clause – problématique, il est vrai – de la loi personnelle musulmane pour pousser son objectif d'imposer un Code civil uniforme.

spectre d'une crise sanitaire de grande ampleur. À partir du 25 mars 2020, l'ensemble du pays a été soumis à un régime de confinement complet, imposant à plus de 1,3 milliard d'habitants de réduire leurs sorties au strict nécessaire. D'abord annoncé pour une durée de trois semaines, le confinement national a été prolongé à trois reprises, jusqu'au 30 mai (les territoires les plus touchés restant néanmoins encore confinés). Cette mesure radicale, et très coûteuse sur le plan social et économique, a été prise pour pallier la fragilité des infrastructures hospitalières (0,7 lit pour 1 000 habitants) et l'insuffisance des capacités de tests et d'analyses en laboratoire (en mars et avril 2020, l'Inde était l'un des pays qui faisaient le moins de tests au monde).

Au 31 mai 2020, l'Inde recensait officiellement plus de 190 000 cas de COVID-19 (personnes guéries incluses) et 5 400 décès – avec des variations considérables, la ville de Mumbai étant la plus touchée. Les autorités se félicitaient certes d'un taux de mortalité assez bas (à 3 %), mais la pandémie n'en était pas moins toujours active. De surcroît, les chiffres officiels restaient sujets à caution, en raison notamment de données traditionnellement lacunaires sur les causes de décès des individus, et de suspicions de sous-évaluation des cas de COVID-19, au niveau des États comme du Centre.

Un renforcement des pratiques autoritaires du gouvernement Modi

Sans surprise, le Premier ministre Modi s'est saisi de la crise sanitaire pour renforcer ses méthodes autoritaires, et cela avec des conséquences dramatiques. Son annonce, le 24 mars 2020, d'un confinement national s'est faite sans consultation préalable des gouvernements d'État, lesquels sont pourtant responsables, aux termes de la Constitution, de la santé et du maintien de l'ordre. Pire encore, en donnant à la population un préavis de seulement quatre heures avant l'imposition du confinement, le Premier ministre a déclenché un vaste mouvement de panique parmi les travailleurs migrants en milieu urbain. Craignant d'être immobilisés en ville sans pouvoir subvenir à leurs besoins, ceux-ci ont voulu retourner dans leurs villages mais, tous les transports étant interrompus, ils ont dû entamer leur périple à pied dans des conditions très précaires.

Lorsqu'il a fallu décider des prolongations du confinement en avril et mai 2020, Modi s'est efforcé de consulter les gouvernements d'État. Dans les faits, il a pourtant continué à recourir à des méthodes centralisatrices, en s'appuyant sur un réseau de hauts fonctionnaires. Il a notamment constitué des équipes interministérielles missionnées pour évaluer la situation sur le terrain (au Bengale occidental, au Maharashtra, au Rajasthan et au Madhya Pradesh) et, en substance, pour demander aux autorités régionales de leur rendre des comptes. Ces méthodes ont créé des tensions avec les gouvernements d'État, notamment avec ceux que gèrent les partis d'opposition, tels le Kerala ou le Bengale occidental.

Concrètement, les gouvernements d'État se sont trouvés dans une situation d'autant plus difficile qu'ils étaient *de facto* en première ligne pour gérer la crise sanitaire, mais avec très peu de moyens budgétaires (ils perçoivent, pour l'essentiel, la TVA sur l'alcool et une partie de la TVA sur la vente des carburants).

Après avoir multiplié les pressions sur le gouvernement Modi, ils ont obtenu à la mi-mai l'autorisation d'emprunter à hauteur de 5 % de leur PIB, au lieu de 3 %. Mais le gouvernement central a assorti cette autorisation de conditions si drastiques qu'en pratique leur marge de manœuvre risque de rester limitée.

Une grave crise sociale

Comme partout ailleurs, la crise du COVID-19 a accentué en Inde les inégalités. Celles-ci étant particulièrement prononcées dans le pays, les effets de la crise s'en sont trouvés démultipliés. Alors que les classes privilégiées du milieu urbain se sont enfermées dans des *gated communities,* les autres groupes sociaux, en ville et à la campagne, ont été exposés à une grande précarité.

De l'avis de tous les experts, les mesures annoncées par le gouvernement fin mars 2020 pour aider les plus démunis pendant le confinement ont été insuffisantes. De l'ordre de 22 milliards de dollars – soit moins de 1 % du PIB –, ces aides prévoyaient un supplément de cinq kilogrammes de céréales et d'un kilogramme de légumineuses pendant trois mois pour toute personne enregistrée dans le système de distribution publique (lequel, en temps normal, distribue des rations alimentaires à 67 % de la population). Mais il s'est avéré que plus de 100 millions de personnes n'étaient pas enregistrées auprès de ce système.

La situation s'est avérée très difficile pour les centaines de milliers de travailleurs migrants qui ont voulu rentrer dans leur village et sont restés bloqués pendant des semaines, soit dans les grandes villes, soit dans des camps de fortune (les États ayant fermé leurs frontières intérieures), bien souvent avec une aide publique très limitée. Fin avril, le gouvernement central les a autorisés à rentrer chez eux par bus ou train, mais en laissant les différents États se coordonner entre eux pour organiser leur retour. Or, bien des États ont renâclé à l'idée d'accueillir leurs migrants de peur qu'ils ne soient contaminés, ce qui a encore rallongé et compliqué leur périple. Les migrants internes resteront dans les mémoires comme les grandes victimes de la crise du COVID-19 en Inde.

Enfin, l'islamophobie a continué à se propager sur les réseaux sociaux, où les fausses informations ont pullulé, accusant les musulmans de délibérément propager la pandémie. Le mot d'ordre de la distanciation sociale a volontiers été réinterprété sous l'angle confessionnel, c'est-à-dire comme une incitation à la distanciation entre hindous et musulmans. La haine antimusulmane a atteint de tels niveaux qu'elle a conduit les États du Golfe, ainsi que la Malaisie, à s'émouvoir de la situation de leurs coreligionnaires en Inde.

Un impact économique très lourd

L'impact de la crise sanitaire sur une économie déjà fragilisée a été et continuera d'être lourd. Les premières estimations du Fonds monétaire international, prévoyant une croissance de 1,9 % en 2020, pourraient s'avérer trop optimistes ; plusieurs experts en Inde redoutent désormais une croissance négative. En tout état de cause, le ralentissement économique pèsera lourdement sur les masses indiennes qui, soit vivent à la campagne souvent aux limites de la pauvreté, soit travaillent en ville dans le secteur informel (donc sans aucun filet de protection).

Le Bureau international du travail estime que 400 millions de travailleurs du secteur informel risquent de tomber dans la pauvreté.

La situation des petites, moyennes et micro entreprises (PMME) est particulièrement préoccupante. Relevant pour l'essentiel du secteur informel, elles représentent 120 millions d'emplois et 40 % de la production industrielle. Très durement impactées par la démonétisation de la fin 2016 et la mise en œuvre de la TVA harmonisée en 2017, elles commençaient tout juste à se remettre à flot quand la crise du COVID-19 s'est déclarée. La relance de l'activité dans ce secteur pourrait s'avérer difficile. Beaucoup de PMME se trouvent dans des États et territoires fortement touchés par le COVID-19 (Maharashtra, Tamil Nadu et Delhi), notamment dans des ceintures industrielles péri-urbaines où les risques de contagion compliquent la reprise de leurs opérations. Par ailleurs, lorsque le confinement a été imposé, beaucoup d'employeurs ont licencié leurs ouvriers, lesquels se sont aussitôt dispersés. Reconstituer cette main-d'œuvre éparpillée – et plus encore, la convaincre de revenir en ville – représente un défi supplémentaire.

Les PMME constituent un maillon essentiel des chaînes de production industrielles : ce sont elles (271 000 usines et 71 millions d'entreprises commerciales et non agricoles) qui fournissent les composants et pièces détachées aux grandes entreprises. C'est donc l'ensemble des chaînes de production qui est aujourd'hui désorganisé en Inde. Enfin, les secteurs qui ont déjà repris leur activité sont confrontés à la faiblesse de la demande et à l'accumulation des stocks.

Face à cet ensemble de difficultés, le gouvernement Modi s'est montré peu enclin à augmenter les dépenses publiques. À la mi-mai, le Premier ministre a finalement présenté un programme de soutien, dont il a répété à l'envi qu'il représentait 10 % du PIB (260 milliards de dollars[2]). Mais il s'agissait pour l'essentiel d'un effet d'annonce, comme Modi les affectionne. Le plan en question repose surtout sur des incitations à l'emprunt, pour permettre aux entreprises de toutes tailles de surmonter les épreuves dues à la crise. Pour le reste, il inclut de nombreuses mesures d'ores et déjà prises, de sorte que les nouvelles aides ne représentent véritablement que 1 % du PIB.

I. S.-M.

Pour en savoir plus

- H. Ahmed, « Making Sense of the Citizenship Amendment Act 2019: Process, Politics, Protests », *Asie.Visions*, n° 114, Ifri, juin 2020.
- M. Al Dahdah, M. Ferry, I. Guérin et G. Venkatasubramanian, « L'Inde face à la crise du COVID-19 : une tragédie humanitaire à venir », *La Vie des Idées*, 4 mai 2020.
- J.-L. Racine, « L'Inde et le coronavirus : "Exception" indienne ou inversion du monde ? », Asia Centre, mai 2020.

2. La seule mesure de soutien en faveur des agents économiques était jusqu'alors venue de la Banque centrale qui, par deux fois, a pris des dispositions pour faciliter le crédit aux entreprises.

Asie du Sud-Est : un horizon difficile… sans la Chine

Pékin en terrain conquis ?

Ralentissement économique et crispations politiques semblent caractériser l'évolution récente de l'Asie du Sud-Est. Dans un contexte que risque d'aggraver la crise du COVID-19, la Chine a tout loisir de jouer de sa puissance, en l'absence d'autres grands acteurs internationaux.

Dans le parcours de l'Asie du Sud-Est depuis 50 ans frappe une caractéristique récurrente de la région : le détour par l'extérieur. Cela a été vrai pendant la guerre froide, quand les États de la région, dans une croissance très extravertie (le recours aux investissements étrangers et l'accès aux marchés extérieurs[1] ont été, et restent, déterminants), ont suivi un modèle de développement libéral ; et c'est toujours le cas avec une Chine qui a activement cherché à occuper une place – désormais cruciale – dans le spectre des choix proposés.

L'Asie du Sud-Est connaît, depuis une quinzaine d'années, une sorte de flottement, tant sur le plan intérieur (instabilité, contestation, populisme, radicalisation ou terrorisme) qu'extérieur (distanciation d'avec les États-Unis, rapprochement avec la Chine, l'Australie, le Japon). On peut attribuer – en partie – ce flottement à un changement de modèle normatif et observer qu'avant même la crise du COVID-19, les pays concernés faisaient face à des difficultés, structurelles et conjoncturelles, inquiétantes pour leur avenir.

Celui-ci est mécaniquement lié aux partenaires dont ils sont les plus dépendants. Si les pays d'Asie du Sud-Est travaillent à maintenir un équilibre entre des influences contradictoires, leur résilience nationale tend cependant à décroître à mesure qu'augmente leur dépendance à l'égard de la Chine. Et les effets de la crise du coronavirus risquent d'accélérer cette tendance.

1. Les exportations de biens représentent 49 % du PIB de la région. Les entrées nettes d'investissements directs étrangers (IDE) dans la région s'élevaient à 149 milliards de dollars en 2018 (un montant comparable à celui de la Chine continentale). La région affiche le ratio stock IDE/PIB le plus élevé au monde : 81 %, loin devant la moyenne mondiale (38 %). Source : « Situation macroéconomique des pays d'Asie du Sud-Est », Ministère de l'Économie et des Finances, janvier 2020.

L'Asie du Sud-Est en 2020 : crispations et instabilité

Hésitations, ralentissement, confusion : les termes sont fréquemment usités pour désigner les dynamiques à l'œuvre dans les 11 pays d'Asie du Sud-Est au début de cette nouvelle décennie.

Confrontés à des obstacles variés, les pays d'Asie du Sud-Est peinent à trouver des terrains d'entente. L'Association des nations de l'Asie du Sud-Est (ASEAN) patine, sans parvenir à mettre en œuvre la communauté triomphalement annoncée en 2015. D'ailleurs, Singapour et l'Indonésie, les deux pays membres les plus touchés par le virus, n'ont pas activé les solidarités régionales, et chaque État a géré la crise comme il le pouvait, avec des systèmes de santé de qualités variables. Une fois de plus, les solutions sont venues de l'extérieur, d'abord avec une réunion des ministres des Affaires étrangères Chine/ASEAN le 25 février, puis un sommet ASEAN + 3 (Chine, Japon, Corée du Sud) le 14 avril.

C'est sans doute sur le plan politique que la dynamique s'enlise le plus, tiraillée entre groupes réclamant la mise en œuvre de systèmes démocratiques plus représentatifs et participatifs, et d'autres se satisfaisant de promesses rarement tenues par des dirigeants autocrates et populistes. Ambivalence serait le terme précis, pour décrire les tensions que produit la collision entre demandes de libertés publiques, de prise en compte des enjeux environnementaux, de redistribution de la croissance, et la sophistication de systèmes politiques répressifs.

Aux Philippines, le président Duterte a conforté son assise aux élections de mi-mandat de mai 2019, en dépit d'un bilan pauvre et discutable. En Thaïlande, le général Prayuth, élu Premier ministre au terme d'un processus électoral phagocyté (le premier depuis le coup d'État de 2014), pervertit le sens et le fonctionnement des institutions ; l'opposition crédible est traquée – en février 2020, le dirigeant du Parti du nouvel avenir, Thanathorn, est poursuivi et son parti dissous – et l'armée garde le contrôle ultime des processus politiques.

En Indonésie, le président Joko Widodo, réélu en mai 2019, s'entoure d'un vice-président proche des religieux conservateurs et de représentants des forces armées soucieux de recouvrer leur influence politique. La Malaisie a traversé en février 2020 une crise majeure avec la démission surprise du Premier ministre Mahathir. Son successeur supposé depuis l'élection de mai 2018 (ils avaient fait coalition au sein du Pakatan Harapan), Anwar Ibrahim, annonce être prêt à assumer ses fonctions. Mais le 29 février, c'est l'ancien ministre de l'Intérieur Muhyiddin Yassin qui est nommé. La Malaysia Baru – la « Nouvelle Malaisie » – ne verra probablement pas le jour : les magouilles politiques reprennent, l'United Malays National Organisation (principal parti malais) se remet en ordre de bataille après les errements kleptocrates de l'ancien Premier ministre Najib Razak, et les conservateurs religieux haussent le ton. Sur fond de désillusion démocratique : peu de progrès en termes d'état de droit, de justice ou d'identité multiethnique.

En 2020, Myanmar et Singapour voteront. Dans l'île-État, la quatrième génération des dirigeants du Parti d'action populaire, au pouvoir depuis l'indépendance, s'apprête à entrer en scène, alors que l'opposition (le Parti démocratique de Singapour et le Parti du progrès) réclame une représentation objective. Au Myanmar, la Ligue nationale pour la démocratie (LND) devra faire face à une opposition mieux structurée qu'en 2015. Dans les provinces périphériques, le soutien à la LND s'affaiblit en l'absence d'un processus de paix finalisé, et dans les villes, la lenteur des réformes est critiquée par une multitude de nouveaux petits partis. Leur succès au prochain scrutin rendrait le processus décisionnel au Parlement plus instable et replacerait l'armée, qui dispose constitutionnellement de 25 % des sièges (soit une minorité de blocage), en position d'arbitre.

Avant d'être attaquées par le virus, les économies d'Asie du Sud-Est étaient affaiblies, avec une croissance en baisse depuis fin 2018 : + 0,7 % à Singapour (3,1 % en 2018), + 5 % en Indonésie (5,2 % en 2018), + 2,3 % en Thaïlande (4 %), + 6 % au Vietnam (7 %), + 4,3 % en Malaisie (4,7 %) ou + 6 % Philippines (6,2 %). Seul le Myanmar fait mieux avec + 6,5 % de croissance (6,41 % en 2018). Le ralentissement chinois et les effets des tensions commerciales sino-américaines (même si certaines économies, comme celle du Vietnam, en profitent à la marge) sont visibles.

L'absence d'infrastructures sérieuses pénalise aussi la croissance, et le vieillissement de la population (à Singapour et en Thaïlande notamment) n'est pas toujours compensé par les investissements nécessaires dans l'éducation. L'automatisation des unités de production (au Cambodge, en Indonésie ou en Thaïlande) fait craindre une hausse importante du sous-emploi, alors que la pandémie pénalise lourdement le secteur informel (qui représente pour certains pays – Indonésie, Philippines – près de 70 % des emplois). Partout dans la région, les inégalités continuent à s'approfondir et le retour de la grande pauvreté est à craindre dans certains pays comme les Philippines, le Cambodge ou l'Indonésie.

Point de salut sans la Chine ?

L'Asie du Sud-Est a toujours su tirer parti des flux extérieurs susceptibles de susciter et/ou de porter ses dynamiques, tant sur le plan national que régional. C'est aujourd'hui la Chine, épicentre économique de l'Asie orientale, qui tire et structure la région : la crise du COVID-19 l'a rappelé. Elle a, d'une part, démontré l'extrême sensibilité de la région aux turbulences chinoises : les chaînes de production, les flux commerciaux et touristiques ont immédiatement ressenti l'impact, avant même les premiers cas de contamination. Et surtout, les liens de proximité politique et diplomatique se sont affichés comme jamais auparavant, révélant au passage une plus grande tolérance, voire une acceptation, des pratiques chinoises.

On n'a peut-être pas assez pris la mesure des liens qui rapprochent aujourd'hui, sept ans après le lancement de la Belt and Road Initiative (BRI), la Chine et l'Asie du Sud-Est. À l'exception du terrain sécuritaire (où elle progresse néanmoins), la Chine est aujourd'hui le premier partenaire de la région et entend conforter ses positions dans un espace qu'elle juge central pour son déploiement de puissance. Pékin active sa diplomatie bilatérale avec chacun des pays, autant que sa diplomatie régionale avec l'ASEAN. L'outil le plus souvent utilisé est la BRI, étiquette qui couvre à présent l'ensemble des secteurs et permet de présenter les propositions chinoises dans un contexte moins politique et toujours gagnant/gagnant. Et les propositions ne manquent pas.

L'Asie du Sud-Est bénéficie de 24 % des budgets BRI. Si les projets d'infrastructure sont les plus connus (chemins de fer, aéroports, ports, autoroutes…) et transformeront les connectivités, les réseaux de transport et les paysages dans la région à un horizon de dix ans, les projets d'exploitation des matières premières, de parcs industriels et de corridors économiques rapprochent plus encore les communautés d'affaires. Mais c'est probablement dans le secteur digital que les progrès sont les plus décisifs : avec la route de la soie digitale, les acteurs chinois (les géants de la *tech* tels Huawei, Alibaba, Lazada ou Tencent) prennent des positions stratégiques sur des marchés très porteurs – l'économie internet de l'ASEAN a été évaluée à 100 milliards de dollars en 2019 et devrait tripler d'ici à 2025 – et décisifs pour la mise en œuvre des normes et standards chinois. Les pays d'Asie du Sud-Est sont demandeurs sur trois terrains d'avenir : le e-commerce, les télécommunications et les *smart cities*, avec quelque 15 projets engagés sur ce dernier terrain.

La poussée digitale chinoise en Asie du Sud-Est aura donc des répercussions non seulement en termes d'opportunités économiques et de structuration des marchés mais aussi en termes de gouvernance. L'impact sera immédiat sur la façon dont les données sont préservées, gérées et transférées. Le débat est ainsi ouvert sur l'usage, privé ou non, de ces données, alors que certains États (Cambodge, Vietnam ou Thaïlande) ont déjà adopté des lois liberticides en matière de cybersécurité.

Quels enjeux pour l'Asie du Sud-Est ?

La crise du COVID-19 aura, ici aussi, accéléré les tendances à l'œuvre : dans un contexte sensible, le « partenariat » avec la Chine va devenir déterminant pour redonner une impulsion économique, comme celle produite après la crise de 1997. La mise en œuvre de la BRI va s'accélérer – les projets ont déjà repris au Laos et en Thaïlande –, alors que la marge de négociations des pays récepteurs se réduit.

De même pour le spectre des coopérations possibles : l'Union européenne, vue d'Asie du Sud-Est, paraît empêtrée dans une crise structurelle que le Brexit n'a fait qu'accentuer ; les États-Unis de Donald Trump ne se sont pas intéressés à la région, tout en apparaissant comme un paramètre décisif (ainsi que le montrent les débats autour du *Visiting Forces Agreement*) ; seules les puissances moyennes (Japon, Australie, Inde) activent leur diplomatie dans un multilatéralisme encore agité. À ce stade, la partie est encore ouverte mais Pékin a de sérieux atouts en main.

S. B. du R.

Pour en savoir plus

- S. Boisseau du Rocher, « The Belt and Road: China's "Community of Destiny" for Southeast Asia? », *Asie.Visions*, n° 113, Ifri, juin 2020.
- T. Carroll, S. Hameiri et L. Jones (dir.), *The Political Economy of Southeast Asia: Politics and Uneven Development under Hyperglobalisation*, New York, Palgrave Macmillan, 2020.
- M. Hiebert, *Under Beijing's Shadow: Southeast Asia's China Challenge*, Washington, Center for Strategic and International Studies, 2020.

L'Afrique subsaharienne dans la globalisation

Un positionnement nouveau

Après une phase de forte croissance au début du siècle, l'Afrique subsaharienne connaît, depuis 2015, une phase de repli, que la crise du COVID-19 ne peut qu'amplifier. Les acteurs extérieurs sont de plus en plus nombreux à s'intéresser à l'Afrique – avec quelques bénéfices pour elle, mais pas toujours.

On veut ici revenir sur la place de l'Afrique subsaharienne (ASS) dans la globalisation en suivant deux fils rouges. Il s'agit tout d'abord de questionner la place de l'ASS dans la globalisation de l'économie, après une forte phase de croissance (2000-2014). La croissance des pays de la zone ayant connu, depuis lors, des évolutions plus modestes, la crise du COVID-19 marquera-t-elle un prolongement des tendances observées depuis 2014, ou doit-elle être vue comme un simple moment, préludant à un rebond ? Deuxième fil rouge : l'accroissement du nombre de pays ayant, ces vingt dernières années, développé une politique africaine. Quels sont les résultats de cette ruée de nouveaux partenaires ?

Différentes phases économiques pour l'Afrique subsaharienne

Depuis la période des indépendances, l'ASS a connu plusieurs phases économiques. La première va des indépendances à la fin des années 1970. Elle se caractérise par une croissance élevée et des politiques économiques que l'on peut assimiler aux stratégies de substitution aux importations – qui se caractérisent par l'extension des réseaux d'infrastructures, la création de sociétés nationales d'import-export et un mince tissu industriel, financé pour l'essentiel par l'endettement. Cette phase modifie peu la structure des échanges héritée de la période coloniale, l'objectif étant alors de fournir à la métropole les matières premières qui alimentaient son système industriel. Les économies africaines exportent donc une gamme très réduite de produits miniers, énergétiques et agricoles, peu ou pas transformés, et restent dépendantes du reste du monde pour les produits industriels.

Au tournant des années 1970-1980, la crise de la dette, conjuguée aux tendances baissières des cours internationaux de certains produits d'exportation, contraint un certain nombre de pays à faire appel aux institutions financières internationales (IFI) et aux coordinations de créanciers publics (Club de Paris) pour les aider à restructurer leur dette. Les IFI conditionnent leur intervention à un changement de paradigme économique, le nouveau paradigme se basant sur les principes codifiés ensuite dans le consensus de Washington : retour aux équilibres macroéconomiques, dérégulation, diminution du rôle de l'État dans la sphère économique – se traduisant notamment par la privatisation ou la disparition de nombre d'entreprises nationales. Cette phase, qui court jusqu'à la fin des années 1990, est couramment qualifiée de « décennies perdues » : la croissance du PIB est faible et le PIB par habitant diminue. Cette détérioration économique touche également une partie des personnels de la fonction publique, laquelle se paupérise, alors que les capacités des appareils étatiques à investir dans leurs territoires régressent.

Au début de ce siècle, de nouvelles tendances sont à l'œuvre : le poids de la dette sur les économies a diminué grâce aux annulations et restructurations ; les cours de certains produits sont en hausse ; et l'urbanisation est un accélérateur de croissance. Les États retrouvent des capacités à investir dans leurs infrastructures, notamment urbaines, et l'urbanisation, conjuguée à la croissance des populations, contribue à l'affirmation de pays de l'ASS comme marchés de consommation. Les investissements directs étrangers augmentent, de même que le nombre des partenaires commerciaux.

Pendant quinze ans, la croissance annuelle moyenne du PIB est de 5 %, les taux de pauvreté diminuent – même si du fait de l'explosion démographique, le nombre de pauvres s'accroît. Les économies se diversifient, les secteurs touristique, financier, agricole, mais surtout les nouvelles technologies d'information et de communication et le BTP sont de puissants relais de croissance. Le visage des principales villes se transforme, les classes moyennes réémergent. Les économies africaines sont peu affectées par la crise de 2008, démontrant une résilience nouvelle. Les pays africains bénéficient également des investissements effectués dans l'éducation. Si les systèmes éducatifs restent globalement en retard sur les autres régions du monde, les taux d'éducation augmentent, et le nombre de diplômés du supérieur s'est fortement accru en une génération.

En revanche, les pays d'ASS ne s'industrialisent pas et n'arrivent pas à diversifier le bouquet de leurs exportations. Nombre de ces pays ne dépendent que de deux ou trois produits, qui représentent plus de 90 % de leurs exportations. Un phénomène encore accentué dans les pays historiquement producteurs de pétrole. Cette configuration rend ces économies très sensibles aux chocs externes. Si le réseau d'infrastructures progresse, avec des variations toutefois fortes selon les régions et les pays, l'ASS reste globalement sous-dotée si on la compare aux autres régions en développement. La faiblesse de la production électrique brise cruellement tout espoir d'industrialisation – même pour l'économie de l'Afrique du Sud, pourtant la plus diversifiée et industrialisée au sud du Sahara.

Depuis 2014-2015

À partir de 2014-2015, la croissance moyenne du PIB s'affaisse[1] tandis que la croissance démographique annuelle de l'ASS est de 2,7 %. Autrement dit, les taux de croissance économiques enregistrés depuis 2015 ne témoignent pas d'une

1. Selon la Banque mondiale : 2,8 % en 2015 ; 1,2 % en 2016 ; 2,5 % en 2017 ; 2,3 % en 2018 ; 2,2 % en 2019.

émergence. Ils permettent à peine, en théorie, de maintenir le niveau de vie des populations. En réalité, les économies de l'ASS étant de plus en plus inégalitaires, la croissance est vraisemblablement captée par les classes les plus aisées.

La stagnation qui semble s'installer est symbolisée par la trajectoire des deux plus importantes économies de l'ASS, qui comptent pour plus de la moitié du PIB de la zone. L'Afrique du Sud enregistre une croissance quasi nulle depuis plusieurs années et est entrée en récession avant même la crise du COVID-19. L'économie nigériane est, elle, ultra-dépendante du pétrole qui représente plus de 90 % de ses exportations et abonde aux deux tiers le budget fédéral. La chute des cours de 2014-2015 et la perte progressive du grand client américain ont gravement impacté le pays, entraînant une dévaluation du naira. La baisse des cours du brut enregistrée depuis le début de l'année 2020 ne fera qu'accentuer les difficultés.

L'arrivée du COVID-19, même si la pandémie semble, au moment où nous rédigeons ces lignes, avoir relativement épargné l'ASS[2], aura de multiples conséquences économiques, liées aux restrictions de circulation, aux fermetures des frontières et à leur cortège d'incidences logistiques. Le COVID-19 vient ainsi s'ajouter à des problèmes récurrents : de hauts degrés de corruption et d'instabilité juridique qui rebutent les investisseurs, une dépendance aux matières premières, une extension des zones d'insécurité, des accidents climatiques ponctuels (sécheresse en Afrique australe, par exemple) et des niveaux d'endettement à nouveau en hausse.

L'Afrique subsaharienne, objet de convoitises

Depuis 2005, les échanges ASS-Asie ont dépassé les échanges ASS-Europe ; la Chine est devenue le premier partenaire commercial de la zone ; et certains *hubs* des pays du Golfe (tel Dubaï) sont devenus des interfaces incontournables entre les deux continents. La spectaculaire densification des réseaux africains de certaines compagnies aériennes (Emirates, Qatar Airways ou Turkish Airlines), mais également la multiplication des contrats de gestion des ports et de financement d'infrastructures de transports terrestres, offrent l'image saisissante d'un basculement progressif.

La Belt and Road Initiative (Nouvelle route de la soie) chinoise, qui touche pour l'essentiel la Corne de l'Afrique, n'est que l'illustration la plus spectaculaire de la reconfiguration de la place de la région dans la globalisation. Autrefois arrière-cour économique de l'Europe, l'ASS est toujours fortement liée économiquement au Vieux Continent. Le Royaume-Uni, la France, l'Allemagne et l'Italie sont des investisseurs de premier ordre en ASS, et les pays européens, séparément et à travers l'Union européenne, demeurent des partenaires techniques et financiers décisifs. De nombreux autres canaux lient toujours l'Afrique à l'Europe (diasporas et flux migratoires, importance des liens historiques et culturels…). Mais depuis le début du siècle, les partenaires se sont multipliés, pour des raisons diverses.

Certains pays émergents, notamment (Corée, Brésil, Turquie, Inde…), souhaitent trouver des débouchés commerciaux à leurs productions vers la « nouvelle frontière »

2. S. Schlimmer, « L'Afrique de l'Est face à la gestion du COVID-19. Un enchevêtrement de crises ? », *L'Afrique en questions*, n° 56, Ifri, juin 2020 ; A. Antil et K. Djellat, « Le COVID-19 au Sahel : pandémie lente mais impacts multiples », *L'Afrique en questions*, n° 55, Ifri, mai 2020 ; T. Kurtz et V. Magnani, « Les crises du COVID-19 en Afrique australe : inquiétudes et premières conséquences », *L'Afrique en questions*, n° 54, Ifri, avril 2020.

de l'économie mondiale, et fournir ainsi en biens de consommation une population croissante et une classe moyenne en expansion. D'autres souhaitent accéder aux ressources minières et énergétiques de l'Afrique pour alimenter leur appareil industriel. D'autres tentent de réduire les aléas des cours des denrées alimentaires dont ils dépendent, en externalisant une partie des productions en ASS *via* le phénomène du *land grabbing* (pays du Golfe, Chine…). D'autres veulent acquérir ou affirmer une dimension mondiale (Chine, Inde, Japon, Corée, Brésil…) en nouant des partenariats avec des pays africains, en bâtissant des alliances diplomatiques pour plus peser dans les organisations internationales, en portant une partie du fardeau sécuritaire du continent, en promouvant un *soft power* qui transmet un modèle d'émergence (pays asiatiques). Certains livrent des armes, offrent des solutions de sécurité (Russie, Israël…) et/ou renouent avec un passé africain (Turquie, Russie, Allemagne…).

Les conséquences de cette redistribution des rôles sont multiples. Point positif, c'est la fin du tête-à-tête postcolonial avec les grands acteurs de la guerre froide. Dans les bénéfices de la concurrence entre partenaires, figurent la construction d'infrastructures permettant une densification des réseaux et une meilleure connectivité avec le reste du monde, ainsi qu'une multiplication des canaux de soutiens d'aides et de coopération.

Cette diversification des partenaires n'a hélas pas seulement des effets bénéfiques. Elle se solde aussi par un réendettement rapide de certains pays ; par des aides et coopérations qui ont permis à certains régimes aux abois, mis au ban des instances internationales, de perdurer ; par une mondialisation économique qui se traduit aussi par la multiplication de contrats douteux, l'obtention opaque de marchés publics, l'achat de personnels politiques, des *combinazioni* financières qui font de certains pays de véritables centres *offshore* ; et par l'accélération d'une économie de pillage de la faune et de la flore.

Les nouveaux partenaires apportent leurs rivalités et compétitions (Japon *vs.* Chine, Émirats arabes unis et Arabie Saoudite contre le Qatar…). Enfin, la multiplication de ces nouvelles relations a certainement contribué, *in fine*, aux involutions démocratiques identifiables ces dernières années. Après une très nette amélioration de la vie démocratique au sud du Sahara pendant les décennies 1980-2000, la régression est sans conteste à l'œuvre.

A. A.

Pour en savoir plus

- « Impact of the Coronavirus (COVID-19) on the African Economy », Union africaine, avril 2020.
- B. Augé, « Putsch manqué de 2016 en Turquie : quelles conséquences sur la relation Turquie-Afrique ? », *Notes de l'Ifri*, Ifri, juin 2018.
- A. Kalika : « Le "grand retour" de la Russie en Afrique ? », *Russie.Nei.Visions*, n° 114, Ifri, avril 2019.

Sahel : le sommet de Pau est-il un tournant ?

vidéo
http://dunod.link/dvmfq89

Un engagement français sous critique ?

À une situation militaire incertaine s'ajoute un doute politique : les gouvernements de la région, les opinions publiques sont-ils toujours derrière l'intervention internationale au Sahel ? Le sommet de Pau a voulu clarifier la situation. Mais celle-ci dépend, au-delà des faits militaires, de la gouvernance politique des pays de la région.

En dépit des efforts des appareils sécuritaires nationaux et de leurs partenaires, la situation sécuritaire a continué à se dégrader au Sahel, et en particulier dans le Liptako-Gourma, vaste zone à cheval sur les territoires du Niger, du Mali et du Burkina Faso. Fin 2019 et début 2020, des attaques de groupes djihadistes de plus en plus élaborées se sont multipliées contre les forces armées, y compris quand celles-ci étaient en position défensive, dans leurs camps. Les forces armées se replient dans des positions plus solides, moins nombreuses, s'éloignant ainsi des populations qu'elles sont censées défendre. En revanche, elles s'illustrent régulièrement dans des expéditions punitives meurtrières contre les villages dont sont supposés venir les djihadistes.

La Force conjointe du G5-Sahel (FC-G5-Sahel) est à l'image des armées nationales : en difficulté. C'est pourtant sur sa montée en puissance que les autorités françaises ont misé pour réduire leur empreinte (opérations Sabre et Barkhane), et progressivement glisser vers la seconde ligne : appui aérien, formation, soutien logistique et de planification. Dans sa septième année, l'opération Barkhane, qui a fait preuve de son efficacité, place la France dans une inconfortable position de réassurance de pays aux régimes particulièrement corrompus, où une gouvernance défaillante se trouve largement à l'origine des différentes contestations armées.

Cette situation délétère attise, de surcroît, les vives critiques des opinions reprochant aux régimes décadence et impuissance. Avec de plus en plus de virulence, ces critiques touchent désormais la présence militaire étrangère, en particulier française et onusienne. Le sommet de Pau, réuni par Emmanuel Macron en janvier 2020, était censé réafficher la qualité de la coopération avec les pays du G5-Sahel. Si ses décisions allaient dans le sens d'une meilleure efficacité militaire, elles ont renforcé la centralité de Paris dans le dispositif sécuritaire, en l'exposant encore plus politiquement.

Dégradation sécuritaire et critiques de la présence française

En 2019, la situation sécuritaire a continué à se dégrader, avec notamment une hausse du nombre d'attaques, du nombre des réfugiés, et une extension des zones grises. Au deuxième semestre, dans la zone du Liptako-Gourma, les attaques des groupes djihadistes sont montées en audace et en technicité. Ne se contentant plus de chasser les fonctionnaires et de combattre milices et groupes armés pro-régimes, ou de harceler les forces de sécurité en brousse, l'État islamique dans le Grand Sahara (EIGS[1]) s'en prend désormais aux bases des armées nationales.

Le 1er novembre 2019, les Forces armées maliennes (FAMa) étaient attaquées dans le camp d'In Delimane, au nord-est du pays, dans la région de Ménaka, avec la mort d'une soixantaine de soldats. Les autorités décidaient alors de replier les forces de plusieurs camps de taille modeste vers la localité de Ménaka. Selon des sources locales, les assaillants de l'EIGS étaient plus nombreux que les soldats du camp ; ils ont attaqué l'objectif de trois côtés à la fois et disposaient de renseignements internes aux FAMa. Le 10 décembre, l'attaque du camp militaire d'In Ates (à une centaine de kilomètres de Niamey) se soldait par la mort de 71 soldats nigériens. Le 24 décembre, le camp militaire d'Arbinda (nord du Burkina Faso) et la localité elle-même étaient simultanément attaqués. L'affrontement violent était écourté par l'arrivée d'un soutien aérien burkinabé et français. Sept soldats, 35 civils et 80 assaillants étaient tués dans les combats. Le 9 janvier, l'attaque du poste militaire nigérien de Chinagodrar, proche de la frontière malienne, entraînait la mort de 89 militaires nigériens.

Parallèlement, les critiques contre les gouvernements s'intensifient. Intellectuels, hommes politiques, mais aussi nombre de simples citoyens dénoncent la dérive sécuritaire, interrogeant la présence, selon eux inefficace, voire obscure, des forces internationales au Sahel. Dans un entretien accordé en juin 2019 au *Mail&Guardian* sud-africain, le ministre de la Défense burkinabé s'interrogeait sur le manque d'efficacité de la lutte antiterroriste française au Sahel, et sur les véritables motivations de la présence militaire de l'ancien colonisateur[2]. Au Mali, au deuxième semestre 2019, une série de manifestations dans plusieurs villes dénonçaient la présence militaire française et la Mission multidimensionnelle intégrée des Nations unies pour la stabilisation au Mali (MINUSMA). Dans certaines d'entre elles, des drapeaux français étaient détruits et des slogans pro-russes lancés…

Les réseaux sociaux n'étaient pas en reste, s'enflammant régulièrement autour de rumeurs et de montages grossiers. Une vidéo de septembre 2019 affirmait que la douane malienne avait démantelé un trafic d'or de militaires français. On apprendra plus tard que ces images venaient d'un reportage au Ghana, qui ne mettait en scène aucun militaire français. Militaires français et onusiens sont ainsi soupçonnés de « recoloniser le Sahel » et de vouloir accaparer ses richesses minérales. En novembre, une vidéo du célèbre chanteur malien Salif Keïta cumule plusieurs centaines de milliers de vues : il y apostrophe le président malien

1. L'EIGS est censé être un bras de l'État islamique en Afrique de l'Ouest, plus connu sous l'acronyme anglais ISWAP, principalement basé sur les îles du lac Tchad. Les deux groupes semblent cependant très autonomes.
2. S. Allison, « I Question France's Motives, Says Burkina Faso's Defence Minister », *Mail&Guardian*, 4 juin 2019.

Ibrahim Boubacar Keïta en lui demandant de ne plus se laisser faire par le président Macron, et accuse Paris de financer et d'armer les terroristes.

Mollement démenties par les autorités en place, accusations et rumeurs indisposent de plus en plus Paris. Le 25 novembre, lors d'une opération au Mali, 13 militaires français meurent dans un accident d'hélicoptère. L'impact médiatique, important en France, ravive le questionnement sur la nécessité d'une présence militaire au Sahel. Entre l'opération Serval en 2013 et l'accident d'In Delimane, 43 militaires français sont tombés au Sahel. Si, jusqu'alors, les autorités avaient réussi à fédérer l'opinion publique ainsi que la plupart des partis autour de cet engagement, doutes et critiques se font plus ouverts dans un contexte où les problèmes sécuritaires au Sahel s'approfondissent, et où la France est accusée de néocolonialisme par des voix saheliennes de plus en plus nombreuses.

Le président de la République décide alors de convoquer une réunion avec les chefs d'État des pays du G5-Sahel, afin que ceux-ci « clarifient » leur position vis-à-vis de la présence militaire française au Sahel, c'est-à-dire réaffirment publiquement leur demande de soutien. Faute de cette demande, le président Macron laissait clairement entendre que toutes les options étaient sur la table, y compris le retrait. Le sommet, initialement prévu le 16 décembre, est reporté au 13 janvier en raison de l'attaque d'In Ates et du deuil national nigérien. Si, sur le fond, la demande de Paris semblait légitime, la mise en scène de la rencontre était en revanche politiquement dommageable. Les cinq chefs d'État semblaient « convoqués » par leur protecteur à Pau, ville d'où étaient originaires plusieurs militaires tués lors de l'accident. Une configuration qui est venue alimenter les critiques à l'égard du « paternalisme français ».

Un contre-sommet était ironiquement organisé par des organisations de la société civile de différents pays ouest-africains dans la ville de Pô (Burkina Faso). Les activistes y dénonçaient la mise en scène de l'infantilisation des chefs d'État sahéliens, exigeant le départ immédiat de l'ancien colonisateur. Au-delà de l'homophonie avec la capitale béarnaise, le choix du lieu était hautement symbolique : de cette ville était en effet partie en 1983 la révolution sankariste, fort peu francophile...

Redéfinir les priorités

Au-delà de la réaffirmation de la coopération entre les pays du G5-Sahel et la France, le sommet de Pau a contribué à redéfinir les objectifs et à en confirmer d'autres. Si l'annonce de l'envoi de 500 soldats français supplémentaires a retenu l'attention des médias, plusieurs décisions importantes ont été prises. Le Liptako-Gourma devient le théâtre principal de la lutte contre le djihadisme, ce qui ne fait d'ailleurs qu'entériner un redéploiement de Barkhane déjà en cours en 2019, avec la mise en sommeil de la base de Madama (nord-est du Niger) et l'ouverture d'une base à Gossi (170 kilomètres au sud-ouest de la ville malienne de Gao).

L'ennemi principal désigné est l'EIGS, groupe qui monte en puissance, agressif tant contre les forces de sécurité que les autres groupes djihadistes. L'EIGS enregistre d'ailleurs le ralliement de certains de leurs combattants, à l'exemple d'éléments de la katiba Macina, active dans le centre du Mali. Cette katiba Macina est l'une des composantes du Groupe de soutien à l'islam et aux musulmans, plus connue sous son acronyme arabe (JNIM[3]). Ceci ne signifie pas, évidemment, une absence

3. Cette coalition de groupes armés appartient à la mouvance Al-Qaïda.

de vigilance vis-à-vis des autres groupes djihadistes comme Ansarul Islam ou les différentes composantes de JNIM. Mais l'EIGS, soupçonné de recevoir renforts en cadres et en matériel d'Afrique du Nord, est l'auteur des grandes attaques contre les camps militaires enregistrées les mois précédents.

La déclaration finale du sommet de Pau annonce également la création d'une coalition pour le Sahel, cadre de coordination pour tous les acteurs présents dans la région. Pour sa dimension militaire, cette coalition pour le Sahel doit se matérialiser par la création d'un mécanisme de commandement conjoint entre les forces militaires intervenant dans le Liptako-Gourma – à savoir principalement les forces armées nationales à travers la FC-G5-Sahel –, les forces françaises, et la Task Force Takuba, un groupement de forces spéciales européennes censées soutenir les FAMa sur le terrain.

Si d'un point de vue strictement militaire ces décisions semblent de bon sens – on enregistre d'ailleurs une hausse des opérations dans cette zone au premier semestre 2020 –, leur portée politique paraît plus discutable. Si l'objectif est à terme une montée en puissance et une autonomisation de la FC-G5-Sahel, ces décisions renforcent *de facto* le lien entre Barkhane et la FC-G5-Sahel, actant ainsi la dépendance de cette dernière vis-à-vis de l'armée française. De plus, l'horizon temporel de la présence militaire française n'est pas fixé. Si Paris est, pour les opinions publiques sahéliennes, le *deus ex machina* de la sécurité régionale, la dégradation de la situation lui devient imputable…

Une telle imbrication stratégique devrait conduire Paris et la communauté internationale à se montrer plus exigeants sur la gouvernance des pays du G5 : or les signes positifs sont pour l'heure peu nombreux. Le Niger est englué dans des affaires de détournements de fonds publics et de pots-de-vin autour de contrats d'armements. Au Mali, la contestation politique du président Keïta se renforce de jour en jour et les élections législatives aux taux de participation étiques en période de COVID-19 ont indigné de nombreux Maliens. Enfin, les exactions des forces armées partenaires, maintenant largement documentées, constituent l'un des carburants (avec la corruption et l'abandon de certaines populations par les États) des insurrections armées, et un efficace facteur de leur prolongation dans le temps. En d'autres termes, un soutien politico-militaire aussi important à des régimes aussi critiquables ne peut qu'entamer davantage l'image, déjà détériorée, de Paris au sud du Sahara.

A. A.

Pour en savoir plus

- A. Antil, « Sahel : soubassements d'un désastre », *Politique étrangère*, vol. 84, n° 3, Ifri, septembre 2019.
- H. Nsaibia, « State Atrocities in the Sahel: The Impetus for Counterinsurgency Results Is Fueling Government Attacks on Civilians », Armed Conflict Location and Event Data Project, mai 2020.
- « Force conjointe du Groupe de cinq pays du Sahel », Rapport du secrétaire général au Conseil de sécurité des Nations unies, S/2020/373, 8 mai 2020.

Le Mozambique entre espoirs, convoitises et inquiétudes

Espérances économiques et blocages politiques

Les ressources gazières du pays semblent lui promettre un bel avenir économique. Mais sa stabilité est mise en cause par l'éclatement d'une nouvelle insurrection islamiste au nord du pays, et le système politique est toujours bloqué au profit du parti-État FRELIMO.

Après les sanglantes années de guerre civile (1977-1992), les tensions sont restées très vives entre le Front de libération du Mozambique (FRELIMO) et la Résistance nationale mozambicaine (RENAMO), qui n'a jamais définitivement déposé les armes.

Des perspectives encourageantes ?

Un cessez-le-feu, accompagné d'un programme de désarmement, démobilisation et réintégration (DDR) a été déclaré en 2016, suivi de négociations de paix. L'accord de paix définitif a été signé le 6 août 2019, en présence de la plupart des chefs d'État de la région australe. Outre la promesse d'une pacification entre les deux partis antagonistes, la mort du leader historique de la RENAMO, Afonso Dhlakama, en 2018, ainsi que les résultats mitigés du FRELIMO aux élections municipales de la même année, laissaient augurer d'une possible reconfiguration politique à la veille des élections générales d'octobre 2019.

Sur le plan économique, les découvertes de gisements de gaz ont été massives entre 2010 et 2013. L'exploitation n'en est qu'à ses prémices, mais les projections d'experts estiment qu'à partir de 2032 environ, 60 millions de tonnes devraient être produites annuellement, ce qui ferait du Mozambique l'un des principaux producteurs au monde (le Qatar produisant 77 millions de tonnes par an). Des revenus à hauteur de plusieurs centaines de milliards de dollars sont ainsi attendus d'ici la fin de la décennie 2020. Le PIB du pays pourrait être multiplié par 8 entre 2013 et 2035. Ces perspectives ont suscité un intérêt international et abouti à des projets d'investissement de compagnies majeures. Total (France), ExxonMobil (États-Unis), Rosneft (Russie), Eni (Italie), Sasol (Afrique du Sud), Qatar Petroleum, China National Petroleum Corporation figurent notamment au nombre des sociétés impliquées dans la prospection et/ou l'exploitation de ces ressources.

Un nouveau soulèvement islamiste

Ces perspectives encourageantes pour la paix et le développement du Mozambique sont pourtant aujourd'hui fragilisées. Sur le plan sécuritaire, un nouvel ennemi a fait irruption le 5 octobre 2017, lorsqu'un groupe de 30 hommes armés a attaqué trois postes de police de Mocimboa da Praia, ville de 30 000 habitants du nord du pays. L'assaut a été mené par un groupe se revendiquant de l'islam radical, qui s'est militarisé à partir de 2015 dans les zones de Cabo Delgado et de Nampula.

Depuis cette attaque, des offensives sporadiques ont pu être observées contre différentes localités de ces provinces du nord, et l'année 2020 a été marquée par une montée en puissance de la conflictualité. Les attaques contre la population et les forces de sécurité ont déjà fait plus de 1 100 morts, dont 700 civils, selon l'organisation non gouvernementale Armed Conflict Location and Event Data Project (ACLED). Plusieurs villes ont été prises d'assaut et occupées temporairement, le temps d'y détruire certains bâtiments administratifs, d'y brandir des drapeaux de l'État islamique et de revendiquer l'application de la charia. Les insurgés estiment que l'administration est illégitime et qu'il est donc interdit de lui obéir ou de participer aux élections. Le lien avec l'État islamique ne semble pas avéré d'un point de vue opérationnel, mais des livraisons d'armes apparaissent vraisemblables.

La militarisation de ce groupe a été favorisée par des prêches à tendance radicale, par la répression brutale de l'État, mais aussi par les connexions existantes avec des réseaux économiques tanzaniens. L'État mozambicain n'a en effet qu'un très faible contrôle de sa frontière avec la Tanzanie, et cette insurrection islamique se développe dans une importante zone de trafics (héroïne, bois, ivoire, animaux...). De plus, la province de Cabo Delgado a été longtemps négligée par l'État : la pauvreté y est très importante et les infrastructures déficientes ou absentes. La mise à l'écart des politiques de développement a nourri le ressentiment d'une partie de la population, qui a une perception très négative de l'État et ne se sent aucunement protégée par les forces armées. Cette défiance peut avoir été renforcée par les annonces des découvertes de gisements de gaz : elles se concentrent dans ces régions, mais leurs retombées économiques, directes ou indirectes, sont pour le moment imperceptibles et inaccessibles pour les populations locales.

La réaction de l'État face à ce groupe d'insurgés a tout d'abord été limitée, avec l'envoi de faibles contingents de forces de sécurité. Celles-ci se sont montrées inefficaces, en raison du manque de coordination entre l'armée, la police et les services de renseignement, du manque d'expérience des soldats, et des maigres connaissances du contexte local de la part des autorités. L'État a aussi fait appel à des mercenaires russes du groupe Wagner, qui ont également connu de sérieux revers et n'ont pu endiguer la prolifération des attaques.

En 2020, le gouvernement mozambicain semble avoir pris la mesure de la menace, décidant de reconnaître publiquement ses difficultés dans la province de Cabo Delgado. Le problème a ainsi été mis à l'ordre du jour d'une réunion de la Communauté de développement de l'Afrique australe (Southern African Development Community, SADC) en mai 2020, afin de solliciter l'assistance des pays membres de l'organisation régionale. Toutefois, la Tanzanie, dont les frontières jouxtent la province du Cabo Delgado, n'a jusqu'à présent fait preuve que d'une collaboration minimale sur ce dossier, limitant le partage d'informations et se montrant peu encline à contrôler les flux transfrontaliers. L'option répressive choisie par le gouvernement mozambicain n'a pour l'heure pas permis de freiner les attaques; elle les aurait au contraire renforcées par un usage disproportionné de la force qui attise les cycles de violence. Or la voie du dialogue semble aujourd'hui fermée, et il est donc probable que les attaques ne cesseront pas de sitôt.

Un paysage politique inchangé

Sur le plan politique, les élections d'octobre 2019 ont montré que le FRELIMO demeurait une puissance hégémonique capable de verrouiller le système électoral. Le FRELIMO a en effet remporté 73 % des voix, ainsi que les 11 postes de gouverneurs de province, y compris dans des zones où la RENAMO avait toujours obtenu la majorité des voix depuis 1994. Des dysfonctionnements majeurs ont été mis au jour par les observateurs qui ont pu bénéficier d'une accréditation[1]. En amont du scrutin, les agents chargés de l'inscription des nouveaux électeurs étaient plus nombreux dans les régions acquises au FRELIMO, alors que des électeurs étaient exclus des listes dans les territoires réputés favorables à la RENAMO. Dans la période pré-électorale, le FRELIMO a pu profiter d'une confusion entre parti et État, utilisant notamment les médias publics, des fonctionnaires et d'autres ressources publiques pour soutenir sa campagne. Les forces de sécurité ont également utilisé la violence contre des sympathisants de l'opposition, alors qu'un observateur était assassiné quelques jours avant le scrutin. Des fraudes ont également été dénoncées tant dans le déroulement même du vote que dans l'agrégation des résultats.

En dépit de ces graves dysfonctionnements, il faut relever la faiblesse de l'opposition. Le Mouvement démocratique du Mozambique (MDM), qui avait connu des succès notables aux élections municipales de 2018, n'a pas su élargir sa base électorale au-delà de la classe moyenne et des jeunes urbains. La RENAMO a été incapable de se renouveler après la perte de son leader et de représenter une alternative crédible aux yeux des électeurs. La RENAMO n'a ainsi construit aucune stratégie politique particulière ou novatrice. Le parti a par ailleurs été tiraillé par des dissensions internes. Après la mort d'Afonso Dhlakama, Ossufo Momade a rapidement été nommé coordinateur du parti, mais n'a pas suscité l'unanimité, notamment parmi les militaires de la RENAMO. Il a mécontenté une partie de ces derniers en écartant des proches de Dhlakama, puis en ne les impliquant pas dans le processus de DDR (Désarmement, Démobilisation, Réintégration).

Le FRELIMO dispose donc aujourd'hui de tous les leviers du pouvoir et entend bien profiter de la manne des revenus de l'exploitation gazière. Afin de convertir ces revenus en projets de développement dont pourrait bénéficier l'ensemble de la population mozambicaine, le gouvernement devra adopter un modèle de gouvernance cohérent. Les exemples sont hélas nombreux de pays africains hyperdépendants de revenus provenant d'une seule matière première – *a fortiori* lorsqu'il s'agit d'énergies fossiles –, et dont les pratiques de corruption et de captation des élites dirigeantes s'opèrent au détriment de populations qui demeurent dans des situations de précarité.

1. Voir notamment « EISA Election Observer Mission to the 2019 Presidential, Legislative and Provincial Elections in the Republic of Mozambique », Electoral Institute for Sustainable Democracy in Africa (EISA), 17 octobre 2019.

L'État mozambicain et le FRELIMO, entités étroitement liées, n'ont pas démontré de grande capacité de transparence, ni de lutte contre la corruption, au cours des dernières années. Outre les fraudes massives déjà évoquées lors des périodes électorales, la communication peu claire ou défaillante sur l'insurrection islamiste à Cabo Delgado, et sur les opérations économiques qui impliquent l'État mozambicain dans le secteur gazier, suscitent l'inquiétude des observateurs et des investisseurs. L'exemple le plus retentissant concerne la révélation, en 2016, d'une affaire de corruption (entre 200 et 500 millions de dollars de pots-de-vin auraient été versés) impliquant un groupe privé franco-libanais, des banques internationales et le sommet de l'État. Manuel Chang, ministre des Finances de 2005 à 2015, aurait autorisé frauduleusement des entreprises publiques à contracter des prêts secrets d'un montant de 2,2 milliards de dollars (1,9 milliard d'euros) pour acheter des navires militaires. Sitôt informés de l'opération, les financeurs, dont le Fonds monétaire international, ont gelé leur aide budgétaire, plongeant le pays dans une situation économique critique.

***

Le Mozambique se trouve donc aujourd'hui dans une situation paradoxale. Disposant de ressources gazières colossales, le pays suscite toujours l'intérêt de puissances et d'opérateurs économiques prêts à investir massivement. Toutefois, sa situation politique, économique et sécuritaire est aujourd'hui préoccupante. Si les compagnies actuellement impliquées dans les projets gaziers ont souvent l'expérience d'environnements difficiles, nul doute qu'elles suivront de près l'évolution de la situation. Elles pourraient envisager de réduire leurs investissements, dans un contexte économique mondial fortement impacté par les conséquences de la crise du COVID-19 et la chute des cours des matières premières. ExxonMobil a ainsi annoncé que ses investissements prévus pour 2020 dans le bloc de la zone 4, dans le bassin de Rovuma, étaient pour le moment reportés.

Des revenus économiques revus à la baisse pourraient placer le gouvernement mozambicain dans une situation délicate et attiser les tensions au sein de la population. Ce qui pourrait, notamment, favoriser le développement de l'insurrection islamique au nord du pays, voire réactiver les réseaux militaires de la RENAMO, qui ne sont toujours pas démantelés.

V. M.

Pour en savoir plus

- B. Augé, « Le développement des hydrocarbures en Afrique de l'Est. Défis politiques et sécuritaires », *Notes de l'Ifri*, Ifri, octobre 2019.
- T. Coloma, « La stratégie économico-sécuritaire russe au Mozambique », *Notes de l'Ifri*, Ifri, mai 2020.
- S. Habibe, S. Forquilha et J. Pereira, « Islamic Radicalization in Northern Mozambique: The Case of Mocimboa da Praia », *Cadernos IESE*, n° 17, Instituto de Estudos Sociais e Económicos, septembre 2019.

Partie 4

Repères

LA CRISE MONDIALE DU COVID-19

DÉCEMBRE 2019

31 – Chine : Les autorités informent le Bureau de l'OMS à Pékin de cas de pneumonies à Wuhan.

JANVIER 2020

12 – Chine : Le séquençage du coronavirus est partagé avec la communauté scientifique internationale.

13 – Thaïlande : Le premier cas de coronavirus hors de Chine est déclaré.

20 – Chine : La Chine annonce officiellement que le coronavirus est transmissible entre humains.

21 – États-Unis : Le premier cas de coronavirus est repéré, à Seattle.

23 – Chine : Le gouvernement met en confinement la ville de Wuhan en raison de l'épidémie de coronavirus.

25 – France : Le premier cas de coronavirus est repéré.

30 – OMS : L'épidémie de COVID-19 est déclarée urgence de santé publique de portée internationale.

FÉVRIER

7 – Chine : Décès du Dr Li Wenliang des suites du COVID-19. Il avait alerté fin décembre de la diffusion d'un virus respiratoire à Wuhan et avait été arrêté et accusé par la police de diffuser de fausses rumeurs.

MARS

5 – Palestine : Les autorités décrètent l'état d'urgence pour une durée de 30 jours, après la découverte des premiers cas de coronavirus dans les alentours de Bethléem.

9 – Italie : Le gouvernement place l'ensemble du territoire en confinement en raison du coronavirus.

11 – OMS : La diffusion du COVID-19 est qualifiée de pandémie mondiale.

15 – Espagne : Le pays tout entier est mis en confinement pour enrayer la progression de la pandémie.

17 – France : Le gouvernement met en place un confinement national.

19 – États-Unis : La Californie met en quarantaine toute sa population pour arrêter les contaminations de coronavirus. New York suit le lendemain.

20 – Maroc : Déclaration de l'état d'urgence et mise en place du confinement.

21 – Russie/Italie : La Russie envoie une aide humanitaire à l'Italie dans la lutte contre l'épidémie du coronavirus.

24 – Inde : Imposition d'un confinement national en Inde d'une durée de 21 jours (il sera reconduit à plusieurs reprises). Exode des travailleurs migrants des villes vers les campagnes.

25 – Russie : À la suite des contaminations du COVID-19, Vladimir Poutine annonce une semaine chômée à partir du 28 mars, prolongée ensuite jusqu'au 12 mai.

27 – Afrique du Sud : Mise en place du confinement pour une durée initiale de trois semaines.

29 – Russie : Le maire Sergueï Sobianine annonce un confinement strict à Moscou et sa banlieue.

AVRIL

2 – Russie : Le président Vladimir Poutine signe un décret visant à déléguer la responsabilité de la gestion de la crise sanitaire aux autorités régionales.

8 – Chine : Levée du confinement dans la ville de Wuhan.

13 – France : Le confinement national de la population est prolongé jusqu'au 11 mai.

14 – États-Unis : Donald Trump suspend temporairement la contribution américaine à l'OMS et demande l'ouverture d'une enquête sur la gestion de la pandémie du coronavirus par l'agence onusienne.

24 – Pérou : Démission de Carlos Moran, ministre de l'Intérieur, critiqué pour le fort nombre de policiers atteints par le COVID-19.

MAI

4 – UE : La Commission européenne annonce avoir recueilli 7,4 milliards d'euros de promesses de dons de plusieurs pays et organisations internationales.

15 – Brésil : Démission du ministre de la Santé Nelson Teich pour cause de désaccords avec le président Jair Bolsonaro sur la gestion de la pandémie du COVID-19, moins d'un mois après le limogeage de son prédécesseur pour les mêmes raisons.

18 – France/Allemagne : Emmanuel Macron et Angela Merkel proposent un système de dette européenne mutualisée et un fonds de relance à hauteur de 500 milliards d'euros pour soutenir la reprise économique de l'UE suite à la pandémie du COVID-19.

20 – Bolivie : Arrestation et limogeage du ministre de la Santé, Marcelo Navajas, soupçonné de corruption après l'achat à un tarif surévalué de respirateurs destinés aux malades du COVID-19.

25 – OMS : L'organisation suspend les essais cliniques utilisant l'hydroxychloroquine sur des malades du COVID-19.

JUIN

3 – Allemagne : Angela Merkel annonce un plan national de relance économique de 130 milliards d'euros pour sortir de la crise du coronavirus.

15-21 – UE : Allemagne, Belgique, France, Grèce, Autriche et Espagne rouvrent leurs frontières avec les autres pays de l'UE.

17 – Chine : Plusieurs quartiers sont reconfinés à Pékin suite à l'apparition de nouveaux cas. Le 7 juillet, les autorités annoncent avoir mis fin à la deuxième vague de COVID-19 à Pékin.

22 – Azerbaïdjan : Reconfinement du pays jusqu'au 1er août.

26 – États-Unis : Texas et Floride imposent de nouvelles mesures face à une explosion de cas de coronavirus.

30 – Slovénie : Démission du ministre de l'Intérieur et détention du ministre de l'Économie, soupçonnés d'irrégularités lors de l'acquisition d'équipements pour lutter contre le coronavirus.

JUILLET

1 – UE : Réouverture progressive des frontières extérieures de l'espace Schengen, fermées depuis le 17 mars, à 15 pays, États-Unis exclus. Cette liste sera mise à jour toutes les deux semaines.

7 – Australie : L'ensemble de la métropole de Melbourne est reconfiné pour au moins six semaines.

7 – Afrique : Près de 50 millions d'Africains pourraient basculer dans l'extrême pauvreté suite à la crise sanitaire liée au coronavirus, selon un rapport de la Banque africaine du développement.

9 – Monde : La barre des 550 000 morts liés à la pandémie du COVID-19 est dépassée.

12 – Afrique du Sud : Le président Cyril Ramaphosa réinstalle un couvre-feu et interdit la vente d'alcool, suite à une augmentation des cas de COVID-19.

12 – Mexique : Le pays devient le 4e plus endeuillé par la pandémie avec plus de 35 000 morts, après les États-Unis, le Brésil et le Royaume-Uni.

13 – Maroc : Tanger impose le reconfinement de sa population après l'apparition de nouveaux foyers de COVID-19.

EUROPE

JUILLET 2019

24 – Royaume-Uni : Boris Johnson est nommé Premier ministre, après avoir été élu à la tête du Parti conservateur le 22 juin 2019, suite à la démission de Theresa May.

SEPTEMBRE

1 – Allemagne/Pologne : Le président allemand Frank-Walter Steinmeier demande pardon aux victimes du bombardement de Wielun, au premier jour de la Seconde Guerre mondiale.

4 – Italie : Formation du deuxième gouvernement Conte, composé de membres du Parti démocrate et du Mouvement 5 Étoiles (M5S), après que Matteo Salvini a fait exploser la coalition entre la Ligue du Nord et le M5S en août, dans l'espoir de nouvelles élections anticipées.

26 – France : Décès de l'ancien président Jacques Chirac.

29 – Autriche : Le Parti populaire autrichien (ÖVP) du chancelier sortant Sebastian Kurz remporte les élections législatives. Le parti d'extrême droite Parti de la liberté d'Autriche (FPÖ) recule, alors que les Verts progressent.

OCTOBRE

6 – Portugal : Le Parti socialiste du Premier ministre sortant António Costa remporte les élections législatives, marquées par une abstention de 45,5 %.

6 – Kosovo : Le parti Autodétermination d'Albin Kurti remporte les élections législatives anticipées, suite à la démission en juillet 2019 du Premier ministre Ramush Haradinaj, convoqué à La Haye pour répondre d'accusation de crimes de guerre.

13 – Pologne : Le parti nationaliste Droit et Justice (PiS) arrive en tête des élections législatives avec 45 % des suffrages exprimés.

14 – Espagne : Des manifestations et des heurts ont lieu en Catalogne suite à la condamnation de neuf dirigeants catalans à des peines de prison allant de 9 à 13 ans pour leur rôle dans le référendum d'autodétermination de 2017.

20 – Suisse : Le parti de droite Union démocratique du centre reste le premier parti malgré un recul de 4 % aux élections fédérales ; les formations écologistes progressent.

28 – Belgique : Sophie Wilmès, du Mouvement réformateur, devient Premier ministre, suite à la nomination de Charles Michel à la présidence du Conseil européen.

NOVEMBRE

4 – Roumanie : Le libéral Ludovic Orban parvient à former un gouvernement minoritaire.

9 – Allemagne : Commémoration des trente ans de la chute du mur de Berlin.

10 – Espagne : Le Parti socialiste arrive en tête des élections législatives, devant les conservateurs du Parti populaire et le parti d'extrême droite Vox qui devient la troisième force au Parlement.

11 – Union européenne (UE) : La Commission européenne présente le *Green Deal* européen, pacte financé à hauteur de 100 milliards d'euros sur sept ans, visant une transition juste et la neutralité climatique pour 2050.

24 – Roumanie : Le président de centre-droit sortant, Klaus Iohannis, remporte l'élection présidentielle avec 63 % des voix face à la candidate de gauche Viorica Dancila, ancien Premier ministre.

DÉCEMBRE

1 – UE : Entrée en fonction de la nouvelle Commission européenne présidée par Ursula von der Leyen, qui succède à Jean-Claude Juncker.

5 – France : Début d'un mouvement social contre la réforme du régime des retraites qui durera plusieurs semaines. Plus de 800 000 personnes manifestent dans toute la France.

10 – Finlande : Sanna Marin, du Parti social-démocrate, devient Premier ministre, suite à la démission du chef du gouvernement Antti Rinne.

12 – Royaume-Uni : Le Parti conservateur remporte la majorité absolue aux élections législatives alors que le Parti travailliste subit une défaite importante en obtenant son plus faible résultat depuis 1935.

JANVIER 2020

1 – UE : La Croatie prend la présidence tournante du Conseil de l'UE, succédant à la Finlande.

5 – Croatie : Zoran Milanović, ancien Premier ministre social-démocrate, remporte l'élection présidentielle avec 52 % des voix, devant la conservatrice sortante Kolinda Grabar-Kitarović.

22 – Grèce : La magistrate Ekateríni Sakellaropoúlou devient la première femme élue à la présidence de la République.

22 – UE : La Commission européenne présente le projet de Conférence sur l'avenir de l'Europe.

26 – Slovénie : Le Premier ministre Marjan Šarec démissionne après avoir échoué à faire adopter le projet budgétaire. Janez Janša, président du Parti démocratique slovène, est nommé à sa place.

26 – France : Dernière session de la Convention citoyenne pour le climat, dont le mandat est d'élaborer une stratégie permettant à la France de réduire ses émissions de CO_2 d'au moins 40 % d'ici 2030.

31 – Royaume-Uni/UE : Le Royaume-Uni sort de l'UE, après ratification de l'accord de retrait, et entame une période de transition de 11 mois.

FÉVRIER

5 – Allemagne : Le libéral Thomas Kemmerich est élu ministre-président du Land de Thuringe avec le soutien de l'Union chrétienne-démocrate d'Allemagne (CDU) et de l'Alternative pour l'Allemagne (AfD). Il démissionne le lendemain. La présidente de la CDU, Annegret Kramp-Karrenbauer, dont l'autorité est affaiblie par cette affaire, annonce qu'elle quittera ses fonctions à la tête de la CDU.

8 – Irlande : Le parti républicain de gauche Sinn Féin, partisan de la réunification avec l'Irlande du Nord, arrive en tête des élections législatives pour la première fois dans l'histoire.

9 – Suisse : Les électeurs approuvent par référendum une loi interdisant les discriminations fondées sur l'orientation sexuelle.

29 – Slovaquie : Le parti anticorruption OLaNO remporte les élections législatives devant le Parti social-démocrate de l'ancien Premier ministre Robert Fico.

MARS

5 – UE : Jiří Šedivý, ancien ministre de la Défense et ancien représentant de la République tchèque auprès de l'OTAN, est nommé à la tête de l'Agence européenne de défense.

AVRIL

2 – UE : La Cour de Justice de l'Union européenne (CJUE) établit que Pologne, Hongrie et République tchèque ont manqué à leurs obligations en refusant d'accueillir des demandeurs d'asile dans le cadre du mécanisme de répartition lancé par le Conseil européen en 2015.

4 – Royaume-Uni : Le centriste et pro-européen Keir Starmer succède à Jeremy Corbyn à la tête du Parti travailliste avec 56,2 % des voix.

8 – Pologne/UE : La CJUE demande à Varsovie de suspendre l'activité et les compétences de la chambre disciplinaire de la Cour suprême, prévue par la récente réforme judiciaire. Le 29 avril, la Commission européenne lance une nouvelle procédure d'infraction contre la réforme judiciaire polonaise qui menace l'indépendance de la magistrature.

MAI

5 – La Cour constitutionnelle fédérale de Karlsruhe rend un arrêt relatif aux conditions de participation de la Banque centrale européenne aux programmes d'achats de titres de dettes d'États européens.

19 – France : La République en marche perd la majorité absolue à l'Assemblée nationale suite à la création du groupe Écologie, Démocratie, Solidarité.

22 – France : Emmanuel Macron annonce qu'un sommet mondial sur la biodiversité se tiendra à Marseille en janvier 2021 en marge du Congrès mondial de la nature de l'Union internationale pour la conservation de la nature (UICN). Ce dernier, qui devait se dérouler en juin 2019, a été reporté en raison du COVID-19.

JUIN

12 – Ukraine : L'OTAN reconnaît Kiev en tant que partenaire bénéficiant du programme Nouvelles opportunités, statut visant à développer la coopération avec les Alliés.

21 – Serbie : Le Parti progressiste serbe du président Aleksandar Vučić remporte les élections législatives avec plus de 63 % des voix. L'opposition dénonce une dérive autoritaire.

27 – Islande : Le président sortant Gudni Jóhannesson remporte l'élection présidentielle.

27 – Irlande : Micheal Martin, dirigeant du parti centriste Fianna Fail, est élu Premier ministre, suite à l'accord entre Fianna Fail, Fine Gael et les Verts en faveur d'une coalition gouvernementale.

28 – France : Deuxième tour des élections municipales, marqué par une très forte abstention et par le bon score des écologistes dans certaines grandes villes. Le premier scrutin avait été maintenu le 15 mars 2020, deux jours avant la mise en place du confinement.

JUILLET

1 – UE : L'Allemagne prend la présidence tournante du Conseil de l'UE.

3 – France : Jean Castex est nommé Premier ministre, après la démission d'Édouard Philippe.

5 – Italie : Le navire humanitaire Ocean-Viking de l'ONG SOS Méditerranée est autorisé à débarquer en Sicile avec 180 migrants à bord. Le bateau avait décrété l'état d'urgence à bord le 3 juillet, une semaine après sa première demande de débarquement.

5 – Croatie : Le Premier ministre conservateur sortant Andrej Plenković remporte les élections législatives.

12 – Pologne : Le président sortant Andrzej Duda est réélu de justesse à la tête du pays.

AMÉRIQUES

AOÛT 2019

11 – Guatemala : Alejandro Giammattei du parti de droite Vamos remporte l'élection présidentielle.

11 – Brésil : Déclaration de l'état d'urgence dans l'Amazonas, puis dans l'Acre, suite à la multiplication des feux de forêts en Amazonie.

OCTOBRE

2-12 – Équateur : La libéralisation du prix des carburants provoque une vague de manifestations. L'état d'urgence est déclaré le 3 octobre, puis un couvre-feu sur la capitale le 12 octobre.

7-19 – Chili : Mise en place de l'état d'urgence et d'un couvre-feu suite aux manifestations contre la hausse des prix des transports dans la capitale, qui se poursuivent, dans un climat de violence.

9 – Honduras : Des manifestations demandent la démission du président Juan Orlando Hernández, soupçonné par la justice américaine d'avoir utilisé de l'argent issu du narcotrafic dans la campagne pour les élections de 2017.

10 – Cuba : Miguel Díaz-Canel remporte la première élection présidentielle depuis 1958, suite à l'adoption d'une nouvelle Constitution, en février 2019.

20 – Bolivie : Evo Morales remporte l'élection présidentielle. Les résultats sont largement contestés et provoquent d'importantes mobilisations dans tout le pays.

21 – Canada : Le Parti libéral du Premier ministre Justin Trudeau remporte la majorité des sièges aux élections fédérales, mais perd sa majorité absolue.

27 – Argentine : Le candidat de centre-gauche Alberto Fernández remporte l'élection présidentielle au premier tour.

NOVEMBRE

8 – Brésil : Sortie de prison de l'ancien président Lula da Silva après un an et demi de détention pour l'affaire Lava Jato.

10 – Bolivie : Démission et exil du président Evo Morales au Mexique après trois semaines de crise politique.

17 – Mexique : Affrontements entre le cartel El Chapo et la police dans l'ouest du pays, suite à l'arrestation d'un des fils du narcotrafiquant Guzman.

23 – Chili : L'exécutif appelle au calme alors que le climat de violence augmente dans tout le pays, avec 23 morts et plus de 2 000 blessés depuis le 18 octobre. Les manifestants demandent l'adoption d'une nouvelle Constitution et une réforme des retraites.

24 – Uruguay : Le candidat de centre-droit Luis Alberto Lacalle Pou remporte l'élection présidentielle.

DÉCEMBRE

6 – Dominique : Le Premier ministre Roosevelt Skerrit remporte les élections législatives pour un quatrième mandat dans un climat contestataire.

20 – États-Unis : Création de la United States Space Force, qui devient la sixième branche des forces armées américaines.

JANVIER 2020

5 – Venezuela : Le député Luis Parra s'autoproclame président de l'Assemblée nationale. Deux jours après, en dépit de tentatives d'empêchement par l'armée, Juan Guaidó s'autoproclame également président de l'Assemblée nationale.

24-27 – Brésil : Des précipitations extrêmes dans le sud-est du pays provoquent au moins 50 morts et l'évacuation de 30 000 personnes.

26 – Pérou : Les élections législatives voient la défaite du parti fujimoriste Force populaire, qui perd sa majorité absolue au Congrès au profit des partis centristes.

FÉVRIER

5 – États-Unis : Le Sénat, à majorité républicaine, acquitte le président Donald Trump, après que la Chambre des représentants a enclenché une procédure de destitution pour abus de pouvoir et obstruction le 19 décembre.

9 – Salvador : Le président Nayib Bukele, accompagné de militaires, entre au Congrès pour forcer les députés à voter une augmentation du budget des forces armées. Le lendemain, la Cour suprême juge ce recours à la force anticonstitutionnel.

MARS

2 – Guyana : Le parti du président David Granger remporte de peu les élections législatives ; l'opposition dénonce des fraudes électorales.

26 – États-Unis/Venezuela : La justice américaine annonce l'inculpation du président Nicolás Maduro et d'autres dirigeants vénézuéliens pour narcoterrorisme.

AVRIL

6 – Argentine : Le gouvernement reporte à 2021 le paiement de 9,8 milliards de dollars de dette publique en raison de la situation économique du pays, aggravée par le COVID-19.

7 – Équateur : L'ancien président Rafael Correa et certains de ses collaborateurs sont condamnés à 8 ans de prison pour corruption.

8 – États-Unis : Devancé par Joe Biden, Bernie Sanders annonce son retrait de la primaire démocrate.

9 – Chine/États-Unis : Les départements américains de la Justice, de la Défense, de la Sécurité intérieure et du Commerce recommandent à la Federal Communications Commission (FCC), régulateur fédéral des télécoms, de bloquer l'accès de China Telecom au marché américain.

24 – Brésil : Démission du ministre de la Justice, Sérgio Moro, suite au limogeage du chef de la police fédérale Maurício Valeixo par le président Jair Bolsonaro. Le 27 avril, le Tribunal suprême fédéral ouvre une enquête sur les accusations d'ingérence dans la justice, formulées par Moro, contre le président.

MAI

3 – États-Unis/Venezuela : Échec de l'opération Gideon lancée par un groupe de déserteurs de l'armée vénézuélienne et de mercenaires américains dans la baie de Caracas, dans le but de faire tomber le président Maduro.

16 – Porto Rico : La gouverneure Wanda Vázquez annonce la tenue d'un référendum en novembre 2020 pour décider si le pays doit devenir un État américain.

21 – États-Unis : Le pays se retire du traité *Open Skies*, au motif que Moscou ne l'aurait pas respecté, déclenchant une réunion d'urgence de l'Organisation du traité de l'Atlantique nord (OTAN).

25 – États-Unis : Mort de l'afro-américain George Floyd, lors d'une interpellation policière à Minneapolis. Elle provoque des manifestations contre le racisme et les violences policières pendant plusieurs semaines partout dans le monde.

25 – Suriname : Le Parti national démocratique du président Desi Bouterse perd sa majorité absolue aux élections législatives au profit du Parti progressiste de la réforme. Bouterse avait été condamné en novembre 2019 pour le massacre d'opposants politiques en 1982.

30 – États-Unis : Lancement de la fusée *Falcon 9* de SpaceX, première entreprise privée à envoyer des astronautes dans l'espace.

JUIN

11 – États-Unis : Donald Trump menace de sanctions économiques les magistrats de la Cour pénale internationale (CPI) après l'ouverture, le 5 mars, par cette dernière d'une enquête pour crimes de guerre et crimes contre l'humanité en Afghanistan.

JUILLET

1 – Canada/États-Unis/Mexique : Entrée en vigueur de l'accord de libre-échange nord-américain (ACEUM), successeur de l'ALENA.

5 – République dominicaine : Le candidat d'opposition Luis Abinader remporte l'élection présidentielle face au Parti de la libération dominicaine, au pouvoir depuis seize ans.

MONDE RUSSE

JUILLET 2019

21 – Ukraine : Le parti Serviteur du peuple du président Volodymyr Zelensky, élu en avril 2019, remporte la majorité absolue des sièges lors des élections législatives. Zelensky avait annoncé la dissolution de la Rada et la tenue d'élections anticipées le 20 mai 2019.

AOÛT

8 – Russie : Accident nucléaire dans la base militaire de Nionoksa. Les autorités n'apportent pas d'explication sur l'ampleur de l'accident.

10 – Russie : Environ 50 000 personnes manifestent contre l'exclusion de candidatures d'opposants aux élections locales de septembre. La mobilisation se poursuit depuis mi-juillet.

19 – France/Russie : Rencontre entre Emmanuel Macron et Vladimir Poutine au fort de Brégançon, dans le Var.

SEPTEMBRE

7 – Russie/Ukraine : La Russie et l'Ukraine ont procédé à un échange de 35 prisonniers de chaque côté, dont le cinéaste Oleg Sentsov.

10 – France/Russie : Visite de Florence Parly et Jean-Yves Le Drian à Moscou et rencontre avec leurs homologues Sergueï Choïgou et Sergueï Lavrov pour relancer le « dialogue stratégique » franco-russe.

16 – États-Unis/Ukraine : Début du scandale lié aux échanges entre Donald Trump et le président ukrainien au sujet du fils de Joe Biden et de l'aide militaire américaine à l'Ukraine. Cette affaire déclenchera une procédure d'*impeachment* aux États-Unis.

OCTOBRE

23-24 – Russie : Premier sommet russo-africain en présence de cinquante chefs d'État et de gouvernement du continent africain à Sotchi.

NOVEMBRE

1 – Russie : Entrée en vigueur d'une loi controversée visant à isoler l'internet russe des autres serveurs mondiaux et pouvant censurer des sites liés à l'opposition.

13 – Moldavie : Chute du gouvernement pro-européen de Maia Sandu à la suite d'une motion de censure du Parlement moldave.

17 – Biélorussie : Les partisans du président Alexandre Loukachenko remportent l'intégralité des sièges aux législatives. L'opposition est empêchée de concourir.

25 – Géorgie : Manifestations contre le refus du gouvernement d'introduire la réforme électorale promise avant les élections législatives de 2020.

DÉCEMBRE

2 – Chine/Russie : Inauguration du gazoduc Force de Sibérie qui reliera les gisements russes à Shanghaï.

7-20 – Biélorussie/Russie : Plusieurs sessions de négociation sur l'application du Traité d'union de 1999 ne débouchent sur aucun accord d'intégration entre Minsk et Moscou.

9 – Russie : L'Agence mondiale antidopage exclut la Russie des principaux événements sportifs mondiaux pour les quatre prochaines années suite aux révélations de 2015 de pratiques de dopage impliquant les institutions russes.

9 – Russie/Ukraine : Sommet de Paris en format Normandie pour relancer le processus de paix en Ukraine, première rencontre entre Vladimir Poutine et Volodymyr Zelensky.

27 – Pologne/Russie : Varsovie convoque l'ambassadeur russe après que le président Poutine a accusé la Pologne de collusion avec Hitler et d'antisémitisme à la veille de la Seconde Guerre mondiale.

31 – Russie/Ukraine : Signature d'un accord de cinq ans sur le transit du gaz russe pour l'Europe *via* l'Ukraine.

JANVIER 2020

8 – Russie/Turquie : Inauguration du gazoduc Turkish Stream à Istanbul en présence de Vladimir Poutine et Recep Tayyip Erdogan.

15 – Russie : Démission du Premier ministre Dmitri Medvedev et de son gouvernement après l'annonce de la réforme constitutionnelle. Nommé vice-président du Conseil de sécurité, Medvedev est remplacé par Mikhaïl Michoustine, ancien directeur du Service fédéral des impôts (FNS) depuis 2010.

FÉVRIER

1 – Biélorussie/États-Unis : Rencontre entre le président Alexandre Loukachenko et Mike Pompeo. Première visite à Minsk d'un secrétaire d'État américain depuis 1994.

7 – Kazakhstan : Des accidents routiers dégénèrent en affrontements ethniques entre Kazakhs et Dounganes avec un bilan d'au moins 8 morts, des centaines de blessés et des milliers de déplacés à Masantchi, près de la frontière kirghize.

20 – Géorgie/Russie : Tbilissi accuse le renseignement militaire russe d'une cyberattaque d'envergure visant des sites internet institutionnels géorgiens en octobre 2019.

MARS

31 – Ukraine : Le Parlement approuve une réforme agraire autorisant la vente de terres agricoles. Il s'agit d'une des conditions imposées par le Fonds monétaire international (FMI) pour le déblocage d'aides financières.

AVRIL

4 – Ukraine : Des incendies sont détectés dans la forêt autour de la zone d'exclusion de la centrale nucléaire de Tchernobyl et se propagent jusqu'au 15 avril.

10 – Russie/OPEP : Accord de l'OPEP sur une réduction de la production de pétrole : la Russie fait marche arrière après avoir refusé la baisse de production demandée par l'OPEP le 6 mars.

MAI

7 – Ukraine : Mikhaïl Saakachvili, ancien gouverneur d'Odessa et ancien président de la Géorgie, est nommé chef du comité exécutif de la réforme de l'Ukraine par Zelensky.

29 – Russie : 20 000 tonnes de diesel ont fui d'une centrale thermique de la région de Norilsk, provoquant une catastrophe écologique majeure dans l'Arctique russe.

JUIN

10 – Ukraine : La justice accuse l'ancien président Petro Porochenko d'abus de pouvoir. Porochenko dénonce une persécution par le président Zelensky.

20 – Biélorussie : Arrestation du principal candidat d'opposition biélorusse Viktor Babaryka dans le cadre de la campagne pour l'élection présidentielle d'août 2020.

24 – Russie : Défilé militaire de la Victoire lors de la Grande Guerre patriotique, qui n'avait pu se tenir le 9 mai en raison de la crise sanitaire.

JUILLET

1 – Russie : Le référendum sur la révision de la Constitution est approuvé à plus de 78 %. Les amendements permettraient notamment à Vladimir Poutine de se maintenir au pouvoir après 2024.

12-14 – Arménie/Azerbaïdjan : Affrontements entre militaires arméniens et azerbaïdjanais dans la zone disputée du Haut-Karabakh, causant la mort d'au moins 16 soldats.

ASIE-PACIFIQUE

JUILLET 2019

21 – Japon : La coalition de droite au pouvoir conserve la majorité aux élections sénatoriales.

AOÛT

5 – Inde : Le gouvernement nationaliste hindou, dirigé par Narendra Modi, révoque l'autonomie constitutionnelle du Cachemire.

19 – Indonésie : La Papouasie occidentale est frappée par des violences meurtrières qui révèlent des fractures très profondes entre cette partie occidentale de l'île de Nouvelle-Guinée et Djakarta.

22 – Corée du Sud/Japon : La Corée du Sud rompt un accord de partage de renseignements militaires avec le Japon. Trois jours plus tard, Séoul entame des exercices militaires au large de sa côte orientale, fortement critiqués par Tokyo.

26 – Indonésie : Le président, Joko Widodo annonce que la capitale va être transférée dans une ville à construire sur l'île de Bornéo.

SEPTEMBRE

16 – Birmanie : Une enquête de l'ONU demande la mise en accusation des responsables birmans devant la CPI pour crimes contre l'humanité contre les Rohingyas.

23-30 – Indonésie : Manifestations à travers le pays contre une loi controversée risquant d'affaiblir l'Agence de lutte contre la corruption, contre un projet de révision du Code pénal qui prévoit des peines de prison pour les relations sexuelles hors mariage ou entre personnes du même sexe, et contre une application plus large de la loi controversée sur le blasphème.

OCTOBRE

1 – Chine : 70e anniversaire de la République populaire de Chine.

2 – Corée du Nord : Tir d'un missile mer-sol balistique stratégique depuis une plate-forme immergée.

20 – Indonésie : Début du second mandat du président Joko Widodo.

30 – Indonésie : Des navires de pêche chinois pénètrent dans la zone économique exclusive indonésienne au large des îles Natuna.

NOVEMBRE

16 – Sri Lanka : Gotabaya Rajapaksa, frère de l'ancien président Mahinda Rajapaksa, au pouvoir entre 2005 et 2015, remporte l'élection présidentielle.

17-28 – Chine/Hong Kong : La police assiège l'université polytechnique de Hong Kong avec des centaines de manifestants étudiants à l'intérieur.

21 – Singapour : Entrée en vigueur de l'accord commercial entre l'UE et Singapour.

24 – Chine/Hong Kong : Participation record et large victoire des candidats pro-démocratie aux élections locales à Hong Kong, après six mois de violentes contestations contre le régime chinois.

DÉCEMBRE

2-17 – Îles Samoa : Le gouvernement impose la vaccination obligatoire et déclare l'état d'urgence pour faire face à une épidémie de rougeole qui fait 83 morts.

3 – Malaisie : L'ancien Premier ministre Najib Razak comparait devant les juges malaisiens pour le pillage du fonds souverain 1MDB.

7 – Papouasie-Nouvelle-Guinée : L'île de Bougainville vote à 98 % en faveur de son indépendance vis-à-vis de la Papouasie-Nouvelle-Guinée. Le résultat du scrutin devra faire l'objet d'un débat et être ratifié par le Parlement.

10 – Myanmar : Aung San Suu Kyi comparaît devant la Cour internationale de justice de La Haye pour défendre la politique du gouvernement birman accusé de "génocide".

11 – Inde : Le Parlement adopte une nouvelle loi sur la nationalité qui facilite l'attribution de la citoyenneté aux réfugiés sauf à ceux de confession musulmane, ce qui déclenche d'importantes manifestations, réprimées par la police.

31 – Taïwan : Les autorités sanitaires contactent l'OMS à propos de cas mystérieux de pneumonies à Wuhan. Des mesures de contrôle sanitaire aux frontières sont prises dès le lendemain.

31 – Chine : Les autorités informent le Bureau de l'OMS à Pékin de cas de pneumonies à Wuhan.

JANVIER 2020

1 – ASEAN : Le Vietnam assure la présidence de l'Association des Nations de l'Asie du Sud-Est.

11 – Taïwan : La présidente sortante Tsai Ing-Wen remporte l'élection face à son opposant pro-Pékin. Son Parti démocrate progressiste conserve la majorité au Parlement.

15 – Chine/États-Unis : Signature de la phase 1 de l'accord de résolution de la guerre commerciale.

23 – Birmanie : La CPI ordonne à la Birmanie de prendre des mesures concrètes, invoquées par la Gambie, les Pays-Bas et le Canada, pour prévenir le génocide contre les Rohingyas.

23 – Chine : Le gouvernement met en confinement la ville de Wuhan, peuplée de 11 millions d'habitants, en raison de la pandémie du coronavirus.

FÉVRIER

12 – Cambodge : Suspension partielle par l'UE des préférences douanières accordées au Cambodge dans le cadre de l'initiative « Tout sauf les armes ».

12 – Philippines : Les Philippines annoncent l'abrogation du *Visiting Forces Agreement* pour le 20 août suivant, mettant un terme à un programme de coopération militaire avec les États-Unis.

18 – Afghanistan : Annonce de la victoire du président sortant, Ashraf Ghani, à l'élection présidentielle du 28 septembre 2019. Son adversaire et chef de l'exécutif, Abdullah Abdullah, dénonce des fraudes. Le 10 mars, Ghani et Abdullah prêtent tous deux serment comme présidents.

20 – ASEAN : Les ministres des Affaires étrangères de Chine et des pays de l'ASEAN tiennent une réunion spéciale sur la crise du COVID-19.

23-27 – Inde : Violences perpétrées par des groupes extrémistes hindous contre des quartiers musulmans du nord-est de Delhi, causant plus d'une cinquantaine de morts.

24 – Malaisie : Démission surprise du Premier ministre, Mahathir Mohamad, déclenchant une crise politique.

24-25 – États-Unis/Inde : Visite du président Donald Trump en Inde.

29 – Afghanistan/États-Unis : Accord entre les talibans et Washington prévoyant le retrait américain et la participation des talibans à des négociations avec le gouvernement afghan.

MARS

1 – Malaisie : Muhyddin Yassin devient Premier ministre suite à la démission de Mahathir Mohamad.

2 – Afghanistan : Les talibans mettent fin à la trêve partielle instaurée le 22 février, suite au refus de Kaboul de libérer des prisonniers.

AVRIL

7 – Afghanistan : Les premières négociations depuis 2001 entre gouvernement et talibans sont abandonnées par ces derniers. Le lendemain, Kaboul annonce la libération de 100 prisonniers talibans.

7-12 – Bangladesh : Arrestation et exécution de l'ancien officier Abdul Majed, pour sa participation à l'assassinat, en 1975, du premier président du pays, Sheikh Mujibur Rahman.

15 – Corée du Sud : Le Parti démocrate du président Moon Jae-in remporte les élections législatives et obtient la majorité absolue au Parlement.

17 – Myanmar : Le Haut-Commissariat de l'ONU aux droits de l'homme dénonce de nouvelles frappes aériennes menées par le Myanmar sur les États de Rakhine et de Chin.

MAI

5 – Inde/Chine : Incidents entre troupes indiennes et chinoises en divers endroits des zones frontalières, témoignant d'un climat tendu.

12 – Afghanistan : Une attaque contre un hôpital géré par Médecins sans frontières à Kaboul fait 16 morts et relance les hostilités entre le gouvernement et les talibans.

17 – Afghanistan : Signature d'un accord de partage du pouvoir entre le gouvernement officiel de Ghani, et le gouvernement parallèle de l'opposant Abdullah, visant à mettre fin à la crise politique qui dure depuis mars.

27 – Chine/États-Unis : Suite à une nouvelle loi sur la sécurité nationale imposée par Pékin, Washington révoque le statut spécial et les privilèges commerciaux de Hong Kong où reprennent les manifestations pro-démocratie.

JUIN

2 – Philippines : Le ministre des Affaires étrangères, Teodoro Locsin, suspend l'abrogation annoncée de l'accord bilatéral du droit de visite des Forces armées.

8 – Vietnam : Ratification de l'accord de libre-échange UE-Vietnam par l'Assemblée nationale vietnamienne.

9 – Corée du Nord/Corée du Sud : Pyongyang annonce l'interruption de la totalité des communications avec Séoul, suite à l'envoi par des militants de ballons porteurs de messages critiques du régime en provenance de Corée du Sud.

15-16 – Inde : Affrontements entre soldats indiens et chinois sur les zones frontalières au Ladakh, causant la mort de 20 Indiens (chiffre inconnu côté chinois).

16 – Corée du Nord/Corée du Sud : Destruction par Pyongyang du bureau de liaison avec le Sud situé à Kaesong.

17 – États-Unis/Chine : Donald Trump ratifie le *Uyghur Human Rights Policy Act*, adopté par le Congrès en mai. Cette loi vise à prendre des mesures contre les politiques chinoises répressives à l'encontre des minorités musulmanes de la région du Xinjiang.

23 – Inde : Le gouvernement réduit de moitié les effectifs de sa haute commission à Islamabad et exige que le Pakistan fasse de même concernant son personnel diplomatique en poste à New Delhi.

24 – Corée du Sud : La ministre du Commerce de Corée du Sud, Yoo Myung-hee, dépose sa candidature au poste de directeur général de l'OMC.

29 – Chine/Inde : Le gouvernement indien interdit 59 applications téléphoniques chinoises, dont TikTok et WeChat pour des raisons de sécurité.

JUILLET

2 – Birmanie : Un glissement de terrain fait plus de 160 morts dans des mines du nord du pays.

5 – Japon : Des inondations et des glissements de terrain provoqués par de fortes pluies font plus de 50 morts dans le sud du pays.

10 – Corée du Sud : La justice sud-coréenne réduit de dix ans la peine de prison à l'encontre de l'ancienne présidente Park Geun-hye. Elle avait été condamnée à 35 ans de détention pour corruption et abus de pouvoir en 2018.

10 – Singapour : Le parti au pouvoir, Parti d'action populaire, remporte les élections législatives. Le Parti des travailleurs de l'opposition remporte 10 sièges, une première depuis l'indépendance du pays.

13 – Chine : Des inondations provoquées par de fortes pluies font plus de 140 morts dans le centre et l'est du pays.

AFRIQUE

SEPTEMBRE 2019

14 – Burkina Faso : Sommet extraordinaire de la Communauté économique des États de l'Afrique de l'Ouest (CEDEAO), à Ouagadougou. La CEDEAO approuve un plan d'action consacré à la lutte contre le terrorisme d'un milliard de dollars pour la période 2020-2024.

OCTOBRE

15 – Mozambique : Le président sortant, Filipe Nyusi, du FRELIMO, est réélu au premier tour. Le parti d'opposition RENAMO dénonce des fraudes et des arrestations, et appelle à de nouvelles élections.

23 – Botswana : Le président sortant Mokgweetsi Masisi remporte l'élection présidentielle, marquée par des vives tensions avec son prédécesseur, Ian Khama, issu du même Parti démocratique.

NOVEMBRE

1 – Mali : Une attaque, revendiquée par l'État islamique, contre le camp militaire d'Indelimane, dans le nord-est du pays, fait 49 morts parmi les soldats maliens.

6 – Burkina Faso : Une attaque contre un convoi d'une compagnie minière fait au moins 38 morts et 60 blessés dans l'est du pays.

7 – Île Maurice : La coalition menée par le Premier ministre sortant Pravind Jugnauth remporte les élections législatives.

18 – Mali : Une attaque contre une patrouille malienne provoque la mort de 24 soldats et 17 djihadistes, lors d'une opération antiterroriste menée avec l'armée nigérienne, dans l'est du Mali.

20 – Éthiopie : La population de la région Sidama approuve à plus de 98 % la création d'un nouvel État fédéré dans le sud du pays par référendum.

24 – Guinée-Bissau : José Mário Vaz, président depuis 2014, est éliminé dès le premier tour de l'élection présidentielle.

25 – Mali : Une collision accidentelle entre deux hélicoptères de la force Barkhane provoque la mort de 13 soldats français lors de combats dans la région de Ménaka, dans l'est du pays.

27 – Namibie : Le président sortant, Hage Geingob, recule par rapport aux résultats de 2014, mais est réélu en dépit d'un scandale de corruption touchant des membres du gouvernement.

DÉCEMBRE

4 – Mauritanie : Le naufrage d'une embarcation au large du pays fait au moins 62 morts, pour la plupart des migrants gambiens.

10 – Niger : Une attaque djihadiste contre le camp militaire d'Inates, à la frontière avec le Mali, provoque la mort de 71 soldats nigériens.

14 – Soudan du Sud : L'ancien président Omar El-Béchir est condamné à deux ans de détention pour corruption.

20 – Mali : Mort de 33 djihadistes lors d'une opération menée par la force Barkhane à Mopti, au centre du pays.

24 – Burkina Faso : Une attaque djihadiste provoque la mort de 35 civils, dont 31 femmes, et de 7 militaires à Arbinda, près de la frontière malienne.

28 – Somalie : Un attentat à la voiture piégée, revendiqué par les shebab, fait au moins 79 morts à Mogadiscio.

JANVIER 2020

9 – Niger : Une attaque contre le camp militaire de Chinégodar, près de la frontière malienne, fait 89 morts parmi les forces nigériennes. L'État islamique revendique l'attaque.

13 – France : La lutte antiterroriste et la présence de l'armée française, au centre des discussions du sommet du G5-Sahel à Pau.

19 – Angola : L'enquête Luanda Leaks met en lumière un réseau de détournement de fonds publics et de conflits d'intérêts accusant, entre autres, Isabel dos Santos, fille de l'ancien président José Eduardo dos Santos, et dont Luanda a gelé les avoirs en décembre 2019.

FÉVRIER

9 – Cameroun : Le parti du président Paul Biya conserve une large majorité absolue aux élections législatives, boycottées par le parti d'opposition de Maurice Kamto, et marquées par les violences dans l'Ouest anglophone et dans le Nord.

9 – Nigeria : Une attaque djihadiste dans le nord-ouest du pays provoque la mort de 30 personnes et l'enlèvement de plusieurs femmes et enfants.

10 – Corne de l'Afrique : Invasion de criquets pèlerins. Le bureau de la coordination des affaires humanitaires des Nations unies et l'Organisation des Nations unies pour l'alimentation et l'agriculture (FAO) lancent un appel pour un soutien de 76 millions de dollars à la région.

14 – Cameroun : 23 civils dont 15 enfants sont massacrés à Ntumbo, un village de la minorité anglophone au nord-ouest du pays, dans un contexte de répression d'une tentative de sécession de certains anglophones.

17 – Guinée-Bissau : La commission électorale valide la victoire du candidat d'opposition, Umaro Sissoco Embalo, suite à l'élection présidentielle du 29 décembre 2019. Le Parti africain pour l'indépendance de la Guinée et du Cap-Vert (PAIGC) conteste les résultats.

22 – Soudan du Sud : Le leader de l'opposition, Riek Machar, est investi au poste de vice-président. En décembre, il s'était engagé avec le président Salva Kiir pour former un gouvernement d'union nationale, toujours attendu.

22 – Togo : Faure Gnassingbé est réélu président face à une opposition divisée.

MARS

22 – Guinée : Le parti du président Alpha Condé remporte les élections législatives, boycottées par l'opposition et marquées par les violences. Le référendum constitutionnel, permettant un troisième mandat à Condé, est approuvé.

23 – Nigeria/Tchad : Boko Haram attaque une base militaire tchadienne sur le lac Tchad, causant au moins 98 morts. Une deuxième attaque contre les forces nigérianes fait 70 morts parmi les militaires nigérians.

25 – Mali : Enlèvement du chef de l'opposition Soumaïla Cissé, principal adversaire du président Ibrahim Boubacar Keïta par des hommes armés près de Tombouctou.

31 – Tchad : N'Djamena lance l'opération Colère de Bohama contre Boko Haram en envoyant des troupes sur les îles du lac Tchad, à la frontière avec le Niger et le Nigeria.

31 – Mozambique : Plusieurs attaques djihadistes contre des villes et villages dans la province de Cabo Delgado, dans le nord du pays, provoquent des milliers de déplacés et des centaines de morts.

AVRIL

10 – République démocratique du Congo (RDC) : Un premier cas d'Ebola marque la reprise de l'épidémie qui avait tué plus de 2 200 personnes entre août 2018 et février 2020.

10 – Tchad : Le pays quitte la Force multinationale mixte de lutte contre Boko Haram et suspend sa participation aux opérations militaires en dehors de ses frontières, deux jours après avoir annoncé avoir tué un millier de djihadistes sur le lac Tchad.

19 – Mali : Deuxième tour des élections législatives qui se déroulent après plusieurs années de report.

28 – Tchad : L'Assemblée nationale approuve l'abolition de la peine de mort.

MAI

4 – Somalie : Six morts lors du crash d'un avion humanitaire transportant du matériel médical pour la lutte contre le COVID-19. Le 9 mai, l'Éthiopie reconnaît l'avoir abattu accidentellement.

12 – Nigeria : Le Haut-Commissariat des Nations unies pour les réfugiés annonce que plus de 40 000 personnes ont fui les violences dans le nord-ouest du pays depuis avril 2020.

16 – France/Rwanda : La France annonce l'arrestation de Félicien Kabuga, très fortement soupçonné d'avoir financé le génocide des Tutsis au Rwanda.

19 – Lesotho : Démission du Premier ministre Thomas Thabane, accusé du meurtre de son ex-épouse. Il est remplacé par intérim par le ministre des Finances Moeketsi Majoro.

20 – Burundi : Le général Évariste Ndayishimiye est élu président. Il prendra ses fonctions de manière anticipée, suite au décès soudain de son prédécesseur, Pierre Nkurunziza, le 8 juin.

20 – France : Le gouvernement entérine la fin du franc CFA, suite à l'annonce conjointe d'Emmanuel Macron et Alassane Ouattara le 21 décembre 2019. La Banque centrale des États d'Afrique de l'Ouest (BCEAO) ne devra plus déposer la moitié de ses réserves de change auprès du Trésor français et Paris se retire des instances de gouvernance de la monnaie.

29 – Soudan du Sud : Le Conseil de sécurité de l'ONU prolonge jusqu'en mai 2021 l'embargo sur les armes et les sanctions individuelles envers le pays.

30 – Burkina Faso : Une série d'attaques djihadistes fait au moins 53 morts et plus de 40 blessés.

JUIN

3 – Sahel : Une opération des forces françaises de l'opération Barkhane au nord de l'Adrar des Ifoghas au Mali aboutit à l'élimination d'Abdelmalek Droukdel, chef d'Al-Qaïda au Maghreb islamique.

8 – Burundi : Le président sortant Pierre Nkurunziza décède d'une attaque cardiaque, alors que son épouse est hospitalisée au Kenya à cause du COVID-19. Nkurunziza niait la présence du coronavirus dans le pays.

11 – Côte d'Ivoire : Une attaque contre une base de l'armée fait une dizaine de morts à Kafolo, près de la frontière burkinabé.

13 – Nigeria : L'État islamique en Afrique de l'Ouest mène plusieurs attaques au nord-est du pays.

14 – Mali : Une attaque djihadiste provoque la mort d'une dizaine de soldats maliens à Bouka Weré, près de la frontière mauritanienne.

23 – Malawi : Le chef de l'opposition Lazarus Chakwera remporte l'élection présidentielle.

30 – Éthiopie : L'assassinat du chanteur et activiste oromo Hachalu Hundessa provoque des violences inter-ethniques dans les jours qui suivent, causant au moins 239 morts et plus de 3 500 arrestations au 11 juillet.

JUILLET

8 – Côte d'Ivoire : Le Premier ministre Amadou Gon Coulibaly, candidat à l'élection présidentielle d'octobre désigné par le président Alassane Ouattara, meurt suite à un malaise.

10-11 – Mali : Violentes manifestations contre le président Ibrahim Boubacar Keïta dans plusieurs villes du pays ; l'Assemblée nationale est saccagée. Le 11 juillet, le président accepte de dissoudre la Cour constitutionnelle, une des revendications de l'opposition.

MOYEN-ORIENT, MONDE ARABE

JUILLET 2019

25 – Tunisie : Décès du président Béji Caïd Essebsi, remplacé par intérim par Mohamed Ennaceur. L'élection présidentielle, initialement prévue pour novembre, est avancée au 15 septembre.

SEPTEMBRE

14 – Arabie Saoudite : Une attaque de drones contre deux installations pétrolières réduit de moitié la production de pétrole du pays.

17 – Israël : Le parti d'opposition Bleu et blanc et le parti au pouvoir Likoud remportent chacun un peu plus d'un quart des sièges à la Knesset. Suite à l'échec à former un gouvernement de coalition avant la date limite du 11 décembre, des élections anticipées se dérouleront le 2 mars 2020.

OCTOBRE

6 – Tunisie : Le parti Ennahda remporte les élections législatives. Habib Jemli est désigné pour former un gouvernement.

13 – Tunisie : Kaïs Saïed, conservateur sans étiquette, remporte l'élection présidentielle avec 72 % des suffrages face à Nabil Karoui, en prison pendant une partie de la campagne électorale pour blanchiment d'argent.

27 – Syrie : Mort d'Abou Bakr Al-Baghdadi, chef de l'État islamique, tué lors d'un raid américain à Baricha. Daech désigne Abou Ibrahim Al-Hachimi Al-Qourachi comme successeur.

NOVEMBRE

18 – États-Unis/Israël : Washington ne considère plus la colonisation israélienne des territoires palestiniens occupés comme contraire au droit international.

21 – Israël : Le procureur général annonce la mise en examen de Benyamin Nétanyahou pour corruption, fraude et abus de confiance.

27 – Libye/Turquie : Signature d'un accord de partage maritime, donnant à la Turquie l'accès à des zones économiques revendiquées par la Grèce et par Chypre.

DÉCEMBRE

12 – Algérie : Au terme d'un scrutin contesté et boycotté par une grande partie de la population, Abdelmajid Tebboune remporte les élections présidentielles avec 58 % des voix.

19 – Libye/Turquie : Accord entre le gouvernement d'union nationale (GNA) de Faïez Sarraj et Ankara pour l'envoi de troupes turques en Libye.

25 – Irak : Les manifestants rejettent le candidat pro-Iran au poste de Premier ministre, Assad Al-Aïdani. Le lendemain, le président Barham Saleh s'y oppose également et menace de démissionner.

28 – Algérie : Abdelaziz Djerad, ancien Premier ministre d'Abdelaziz Bouteflika contre qui il s'était présenté à l'élection présidentielle de 2003, est nommé Premier ministre.

JANVIER 2020

31-1 – États-Unis/Irak : Suite à la mort de 25 soldats pro-Iran dans un raid américain, des manifestants attaquent l'ambassade américaine à Bagdad avant d'être repoussés par l'armée irakienne.

3 – États-Unis/Irak : Mort du général iranien Qassem Soleimani, chef de la force iranienne Al-Qods, tué par une frappe américaine à Bagdad.

6 – Libye : Les forces du maréchal Khalifa Haftar s'emparent de la ville de Syrte.

8 – Iran : Deux missiles iraniens abattent un avion ukrainien au départ de l'aéroport de Téhéran, provoquant la mort de 176 personnes.

10 – Oman : Mort du sultan Qabous Ben Saïd, remplacé par le ministre de la Culture Haitham Ben Tarek.

14 – Libye/Russie : Khalifa Haftar quitte Moscou sans signer l'accord de cessez-le-feu promu par la Russie sur le territoire libyen.

17 – Iran : Le Guide suprême Ali Khamenei préside la prière du vendredi à Téhéran pour la première fois depuis 2012.

18 – Yémen : Des tirs de missiles visant la mosquée d'un camp militaire de la ville de Marib font 116 morts.

19 – Libye : Réunion d'une conférence internationale sur la Libye à Berlin, avec les délégations de onze États et de quatre organisations internationales (ONU, UE, Ligue arabe et Union africaine). Un appel à un cessez-le-feu permanent et à la non-ingérence dans le conflit armé est lancé.

24 – Turquie : Un séisme dans l'est du pays provoque la mort d'au moins 41 personnes.

28 – Syrie : La ville de Maarat al-Nouman, dans la province d'Idleb, est conquise par l'armée syrienne, après des semaines de combat.

29 – États-Unis/Israël : Donald Trump annonce un plan de paix proposant l'annexion par Israël des principales colonies dans les territoires occupés. Le président palestinien Mahmoud Abbas rejette ce plan.

FÉVRIER

21 – Iran : Les conservateurs remportent les élections législatives face aux modérés et réformateurs soutenant le président Hassan Rohani. Le scrutin est marqué par une abstention record.

27 – Syrie/Turquie : Une frappe aérienne de l'armée syrienne tue au moins 33 soldats turcs à Idlib, dans le nord-ouest de la Syrie. Une réunion extraordinaire du Conseil de sécurité de l'ONU se tient le lendemain.

MARS

1 – Syrie/Turquie : Ankara lance l'offensive Bouclier du printemps contre l'armée syrienne dans la région d'Idleb.

2 – Israël : Le Likoud remporte les élections législatives sans obtenir la majorité absolue face au parti Bleu et blanc, dirigé par l'ex-chef d'état-major Benny Gantz.

6 – Tunisie : Un attentat contre l'ambassade américaine à Tunis fait trois morts et cinq blessés.

7 – Liban : Premier défaut de paiement de l'histoire du pays.

AVRIL

8 – Yémen : La coalition de soutien au gouvernement, guidée par Riyad, annonce un cessez-le-feu unilatéral de deux semaines, au motif du COVID-19.

8 – Syrie : L'Organisation pour l'interdiction des armes chimiques (OIAC) établit que l'armée du régime de Bachar El-Assad est responsable de trois attaques chimiques dans le nord du pays en mars 2017.

9 – Irak : Moustafa Al-Kazimi, chef des services de renseignement, est nommé Premier ministre.

11 – Libye : L'ONU condamne la coupure par un groupe armé de l'approvisionnement en eau de Tripoli depuis une semaine.

13 – Libye : Le Gouvernement d'union nationale (GNA) reprend les villes de Sorman et Sabratha, à l'ouest de Tripoli.

20 – Israël : Un accord de coalition entre le Likoud et Bleu et blanc met fin à plus d'un an d'impasse. Benyamin Nétanyahou et son ex-opposant Benny Gantz se succéderont à la tête du gouvernement.

22 – Égypte : Dans le contexte de crise du COVID-19, le Parlement approuve des amendements à la loi d'urgence qui confèrent des pouvoirs supplémentaires au président Abdel Fattah Al-Sissi et aux agences de sécurité, dans un climat de répression.

24-26 – Arabie Saoudite : Riyad abolit les peines de flagellation et la peine de mort pour les mineurs.

28 – Syrie : Un attentat au camion-citerne fait au moins 52 morts et 50 blessés sur le marché d'Afrin dans la zone contrôlée par les Turcs.

MAI

10 – Iran : Un navire de guerre iranien est frappé par un tir ami dans le golfe d'Oman, provoquant 19 morts.

13 – États-Unis/Israël : Visite du secrétaire d'État américain Mike Pompeo en Israël pour discuter de l'annexion des territoires occupés.

16 – France/Iran : La justice iranienne condamne la chercheuse franco-iranienne Fariba Adelkhah à 6 ans de prison.

JUIN

6 – Libye : Le GNA lance une opération pour reprendre la ville de Syrte alors que le maréchal Khalifa Haftar propose un cessez-le-feu soutenu par l'Égypte.

11 – États-Unis/Irak : Accord entre Washington et Bagdad pour réduire les troupes américaines en Irak.

17 – France/Turquie : Incident entre un navire militaire français et un bateau turc au large de la Libye. Le lendemain, l'OTAN annonce l'ouverture d'une enquête.

22 – Yémen : Cessez-le-feu entre le gouvernement et les séparatistes du sud du pays : discussions en vue d'une trêve sous l'égide de l'Arabie Saoudite.

JUILLET

2 – Iran : Un accident sur le site nucléaire de Natanz, dans le centre du pays, provoque d'importants dégâts selon Téhéran.

3 – Égypte/Éthiopie/Soudan : Reprise des négociations concernant le Grand barrage de la Renaissance (Gerd) que construit Addis-Abeba sur le Nil.

10 – Turquie : Erdogan annonce sa décision de reconvertir le site culturel de Sainte-Sophie en mosquée.

DIX ANS DE PRINTEMPS ARABE (2010-2020)

Le Printemps des peuples

DÉCEMBRE 2010

17 – Tunisie : Immolation de Mohamed Bouazizi, jeune vendeur ambulant tunisien, étincelle du printemps arabe et début de la révolte tunisienne.

JANVIER 2011

14 – Tunisie : Fuite du président Zine el-Abidine Ben Ali, au pouvoir depuis 1987, vers l'Arabie Saoudite.

14 – Jordanie : Importantes manifestations à Amman.

25 – Égypte : Premières mobilisations sur la Place Tahrir au Caire et début de plusieurs semaines de manifestations réclamant la chute du régime.

27 – Yémen : Début de la révolution yéménite contre le régime à Sanaa. Les manifestants réclament la démission du président yéménite Ali Abdallah Saleh, au pouvoir depuis 1978.

FÉVRIER 2011

1 – Jordanie : Démission du gouvernement du premier ministre Samir Rifaï, remplacé par Maarouf Bakhit.

11 – Égypte : Le président Hosni Moubarak, au pouvoir depuis 1981, le quitte sous la pression populaire.

14 – Bahreïn : Début de soulèvements à Manama et forte répression policière.

17 – Libye : Manifestations de la « Journée de la colère », réclamant la fin du règne de Mouammar Kadhafi. Les manifestations sont réprimées violemment.

20 – Maroc : Manifestations à Rabat, Casablanca, Marrakech, réclamant des réformes politiques et la réduction des pouvoirs du Roi.

MARS 2011

15 – Syrie : Grand rassemblement populaire à Damas réclamant la chute du régime de Bachar El-Assad.

17-19 – Libye : Résolution 1973 de l'ONU autorisant le recours à la force pour protéger les populations civiles, et début des frappes aériennes contre les forces de Kadhafi.

JUILLET 2011

1 – Maroc : Après la présentation d'un projet de réforme constitutionnelle par le roi Mohammed VI, un référendum valide à 98 % des voix le changement de Constitution.

OCTOBRE 2011

20 – Libye : Assassinat de Mouammar Kadhafi.

JUIN 2012

17 – Égypte : Élection de Mohamed Morsi, candidat des Frères musulmans, à la présidence de la république d'Égypte, au terme du premier scrutin démocratique du pays.

Contre-révolution et enlisement des conflits

JUILLET 2013

31 – Égypte : Coup d'État militaire contre le président Mohammed Morsi, élu suite à la révolution égyptienne.

JUIN 2014

8 – Égypte : Élection du général Abdel-Fattah Al-Sissi comme président, entérinant la mainmise de l'armée sur l'État.

JUILLET 2014

9 – Yémen : Début de la guerre opposant les rebelles chiites houthis au gouvernement d'Abdraddo Mansour Hadi.

AOÛT 2014

Syrie : Première phase d'internationalisation du conflit syrien avec l'intervention militaire de la coalition internationale dirigée par les États-Unis contre l'État islamique au Levant.

SEPTEMBRE 2015

30 – Syrie : Deuxième phase d'internationalisation du conflit syrien avec l'intervention militaire de la Russie, en soutien à l'armée syrienne de Bachar El-Assad.

DÉCEMBRE 2017

4 – Yémen : Mort du général Ali Abdallah Saleh, ancien président yéménite, par des rebelles houthis.

Un nouveau souffle ?

FÉVRIER 2019

16 – Algérie : Début du *Hirak*, soulèvement de la population contre la nouvelle candidature d'Abdelaziz Bouteflika à un cinquième mandat présidentiel.

AVRIL 2019

2 – Algérie : Sous la pression populaire, le président algérien Abdelaziz Bouteflika démissionne de ses fonctions, après 19 ans de pouvoir au sommet de l'État.

OCTOBRE 2019

1 – Irak : Début des manifestations contre le régime, demandant des élections anticipées, une réforme de la loi électorale et la fin de la corruption.

13 – Tunisie : Élection de Kaïs Saïed avec 72 % des suffrages face à Nabil Karoui, en prison pendant une partie de la campagne électorale pour blanchiment d'argent.

17 – Liban : Début des manifestations dénonçant la corruption et la crise économique et exigeant le départ de la classe politique.

29 – Liban : Démission du Premier ministre Saad Hariri, au pouvoir depuis 2016, ainsi que de son gouvernement.

NOVEMBRE 2019

30 – Irak : Démission du Premier ministre Adel Abdel Mahdi, après deux mois de contestations contre le gouvernement.

DÉCEMBRE 2019

12 – Algérie : Abdelmadjid Tebboune est élu président avec 58 % des voix. Le scrutin est fortement contesté par le *Hirak*.

24 – Irak : Suite aux demandes des manifestants, le Parlement adopte une réforme de la loi électorale permettant aux électeurs de voter pour des candidats indépendants.

JANVIER 2020

23 – Algérie : Alger accueille une réunion des ministres des Affaires étrangères de six pays voisins de la Libye pour promouvoir une solution politique du conflit libyen.

MAI 2020

27 – Algérie/France : Alger rappelle son ambassadeur en France, après la diffusion de deux documentaires télévisés sur le *Hirak*.

JUILLET 2020

2 – Algérie : La justice relâche quatre militants dont Karim Tabbou, figure du mouvement du *Hirak*, en détention depuis le 26 septembre 2019.

MONDE

AOÛT 2019

25-27 – France : 45e sommet du G7 à Biarritz.

SEPTEMBRE

17-30 : Assemblée générale de l'ONU à New York.

20-21 : Marches mondiales pour le climat dans plus de 150 pays.

25 – Le Groupe d'experts intergouvernemental sur l'évolution du climat (GIEC) publie un Rapport spécial sur l'océan et la cryosphère dans le contexte du changement climatique et rappelle l'urgence de réduire les émissions de gaz à effet de serre.

DÉCEMBRE

2-15 – Espagne : La COP25, organisée par le Chili et hébergée par Madrid, se conclut sans aucune avancée significative dans les négociations.

3-4 – Royaume-Uni : Sommet de l'OTAN à Londres, à l'occasion du 70e anniversaire de l'Alliance.

10 – Éthiopie : Le prix Nobel de la paix est décerné à Abiy Ahmed Ali, Premier ministre éthiopien, pour son engagement ayant conduit à la résolution du conflit entre l'Éthiopie et l'Érythrée.

JANVIER 2020

13 – Début de la propagation hors Chine du coronavirus avec un premier cas détecté en Thaïlande. Aux États-Unis, le premier cas est repéré le 21 à Seattle ; en Europe, le premier cas est repéré le 25 en France.

MARS

27 – Macédoine du Nord : Le pays devient le trentième membre de l'OTAN.

AVRIL

10 – L'Organisation des pays exportateurs de pétrole (OPEP) conclut un accord, soutenu par Riyad et Moscou, pour une réduction de 10 % de la production de pétrole afin d'enrayer la chute du cours du baril.

MAI

6 – Le rapport mondial de la Plateforme intergouvernementale sur la biodiversité et les services écosystémiques (IPBES) confirme le déclin alarmant de la biodiversité, avec un million d'espèces menacées de disparition, et ses effets sur les populations humaines.

11 – L'Organisation des Nations unies pour l'alimentation et l'agriculture (FAO) affirme que plus de 25 millions de personnes seraient en insécurité alimentaire dans la Corne de l'Afrique qui subit, depuis janvier, la pire invasion de criquets pèlerins depuis des décennies.

28 – La COP26, organisée par le Royaume-Uni, et qui devait se tenir à Glasgow, du 9 au 20 novembre 2020, est reportée en 2021.

JUIN

10-30 – Suite à la mobilisation portée par le mouvement Black Lives Matter, plusieurs statues de personnalités en lien avec l'esclavage sont déboulonnées par les manifestants ou retirées par des institutions aux États-Unis. Les mêmes gestes trouvent écho au sein des mouvements antiracistes en France et au Royaume-Uni.

La richesse mondiale

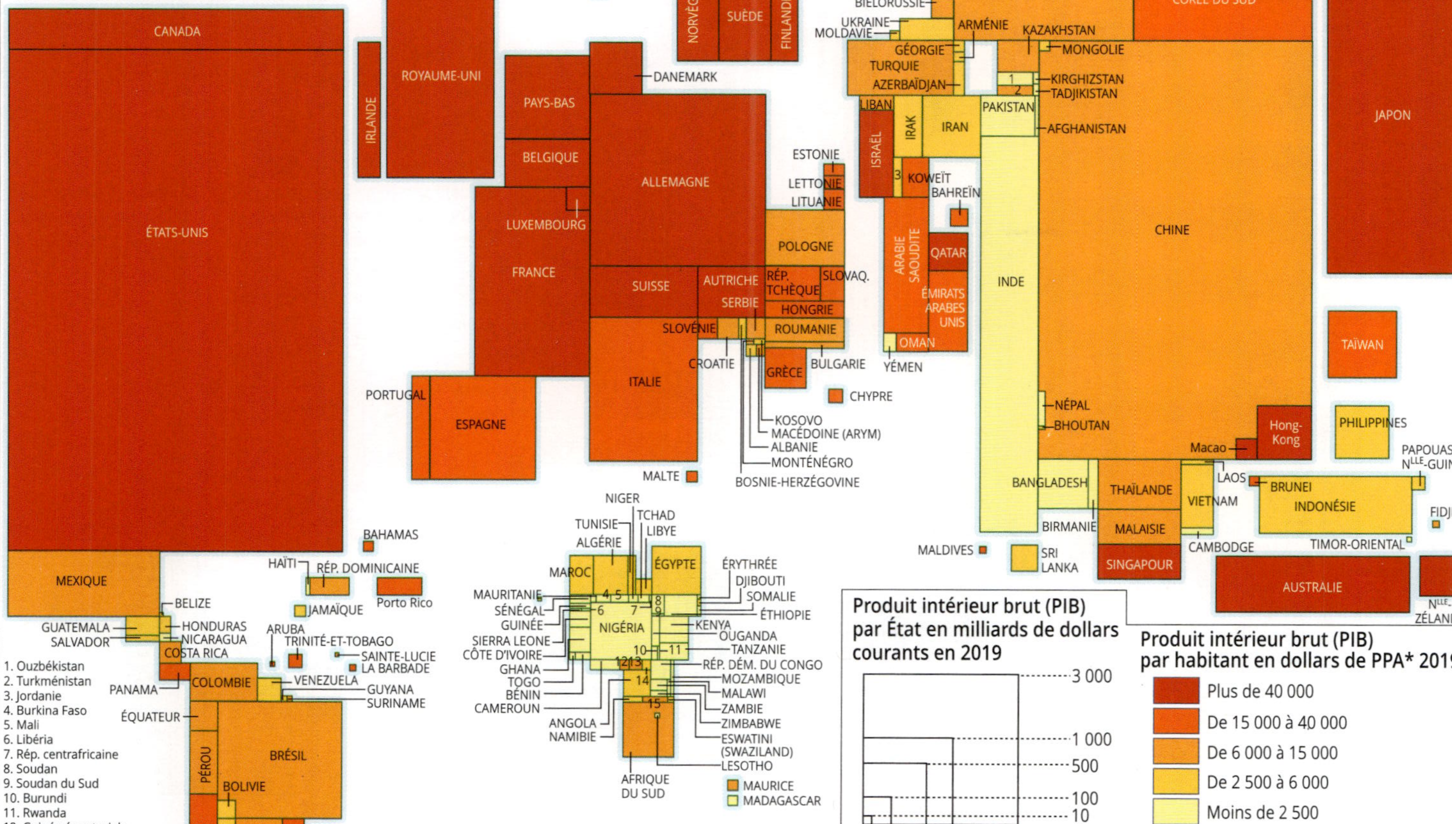

1. Ouzbékistan
2. Turkménistan
3. Jordanie
4. Burkina Faso
5. Mali
6. Libéria
7. Rép. centrafricaine
8. Soudan
9. Soudan du Sud
10. Burundi
11. Rwanda
12. Guinée équatoriale
13. Gabon
14. Congo
15. Botswana

© Aurélie Boissière, 2020 / Ifri, *RAMSES 2021*.

Source : Fonds monétaire international, *World Economic Outlook*, avril 2020.

* Taux de change en parité de pouvoir d'achat (PPA) par rapport au dollar : nombre d'unités de monnaie nationale permettant d'acquérir, dans le pays considéré, le même panier de biens et services que 1 dollar aux États-Unis.

La dynamique de la population mondiale

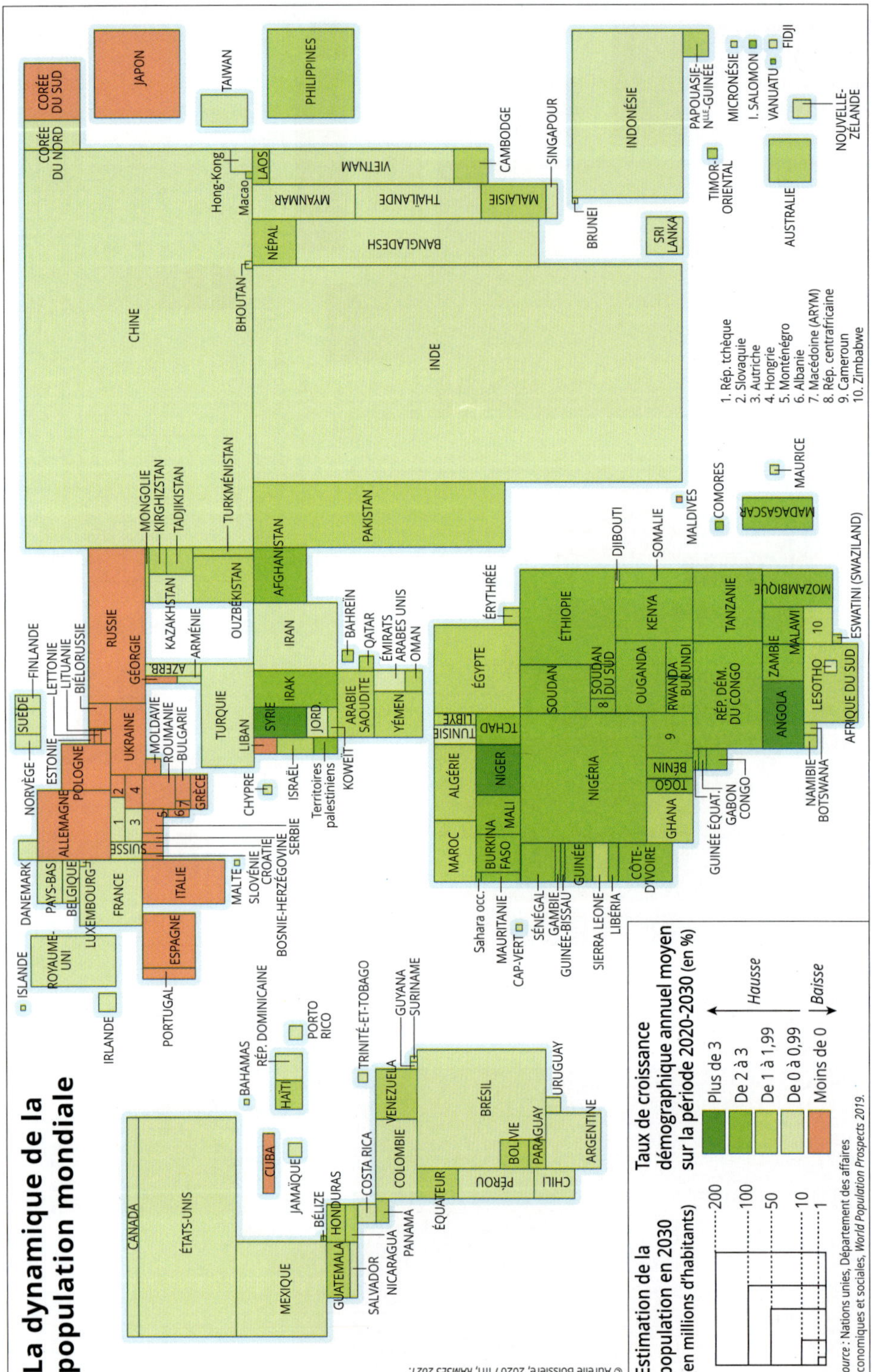

Les énergies renouvelables dans les mix énergétiques

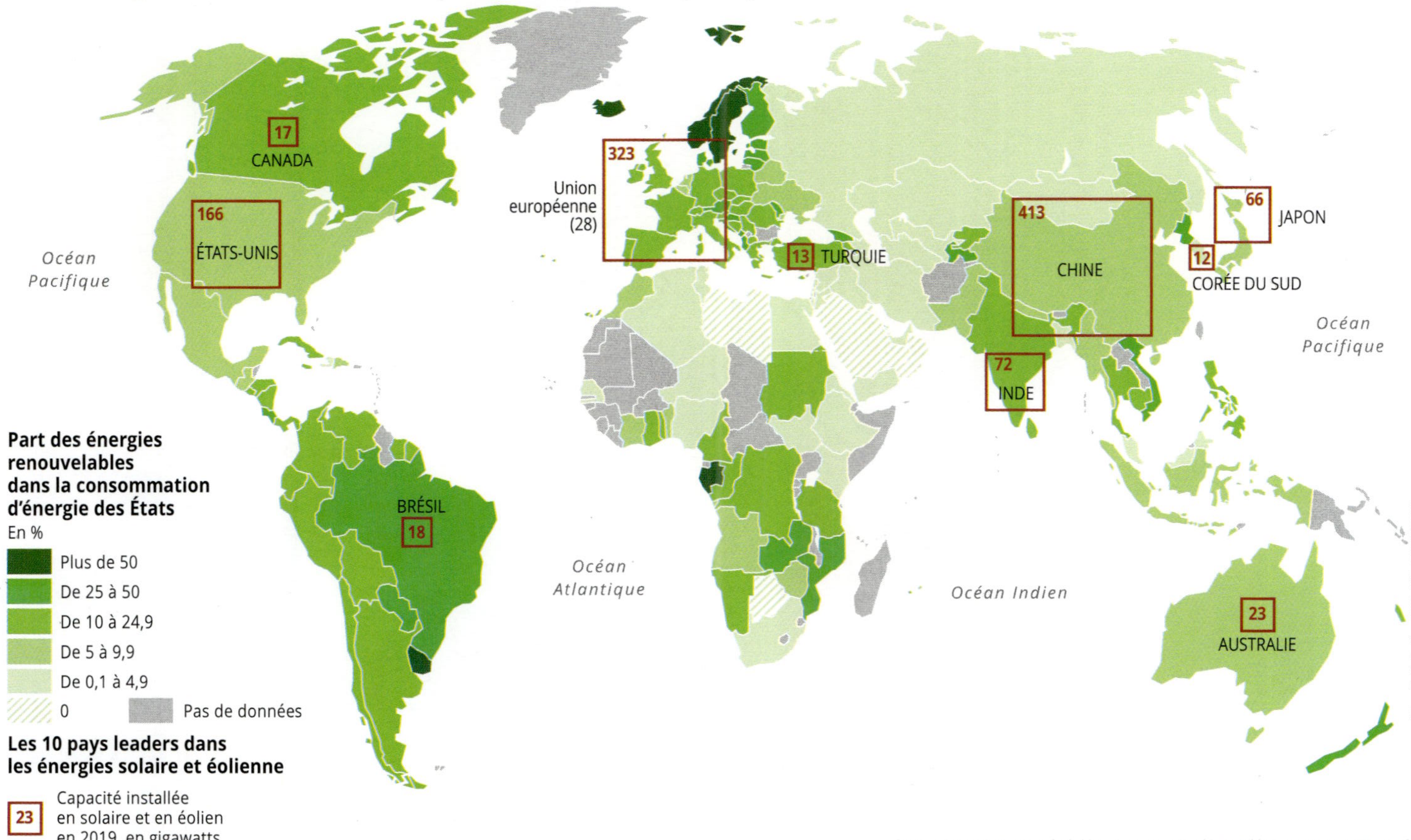

Sources : Agence internationale de l'énergie ; International Renewable Energy Agency (IRENA) ; Ifri.

Origine des émissions de CO_2 et conséquences du réchauffement climatique

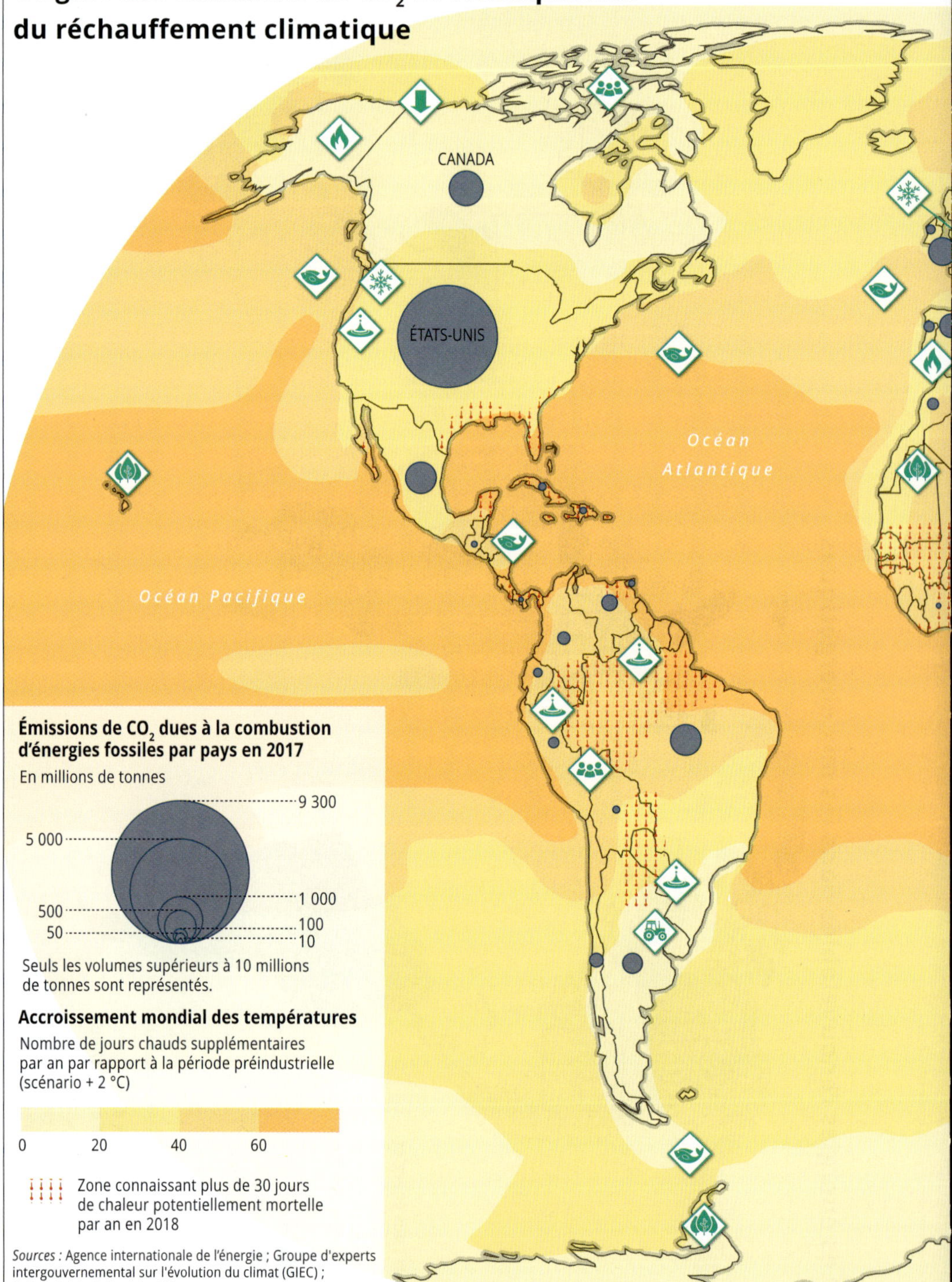

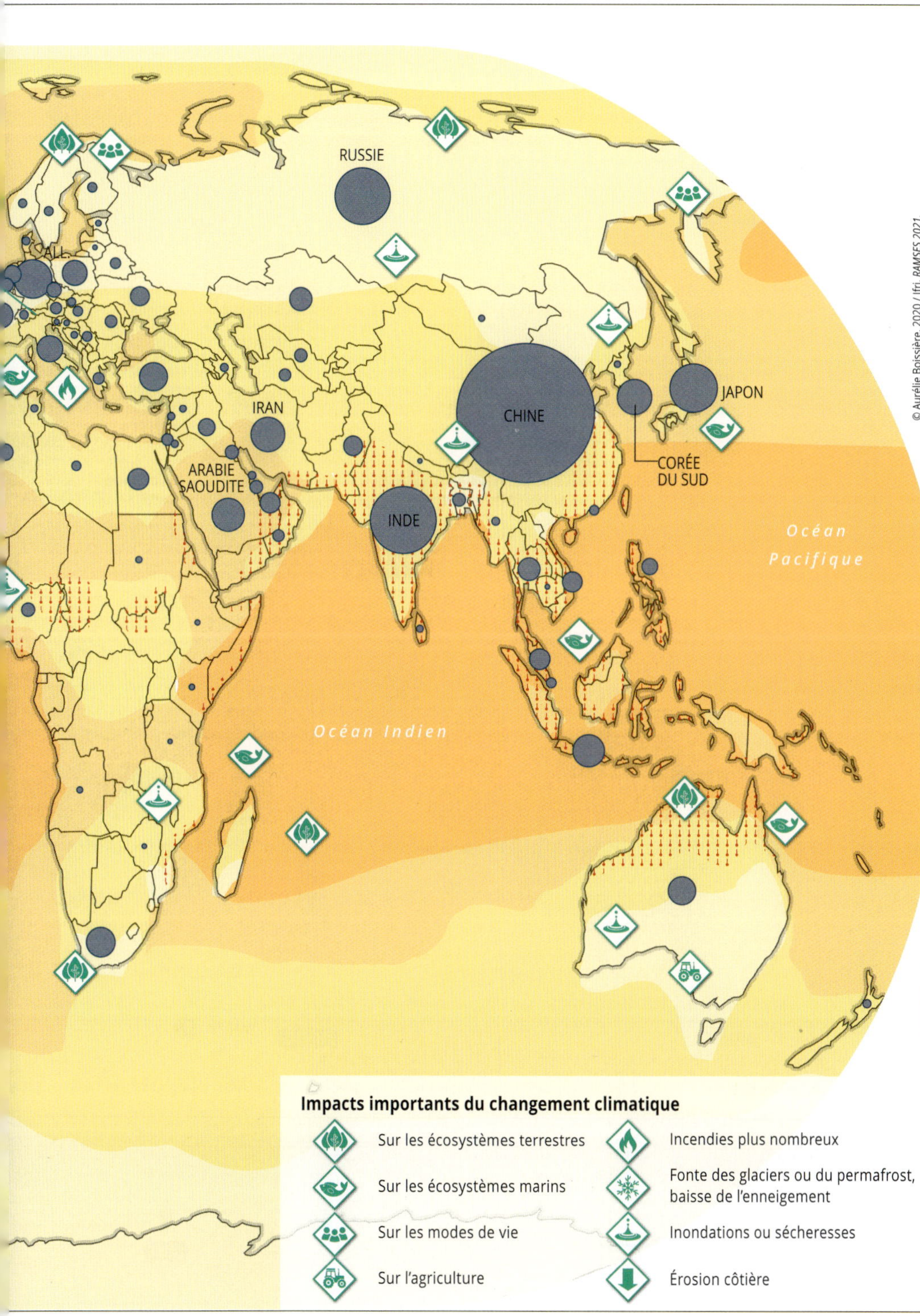
RUSSIE
ALL.
IRAN
ARABIE SAOUDITE
CHINE
JAPON
CORÉE DU SUD
INDE
Océan Pacifique
Océan Indien
Impacts importants du changement climatique
Sur les écosystèmes terrestres
Sur les écosystèmes marins
Sur les modes de vie
Sur l'agriculture
Incendies plus nombreux
Fonte des glaciers ou du permafrost, baisse de l'enneigement
Inondations ou sécheresses
Érosion côtière

L'Union européenne et ses périphéries

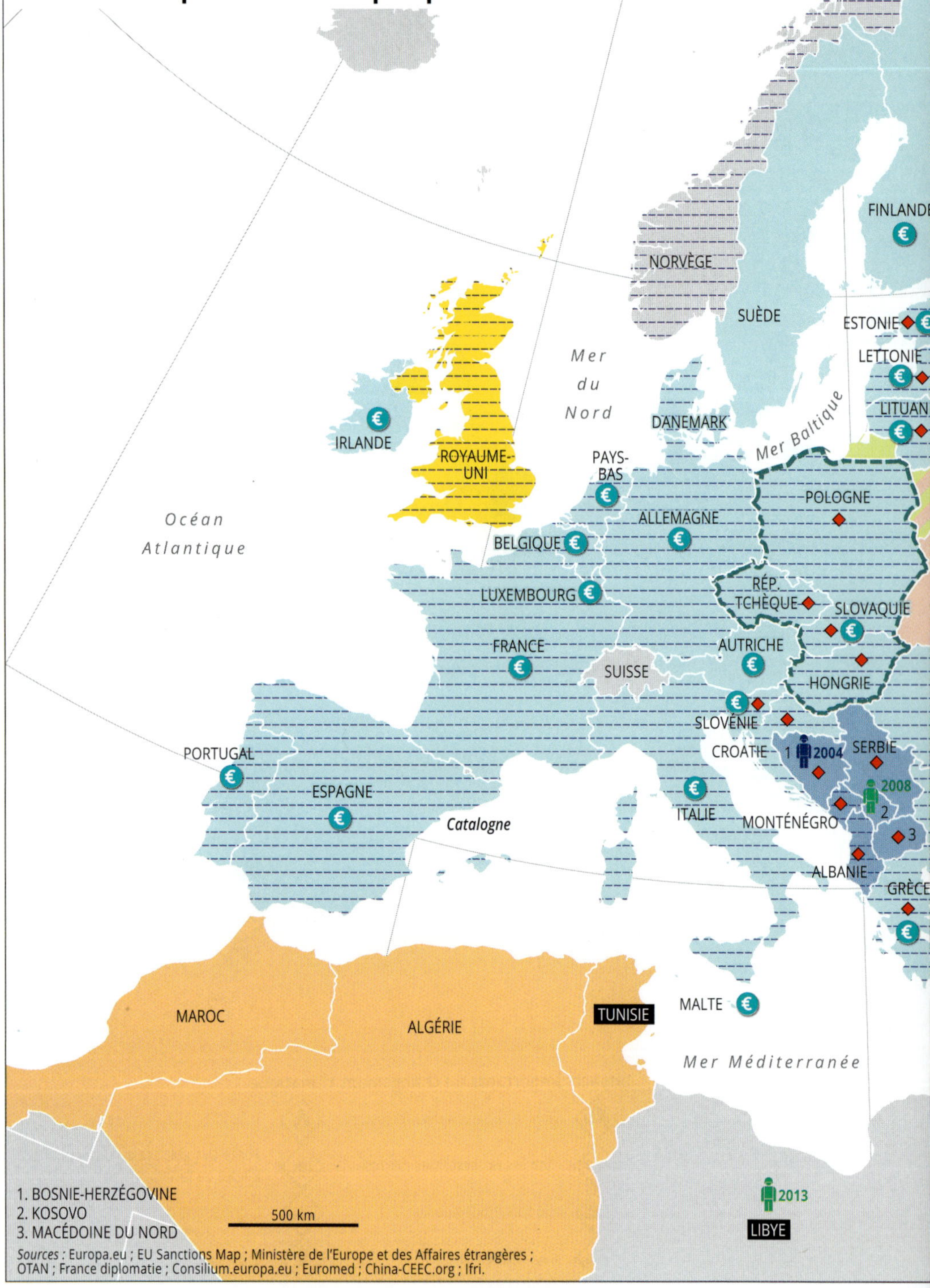

Sources : Europa.eu ; EU Sanctions Map ; Ministère de l'Europe et des Affaires étrangères ; OTAN ; France diplomatie ; Consilium.europa.eu ; Euromed ; China-CEEC.org ; Ifri.

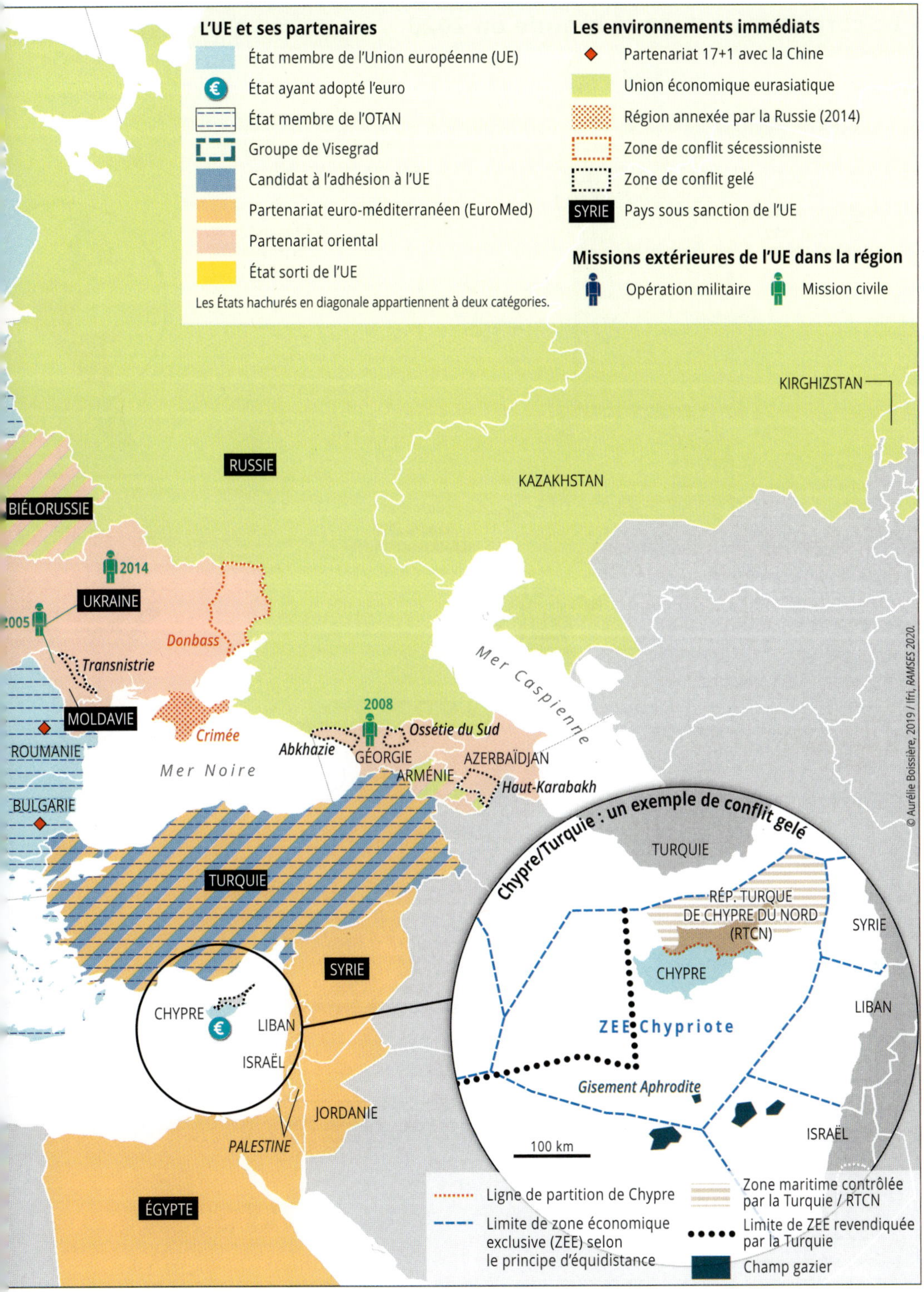
L'UE et ses partenaires
État membre de l'Union européenne (UE)
État ayant adopté l'euro
État membre de l'OTAN
Groupe de Visegrad
Candidat à l'adhésion à l'UE
Partenariat euro-méditerranéen (EuroMed)
Partenariat oriental
État sorti de l'UE
Les États hachurés en diagonale appartiennent à deux catégories.
Les environnements immédiats
Partenariat 17+1 avec la Chine
Union économique eurasiatique
Région annexée par la Russie (2014)
Zone de conflit sécessionniste
Zone de conflit gelé
SYRIE Pays sous sanction de l'UE
Missions extérieures de l'UE dans la région
Opération militaire
Mission civile
KIRGHIZSTAN
RUSSIE
KAZAKHSTAN
BIÉLORUSSIE
2014
UKRAINE
2005
Donbass
Transnistrie
MOLDAVIE
Crimée
ROUMANIE
Mer Noire
BULGARIE
Mer Caspienne
2008
Ossétie du Sud
Abkhazie
GÉORGIE
AZERBAÏDJAN
ARMÉNIE
Haut-Karabakh
TURQUIE
SYRIE
CHYPRE
LIBAN
ISRAËL
JORDANIE
PALESTINE
ÉGYPTE
Chypre/Turquie : un exemple de conflit gelé
TURQUIE
RÉP. TURQUE DE CHYPRE DU NORD (RTCN)
SYRIE
CHYPRE
LIBAN
ZEE Chypriote
Gisement Aphrodite
ISRAËL
100 km
Ligne de partition de Chypre
Limite de zone économique exclusive (ZEE) selon le principe d'équidistance
Zone maritime contrôlée par la Turquie / RTCN
Limite de ZEE revendiquée par la Turquie
Champ gazier
© Aurélie Boissière, 2019 / Ifri, RAMSES 2020.

Le coronavirus dans le monde en 2020

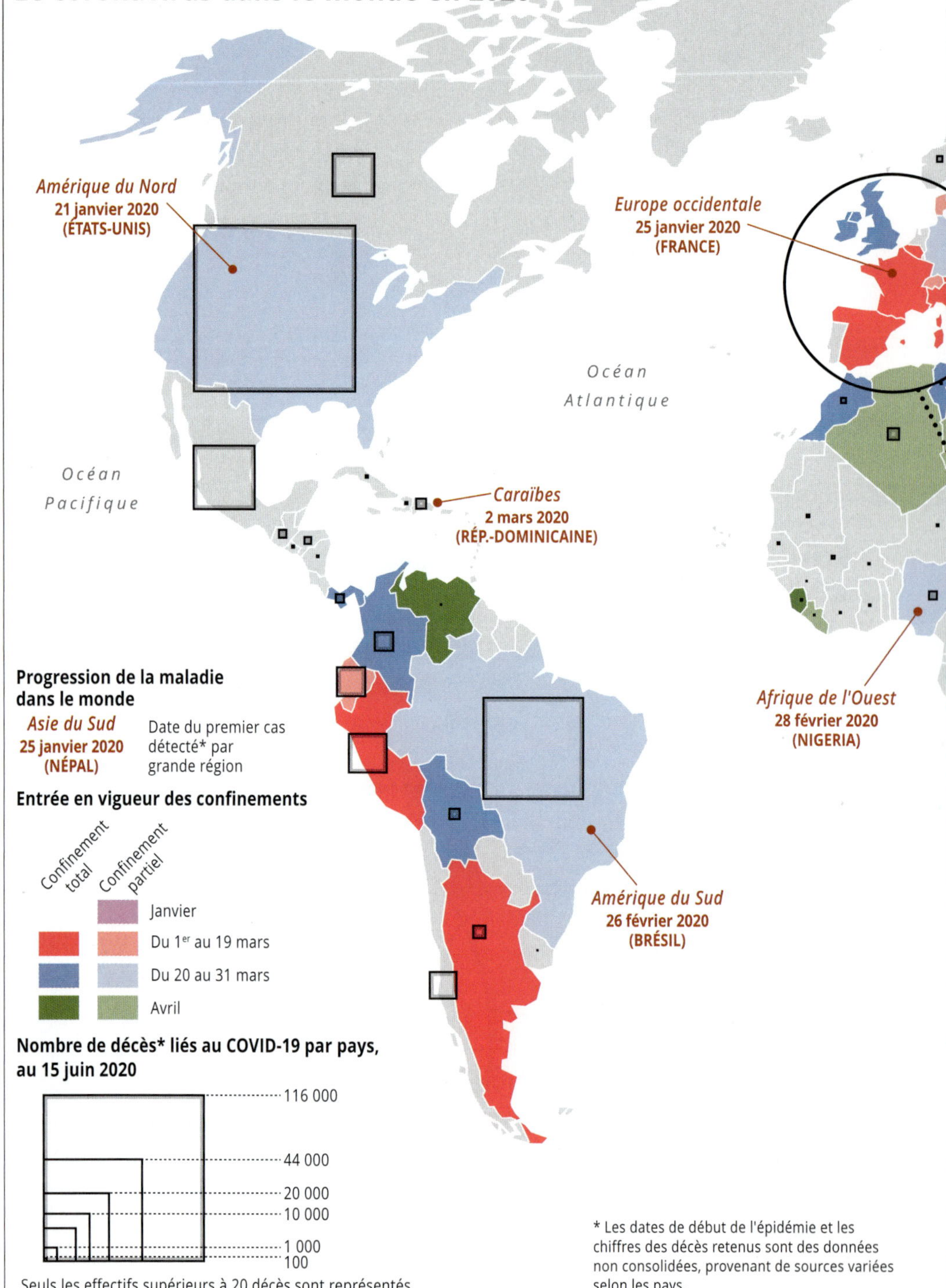

* Les dates de début de l'épidémie et les chiffres des décès retenus sont des données non consolidées, provenant de sources variées selon les pays.

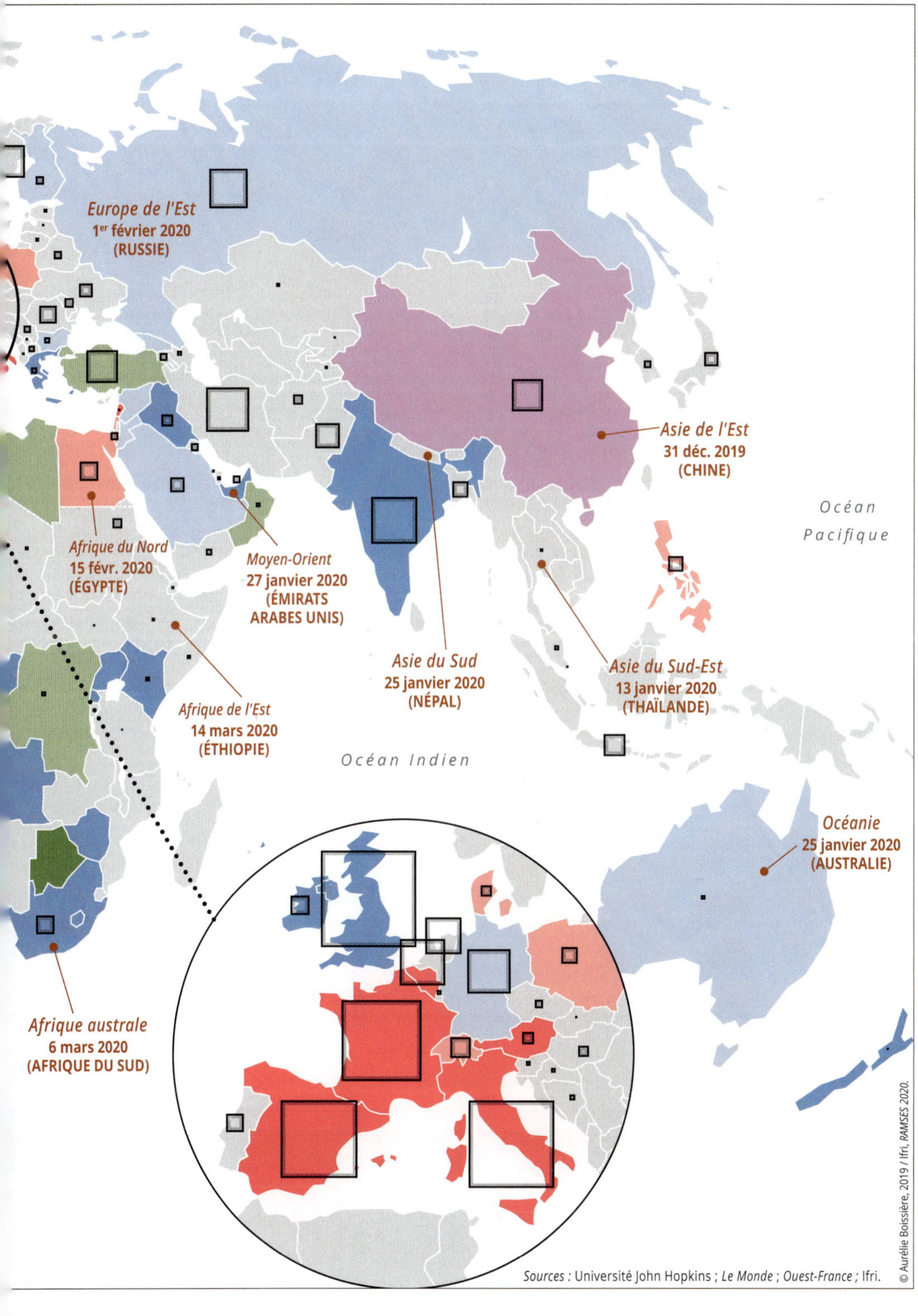

Sources : Université John Hopkins ; *Le Monde* ; *Ouest-France* ; Ifri.

Le coronavirus en Afrique du Nord et au Moyen-Orient

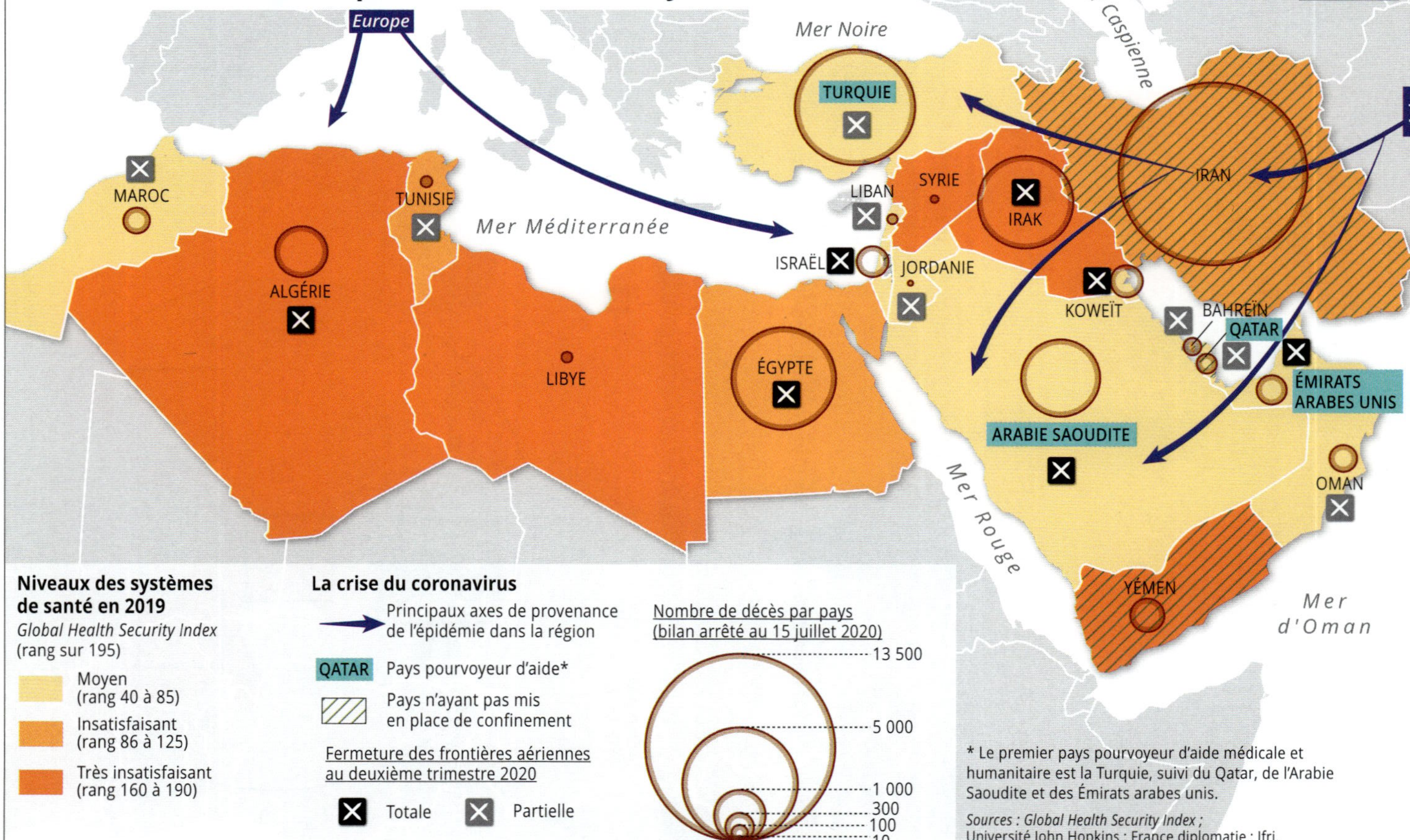

* Le premier pays pourvoyeur d'aide médicale et humanitaire est la Turquie, suivi du Qatar, de l'Arabie Saoudite et des Émirats arabes unis.

Sources : Global Health Security Index ; Université John Hopkins ; France diplomatie ; Ifri.

Les partis islamistes et les institutions en Afrique du Nord et au Moyen-Orient

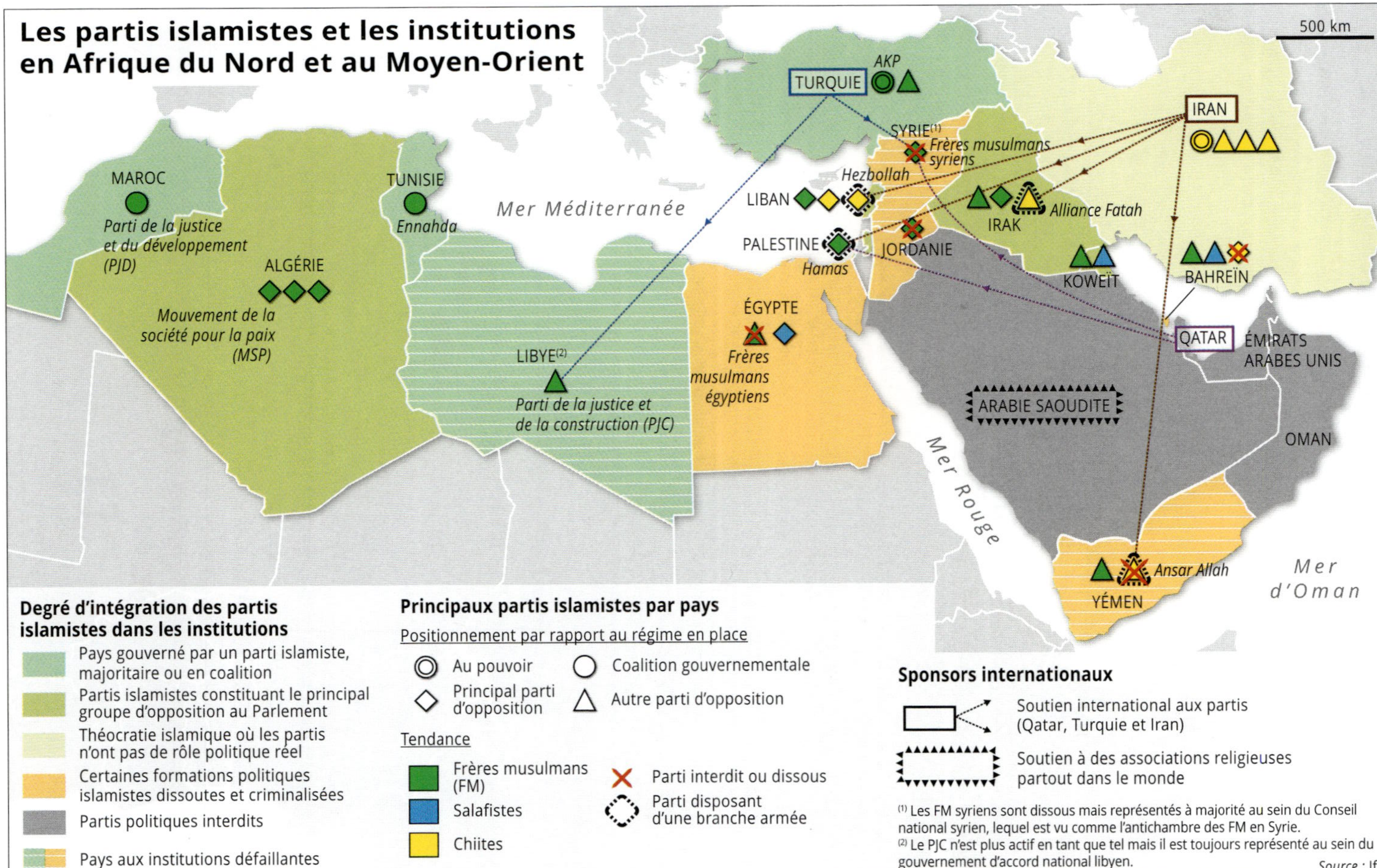

(1) Les FM syriens sont dissous mais représentés à majorité au sein du Conseil national syrien, lequel est vu comme l'antichambre des FM en Syrie.
(2) Le PJC n'est plus actif en tant que tel mais il est toujours représenté au sein du gouvernement d'accord national libyen.

Source : Ifri.

© Aurélie Boissière, 2020/ Ifri, RAMSES 2021.

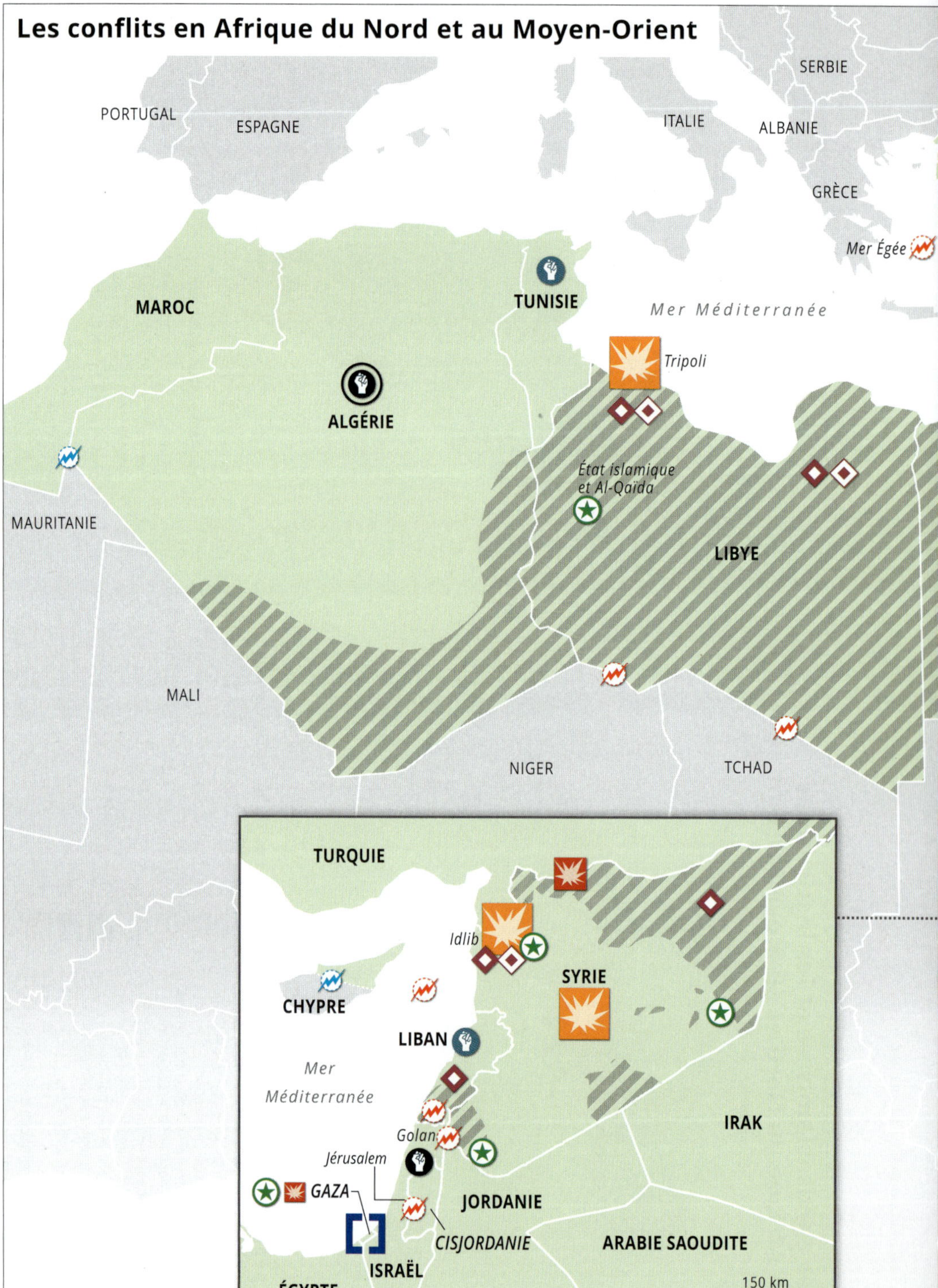

Source : Ifri, 15 juillet 2020.

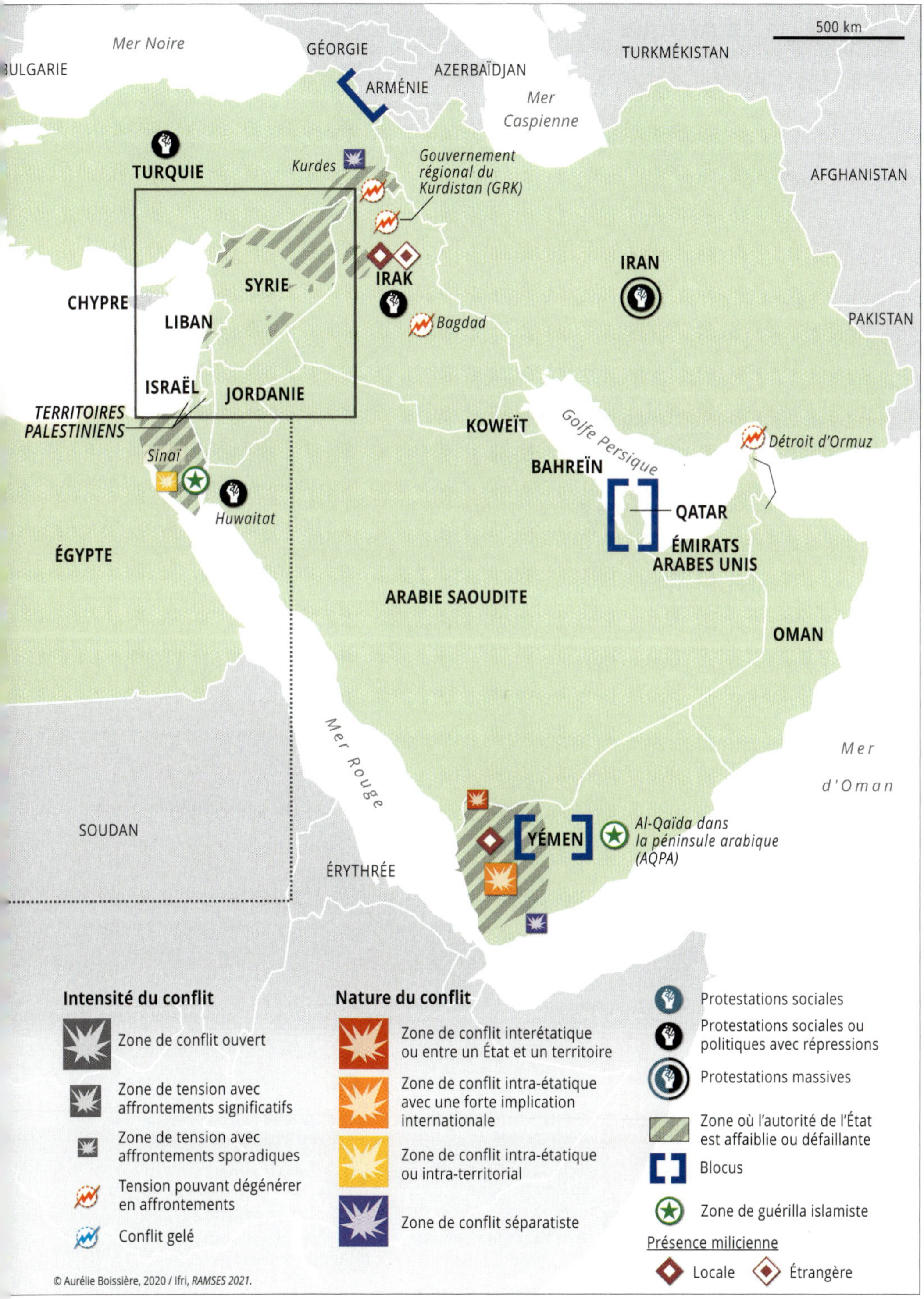
Mer Noire
BULGARIE
GÉORGIE
ARMÉNIE
AZERBAÏDJAN
TURKMÉKISTAN
Mer Caspienne
500 km
TURQUIE
Kurdes
Gouvernement régional du Kurdistan (GRK)
AFGHANISTAN
SYRIE
IRAK
IRAN
CHYPRE
LIBAN
Bagdad
PAKISTAN
ISRAËL
JORDANIE
TERRITOIRES PALESTINIENS
KOWEÏT
Golfe Persique
Détroit d'Ormuz
Sinaï
Huwaitat
BAHREÏN
QATAR
ÉMIRATS ARABES UNIS
ÉGYPTE
ARABIE SAOUDITE
OMAN
Mer Rouge
Mer d'Oman
SOUDAN
YÉMEN
Al-Qaïda dans la péninsule arabique (AQPA)
ÉRYTHRÉE
Intensité du conflit
Zone de conflit ouvert
Zone de tension avec affrontements significatifs
Zone de tension avec affrontements sporadiques
Tension pouvant dégénérer en affrontements
Conflit gelé
Nature du conflit
Zone de conflit interétatique ou entre un État et un territoire
Zone de conflit intra-étatique avec une forte implication internationale
Zone de conflit intra-étatique ou intra-territorial
Zone de conflit séparatiste
Protestations sociales
Protestations sociales ou politiques avec répressions
Protestations massives
Zone où l'autorité de l'État est affaiblie ou défaillante
Blocus
Zone de guérilla islamiste
Présence milicienne
Locale
Étrangère

Les conflits en Afrique

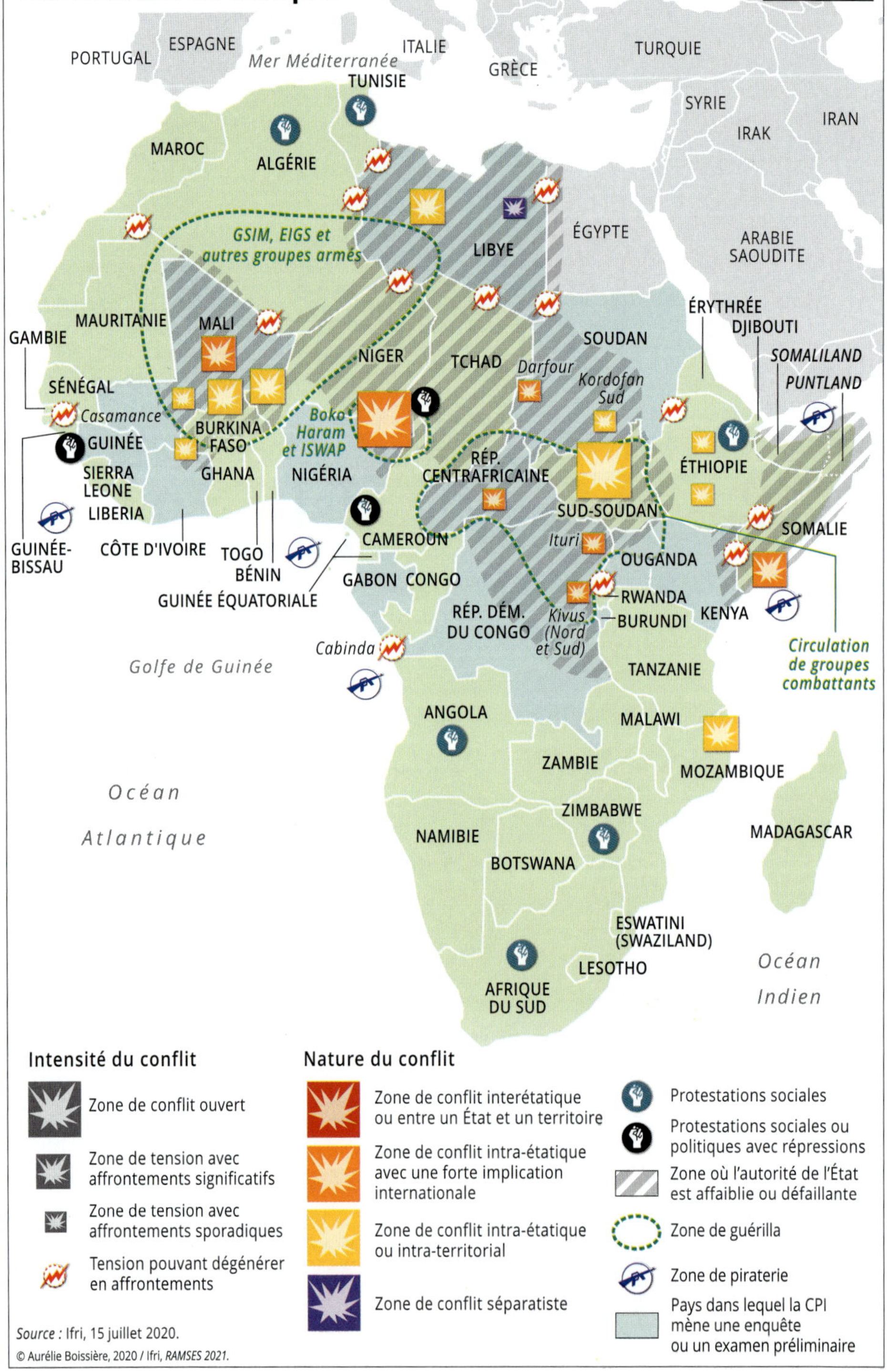

Source : Ifri, 15 juillet 2020.

Les conflits dans la zone
Russie - Nouveaux États indépendants (NEI)
500 km
FINLANDE
ESTONIE
LETTONIE
LITUANIE
RUSSIE
BIÉLORUSSIE
UKRAINE
Transnistrie
MOLDAVIE
Donbass
ROUMANIE
Mer d'Azov
Crimée
Mer Noire
Abkhazie
Caucase du Nord
KAZAKHSTAN
GÉORGIE
Ossétie du Sud
TURQUIE
ARMÉNIE
AZERBAÏDJAN
OUZBÉKISTAN
Haut-Karabakh
Mer
Caspienne
TURKMÉNISTAN
KIRGHIZSTAN
Mer
Méditerranée
SYRIE
TADJIKISTAN
IRAK
IRAN
AFGHANISTAN
ARABIE
SAOUDITE
Intensité du conflit
Zone de conflit ouvert
Zone de tension avec affrontements significatifs
Zone de tension avec affrontements sporadiques
Tension pouvant dégénérer en affrontements
Abkhazie Conflit gelé
Nature du conflit
Zone de conflit interétatique ou entre un État et un territoire
Zone de conflit intra-étatique avec une forte implication internationale
Zone de conflit intra-étatique ou intra-territorial
Zone de conflit séparatiste
Zone où l'autorité de l'État est affaiblie ou défaillante
Territoire annexé
Tension latente séparatiste
Zone de risque terroriste
© Aurélie Boissière, 2020 / Ifri, RAMSES 2021.
Source : Ifri, 15 juillet 2020.

Les conflits dans la zone Asie-Pacifique

© Aurélie Boissière, 2020 / Ifri, *RAMSES 2021*.

Source : Ifri, 15 juillet 2020.

Le monde en chiffres

Démographie/Développement humain

Population 2020 : nombre total d'habitants, en millions (prévision)
Source : Nations unies, Département des affaires économiques et sociales, *World Population Prospects: The 2019 Revision*, 2019.

Taux de fécondité : nombre moyen d'enfants par femme, en 2018
Source : Banque mondiale, *World Development Indicators*, 2020.

Espérance de vie : espérance de vie à la naissance, en années, en 2018
Source : Programme des Nations unies pour le développement, *Rapport sur le développement humain 2019*, 2019.

Urbanisation : population vivant dans les zones urbaines en % de la population totale, en 2018
Source : Banque mondiale, *World Development Indicators*, 2020.

Économie

Alphabétisation : population sachant lire et écrire en % de la population totale de 15 ans et plus, en 2018 (estimations de l'UIS)
Source : UNESCO, *Institute for Statistics*, 2020.

RNB total : revenu national brut, en milliards de dollars de parité de pouvoir d'achat, en 2018 (RNB = PNB + flux nets de revenu primaire de non-résidents)

RNB par habitant : revenu national brut par habitant, en dollars de parité de pouvoir d'achat, en 2018
Source : Banque mondiale, *World Development Indicators*, 2020.

Croissance du PIB : taux de croissance annuel moyen du produit intérieur brut, en %, en 2019

Taux de chômage : taux de chômage en % de la population active, en 2019

Inflation : indice des prix à la consommation, croissance annuelle moyenne, en %, en 2019
Source : Fonds monétaire international, *World Economic Outlook*, avril 2020.

Taux d'épargne national en % du PIB, en 2018
Source : Fonds monétaire international, *World Economic Outlook, octobre* 2019.

Politique/Sécurité

Démocratie : indice de démocratie (0-10), en 2019
Démocratie à part entière (8-10), démocratie imparfaite (6-7,9), régime hybride démocratique/autoritaire (4-5,9), régime autoritaire (< 4)
Source : Economist Intelligence Unit, *Democracy Index*, 2019.

Liberté de la presse (0-100), en 2020
Situation bonne (0-13), situation plutôt bonne (13,1-24,99), problèmes sensibles (25-34,1), situation difficile (34,2-55), situation très grave (55,1-100)
Source : Reporters sans frontières, *Classement mondial de la liberté de la presse 2020*, 2020.

Stabilité de l'État : indice des États fragiles, 0-120, en 2020
Situation d'alerte (> 90), situation préoccupante (60-89,9), stabilité (30-59,9), grande stabilité (< 30)
Source : The Fund for Peace, *Fragile States Index 2020*, 2020.

Corruption : indice de perception de la corruption (0-100), en 2019
État considéré comme très corrompu (0), État considéré comme non corrompu (100)
Source : Transparency International, *Corruption Perceptions Index 2019*, 2019.

Budget de défense : proportion du budget de défense dans le PIB national, en %, en 2019
Source : Stockholm International Peace Research Institute, *SIPRI Military Expenditure Database 1988-2019*, 2019.

Europe

	Démographie/Développement humain				Économie			
Pays	Population 2020***	Taux de fécondité	Espérance de vie	Urbanisation	Alphabétisation	RNB total PPA	RNB par habitant	Croissance du PIB
Albanie	2 878	1,6	78,5	60	98,14***	39,6	13 820	4,07*
Allemagne	83 784	1,6	81,2	77	n/d	4 641,1	55 980	0,57
Autriche	9 006	1,5	81,4	58	n/d	501,4	56 720	1,59
Belgique	11 590	1,6	81,5	98	n/d	601,3	52 590	1,37
Bosnie-Herzégovine	3 281	1,3	77,3	48	n/d	49,6	14 920	3,62*
Bulgarie	6 948	1,6	74,9	75	n/d	159,1	22 650	3,37
Chypre	1 207	1,3	80,8	67	n/d	35,9	39 880	3,23
Croatie	4 105	1,5	78,3	57	n/d	113,3	27 700	2,92
Danemark	5 792	1,7	80,9	88	n/d	335,9	57 980	2,37
Espagne	46 755	1,3	83,4	80	98,44	1 898,8	40 570	1,98
Estonie	1 327	1,7	78,6	69	n/d	46,7	35 340	4,33
Finlande	5 541	1,4	81,7	85	n/d	274,1	49 720	1,63*
France	65 274	1,9	82,5	80	n/d	3 181	47 490	1,73*
Grèce	10 423	1,4	82,1	79	97,94***	326,6	30 430	1,87
Hongrie	9 660	1,6	76,7	71	n/d	296,3	30 310	4,93
Irlande	4 938	1,8	82,1	63	n/d	331,3	68 060	5,54
Islande	341	1,7	82,9	94	n/d	19,7	55 920	3,81
Italie	60 462	1,3	83,4	70	99,16***	2 614,1	43 260	0,3
Kosovo	n/d	2	n/d	n/d	n/d	20,4	11 050	4
Lettonie	1 886	1,6	75,2	68	99,89**	58,2	30 220	2,2
Lituanie	2 722	1,6	75,7	68	n/d	97,2	34 680	3,91
Luxembourg	626	1,4	82,1	91	n/d	45,2	74 400	2,3

* Données pour 2018
** Données pour 2017
*** Prévisions

Économie			Politique/Sécurité				
Taux de chômage	Inflation	Taux d'épargne national	Démocratie	Liberté de la presse	Stabilité de l'État	Corruption	Budget de défense
12	1,41	17,36	5,89	30,25	58,8	35	1,3
3,16	1,35	29,13	8,68	12,16	23,2	80	1,3
4,52	1,49	27,71	8,29	23,57	24,1	77	0,7
5,36	1,25	24,09	7,64	12,57	27,1	75	0,9
18,4*	1,42	16,84	4,86	28,51	70,2	36	0,9
4,2	2,46	25,34	7,03	35,06	49,2	43	3,2
7,08	0,56	11,99	7,59	29,79	56,1	58	1,6
9,86*	0,77	23,85	6,57	28,51	46,1	47	1,7
5,03	0,73	29,01	9,22	8,13	17,2	87	1,3
14,11	0,7	22,85	8,29	22,16	40,4	62	1,2
4,44	2,27	27,93	7,9	12,61	38,5	74	2,1
7,42*	1,14	22,26	9,25	7,93	14,6	86	1,5
8,45	1,3	22,87	8,12	22,92	30,5	69	1,9
17,3*	0,52	9,58	7,43	28,8	52,1	48	2,6
3,42	3,37	26,52	6,63	30,84	47,6	44	1,2
4,99	0,88	34,28	9,24	12,6	19,9	74	0,3
2,74*	2,68*	25,54	9,58	15,12	17,8	78	0
9,95	0,63	20,46	7,52	23,69	42,4	53	1,4
25,7	2,68	17,26	n/d	29,33	n/d	36	0,8
6,32	2,75	23,2	7,49	18,56	42,3	56	2
6,3	2,24	19,83	7,5	21,19	36,5	60	2
5,4	1,65	23,01	8,81	15,46	18,8	80	0,6***

Europe

Europe

Pays	Démographie/Développement humain				Économie			
	Population 2020***	Taux de fécondité	Espérance de vie	Urbanisation	Alphabétisation	RNB total PPA	RNB par habitant	Croissance du PIB
Macédoine du Nord	2 083	1,5	75,7	58	n/d	33,2	15 930	3,55
Malte	442	1,2	82,4	95	94,50***	19,4	40 120	4,38
Montenegro	628	1,7	76,8	67	98,85***	13,4	21 550	5,08*
Norvège	5 421	1,6	82,3	82	n/d	374,6	70 530	1,29*
Pays-Bas	17 135	1,6	82,1	91	n/d	1 001,8	58 140	1,81
Pologne	37 847	1,5	78,5	60	n/d	1 154,9	30 410	4,1
Portugal	10 197	1,4	81,9	65	96,14***	344,7	33 520	2,16
Roumanie	19 238	1,8	75,9	54	98,84***	551,9	28 350	4,08
Royaume-Uni	67 886	1,7	81,2	83	n/d	3 072,9	46 240	1,41
Serbie	8 737	1,5	75,8	56	n/d	116,7	16 710	4,19
Slovaquie	5 460	1,5	77,4	54	n/d	174,1	31 960	2,28
Slovénie	2 079	1,6	81,2	55	n/d	79,1	38 140	2,44
Suède	10 099	1,8	82,7	87	n/d	556	54 640	1,23
Suisse	8 655	1,5	83,6	74	n/d	597,1	70 140	0,92
République tchèque	10 709	1,7	79,2	74	n/d	405,8	38 180	2,57

* Données pour 2018
** Données pour 2017
*** Prévisions

Économie			Politique/Sécurité				
Chômage	Inflation	Taux d'épargne national	Démocratie	Liberté de la presse	Stabilité de l'État	Corruption	Budget de défense
20,73*	0,77	32,69	5,97	31,28	62,1	35	1,2
3,66*	1,52	28,92	7,95	30,16	33,6	54	0,6
n/d	0,37	14,16	5,65	33,83	55,5	45	1,6
3,85*	2,17	35,41	9,87	7,84	16,2	84	1,7
3,39	2,67	31,53	9,01	9,96	22,9	82	1,3
3,28	2,31	20,1	6,62	28,65	41	58	2
6,46	0,3	17,24	8,03	11,83	23,5	62	1,9
3,91	3,83	19,65	6,49	25,91	46,7	44	2
3,83	1,79	13,34	8,52	22,93	38,3	77	1,8*
10,91	1,85	17,56	6,41	31,62	66,1	39	2,2***
5,78	2,77	21,1	7,17	22,67	38,2	50	1,8
4,6	1,63	26,76	7,5	22,64	25,8	60	1,1
6,77	1,7	28,63	9,39	9,25	18,2	85	1,1
2,31	0,36	30,19**	9,03	10,62	17,1	85	0,7
2	2,86	26,46	7,69	23,57	35,7	56	1,2

Russie/NEI

	Démographie/Développement humain				Économie			
Pays	Population 2020***	Taux de fécondité	Espérance de vie	Urbanisation	Alphabétisation	RNB total PPA	RNB par habitant	Croissanc du PIB
Arménie	2 963	1,8	74,9	63	99,74**	38,9	13 190	5,24*
Azerbaïdjan	10 139	1,7	72,9	56	99,79**	137	13 780	1,5*
Biélorussie	9 449	1,4	74,6	79	99,76***	176,9	18 650	3,15*
Géorgie	3 989	2,1	73,6	59	99,36**	52,1	13 980	4,84*
Kazakhstan	18 777	2,8	73,2	57	99,78***	419,4	22 950	4,1*
Kirghizistan	6 524	3,3	71,3	36	99,59***	32,3	5 110	3,46*
Moldavie	4 034	1,3	71,8	43	n/d	35,6	13 170	4*
Ouzbékistan	33 469	2,4	71,6	50	99,99	234,2	7 110	5,4*
Russie	145 934	1,6	72,4	74	99,73***	4 088,4	27 840	1,34
Tadjikistan	9 538	3,6	70,9	27	n/d	35,4	3 890	7,1**
Turkménistan	6 031	2,8	68,1	52	n/d	85,2	14 570	6,15*
Ukraine	43 734	1,3	72	69	n/d	521,3	9 030	3,28*

* Données pour 2018
** Données pour 2017
*** Prévisions

Économie			Politique/Sécurité				
Chômage	Inflation	Taux d'épargne national	Démocratie	Liberté de la presse	Stabilité de l'État	Corruption	Budget de défense
17,71***	2,42*	13,02	5,54	28,6	64,2	42	4,9
4,99*	2,33*	31,8	2,75	58,48	71,3	30	4
0,43*	5,6	27,06	2,48	49,75	65,8	45	1,2
11,6***	2,62*	26,29	5,42	28,59	71,2	56	2***
4,9**	6,03*	24,69	2,94	54,11	59,8	34	1,1
6,61*	1,54*	19,58	4,89	30,19	73,9	30	1,5***
3,02*	3,06*	14,76	5,75	31,16	66	32	0,4
n/d	14,53	30,55	2,01	53,07	73,1	25	n/d
4,6	4,47	29,58	3,11	48,92	72,6	28	3,9
n/d	7,31**	26,88**	1,93	55,34	75,5	25	n/d
n/d	13,3*	n/d	1,72	85,44	69,1	19	n/d
9*	7,88*	15,32	5,9	32,52	71	30	3,4***

Moyen-Orient/Maghreb

	Démographie/Développement humain				Économie			
Pays	Population 2020***	Taux de fécondité	Espérance de vie	Urbanisation	Alphabétisation	RNB total PPA	RNB par habitant	Croissance du PIB
Algérie	43 851	3	76,7	73	81,41***	470,7**	11 370**	0,7
Arabie Saoudite	34 814	2,3	75	84	95,33**	1 657,9	49 200	0,33
Bahreïn	1 702	2	77,2	89	97,46	70,1	44 700	1,95*
Égypte	102 334	3,3	71,8	43	71,17**	1 117,3	11 350	5,56
Émirats arabes unis	9 890	1,4	77,8	87	n/d	653,7	67 870	1,73*
Irak	40 223	3,7	70,5	70	85,6**	414,3	10 780	3,91
Iran	83 993	2,1	76,5	75	n/d	1 174,8**	14 560**	-7,59
Israël	8 656	3,1	82,8	92	n/d	357,8	40 280	3,5
Jordanie	10 203	2,8	74,4	91	98,23***	100	10 050	1,94*
Koweït	4 271	2,1	75,4	100	96,06	247,3	59 760	1,25*
Liban	6 825	2,1	78,9	89	95,07***	111,8	16 330	- 1,93*
Libye	6 871	2,2	72,7	80	n/d	99	14 820	64**
Maroc	36 911	2,4	76,5	62	73,75***	273	8 430	2,2
Oman	5 107	2,9	77,6	85	95,65	140,8	29 160	1,76*
Palestine, État de****	5 101	3,6	73,9	76	97,22	30,9	6 750	n/d
Qatar	2 881	1,9	80,1	99	93,46***	264,0	94 910	0,07
Syrie	17 501	2,8	71,8	54	n/d	n/d	n/d	n/d
Tunisie	11 819	2,2	76,5	69	n/d	122,9	10 630	2,66*
Turquie	84 339	2,1	77,4	75	96,15**	2 281	27 710	0,94
Yémen	29 826	3,8	66,1	37	n/d	n/d	n/d	- 5,07**

* Données pour 2018
** Données pour 2017
*** Prévisions
**** Données pour Cisjordanie et Gaza
***** Données pour Israël avec Cisjordanie et sans Gaza

Économie			Politique/Sécurité				
Chômage	Inflation	Taux d'épargne national	Démocratie	Liberté de la presse	Stabilité de l'État	Corruption	Budget de défense
11,38	1,95	39,78	4,01	45,52	74,6	35	6
6*	- 1,21	33,43	1,95	62,14	68,8	53	8***
3,89*	1	26,11	2,55	60,13	63,9	42	3,7***
8,61	13,87	14,27	3,06	56,82	86	35	1,2
n/d	-1,93	38,89**	2,76	42,69	38,1	71	n/d
n/d	- 0,2*	18,55**	3,74	55,37	95,9	20	3,5
13,58	41,06	42,79	2,38	64,81	83,4	26	2,3
3,8	0,84	24,53	7,86	30,84	75,1*****	60	5,3
18,6*	4,46*	12,14	3,93	42,08	75,4	48	4,7
1,09*	1,1	39,4**	3,93	34,3	50,9	40	5,6
n/d	2,9	-6,24**	4,36	33,19	84,7	28	4,2***
n/d	28,05**	n/d	2,02	55,77	95,2	18	n/d
9,8*	-0,05	28,01	5,1	42,88	71,2	41	3,1
n/d	0,13	17,71	3,06	43,42	48	52	8,8***
n/d	n/d	n/d	3,89	44,09	n/d	n/d	n/d
n/d	-0,55	54,86	3,19	42,51	43,7	62	n/d
n/d	n/d	n/d	1,43	72,57	110,7	13	n/d
15,53*	7,31*	9,06**	6,72	29,45	68,1	43	2,6
10,96*	15,18	27,05	4,09	50,02	79,1	39	2,7
n/d	30,4**	1,92**	1,95	58,25	112,4	15	n/d

Asie-Pacifique

Asie-Pacifique

Pays	Démographie/Développement humain				Économie			
	Population 2020***	Taux de fécondité	Espérance de vie	Urbanisation	Alphabétisation	RNB total PPA	RNB par habitant	Croissance du PIB
Afghanistan	38 928	4,5	64,5	25	43,02***	83,3	2 240	2,66*
Australie	25 500	1,7	83,3	86	n/d	1 235,2	49 440	1,85
Bangladesh	164 689	2	72,3	37	73,91	767,6	4 760	8,01*
Cambodge	16 719	2,5	69,6	23	n/d	64,6	3 970	7,53*
Chine	1 439 324	1,7	76,7	59	96,84***	21 334,2	15 320	6,11
Corée du Nord	25 779	1,9	72,1	62	n/d	n/d	n/d	n/d
Corée du Sud	51 269	1	82,8	81	n/d	2 045,4	39 630	2,03
Hong Kong	7 497	1,1	84,7	100	n/d	490,7	65 850	-1,19
Inde	1 380 004	2,2	69,4	34	74,37***	8 966,4	6 630	4,23
Indonésie	273 524	2,3	71,5	55	95,66	3 020,7	11 290	5,03
Japon	126 476	1,4	84,5	92	n/d	5 441,9	43 010	0,65
Laos	7 276	2,7	67,6	35	n/d	52,4	7 410	6,31*
Malaisie	32 366	2	76	76	94,85	857,6	27 200	4,33
Mongolie	3 278	2,9	69,7	68	98,42***	35	11 050	5,1
Myanmar (Birmanie)	54 410	2,2	66,9	31	n/d	261,2	4 860	6,5
Népal	29 137	1,9	70,5	20	67,91***	94,2	3 360	7,05
Nouvelle-Zélande	4 822	1,7	82,1	87	n/d	196,3	40 550	2,18
Pakistan	220 892	3,5	67,1	37	59,13**	1 085,2	5 110	5,53*
Philippines	109 581	2,6	71,1	47	n/d	1 064,9	9 980	5,9
Singapour	5 850	1,1	83,5	100	97,34	519,6	92 150	0,73
Sri Lanka	21 413	2,2	76,8	18	91,71	279,4	12 900	2,28
Taïwan	23 817	n/d	n/d	n/d	n/d	n/d	n/d	2,71
Thaïlande	69 800	1,5	76,9	50	93,77	1 225,5	17 650	4,15*
Timor-oriental	1 318	4	69,3	31	68,07***	5,7	4 520	-0,78*
Vietnam	97 339	2	75,3	36	95***	690,5	7 230	7,02

* Données pour 2018 ** Données pour 2017 *** Prévisions

Économie			Politique/Sécurité				
Chômage	Inflation	Taux d'épargne national	Démocratie	Liberté de la presse	Stabilité de l'État	Corruption	Budget de défense
n/d	0,63*	26,09	2,85	37,7	102,9	16	1,2
5,18	1,61	21,76	9,09	20,21	19,7	77	1,9
n/d	5,63*	28,4	5,88	49,37	85,7	26	1,3
n/d	2,39*	12,36	3,53	45,46	80,3	20	2,3
3,8*	2,11*	45,22	2,26	78,48	69,9	41	1,9***
n/d	n/d	n/d	1,08	85,82	90,2	17	n/d
3,78	0,38	35,75	8	23,7	32	59	2,7
2,96	2,87	26,01	6,02	30,01	n/d	76	n/d
n/d	4,54	29,21	6,9	45,33	75,3	41	2,4
5,28	2,8	31,43	6,48	36,82	67,8	40	0,7
2,36	0,48	27,95	7,99	28,86	32,3	73	0,9
n/d	3,32	n/d	2,14	64,28	76,9	29	n/d
3,28	0,66	25,71	7,16	33,12	57,6	53	1
7,8*	7,26	25,37***	6,5	29,61	51,9	35	0,7
4***	8,63	32,9	3,55	44,77	94	29	n/d
n/d	4,64	47,08	5,28	35,1	82,6	34	1,6
4,05	1,62*	20,15	9,26	10,69	17,9	87	1,5
4,08***	3,93*	10,41	4,25	45,52	92,1	32	4
5,08	2,48	24,3	6,64	43,54	81	34	1
2,25	0,57	44,48	6,02	55,23	26,3	85	3,2
4,4*	4,3	25,42	6,27	41,94	81,8	38	1,9
3,71*	0,55	33,14	7,73	23,76	n/d	65	1,7
1,1*	0,71	31,4	6,32	44,94	70,8	36	1,3
n/d	0,14	n/d	7,19	29,9	82,7	38	1
2,21	3,54*	29	3,08	74,71	63,9	37	n/d

Afrique subsaharienne

Afrique subsaharienne

Pays	Démographie/Développement humain				Économie			
	Population 2020***	Taux de fécondité	Espérance de vie	Urbanisation	Alphabétisation	RNB total PPA	RNB par habitant	Croissan du PIB
Afrique du Sud	59 309	2,4	63,9	66	87,05**	723,9	12 530	0,15
Angola	32 866	5,5	60,8	66	n/d	208,8	6 780	- 1,2*
Bénin	12 123	4,8	61,5	47	42,36***	36,8	3 200	6,7*
Botswana	2 352	2,9	69,3	69	n/d	39,4	17 460	4,48*
Burkina Faso	20 903	5,2	61,2	29	41,22***	37,4	1 890	6,82*
Burundi	11 891	5,4	61,2	13	68,38**	8,7	780	1,77***
Cameroun	26 546	4,6	58,9	56	77,07***	91,1	3 610	4,06*
République Centrafricaine	4 830	4,7	52,8	41	37,4***	4,8	1 030	4,53**
Congo	5 518	4,4	64,3	67	80,3***	15,7	3 000	- 1,77**
Congo (RDC)	89 561	5,9	60,4	44	n/d	90,1	1 070	5,82*
Côte d'Ivoire	26 378	4,6	57,4	51	47,17***	91,8	3 660	7,36**
Érythrée	3 546	4,1	65,9	n/d	76,57***	n/d	n/d	13,03*
Éthiopie	114 964	4,2	66,2	21	51,77***	233,8	2 140	8,97
Gabon	2 226	4	66,2	89	84,67***	29,9	14 110	0,85*
Gambie	2 417	5,2	61,7	61	n/d	4,9	2 160	6,55*
Ghana	31 073	3,9	63,8	56	79,04***	155,3	5 220	6,26*
Guinée	13 133	4,7	61,2	36	n/d	31,2	2 510	6,18*
Guinée-Bissau	1 968	4,5	58	43	n/d	3,7	1 990	3,8*
Kenya	53 771	3,5	66,3	27	81,53***	218,9	4 260	6,32*
Libéria	5 058	4,3	63,7	51	48,3**	6,4	1 330	1,24*

* Données pour 2018
** Données pour 2017
*** Prévisions

Économie			Politique/Sécurité				
Chômage	Inflation	Taux d'épargne national	Démocratie	Liberté de la presse	Stabilité de l'État	Corruption	Budget de défense
28,7	4,13	14,39	7,24	22,41	70,1	44	1
n/d	17,08	26,53	3,72	33,92	87,3	26	1,6
n/d	-0,93	20,35	5,09	35,11	72,5	41	0,7
n/d	2,85	33,15	7,81	23,56	57,1	61	2,8
n/d	- 3,23	14,65	4,04	23,47	85,9	40	2,4
n/d	- 2,77*	-7,36	2,15	55,33	97,9	19	1,8
n/d	1,07*	25,46**	2,85	43,28	97,9	25	1,1
n/d	1,61*	5,7**	1,32	42,87	107,5	25	1,5
n/d	1,15*	23,85**	3,11	36,56	92,1	19	2,7
n/d	29,27*	7,07	1,13	49,09	109,4	18	0,7
n/d	0,81	16,11***	4,05	28,94	89,7	35	1,1
n/d	- 14,4*	19,55	2,37	83,5	95,8	23	n/d
n/d	15,81	32,51	3,44	32,82	94,6	37	0,6
n/d	4,78*	27,97	3,61	37,2	69,1	31	1,6
n/d	6,52*	8,46	4,33	30,62	82,2	37	0,8
n/d	9,84*	20,46	6,63	22,26	64,2	41	0,4
n/d	9,47	0,97	3,14	34,34	97,2	29	2
n/d	0,38*	5,73	2,63	32,06	92,9	18	1,4**
n/d	5,2	11,3	5,18	33,72	90,3	28	1,2
n/d	26,97	n/d	5,45	32,25	90	28	0,5

Afrique subsaharienne

Afrique subsaharienne

Pays	Population 2020***	Taux de fécondité	Espérance de vie	Urbanisation	Alphabétisation	RNB total PPA	RNB par habitant	Croissance du PIB
	Démographie/Développement humain				Économie			
Madagascar	27 691	4,1	66,7	37	74,8***	42,1	1 600	3,93**
Malawi	19 130	4,2	63,8	17	n/d	19,4	1 070	4,5***
Mali	20 251	5,9	58,9	42	35,47***	43,5	2 280	5,18*
Maurice	1 272	1,4	74,9	41	91,33***	31,6	24 980	3,76*
Mauritanie	4 650	4,6	64,7	54	53,5***	16,6	3 770	5,86***
Mozambique	31 255	4,9	60,2	36	60,66**	38,2	1 290	2,22
Namibie	2 541	3,4	63,4	50	91,53***	25,7	10 490	0,34*
Niger	24 207	6,9	62	16	n/d	19,5	870	7,01*
Nigéria	206 140	5,4	54,3	50	62,02***	986,8	5 040	1,92*
Ouganda	45 741	5	63	24	n/d	76	1 780	4,92
Rwanda	12 952	4	68,7	17	73,22	25,5	2 070	8,61*
Sénégal	16 744	4,6	67,7	47	51,9**	52,8	3 330	6,36*
Sierra Leone	7 977	4,3	54,3	42	43,21***	12,1	1 580	3,46*
Somalie	15 893	6,1	57,1	45	n/d	12,6**	860**	2,8*
Soudan	43 849	4,4	65,1	35	60,7***	165,5	4 430	- 2,52***
Soudan du Sud	11 194	4,7	57,6	20	34,52***	n/d	n/d	- 5,49**
Tanzanie	59 734	4,9	65	34	n/d	140,6	3 140	6,95*
Tchad	16 426	5,7	54	23	n/d	24,6	1 590	- 2,38**
Togo	8 279	4,3	60,8	42	n/d	12,6	1 600	5,3***
Zambie	18 384	4,6	63,5	44	86,75***	60,7	3 500	4,04*
Zimbabwe	14 863	3,6	61,2	32	n/d	48,3	3 350	-8,28

* Données pour 2018
** Données pour 2017
*** Prévisions

Économie			Politique/Sécurité				
Chômage	Inflation	Taux d'épargne national	Démocratie	Liberté de la presse	Stabilité de l'État	Corruption	Budget de défense
n/d	8,6*	19,63**	5,64	27,68	79,5	24	0,6
n/d	9,39	-3,81***	5,5	29,32	84	31	0,9
n/d	1,73*	14,63	4,92	34,12	96	29	2,7
6,7**	3,23*	17,48	8,22	28	37,2	52	0,2
n/d	2,31*	23,89***	3,92	32,54	88,7	28	2,8
n/d	2,79	18,31	3,65	33,79	91,7	26	0,9
n/d	4,29*	10,43	6,43	19,25	65,1	52	3
n/d	2,75*	23,74	3,29	28,25	95,3	32	1,8
22,56***	12,09*	15,14	4,12	35,63	97,3	26	0,5
n/d	2,63	17,97	5,02	40,95	92,8	28	2,1
n/d	2,43	12,87	3,16	50,34	86	53	1,2
n/d	0,46*	23,09	5,81	23,99	74,6	45	1,5
n/d	16,03*	6,55**	4,86	30,28	84,4	33	0,7
n/d	n/d	n/d	n/d	55,45	110,9	9	n/d
22,1***	50,99	3,87***	2,7	55,33	104,8	16	1,6
n/d	83,5*	4,31**	n/d	44,49	110,8	12	3,4
n/d	5,31*	30,68	5,16	40,25	78,1	37	1,3
n/d	-0,97*	14,15**	1,61	39,7	106,4	20	2,2
n/d	0,69	20,59***	3,3	29,33	85,8	29	3,1
n/d	9,8	39,32**	5,09	37	84,5	34	1,2
n/d	255,29	n/d	3,16	40,95	99,2	24	0,7

Amériques

Amériques

	Démographie/Développement humain				Économie			
Pays	Population 2020***	Taux de fécondité	Espérance de vie	Urbanisation	Alphabétisation	RNB total PPA	RNB par habitant	Croissanc du PIB
Argentine	45 196	2,3	76,5	92	99	999,6	22 470	-2,48*
Bolivie	11 673	2,7	71,2	69	n/d	98,1	8 640	4,22*
Brésil	212 559	1,7	75,7	87	93,23	3 043,4	14 530	1,13
Canada	37 742	1,5	82,3	81	n/d	1 831,8	49 430	1,64
Chili	19 116	1,6	80	88	96,4**	444,8	23 750	1,12
Colombie	50 883	1,8	77,1	81	95,09	710,3	14 310	3,32
Costa Rica	5 094	1,8	80,1	79	97,86***	93,4	18 670	2,66*
Cuba	11 327	1,6	78,7	77	n/d	n/d	n/d	n/d
République dominicaine	10 848	2,3	73,9	81	n/d	184,1	17 330	7,02*
Équateur	17 643	2,4	76,8	64	92,83**	197,1	11 530	0,05
États-Unis	331 003	1,7	78,9	82	n/d	20 837,3	63 780	2,33
Guatemala	17 916	2,9	74,1	51	n/d	146,7	8 500	3,06*
Haïti	11 403	2,9	63,7	55	n/d	20,2	1 820	1,48*
Honduras	9 905	2,5	75,1	57	87,21	51,3	5 350	3,7*
Jamaïque	2 961	2	74,4	56	n/d	27,9	9 520	1,87*
Mexique	128 933	2,1	75	80	95,38	2 507,8	19 870	-0,15
Nicaragua	6 625	2,4	74,3	59	n/d	36,8	5 700	-3,95*
Panama	4 315	2,5	78,3	68	95,41	122,6	29 340	3,69*
Paraguay	7 133	2,4	74,1	62	94,02	89,3	12 830	3,68*
Pérou	32 972	2,3	76,5	78	94,41	398,3	12 450	2,16
Salvador	6 486	2	73,1	72	89,01	53,4	8 320	2,39
Trinité-et-Tobago	1 399	1,7	73,4	53	n/d	36,2	26 050	-0,25*
Uruguay	3 474	2	77,8	95	98,7	71	20 590	1,62*
Venezuela	28 436	2,3	72,1	88	n/d	n/d	n/d	-19,62*

* Données pour 2018 ** Données pour 2017 *** Prévisions

Économie			Politique/Sécurité				
Chômage	Inflation	Taux d'épargne national	Démocratie	Liberté de la presse	Stabilité de l'État	Corruption	Budget de défense
9,2*	34,28*	15,68	7,02	28,78	46,1	45	0,7
3,49*	1,84	16,18**	4,84	35,37	75	31	1,4
11,93	3,73	14,63	6,86	34,05	73	35	1,5
5,67	1,95	20,4	9,22	15,29	18,7	77	1,3
7,32	2,25	19,51	8,08	27,31	42,5	67	1,8
10,5	3,52	17,26	7,13	42,66	76,6	37	3,2
11,95*	2,1	15,88	8,13	10,53	40,2	56	0
n/d	n/d	n/d	2,84	63,81	59,2	48	n/d
6,17	1,81	24,44	6,54	27,9	64,4	28	0,7
3,84	0,27	24,58	6,33	32,62	69,4	38	2,3
3,67	1,81	18,44	7,96	23,85	38,3	69	3,4
n/d	3,7	12,89	5,26	35,74	79,2	26	0,4
n/d	17,35	25,3	4,57	30,2	97,7	18	0
4,11	4,37	22,39**	5,42	48,2	76,8	26	1,6
9,13*	3,73*	16,56	6,96	10,51	60	43	1,6
3,27	3,64	21,21	6,09	45,45	67,2	29	0,5
5,5*	5,38	23,58	3,55	35,81	77,1	22	0,7
7,1	0,36	32,08	7,05	29,78	46	36	0
6,24*	3,98*	22,52	6,24	32,97	65,2	28	1
6,6	2,14	19,91	6,6	30,94	67,6	36	1,2
6,35*	0,07	15,67	6,15	29,7	68,9	34	1,2
4,88*	1	21,51**	7,16	23,22	51,9	40	0,7
8,37*	7,88	15,92	8,38	15,79	33,4	71	2
n/d	19,91	17,04	2,88	45,66	91,2	16	n/d

Index

D

E

F

G

H

I

J

K

L

M

N

O

P

Q

R

S

T

U

V

W

X

Y

Z

L'équipe du RAMSES 2021

Mahan Abedin : journaliste, spécialiste de la politique iranienne et moyen-orientale.

Alain Antil : chercheur ; directeur du Centre Afrique subsaharienne de l'Ifri ; chargé de cours à Sciences Po Lille.

Olivier Appert : conseiller du Centre Énergie & Climat de l'Ifri.

Pierre-Marie Aubert : coordinateur de l'Initiative Politiques publiques pour l'agriculture européenne, Institut du développement durable et des relations internationales (Iddri).

Maxime Audinet : chercheur au Centre Russie/NEI de l'Ifri.

Sophie Boisseau du Rocher : chercheur associé au Centre Asie de l'Ifri, à Asia Centre (Paris) et à l'Institut de recherche sur l'Asie du Sud-Est contemporaine (IRASEC, Bangkok).

Christian de Boissieu : professeur émérite à l'université de Paris I (Panthéon-Sorbonne), vice-président du Cercle des économistes.

Malik Boumediene : professeur associé de droit public et science politique à l'université polytechnique Mohamed VI de Benguèrir, et à la Faculté de gouvernance, de sciences économiques et sociales de Rabat.

Corentin Brustlein : chercheur ; directeur du Centre des études de sécurité et du programme Dissuasion et prolifération de l'Ifri.

Silvio Cascione : directeur du Groupe Eurasia à São Paulo.

Dominique David : conseiller du président de l'Ifri ; rédacteur en chef de *Politique étrangère* et co-directeur du *RAMSES*.

Mohamed Eljarh : chercheur et analyste en affaires libyennes indépendant, co-fondateur du *Libyan Outlook for Research and Consultancy*.

Bachir El Khoury : journaliste à l'AFP ; enseignant d'économie à l'université Saint-Joseph de Beyrouth.

Marc-Antoine Eyl-Mazzega : directeur du Centre Énergie & Climat de l'Ifri.

Elvire Fabry : chercheur senior à l'Institut Jacques Delors.

Eddy Fougier : consultant ; chargé d'enseignement à Sciences Po Aix-en-Provence et Audencia Business School (Nantes).

Alexandra Goujon : maître de conférences en science politique à l'université de Bourgogne.

Rémy Hémez : officier de l'armée de Terre ; ancien chercheur au Laboratoire de recherche sur la défense (LRD) de l'Ifri.

Ossyane Henni : collaborateur du Programme Turquie/Moyen-Orient de l'Ifri.

Jolyon Howorth : *Visiting Professor of Public Policy* à la Harvard Kennedy School ; professeur émérite de la politique européenne à l'université de Bath.

Jacky Isabello : fondateur de l'agence de communication Coriolink.

Marc Julienne : chercheur au Centre Asie de l'Ifri ; responsable des activités Chine.

Maya Kandel : chercheur associé à l'université Paris 3 Sorbonne-Nouvelle (CREW), actuellement en charge des États-Unis au CAPS (ministère de l'Europe et des Affaires étrangères).

Florian Kastler : docteur en droit public et membre associé de l'Institut Droit et Santé de l'université de Paris ; co-responsable du cours *Global Health Law and Regulations* à Sciences Po Paris.

Tatiana Kastouéva-Jean : chercheur ; directrice du Centre Russie/NEI de l'Ifri.

Dominique Kerouedan : professeur à l'École des affaires internationales de Sciences Po Paris.

Rodolfo Lacy : docteur en sciences et ingénierie environnementales ; directeur de l'Environnement à l'OCDE.

Maxime Lefebvre : diplomate, professeur affilié à l'ESCP Business School.

Hugo Le Picard : chercheur au Centre Énergie & Climat de l'Ifri.

Victor Magnani : chercheur ; chargé de projets au Centre Afrique subsaharienne de l'Ifri.

Florent Marciacq : secrétaire général-adjoint au Centre franco-autrichien pour le rapprochement en Europe, et chercheur associé au Centre international de formation européenne.

Éric-André Martin : chargé de mission auprès du directeur de l'Ifri ; conseiller sur les questions européennes.

Paul Maurice : chercheur au Comité d'études des relations franco-allemandes (Cerfa) de l'Ifri.

Antoine Michon : président et co-fondateur de Sine Qua Non ; collaborateur du Programme Turquie/Moyen-Orient de l'Ifri.

Thierry de Montbrial : membre de l'Académie des sciences morales et politiques ; professeur émérite du Conservatoire national des arts et métiers (CNAM) ; fondateur et président de l'Ifri.

Laurence Nardon : chercheur ; responsable des programmes Amérique du Nord et Espace de l'Ifri.

Françoise Nicolas : chercheur ; directeur du Centre Asie de l'Ifri.

Julien Nocetti : chercheur associé au Centre Russie/NEI de l'Ifri ; spécialiste des questions numériques.

Céline Pajon : chercheur au Centre Asie de l'Ifri ; responsable des activités Japon.

Christian de Perthuis : professeur à l'université Paris Dauphine-PSL, fondateur de la chaire Économie du Climat.

Bruno Reis : directeur du Groupe Eurasia à New York.

Laure de Rochegonde : chercheur au Centre des études de sécurité de l'Ifri.

Isabelle Saint-Mézard : chercheur associé au Centre Asie de l'Ifri.

Jean-Loup Samaan : chercheur non-résident au Middle East Institute de la National University of Singapore.

Dorothée Schmid : chercheur ; responsable du programme Turquie/Moyen-Orient de l'Ifri.

Haoues Seniguer : maître de conférences en science politique à Sciences Po Lyon ; chercheur au laboratoire Triangle, à l'ENS de Lyon ; directeur adjoint de l'Institut d'études de l'islam et des sociétés du monde musulman (EHESS/CNRS).

Krzysztof Soloch : responsable des programmes Pologne dans l'UE et Nordika à la Fondation pour la recherche stratégique (FRS) ; chercheur associé à la RAND Corporation.

Hans Stark : secrétaire général du Comité d'études des relations franco-allemandes (Cerfa) de l'Ifri ; professeur à l'université Paris-Sorbonne.

Serge Sur : professeur émérite de droit public de l'université Panthéon-Assas (Paris 2), directeur de l'*Annuaire français de relations internationales* (AFRI), rédacteur en chef de *Questions internationales.*

Matthieu Tardis : chercheur au Centre Migrations et Citoyenneté de l'Ifri.

Elie Tenenbaum : chercheur au Centre des études de sécurité de l'Ifri ; coordonnateur du Laboratoire de recherche sur la défense (LRD).

Julien Tourreille : chercheur en résidence à la Chaire Raoul-Dandurand en études stratégiques et diplomatiques de l'Université du Québec à Montréal (UQAM).

Jacques Véron : démographe, directeur de recherche émérite à l'Institut national d'études démographiques (Ined).

Florian Vidal : chercheur au Centre Russie/NEI de l'Ifri.

Thibaud Voïta : travaille au NDC Partnership ; chercheur associé au Centre Énergie & Climat de l'Ifri.

***

Chronologie de l'année (15 juillet 2019-14 juillet 2020) : Silvia Rizzotto

Le monde en cartes :

- **coordination** : Clédia Barbieri Jimenez
- **réalisation** : Aurélie Boissière

Le monde en chiffres : David Blohm

Index : Julie Trenque

Traduction des textes p. 68-71, 158-161, 162-167 : Inès Boulaigue

Fabrication : Maud Gilles

Graphisme de couverture : Élisabeth Hébert

Responsable de l'édition : Sharleen Lavergne, avec la collaboration d'Elvane Sahin

80585 - (I) - CSB 90°- 282C - BPA - MGS

Achevé d'imprimer
dans les ateliers de Normandie Roto Impression s.a.s.
61250 Lonrai

Dépôt légal : septembre 2020
N° d'impression : 2001611

Imprimé en France